运输项目管理与评估

孙彦明　著

赵树宽　贾鸿飞　主审

电子工业出版社

Publishing House of Electronics Industry

北京 · BEIJING

内 容 简 介

本书系统介绍了运输项目管理与评估的理论和应用方法，内容包括运输项目管理与评估绪论、运输项目管理与评估理论基础、运输项目前期论证与决策、运输项目计划与范围管理、运输项目过程与进度管理、运输项目成本与效益管理、运输项目质量与争议管理、运输项目风险与安全管理、运输项目收尾与后评价、国际运输项目管理，还包括一些比较完整的项目管理案例。

本书内容丰富，文字简洁，体系完整，适于作为大学本科生及研究生运输项目管理课程的教材，也可供交通运输领域工程技术、管理人员阅读。

图书在版编目(CIP)数据

运输项目管理与评估 / 孙彦明著. —北京：电子工业出版社，2017.6
ISBN 978-7-121-31651-7

Ⅰ.①运…　Ⅱ.①孙…　Ⅲ.①交通运输业 – 项目管理 – 高等学校 – 教材　Ⅳ.①F506

中国版本图书馆CIP数据核字（2017）第122231号

策划编辑：王志宇
责任编辑：王志宇　　　特约编辑：赵翠芝
印　　刷：北京中新伟业印刷有限公司
装　　订：北京中新伟业印刷有限公司
出版发行：电子工业出版社
　　　　　北京市海淀区万寿路173信箱　　邮编：100036
开　　本：787×1092　1/16　印张：19.5　　字数：500千字
版　　次：2017年6月第1版
印　　次：2017年6月第1次印刷
定　　价：42.00元

序　言

　　交通运输领域在国民经济中具有基础性、先导性、战略性的地位，系统性强、涉及面广。它不仅是国土空间上的纵横交错，更是经济版图上的互联互通，是经济社会发展的基础条件。现代交通运输与经济深度融合，交通运输布局规划成为经济社会规划、区域协调战略的重要组成部分和先导支撑。《"十三五"规划纲要》提出，加快完善安全高效、智能绿色、互联互通的现代基础设施网络，更好发挥对经济社会发展的支撑引领作用。坚持网络化布局、智能化管理、一体化服务、绿色化发展、建设国内国际通道联通、区域城乡覆盖广泛、枢纽节点功能完善、运输服务一体高效的综合交通运输体系。"十三五"时期，如何持续推进交通运输业发展，使其充分发挥拉动经济社会发展的导向功能，受到政府及社会各界广泛关注。

　　项目通常被认为是对社会资源进行优化配置的一种重要组织方式，项目管理有着不同于日常管理的独特之处，项目管理是联通过去与未来的桥梁，是整合当下资源并开创未来的平台，是体现前瞻性、整体性和创新性的思维。项目工作与基础性工作相互促进，不断提升基础工作的整体水平。促进交通运输业持续快速稳健发展，需要充分发挥项目的开创性、系统性和集成性功能，运用项目形式进行不断地"推动"和"提升"。本书就是将项目管理的一般理论和方法与交通运输领域中的一系列活动有机结合的成功之作。

　　管理与评估之间是辩证统一的，管理是评估的基础，评估是管理的重要手段，通过评估可以增强项目管理的科学性、合理性和适用性，形成项目管理过程中的纠偏机制。如何有效推进运输项目管理与评估，既是一个值得深入探讨的理论和方法问题，也是一个事关交通运输业发展的重要实践问题。本书逻辑框架清晰，内容丰富，紧扣运输项目管评结合这条主线，把握交通运输领域行业特征及项目管理理论方法，体现运输项目管理与评估的主体、客体和过程3个维度，包括运输项目启动、规划、实施与收尾4个过程，涵盖运输项目范围、进度、成本、质量、风险5项基本内容，并且还涉及国际运输项目管理和"一带一路"倡议推进等热点内容，这些都反映出孙彦明同志对"知行合一"的积极探索。

　　如前所述，项目管理的意义或许更多地在于启迪人们系统性和创新性的思维，相信本书对规范和指导运输项目建设开发以及类似项目形式的工作均具有一定的参考价值。

国家发展改革委规划司副司长

前　　言

交通运输在国民经济和社会发展中是一个庞大而复杂的系统，涉及经济社会、宏观调控、区域协调、产业布局、国土开发、对外开放、国防建设等诸多方面，涵盖铁路、公路、水运、民航、油气管网、邮政、城市建设等行业发展需求，关系国土空间开发、重大产业布局、生态文明建设、信息通信发展等方方面面。针对不同的运输方式、不同类型的运输项目，如何有效进行组织管理与评估是摆在我们面前的重要课题。

本书重在阐释运输项目管理与评估具有一般普遍性的理论、方法和应用，一是力求揭示运输项目管理与评估的原理原则和方法工具，围绕运输项目范围、项目进度、项目成本、项目质量和项目风险，构建较为完整的框架体系；二是力求体现交通运输领域行业性和专业性要求，反映国民经济和社会发展需要，融合运输经济学和交通运输工程等学科的一些知识方法，以提高运输项目管理效率和综合效益；三是力求反映现实问题，密切跟踪环境变化，将运输项目管理理论方法与现实紧密结合，有效解决现实问题。

全书共分 10 章，分别是绪论、理论基础、运输项目前期论证与决策、运输项目计划与范围管理、运输项目过程与进度管理、运输项目成本与效益管理、运输项目质量与争议管理、运输项目风险与安全管理、运输项目收尾与后评价、国际运输项目管理。本书在撰写过程中，直接或间接参考了国内外有关交通运输与项目管理评估方面的论著及大量文献，参阅了国内同行专家、学者们的诸多学术成果，在此致以诚挚的谢意。可能还存在部分参考文献疏漏或标识不全等问题，在此向相关学者深表歉意。吉林大学、山东科技大学、国家发展改革委规划司、电子工业出版社、北京中设泛华工程咨询公司等单位的领导、同事和朋友们给予了大力支持，在此一并表示衷心感谢。

本书可作为高等院校本科生及研究生运输项目管理课程的教材，亦可作为交通运输行业企业工程技术、管理人员的参考读物。欢迎读者在阅读过程中提出宝贵的批评和建议（可发至邮箱 sun3311@126.com），以便我们及时更正。由于时间仓促，加之作者水平有限，书中可能有一些观点上的偏差，敬请广大读者不吝赐教，以臻完善。

孙彦明

目　　录

运输项目管理与评估绪论

 本章导入

交通运输是国民经济重要的基础性、先导性产业，是经济社会发展和人类生产生活的基本需要之一，是支撑和引领经济社会发展的重要条件，为国民经济的生产、流通以及人民生活与旅行需要提供保障服务。《"十三五"规划纲要》提出"加快完善安全高效、智能绿色、互联互通的现代基础设施网络，更好地发挥对经济社会发展的支撑引领作用。坚持网络化布局、智能化管理、一体化服务、绿色化发展、建设国内国际通道联通、区域城乡覆盖广泛、枢纽节点功能完善、运输服务一体高效的综合交通运输体系"[①]，为交通运输业未来五年发展描绘了翔实的蓝图。实现这些宏伟战略，不管是构建国家内通外联的运输通道网络，还是建设现代高效的城际城市交通，不论是打造一体衔接的综合交通枢纽，还是推动运输服务低碳智能安全发展，都需要以运输项目的形式来推动实现。这是本书系统研究运输项目管理与评估的背景所在。

为什么说现代交通运输业的发展离不开项目形式的推动？运输项目与其他领域的项目相比，有哪些显著的特点？运输项目管理与评估的基本框架与研究方法是什么？相信本章会帮助您加深对以上问题的认识和理解。

学习目标

1. 掌握项目与运输项目的概念与特性。
2. 掌握项目管理、运输项目管理及运输项目评估的概念和特性。
3. 熟悉运输项目管理的类型。
4. 熟悉运输项目生命周期管理。
5. 了解运输项目评估的要求、原则、依据和方法。
6. 了解运输项目可行性研究与运输项目评估的区别和联系。

---

① 国家发展和改革委员会.《中华人民共和国国民经济和社会发展第十三个五年规划纲要》辅导读本 [M]. 北京：人民出版社，2016.

1.1 项目与运输项目

项目作为一种创新活动，普遍存在于人类的社会生产活动之中，人类现有的各种物质和文化成果最初都是通过项目的方式实现的。在当今知识经济和信息时代，整个社会创造财富和福利的手段越来越偏重于以项目形式出现的开发与创新活动。项目管理已经渗透到各个领域的管理之中，运输项目管理有着自身显著的特点。运输是国民经济中基础性、先导性、战略性产业，系统性强、涉及面广，不仅是国土空间上的纵横交错，更是经济版图上的互联互通。运输项目的开发和运输业的发展，对完善运输路网布局、保障运输需求、缓解运输压力、服务经济社会发展创造了基础条件。

1.1.1 项目

1. 项目的概念与特性

在社会生产实践中，不管何种类型的组织都需要开展各种工作，这些工作通常分为日常运作和项目两大类。两者之间的差异在于，日常运作往往是重复性的、持续不断的工作，而项目是一次性的、独特的工作，是具有一定的创新性和推动性的工作。当然，不管日常运作还是项目活动，它们都是由人来组织实施，都需要计划、组织、实施和控制等具体的管理活动。

一般认为，项目（Project）是一个组织为实现自己既定的目标，在一定的时间、人员和资金等资源约束条件下，所开展的一种具有一定独特性的一次性的工作或任务[1]。人类社会中很多具体的经济和社会活动，大到持续数年甚至几十年的国家巨型工程建设，小到企业的新产品开发、科研人员的课题研究，甚至一场家庭聚会或私人活动，都属于项目。美国项目管理协会（Project Management Institute，PMI）对项目的定义为："项目是为创造特定产品或服务的一项有时限的任务。"其中，"时限"是指每一个项目都有明确的起点和终点；"特定"是指一个项目所形成的产品或服务在关键特性上不同于其他相似的产品或服务[2]。

从以上有关项目的定义中可以看出，项目的概念包含以下3层基本含义。

（1）项目是一项有待完成的任务，并且有特定的运作环境要求，是一个动态的过程，而不仅是过程的最终结果。

（2）项目是在一定的组织机构内，利用有限的资源，如人力、物力、财力，在规定的时间内完成的任务。任何项目都要受到一定条件的约束，其中，质量（工作标准）、进度（工程期限）和成本（费用）是三个基本的约束条件。

（3）项目交付必须达到事先规定的目标要求，要满足一定的性能、质量、数量、技术指标等要求，使用户或出资人满意。

为了达成预期目标，项目应该包括5个基本要素，即项目范围界定（干什么）、项目组织

---

① 戚安邦．项目管理学 [M]．天津：南开大学出版社，2003，第12页。
② PMI Standard Committee．A Guide to The Project Management Body of Knowledge，PMI，1996。

结构（谁来干）、项目质量（工作标准是什么）、项目成本（成本花费是多少）和项目进度（时间要求）。

尽管不同专业领域中的项目在表现形式上千差万别，每个项目都有其独特的特性，但不管什么样的项目其本质都具有一些共同特征。项目的共同特性是对项目内涵的进一步描述，可以帮助我们从不同角度认识项目，加深对项目的理解。通常，项目具有如下主要特征。

（1）目的性。每个项目都会对应着一定的背景要求，因此，任何一个项目都应有一个明确的目标，都是为特定的组织实现特定的目标服务的。项目目标必须明确，目标需要逐层分解，子目标逐一完成，才能实现项目的总体目标。项目总体目标达成，才能获得利益相关方的满意。

（2）独特性或创新性。每个项目都有区别于其他项目的独特之处或创新之处，即使目标相同的两个项目也各有其特殊性，例如，体现在行业、空间、时间、规模、技术等方面的差异。项目本身是一种独特性和创新性的活动，项目管理也需要创新，需要因地制宜、因时制宜、因项目制宜。

（3）一次性或时限性。每个项目都有自己明确的起点和终点，有一个开始的时间和必须完成任务的截止时间，都是有始有终的，而不是不断重复、周而复始的。任何一个项目都有生命周期，大都经过启动、开发、实施、结束这样一个过程。与这种一次性或时限性相关，项目组织通常也是临时性的，项目完成后即宣告解散。

（4）制约性。每个项目都在一定程度上受客观条件的制约，最主要的制约是资金、时间、技术、人才等资源的制约以及法律法规、标准、合同文件等方面的要求。为了克服障碍，项目各阶段、各利益相关者之间需要协调、妥善处理来自内外部的各种冲突。

（5）整体性或系统性。项目是为实现总体目标而开展的各种工作、任务及活动的集合，它不是一项孤立的活动，而是一系列活动的有机组合，是各项活动及各种资源的有效集成，项目实施过程是一个完整的系统过程和有机整体，这体现了项目的整体性和系统性特征。

（6）不确定性和风险性。项目实施过程往往受到一些不确定性因素的影响，具有一定的风险性。很多大型项目一旦发生风险或失败，其投资损失往往难以挽回，对相关主体的影响或损害通常是深远的。

另外，项目与外界还必须保持密切的联系，具有一定的开放性、交互性和适应性特征。

2. 项目的分类

按照不同的角度和分类方法，项目类型通常有不同的划分，比如可以按照以下方式划分。

（1）按项目投资计划，一般可划分为基本建设项目、技术改造项目。

（2）按项目所在行业产业门类，一般可划分为农业项目、工业项目、制造业项目、建设工程项目、交通运输项目、物流项目、环境工程项目、服务业项目等。

（3）按服务对象领域，一般可划分为规划设计项目、科技创新项目、新产品研发项目、技术改造项目、生产制造项目、工程施工项目、生活服务项目、行政办公服务项目等。

（4）按经济评价方法，一般可划分为新建、改扩建、更新改造项目。

（5）按项目业主性质，一般可划分为业务项目和自我开发项目；企业项目、政府项目和非营利机构项目等。

（6）按目的不同，一般划分为营利性项目和非营利性项目。

（7）按规模及所属层次不同，一般可划分为大项目（Program）、项目（Project）和子项目（Subproject）。

（8）按项目完成期限要求不同，一般可划分为长期项目、短期项目、紧急项目、一般项目等。

（9）按项目资金来源不同，一般可划分为独资项目、集资项目、合资项目等。

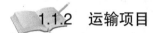

1.1.2 运输项目

1. 运输项目的概念与特性

运输项目（Transportation Project）是在国民经济交通运输领域产生的各类具有目标性、独特性、一次性特征的活动或任务，是指以提升空间位移功能为明确的目标要求，以运输基础设施、运输服务为交付成果，由一系列相互关联的活动和任务所组成的特定过程。例如，建设铁路、公路、水路、航空、管道及综合运输工程，建设城市或城际交通运输工程，建设国际或区域运输通道网络，开发客货运输服务软件系统，开展具有独特性、开创性的运输服务活动，统称为运输项目。

运输项目与其他领域生产部门项目相比，有共性的地方，也有其自身的特性，这些特性主要表现在以下几方面。

（1）运输项目具有较强的基础性和宏观性。运输是经济社会发展和人类生产生活的基本需要之一，是社会再生产过程在流通领域的继续，是社会再生产过程不可缺少的环节。运输业是国民经济的基础性产业，是为国民经济的生产过程、流通领域以及人民生活与旅行需要服务的产业。宏观上，运输项目的建设投资，不是根据本部门盈利的多寡，而是按照国民经济和社会发展需要而确定。运输效益不仅表现为本部门的直接效益，大部分是由利用运输的相关部门所获得，它可带动工业、农业、商业、科技、文教、卫生、旅游、国防等部门的发展，也会促进地区经济的发展和人民生活水平的提高。因此，运输项目是具有基础性和宏观性的活动，对运输项目评估和投资决策时，不仅看财务评估，更应着重于国民经济评估和社会评估。

（2）运输项目产出具有较强的公共性和外部性。作为公共或准公共产品，运输项目及其形成的产品或服务，是与其相关联的其他环节或领域取得的效果联系在一起的，并相互作用产生综合效果。它对经济、社会、文化、教育、民生、国防、自然生态环境等有诸多方面的外在影响，并将扩大物质生产、经济和生活服务、思想交流的范围。其外部性可分为正外部性和负外部性，外部性效应并没有从利益相关者货币或市场交易中反映出来。例如，正外部性主要表现为：运输项目的开发和运行，可以节约运输费用或时间、缓解拥挤程度、提高运输质量、减少设施维护费用、周边土地升值以及项目诱发产生的新增效益等。负外部性主要表现为：运输项目运营加剧了环境污染、交通拥堵、交通事故的发生等。因此，在测算运输项目的投资效益时，应以取得外部效果的大小作为投资决策的重要依据。

（3）运输项目投产运营期间产品具有无实体性。不像其他工程项目投产后可以生产出"实体"产品，运输项目投产运行，其产品具有"无实体性"，只能使货物和旅客在一定时间内发生空间位移，是运输项目创造的"特殊产品"。这种运输产品的无实体性决定了它的基础性服务职能，就是为国民经济和千家万户服务，与社会大生产和人民生活息息相关，因而其产品或服务价格也不能太高，否则会由于货物运输及人员出行成本的增加而引起其他行业物价的普遍上涨。

（4）运输项目规划建设和运营具有较强的受制约性。运输项目通常受自然条件（如气候、地质和地理环境等因素）及社会条件（如人口、经济、政治及军事形势等因素）的制约和影响，这决定了运输线路的选择和运输能力的安排必须要合理规划，必须结合土地资源的合理利用、沿线的经济社会及自然环境条件等因素，做全面综合衡量与比选，选取最经济合理、安全适用的线路技术方案，以满足人们生产及生活的运输需要。运输基础设施项目投资规模大，专业特点明显。无论是线路建设，还是运载工具的制造，都需要大额投资，还具有较强的专业性，技术规范严格，建成后又很难改作他用。

（5）运输项目规划与实施具有广泛的关联性。现代交通运输与经济深度融合，运输项目布局规划成为经济社会规划、区域协调战略的重要组成部分和先导支撑。综合类交通运输规划不是简单的运输项目累加，必须统筹经济社会、宏观调控、区域协调、产业布局、国土开发、对外开放、国防建设等因素，突出对国家重大战略和重大任务的支撑保障。编制中长期布局规划和综合运输规划，需要充分对接铁路、公路、水运、民航、油气管网、邮政、城市建设等行业发展需求，并做好与国土空间开发、重大产业布局、生态文明建设、信息通信发展等规划衔接。实施交通发展规划，需要投入巨额资金、调配大量资源、协调众多部门。除了优化衔接多种交通方式建设外，还需要统筹财政预算内资金、铁路建设基金、民航发展基金、车购税、港口建设费及专项建设基金等，有效协调交通运输、铁路、民航、邮政、能源、城市建设等部门，并加强央地合作、深化军民融合。这些都体现出运输项目规划与实施过程中存在广泛的关联性。

（6）运输项目具有较强的系统性和整体性。一方面，运输项目是国民经济中的一个重要环节，与其他物质生产活动一起构成了国民经济系统，运输项目的规划建设和运营必须与国民经济大系统相匹配。另一方面，作为现代交通运输方式的铁路、公路、水路、航空和管道，它们各自的技术经济特点不同，各地区所需的运输量、运输条件要求亦各有差异，因此，有必要充分整合各种运输方式的技术优势，统筹协调各方的资源和力量，有效匹配运输供给和运输需求两端差异，形成一个综合性高、整体性优、功能性强的现代运输项目。当然，每个具体的运输项目作为交通运输总系统的一个组成部分，必须从整体的角度对其进行规划、管理和评估。通过充分调查、分析论证、不断优化，使之统筹兼顾、相互协调，形成一个个高效的现代运输项目。

2. 运输项目的分类

按照不同的角度和分类方法，运输项目类型会有不同的划分，一般可做如下划分。

（1）按照运输项目交付成果的差异，运输项目可分为交通运输基础设施建设等运输工程项目、客货运输活动等运输服务项目、交通运输技术创新等运输技术项目等。

（2）按照不同运输方式的差异，运输基础设施工程项目一般包括铁路运输项目、公路运输项目、水路运输项目、航空运输项目和管道运输项目等投资建设项目。这些项目为社会生产和消费提供基本的流通服务，是社会经济活动的一种重要基础设施。

（3）按照运输对象之间的差异，运输项目可分为物流运输项目、旅客运输项目、客货综合运输项目等，其中货物运输项目又分为普通货物运输项目、大件货物运输项目、危险品运输项目等。

（4）按照运输项目所处层次差异，运输项目可分为国际运输项目、国家运输项目、区域运输项目、城际运输项目、城市运输项目等。

（5）按照运输项目业主性质差异，运输项目可分为政府主导的运输项目、企业主导的运输项目、其他非营利性组织主导的运输项目等。

1.2 项目管理与运输项目管理

现代项目管理通过计划、组织、领导和控制职能，对项目所需资源要素进行优化配置，以实现项目预期目标。运输项目管理通过运用现代项目管理理论与方法，对运输项目所需各种资源进行协调和优化配置，对运输项目进行决策、规划、评估及组织实施，以达成运输项目的预期目标。

1.2.1 项目管理

1. 项目管理的概念及特征

美国项目管理协会（PMI）提出，项目管理（Project Management）就是把各种知识、技能、手段和资源应用于项目活动之中，以达成项目目标的过程[①]。同时，项目管理也是一种实现创新的管理。国际标准化组织（International Organization for Standardization，ISO）认为，项目管理是在一个连续的过程中为达到项目目标，对项目所有方面进行的规划、组织、监测和控制活动[②]。现代项目管理运用科学理论和方法，通过计划、组织、领导和控制职能，对项目所需资源要素进行优化配置，以实现项目预期目标。项目管理是贯穿项目全过程的融决策、管理、评估为一体的组织、过程和方法的集合。

与项目的特性相近似，项目管理的基本特征如下。

（1）普遍性。项目作为一种创新活动普遍存在于人类社会的生产活动之中，同样，项目管理活动也是无处不在、无时不在的，项目的成功离不开成功的项目管理。

（2）目的性。一切项目管理活动都是为实现"满足或超越项目有关各方对项目的要求与期望"这一目的的服务的。

（3）独特性。项目管理既不同于一般的生产服务运营管理，也不同于常规的行政管理，它有自己独特的管理对象，有自己独特的管理活动，有自己独特的管理方法和工具。

（4）集成性。项目管理要求必须充分强调管理的集成性特性。例如，对于项目工期、造价和质量的集成管理，对于项目、子项目的集成管理，对于计划、组织、执行、控制的集成管理等。

（5）创新性。任何一个项目通常有其所处的独特环境及创新之处，项目管理要求对项目创新进行有效管理。任何一个项目的管理都没有一成不变的模式和方法可供参考，必须通过管理创新去实现对具体项目的有效管理。

---

① PMI Standard Committee . A Guide to The Project Management Body of Knowledge，PMI，2000.

② GB/T19016—2000 idt ISO10006：1997，项目质量管理指南 [S] .

2. 项目阶段和生命周期

为了便于更好地管理和控制项目，通常将项目的整个过程分解为项目启动、项目规划、项目实施和项目收尾等几个项目阶段（见图1-1），每个项目阶段都以一个或一个以上的工作成果的完成为标志，这种工作成果是有形的、可鉴定的，如一份可行性研究报告、一份详尽的设计图、一个建筑产品或一个工作模型。这些中间过程，以至项目的各阶段都是总体逻辑顺序安排的一部分，制定这种逻辑顺序是为了确保我们能够正确地界定项目的各项活动，以便高效地完成各项工作，达成项目的最终交付成果。

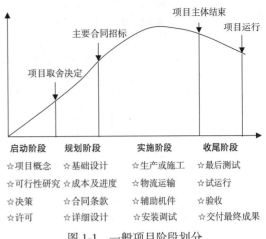

图 1-1 一般项目阶段划分

项目启动、项目规划、项目实施和项目收尾（竣工验收）4个阶段，贯穿了项目的起点、中间过程，直到终点，构成了项目生命周期的运行过程。项目生命周期的4个基本阶段也可以表述为：机会与需求识别、设计可行的解决方案、实施过程执行与控制、项目成果交付及项目结束。项目管理就是通过项目的4个阶段的过程得以进行的。

项目生命周期包括时限、阶段、任务和成果4个方面的主要内容，项目的子项目或项目各个阶段也会有自己清晰的生命周期。通常，项目生命周期的主要特征包括以下几个方面。

（1）时限性。项目生命周期确定了一个项目从开始到结束的持续时间以及主要活动的时限要求。

（2）阶段性。项目生命周期确定了项目的阶段划分以及每个阶段的时间要求。项目起始阶段，对资金和人员的需求比较少，随着项目的进行，需要会越来越多，当项目要结束时又会急剧减少。在项目开始时，成功的概率是最低的，而风险和不确定性是最高的。随着项目逐步地向前发展，成功的可能性也越来越高。

（3）任务要求。项目生命周期确定了项目阶段的具体任务和活动，以及项目活动之间的逻辑关系。

（4）成果导向。项目生命周期确定了整个项目过程中一系列的里程碑式的标志性事件，以及阶段性成果和最终交付成果验收的内容和时间。

项目生命周期各阶段的主要活动及所需从事的工作通常如下（见图1-2）。

3. 项目利益相关者

项目管理的目标就是综合运用各种知识、技能、手段和方法去满足或超出项目利益相关者对项目的合理要求及期望。项目利益相关方也称项目干系人，是指影响项目目标的实现，或者受到项目实施过程影响的所有个体、群体和组织。为了有效地满足项目涉及人员的需求和期望，需要对具有不同需求和期望的项目涉及人员之间的冲突和要求进行协调，包括对项目范围、时间、成本和质量的不同要求进行平衡，对明确表达出来的要求和未明确表达的期望进行平衡。通常，在项目中有既定利益的任何人员都是项目的利益相关者，包括项目受益人、项目受害人及项目受影响人等类型，项目开发建设给项目利益相关者会带来不同影响，此外，项目利益相关者的基本类型及其需求和期望如下。

项目启动或概念阶段	项目规划或设计阶段	项目实施阶段	项目收尾或结束阶段
·识别需求 ·调查研究 ·分析可行性 ·确立目标 ·拟订战略方案 ·组建项目团队 ·提出项目建议书	·制订项目程序 ·分配主要成员的角色与职责 ·确定项目范围 ·制订项目进度计划 ·确定项目资源 ·确定质量标准 ·评估项目风险 ·制订采购计划 ·对项目计划书评估并获取认可	·执行项目计划 ·进行信息沟通 ·建设高效团队 ·落实激励政策 ·跟踪项目进展 ·控制项目变更 ·采购产品或服务 ·平衡项目冲突 ·解决项目问题 ·进行阶段性评审	·核实质量与范围 ·评估项目绩效 ·移交产品或服务 ·清理资源 ·整理项目文档 ·总结经验教训 ·解散项目组

图 1-2　项目生命周期各阶段的主要活动

（1）项目业主、客户、委托人或建设单位，通常是项目建设实体的所有者，是项目产出成果的需求者，也是项目所需资金的提供者。其对项目的期望通常是投资少、收益高、时间短、质量合格。

（2）项目发起人，是最先提出项目的一方，可能是客户，也可能是第三方。

（3）项目团队及项目经理。项目团队是负责实施项目的组织；项目经理是项目团队的负责人，对项目负全面责任。

（4）被委托人或承约商，是接受委托人的有关委托，承接项目全过程或某些阶段及活动的承包方。承包商通常希望获得优厚的利润、及时提供施工图纸、迅速批准开工、不受其他承包商的干扰、按时支付工程进度款。

（5）分包商。承约商将项目中的一些子项目再转包给其他主体，承接转包项目的主体称为分包商。

（6）供应商，是项目实施所需的原材料、物料等资源的提供者。其期望项目所需材料规格明确、从订货到发货的时间充裕、有很高的利润率、质量要求合理。

（7）咨询机构，是对项目勘察、测量、论证、设计、评估等环节提供咨询服务的组织。其希望取得合理的报酬、宽松的工作进度表、工程量适度。

（8）政府机构，是指对项目进行审查、监督和管理的政府部门。其期望项目建设与整个国家的目标、政策和立法相一致。

（9）金融机构。其期望贷款安全、按预定日期支付、项目能提供较高的回报、按期清偿债务。

（10）生产运营部门，是指项目验收通过后接收项目进行生产运营的部门。其期望项目符合质量要求、按时或提前形成综合生产能力，培训合格的生产人员，建立合理的操作规程和管理制度，能保证项目正常运营。

（11）社会公众。其期望项目建设期无社会风险、无污染及公害，在项目运行期内对外部环境不产生有害的影响，项目有社会效益，产出品或提供的服务质量优良、价格合理。

（12）项目内部各部门。其期望拥有优良的工作环境，有足够的信息资源、人力资源和物资资源。

另外，项目其他利益相关者还包括社区、项目用户和潜在用户、新闻媒体、市场竞争者、潜在竞争对手及合作伙伴等。

项目干系人的参与，对项目的成功起重要的影响，有助于界定、澄清、驱动以及变更项目工作范围，最终有助于项目的成功。项目团队应当在项目早期识别各种类型的项目干系人，辨清他们的需要与期望，并在项目执行过程中引导和影响他们的各种期望，以保证项目能够成功。

运输项目的利益相关者是非常广泛的，这是由于运输项目的公共性质决定的，大型运输项目往往关系到地方经济社会发展、区域发展、产业布局、国土开发、对外开放、国防建设、民生保障等方面，因此，其利益相关者通常包括各级政府、军队、社会组织、公众，包括交通运输、铁路、民航、邮政、能源、城市建设等政府部门，甚至还包括一些国际组织、外国政府和组织。

1.2.2　运输项目管理

1. 运输项目管理的概念

运输项目管理（Transportation Project Management）是指运用项目管理理论和方法，对运输项目进行决策、规划、评估及组织实施的过程，其本质是对运输项目所需各种资源进行协调和优化配置，以实现运输项目的预期目标。

运输项目管理是现代项目管理理论在运输领域中的应用，它以运输项目的管理为研究对象，通过定性、定量相结合的方法，将项目管理的先进理念和手段引入到日常项目管理中，极大地提高了运输项目管理的效率和综合效益。

运输项目管理的对象包括铁路、公路、水路及航空运输基础设施的规划和建设项目、载运工具运用工程项目、交通信息工程及控制项目、客货运输经营和管理项目等方面。

2. 运输项目管理的特点

运输项目管理不同于一般的项目管理，其主要特点如下。

（1）管理对象复杂性。运输项目往往涉及不同利益相关者的不同需求，运输对象种类复杂多样，有些需要具备较高的专业化运输条件，旅客或货主在起讫点及线路选择、运送时间、运送速度、服务质量等方面的要求存在较大差异。

（2）管理要求专业性。运输项目行业性特征较强，这要求运输项目管理人才应该具备扎实的交通运输工程、运输项目管理、交通经济与管理方面的专业知识，熟悉国家有关交通运输方面的法规政策，把握运输市场需求，了解不同运输对象、不同货物的特征性质差异，以便科学合理地制定运输方案或决策。

（3）管理环境制约性。由于运输项目具有基础性、宏观性及外部性特点，运输项目本身也受到自然条件和社会条件的制约，因此，运输项目管理与评估需要统筹考虑经济、社会、政治及自然环境等较多外部因素的影响，综合考虑各类复杂环境及不确定性因素的制约。

（4）协调领域广泛性。由于运输项目与经济社会发展、区域发展、产业布局、国土开发、对外开放、国防建设、民生保障等方面密切相关，对国家重大战略和重大任务起到支撑保障作用，对运输项目的管理协调，特别是大型运输项目，通常涉及众多部门，如交通运输、铁路、民航、邮政、能源、城市建设等部门，还可能涉及各级政府、军队等方面，因此，运输项目管理协调领域具有广泛性。

1.2.3　运输项目阶段划分和基本建设程序

从项目管理的角度，对运输项目进行阶段划分的目的主要是为了便于更好地管理和控制项目，更好更快地达成运输项目可交付的成果。如同项目阶段划分一样，通常将运输项目过程划分为运输项目启动、运输项目规划、运输项目实施和运输项目收尾 4 个阶段（见图 1-3）。

基本建设程序是在项目阶段划分的基础上设置的，具有法律和制度上的强制性，是

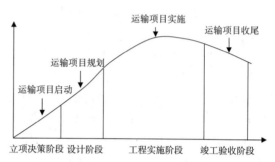

图 1-3　运输项目阶段划分和基本建设程序

确保建设项目科学决策和顺利进行的重要保障。基本建设程序也是一门科学，它反映了建设项目在建过程中的客观规律。运输项目基本建设程序是指国家按照运输项目建设的客观规律制定的，从项目立项、决策、设计、工程实施、竣工验收并交付使用的整个建设过程中，各项工作必须遵循的先后工作次序。运输项目的基本建设程序主要分为立项决策阶段、设计阶段、工程实施阶段和竣工验收阶段 4 个基本程序，如图 1-3 所示。

1. 运输服务项目阶段划分和主要工作程序

运输服务项目是指为满足客货空间位移的需要，在一定的目标和范围条件下所开展的具有一定的独特性和开创性的运输活动。运输服务项目阶段主要划分为运输项目启动阶段、规划阶段、实施阶段和收尾阶段，各阶段主要工作如下。

1）运输项目启动阶段

（1）识别运输需求。

（2）分析可行性。

（3）物流运输决策。

2）运输项目规划阶段

（1）制定运输项目作业程序。

（2）确定运输项目工作范围及运输对象范围，签订物流运输合同。

（3）分配主要成员的角色与职责。

（4）制订运输进度计划，确定运输路线。

（5）确定所需资源及成本。

（6）确定运输服务质量标准。

（7）评估运输项目风险。

3）运输项目实施阶段

（1）执行运输项目计划。

（2）进行运输过程中的信息沟通。

（3）对运输人员进行激励与监控。

（4）跟踪运输过程进展。

（5）控制运输过程中的各类风险及变更。

4）运输项目收尾阶段

（1）核实运输对象的质量与范围。

（2）评估运输项目绩效。

（3）交付运输产品或服务。

2. 公路运输工程项目基本建设程序

公路运输工程项目是国家基础设施建设工程的重要内容之一，其建设必须按照国家规定的基本建设程序和有关规定进行。除国家另有规定外，我国公路运输工程项目通常按照下列程序进行。

1）运输工程项目启动阶段

（1）根据规划，进行预可行性研究，编制项目建议书。

（2）根据批准的项目建议书进行工程可行性研究，编制可行性研究报告。

（3）工程项目立项。县级以上地方人民政府交通主管部门根据国家有关规定，按照职责权限组织公路建设项目的预可行性研究和工程可行性研究工作。

2）运输工程项目规划阶段

（1）根据批准的可行性研究报告，编制初步设计文件。

（2）根据批准的初步设计文件，编制施工图设计文件。

（3）根据批准的施工图设计文件，编制项目招标文件。

（4）根据批准的项目招标文件、资格预审结果和公路建设计划，组织项目招标投标。

（5）根据国家有关规定，进行征地拆迁等施工前准备工作，编制项目开工报告。

（6）公路建设项目的预可行性研究报告、工程可行性研究报告和初步设计文件应按照国家颁发的编制办法编制，并符合国家规定的工作质量和深度要求。

（7）公路建设项目应当按照国家有关规定实行项目法人责任制度、招标投标制度、工程监理制度和合同管理制度。

（8）公路建设项目法人应当依法选择勘察设计、施工、监理咨询单位，采购与工程建设有关的重要设备、材料，办理开工报告，组织项目实施，准备项目竣工验收和后评价。

3）运输工程项目实施阶段

（1）根据批准的项目开工报告，组织项目实施。

（2）公路建设必须符合公路工程技术标准，施工单位必须按批准的设计文件施工。任何单位和人员不得擅自修改工程设计。重大设计变更和概算调整，应当报原初步设计审批单位批准，未经批准不得变更。

（3）公路建设项目实施过程中，监理单位应当依照法律、法规以及有关技术标准、设计文件、合同文件和监理规范的要求，采用旁站、巡视和平行检验形式对工程实施监理，对不符合工程质量要求的工程有权责令施工单位返工。未经监理工程师签认，施工单位不得将建筑材料、构件和设备在工程上使用或安装，不得进行下一道工序的施工。

4）运输工程项目收尾阶段

（1）项目完工后，编制竣工图表和工程决算，办理项目验收。

（2）竣工验收合格后，组织项目后评价。

（3）公路建设项目验收分为交工验收和竣工验收两个阶段。交工验收合格的，经项目所在地省级交通主管部门批准可以试运营，未进行交工验收或交工验收不合格的，不得试运营；试运营期最多不超过两年，试运营期结束前必须组织竣工验收，经竣工验收合格的项目可转为正式运营使用；公路建设项目验收工作必须符合交通部制定的公路工程竣工验收办法。在试运营期限内未组织竣工验收或竣工验收不合格的，停止使用。

3. 铁路运输工程项目基本建设程序

按照《中国铁路总公司铁路建设管理办法》[①]，我国铁路运输工程项目基本建设程序通常包括立项决策阶段、勘察设计阶段、工程实施阶段和竣工验收阶段4个阶段（见图1-4）。铁路建设项目必须按照立项决策、勘察设计、工程实施和竣工验收的基本程序组织建设，各阶段工作要达到规定要求和深度。各阶段主要工作如下。

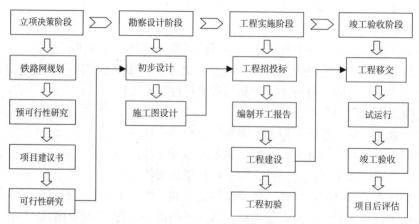

图1-4　铁路运输项目基本建设流程图

（1）立项决策阶段

- 依据中长期铁路网和铁路建设规划，对拟建项目进行预可行性研究，编制项目建议书。
- 根据批准的项目建议书，在初测基础上进行可行性研究，编制可行性研究报告。
- 项目建议书和可行性研究报告按规定报批。
- 工程简易的建设项目，可直接进行可行性研究，编制可行性研究报告。

（2）勘察设计阶段

- 根据批准的可行性研究报告，在定测基础上开展初步设计。
- 初步设计经审查批准后，开展施工图设计和审核工作。

（3）工程实施阶段

- 按规定组织工程招标投标、编制开工报告。
- 开工报告批准后，依据批准的建设规模、技术标准、建设工期和投资，按照施工图和施工组织设计文件组织建设。

（4）竣工验收阶段

- 铁路建设项目按批准的设计文件全部竣工或分期、分段完成后，按规定组织竣工验收，

---

① 中国铁路总公司. 中国铁路总公司铁路建设管理办法（铁总建设 [2015]78 号）[Z].2015-02-16.

办理资产移交或维管交接。

　　• 组织运输项目后评估。

案例1-1

世界银行贷款项目周期 [①]

　　世界银行贷款项目周期分为六个阶段：项目选定（或称鉴别），项目准备，项目预评估、正式评估，项目贷款谈判及签约，项目执行与监督，项目总结评价（后评价）。

　　世界银行在每一个阶段都为项目派出一个以项目经理（Task-Manager）为团长的5人左右的代表团来华并到项目所在地开展工作。

　　（1）项目选定。项目选定是项目周期的第一阶段。在这个阶段，主要由我国选定那些需要优先考虑，并符合世界银行投资原则的项目。

　　这些项目必须有助于实现国家和地区的发展计划，而且按世界银行标准被认为是可行的。从我国来讲，选定的项目，必须具备以下条件：①已列入行业规划或五年计划；②配套资金基本落实；③具有还贷能力；④有较好的社会、经济、财务效益。项目选定后，才可列入世界银行贷款计划。

　　世界银行一般要对借款国的经济结构和发展前景进行调查，并派考察团实地考察，与借款国讨论经双方同意确定优先项目，作为世界银行贷款的预选项目，即完成项目筛选、项目考察、项目鉴别等程序的项目。

　　（2）项目准备。我国选定的项目取得世界银行初步同意后，便进入项目的准备阶段。项目准备工作，首先是对选定项目进行可行性研究，编制可行性研究报告。有时世界银行也提供部分资金，如技术合作信贷（TCC），或某些国家为世界银行提供的特别基金，或申请国寻求国际赠款用以聘请国外咨询专家协助完成这一工作，以确保可行性研究的质量。

　　世界银行特别重视项目的环保问题，对环境影响要进行大量的调查和论证，特别是文物保护更加突出。因此，项目单位还要按世界银行要求准备有关环境影响评价报告及环保实施和监督行动计划。

　　项目准备阶段的重点是可行性研究，其深度至少相当于扩大的初步设计。京津塘高速公路、西三公路、成渝路、南九路、济青路、三铜路在项目准备阶段均完成了初步设计，补充了可行性研究报告，这样，不仅各种资料较齐全，而且数据准确，为世界银行的评估奠定了基础。

　　（3）项目评估。项目评估阶段根据项目准备情况不同，可分为预评估和正式评估。

　　完成项目准备工作后，即进入项目评估阶段，一般是在国内初步设计批准后进行。在这一阶段，世界银行派出评估团来华进行实地考察，全面、系统地检查项目的各个方面，与中方专家就项目的经济财务、工程技术、设计文件、组织管理、招标采购等一系列问题进行讨论和评估，同时还要决定项目的人员培训，设备采购的数量清单、方式，研究课题等具体安排。

　　项目评估是项目周期中的一个重要阶段，世界银行要对项目的各个方面进行全面审查，为项目的成立、执行和后评价奠定基础。世界银行评估团的实地考察一般需要2～3周时间，如认为该项目符合世界银行的贷款标准，就提出项目评估报告，包括项目的技术、机构、经

---

① 贾燕西.世界银行贷款项目程序介绍[J].中国水利，1993（9）：37.

济和财务4个重要方面，它是世界银行内部的重要文件，需得到世界银行执行董事会议可，在项目执行过程中，它是重要的依据之一。

（4）项目贷款谈判。贷款项目完成了正式评估，世界银行项目代表团编制的职员评估报告经执行董事会批准形成正式世界银行职员评估报告，世界银行随后将安排1周左右的时间，邀请借款人代表及项目执行机构的代表团（6人左右）到华盛顿世界银行总部进行贷款谈判。

（5）项目实施。项目实施又称项目执行。在这一阶段，项目单位负责项目的执行，世界银行负责对项目的监督。项目单位除了组织力量，配备技术、经济、管理等专家，按贷款、项目协议规定执行外，还需制订项目执行计划和时间进度表，主要包括以下内容：①制订土建工程实施计划；②确定施工监理队伍；③货物采购；④机电工程采购；⑤人员培训及开展有关贷款、项目协议规定的工作。在做好项目执行计划的各种准备工作后，即可组织国际招标。土建工程招标和货物及机电工程采购招标均按世界银行规定的现行采购指南进行。

在完成了国内开工报告的审批后，贷款项目即可正式开工。世界银行每半年或一年一次派员到项目现场进行实地跟踪检查，检查的重点是采购程序、工程质量、工程进度、财务支付等各个方面。进度报告要提交世界银行专职机构审查，如发现问题，世界银行将书面通知借款人或派工作组来华实地调查和解决。按规定，每年还将由专门的审计部门向世界银行提供年度审计报告。在项目完成后，一般应不晚于6个月向世界银行提供项目竣工总结报告。

（6）项目总结评价。世界银行在项目完成后1年左右，对项目进行总结评价，即项目后评价。由世界银行项目经理写出《项目完成报告》送交世界银行业务评审局对项目的成果进行比较全面的总结评价。必要时，该局还将派员进行实地调查，然后提出自己的《审核报告》，直接送世界银行执行董事会。世界银行还要征求我国对世界银行业务评审局《审核报告》的意见。目前我国已建立项目的后评价制度，一般能满足世界银行的要求。

另一方面，我国向世界银行提出的贷款申请程序如下。

（1）由国家发展和改革委员会（以下简称发改委）根据国家长远规划和主管部门及地方政府的申请，综合权衡后挑选出适合于利用世界银行贷款的项目，报国务院批准。

（2）由财政部将国务院批准的项目统一作为备选项目供世界银行考察。

（3）世界银行经过考察后提出意见，提出年度备选项目。

（4）对初步确定的项目，项目单位按照国内基本建设程序进行工程预可行性研究、可行性研究以及初步设计等工作；在此阶段，世界银行将派出代表团对项目先进行鉴别、准备、预评估、评估等一系列评审工作，提出项目职员评估报告。

（5）世界银行正式评估以后，财政部作为我国世界银行贷款的窗口单位，还要与项目单位洽商转贷条件，包括贷款利率、还款期限和还款方式（币制）等。

（6）双方对项目的评估都认同后，即进入谈判阶段，由世界银行提供贷款（信贷）协议和项目协定草本；我方审定后，由财政部、项目主管部门、国家发改委和项目单位组成代表团前往世界银行在华盛顿的总部谈判，对协定文本进行修改和确认，达成协议并签署谈判纪要。

（7）对贷款（信贷）协定，我方应报国务院核准，项目协定应报项目主管部门（如省政府）核准；世界银行方面报执行董事会批准，然后由双方授权代表在协定文本上签字。

（8）贷款（信贷）、项目协定一经签字，就具有法律效力，在协定中明确规定的生效条件都完成后，一般为90天左右，协定即宣告生效，即可按协定规定办理支付和提款。

世界银行和国内基建的两套程序对照，见表1-1。

表1-1 世界银行和国内基建的程序对照表

世界银行项目周期	我国公路项目基建程序
项目选定（鉴别）	预可行性研究、项目建议书报批
项目准备（预评估）	工程可行性研究报批
项目评估	初步设计审批、招标文件的编制，编报外资方案
项目谈判	列入年度计划、招标
项目实施	开工报告、中间检查、竣工验收
项目后评价	工程后评价

1.3 运输项目评估

运输项目评估按照一定的程序和方法，对运输项目的可靠性和可行性进行研究判断，权衡比较各方案，向政府或项目利益相关者提供明确的结论。项目评估是审查和选择项目的一种工作方法，也是考核项目实施绩效的一种方法。运输项目评估是项目前期进行投资决策的关键环节，是项目取得资金支持或贷款的依据，也是实施运输项目管理的基础，可以使运输项目微观效益与宏观效益实现统一。

1.3.1 运输项目评估的概念及特点

1. 项目评估和运输项目评估

项目评估（Project Evaluation）也称项目评价，项目评估的概念有狭义和广义之分。狭义的项目评估是发生在项目决策启动阶段、可行性研究之后的评估工作[①]。可行性研究是项目评估的对象和基础，项目评估是使可行性研究的结果得以实现的前提，项目评估是可行性研究的自然延伸和再研究。狭义的项目评估是指在对投资项目进行可行性研究的基础上，根据有关法律、法规、政策、方法和参数，由贷款银行或有关专业机构对拟投资建设项目的规划方案进行全面的技术经济论证和再评价，以判断项目方案的优劣和可行与否的过程。其目的是判断项目方案的可行性或比较不同投资方案的优劣，为投资项目的决策提供参考依据。广义的项目评估是指贯穿于项目整个生命周期各阶段的审查工作，在不同的阶段有着不同的评估目标和评估内容，但总的目的都是根据客户要求，对项目进行研究判断，以支持项目决策工作，而且评估的方法也类似。根据项目立项、实施、竣工三个阶段，项目评估工作主要包括事前项目评估、事中项目评估和事后项目评估三种基本类型。项目可行性研究、可行性研究评估、项目规划设计实施评估、项目后评估等都属于广义的项目评估范围。本章所指的项目评估主要针对狭义的项目评估，即对项目可行性研究的评估。

运输项目评估（Transportation Project Evaluation）是指按照运输项目建设的法定程序或政策要求，按照一定的目标、原则和评价方法，对运输项目的可靠性和可行性进行研究判断，

---

① 谢海红，等.交通项目评估与管理[M]，北京：人民交通出版社，2009.

权衡比较各方案，向政府或项目利益相关者提供审查结论的过程。运输项目评估时，主要针对运输项目建设的必要性和市场预测前景、建设条件、技术方案、经济和社会效益、所处政策法律环境、产业政策、技术政策以及项目涉及的生态环境和公众利益等方面进行评估。运输项目评估是对运输项目的审查，是对运输项目进行决策的依据。由于此项评估工作处于项目决策启动阶段、可行性研究之后，所以也称运输项目前评估。

运输项目后评估是发生在运输项目收尾阶段的一个环节，主要针对运输项目建设的目的、效果、技术标准、资金合理利用、项目运营状况、经济和社会效益、可持续发展等状况进行考察评价，提出改进意见和建议。

项目评估、论证和评价应力求客观、准确地将与项目有关的资源、技术、市场、财务、经济、社会等方面的数据资料和实况真实、完整地汇集、呈现于政府监管部门和决策者面前，并从正反两方面提出项目审查意见，为决策者选择项目及实施方案、做出正确合适的决策提供参考。

2. 运输项目评估的特点

运输项目评估除了遵循一般项目评估的原则和基本方法外，根据其自身的行业特点，在具体方法上具有以下特点。

（1）评估目标的宏观性。由于运输业的发展直接影响到国民经济各部门的发展和社会的进步，同时运输业的发展规模、发展速度和发展水平都受到国民经济和社会发展的制约。因此，运输项目评价必须以宏观的国民经济和社会评估为主，以此作为项目取舍的主要依据。

（2）经济效益的多重性与兼顾性。运输项目经济效益的评估，应使近期与远期效益相结合、交通运输部门的效益与国民经济和社会效益相结合、有形效益与无形效益相结合、国民经济评估与财务评价相结合。

（3）评估方法的多样性。运输项目的国民经济和社会评估主要采用有无对比法、费用效益分析法、多目标综合分析评价法、层次分析法和模糊综合评价法。

（4）应重视配套项目。由于运输生产过程的连续性、过程性以及各个环节的协调联动性特点，形成整体的运输生产能力往往不是一个项目（站场枢纽、线路建设等）能完全解决的，而需要各个子系统协调配合才能完成一个完整的过程，因此，运输项目评估应考虑相关配套设施项目和投资。例如，修建港口、铁路等项目应考虑其集疏运条件和设施；新建铁路应考虑与既有线路接轨和编组站、机务段、车辆段等配套和改建。

（5）应注重路网的优选与运输方式的组合。路网的优选着眼于开发沿线资源；发展地区物资交流；促进地区经济繁荣；发展旅游业和对外贸易；提高人民生活水平；发展边区经济及巩固国防等目标，从宏观规划中选取具体项目的最佳建设方案，对项目做出可行的经济估价，并提出投资、运营等相关费用。

（6）需充分考虑自然条件对运输项目的制约。因为运输项目技术方案的确定是与地形、地貌、水文、地质、气象、潮汐、流沙等自然条件直接关系的，有时甚至会影响到运输项目建设的成败，因此，要对运输项目进行勘探、观测和实验，充分考虑自然条件对运输项目的制约。

1.3.2 运输项目评估的作用、要求和依据

1. 运输项目评估的作用

通过运输项目评估，可以提高运输项目科学管理水平、决策的准确性和科学性，提高投

资效益，保障国民经济良性运行、健康发展。项目评估人员必须从国家全局利益出发，坚持实事求是的原则，认真调查研究，广泛听取各方面的意见，对已形成的基础资料、技术和经济参数进行认真审查核实，对项目的评估意见尽量做到公正、客观和科学[1]。运输项目评估的作用主要体现在以下几个方面。

（1）运输项目评估是调整优化项目方案的依据。运输项目评估将运输项目的可行性研究报告、规划设计或项目实施情况进行客观评价，对项目方案和过程的改进起到很重要的作用。

（2）运输项目评估是投资决策的关键环节。运输项目投资结论往往是运输项目投资最终审批决策的主要依据，因此，投资项目决策的正确与否，主要取决于项目评估环节。

（3）运输项目评估是向银行取得贷款的依据。根据银行规定，凡是申请贷款的项目，必须进行详细评估。通过项目评估，可以确保投资发挥应有的社会经济效益，保证银行获得较好的资金经营效益。

（4）运输项目评估是实施运输项目管理的基础。项目评估是一种有效的项目管理手段，项目实施过程中，项目人员可以将实际发生的情况和数据与评估时所掌握的资料进行对比分析，及时发现设计施工、项目进展、资金使用等方面的问题，以便采取措施，纠正偏差。项目运营后，可以将评估时的预测情况与实际发生的情况进行比较分析，找出问题和差距，以总结经验，提高项目管理水平。

（5）运输项目评估可以使运输项目微观效益与宏观效益得到统一。投资结构不合理是当前投资领域中最突出的问题，已成为微观效益同宏观效益产生矛盾的根源。而项目评估工作，既要评估企业效益，更要重视评估国民经济效益，由此可使两者得到统一。

2. 运输项目评估的要求及原则

1）运输项目评估的要求

项目评估是我国项目基本建设程序中的规定环节，其目的是审查和判断项目可行性研究的可靠性、真实性和客观性，对拟建项目技术是否可行，经济上是否合理，进行论证，并对政策法规要求、融资模式、设计方案等核心问题的确定是否合理提出评估意见，编写评估报告，以此作为项目投资最终审批决策的重要依据[2]。对拟建运输项目可行性研究报告的评估，主要应从合法性、必要性和可行性三方面进行论证。

（1）运输项目是否具有合法性，是否符合国家有关法律、法规及政策规定，是否符合生态环境保护和公众利益要求。

（2）运输项目是否具有必要性，是否符合国家宏观经济形势要求，是否符合国民经济和社会发展中长期规划、空间规划、行业规划和国土规划的要求，项目规划建设布局是否合理。

（3）运输项目是否具有可行性，在工程技术上是否先进、适用，建设条件和技术方案是否可行，在经济和社会效益上是否合理有效，是否达到市场预测前景。

2）运输项目评估的原则

运输项目评估过程中，应遵循以下4条基本原则。

（1）客观、科学、公正的原则。运输项目评估要在广泛收集信息、掌握项目实际情况的基础上，进行分析评估，评估过程中要遵循科学规律、经济规律，保持客观公正和不受外界

---

[1][2] 谢海红，等.交通项目评估与管理[M].北京：人民交通出版社，2009.

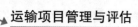

因素干扰。在指标体系、评估程序、规范性、独立性等方面做出必要承诺，以便客观公正地论证和审查项目。

（2）全局性原则。运输项目涉及国家政策、发展规划、产业政策和准入标准，涉及国家、地区、部门、企业、个人和公众多方面的利益关系，项目评估过程中必须坚持系统的思想和方法，全面研究项目的地位和作用、方案、利益和损失。评估项目是否符合国家法律法规和宏观调控政策、发展规划、产业政策和准入标准，以及对国家安全、公众利益、经济、社会、生态等方面的影响。

（3）适应性原则。运输项目评估要注重前提性和关键性的综合问题，既要坚持面向项目总体目标，又要突出重点，评估要具有一定的深度，评估结论必须明确肯定，不能含糊其辞、模棱两可，评估的深度与广度要与项目评估的作用相适应。

（4）责任原则。项目评估过程中，评估机构应加强对项目资料管理，不应将项目设计图纸、施工方案、功能分布图等相关资料擅自公开、交易。项目评估完成后，评估机构要对已完成的项目评估结论负责。

3. 运输项目评估的依据

可以作为运输项目评估依据的主要有如下方面。

（1）有关部门颁布的项目评估方法。

（2）运输项目可行性研究报告、规划方案等。

（3）政府相关部门的批复文件，如项目建议书、可行性研究报告的批复等。

（4）项目投资协议、合同、章程等。

（5）与项目有关的方针、政策、法律法规、规定、办法等。

（6）有关的年鉴、统计公报等信息。

（7）与项目相关的其他信息、资料。

1.3.3 运输项目评估的常用方法

项目评估涉及政治、经济、社会、生态、法律等多个领域，针对不同的评估对象，全面考虑项目实施中出现的各种可能情况，要采取不同的方法进行评估，最大限度地实现项目经济效益、社会效益的最大化和负面效应的最小化。

运输项目评估常用方法与运输项目可行性研究及规划设计中采用的方法基本一致，但同时要根据评估的目的和需要，结合所处项目阶段的不同，针对项目中具体不同的内容，在选用方法上会有不同的侧重。运输项目评估可以采用以下方法。

1. 定性评估方法

定性评估方法对运输项目中存在的问题的本质属性进行分析，通过大量的定性分析，在掌握运输项目具体现状、存在问题、运作规律的基础上，对项目可行性研究或规划实施效果做出全面恰当的分析判断。定性分析的缺点是它主观性较强，缺乏严格的评估标准，结论相对模糊。

2. 定量评估方法

定量评估通过选取一些指标、引入相关模型分析，对项目可行性研究或项目规划实施效果进行量化评价。尽管定量方法有利于提高项目评估的可信性，但由于项目可行性分析和规划设计中的很多数据都是预测出来的，存在诸多不确定性因素，使数据将来会有很大的变化，而且项目评估中设定及获取指标的数据本身缺乏一致性与可信性，导致定量评估方法也存在一定的局限性。常见的一些定量评估方法如下。

（1）费用效益分析评估法

费用效益分析法主要是比较为运输项目所支出的社会费用（国家和社会为项目所付出的代价）和项目对社会所提供的效益，评估项目建成后将对社会做出的程度。最重要的原则是项目的总收入必须超过总费用，即效益与费用之比应该大于1。

运输项目的经济评价应充分考虑外部性的因素，按照资源合理配置的原则，从国家整体角度考察项目的效益（采用影子价格等计算），评价项目的经济合理性，其实质是站在国民经济总体角度上对效益与项目费用进行对比。费用是国民经济为其付出的代价，即某一特定经济活动的所有投入物的总价值。效益是对国民经济的贡献，即某一特定经济活动结果的总价值。效益减去费用为经济活动的净效益。

（2）成本效用分析评估法

效用（Utility）是经济学中常用的概念之一，是指消费者对消费某种产品和服务的心理满足程度及主观评价。运输项目的效用通常包括效能、质量、使用价值、受益等，这些标准常常无法数量化，且不具有可比性，因此，评价效用的标准很难用绝对值表示。通常采用通达性、利用率、保养率、可靠程度和旅客满意度相对值来表示。成本效用分析法主要是分析效用的单位成本，即为获得一定的效用而必须耗费的成本，以及节约的成本，即分析净效益。若有功能或效益相同的多项方案，自然应选用单位成本最低者。

成本效用分析评估通常有三种情况。

• 当成本相同时，通常评估选择效用比较高的方案。

• 当效用相同时，通常评估选择成本比较低的方案。

• 当效用提高而成本加大时，应评估选择增效的单位成本较低的方案。

（3）多目标系统分析评估法

运输项目具有多种功能，很难将其按用途分解单独分析，这种情况下应采用多目标系统分析评估法，即从整体角度，分析评估项目的效用与成本、效益与费用，计算出净收益和成本效用比。

3. 综合集成评估法

综合集成评估方法将定量方法和定性方法有机结合，能较好地满足项目评估时各方的需求，并考虑到诸多因素。综合集成的评估方法比单个评估方法，在时间、成本、复杂性等方面提出了更高的要求，也具有更大的适应性。

1.3.4　运输项目评估、可行性研究与后评价

1. 运输项目评估、可行性研究与后评价的概念

运输项目可行性研究是指对一个运输项目的方案是否可行进行评估，在充分了解与项目相关的技术、经济、社会、政治和生态环境等因素的基础上，识别出该方案在技术上、财务上、经济上是否可行，在所处生态、社会和政治条件上成功的概率。只有做出可行性分析和判断之后，才能将运输项目进行下去。项目可行性研究可以分为初步可行性研究和详细可行性研究。初步可行性研究，是在机会研究的基础上，对项目建设方案做市场、目标、效益等方面的进一步论

证，对项目的可行性进行初步判断;详细可行性研究是在项目决策前对项目有关的工程、技术、经济等各方面条件和情况进行详尽、系统、全面的调查、研究和分析，对各种可能的建设方案和技术方案进行详细的比较论证，并对项目建成后的经济效益、国民经济和社会效益进行预测和评价的一种科学分析过程和方法，是项目进行评估、决策、贷款的前置条件之一。

运输项目评估是在项目初期主要对运输项目可行性研究报告和设计方案进行评价，从宏观经济和微观经济相结合的角度，在不同的建设方案中筛选并提出更优化的方案或措施，供政府主管部门决策，使项目投资效果最好，或者用最少的投资来取得最大的经济和社会效益。

运输项目后评价是指对已经完成的运输项目的目的、执行过程、效益、作用和影响进行系统的、客观的分析评价，通过对项目活动实践的检查总结，确定项目预期的目标是否达到、项目的主要效益指标是否实现，通过分析评价达到肯定成绩、总结经验、吸取教训、提出建议、改进工作、不断提高项目决策水平和投资效益的目的。

2. 运输项目评估、可行性研究与后评价的区别和联系

运输项目评估、可行性研究与后评价的区别和联系见表1-2，由它们的概念可以看出，其区别主要表现如下。

（1）它们发生的前后顺序不同。可行性研究和项目评估发生在项目启动阶段，可行性研究是项目评估的对象之一，项目后评价发生在项目收尾或运营阶段。

（2）服务的主体不同。可行性研究报告由有资格的设计或咨询机构来编制，项目评估则由政府监管部门、项目主管部门、贷款银行等机构委托有资质的专门评估机构来做。

（3）所起的作用不同，可行性研究一般是站在用资角度考虑问题，主要是作为项目决策的依据;项目评估一般是站在银行、国家投资角度，不仅是为项目决策服务，而且是银行参与决策和决定贷款与否的依据;项目后评估站在项目运行的角度，总结经验教训，进一步完善项目决策水平和投资效果。

（4）研究的侧重点不同，可行性研究侧重于项目技术、经济方面的论证，项目评估则侧重于对可行性研究的质量和可靠性的审查和评估。

运输项目评估、可行性研究与后评价之间的联系主要表现在:

（1）它们有着密切的联系，其理论基础、基本原理、方法、基本内容和要求都是一致的;

（2）目的一致性，都为项目的相关决策服务;

（3）都要按照规定程序进行;

（4）都是项目管理中非常重要的环节，没有项目的可行性研究，就不会有项目的评估，不经项目评估，项目的可行性研究也就不能最后成立。

表1-2　运输项目评估、可行性研究与后评价的区别和联系

	概　念	共　同　点	不　同　点
运输项目评估	综合分析影响项目的各个因素，对项目是否可行做出研究	目的一致性，都为项目的相关决策服务	发生前后顺序不同
运输项目可行性研究	对可行性研究报告基础资料和研究方法做出审查和鉴定，对结论做出检查和确定	都要按照规定程序进行	服务的主体不同
运输项目后评价	对已经完成的运输项目的目的、执行过程、效益、作用和影响进行系统的、客观的分析评价	理论基础、基本原理、方法、基本内容和要求一致	所起的作用不同
		项目管理中非常重要的环节	研究的侧重点不同

1.4　运输项目管理与评估的演进及框架

现代项目管理与评估通常被认为起始于第二次世界大战期间，经历了成长和成熟两大阶段，至今已形成完整的理论体系和框架结构，已成为一门深受欢迎的学科，其成熟的理论基础和方法已经在许多实际的项目管理过程中发挥了重要的作用。运输项目管理属于行业性的项目管理，是一般性项目管理理论与运输行业有机结合的产物。

1.4.1　运输项目管理与评估的发展历程

1. 国际上项目管理与评估的发展历程

古代尽管出现了如金字塔、尼姆水道、都江堰和万里长城等一系列伟大的工程项目，展现出古人在项目管理上的智慧。但是，当时的项目主要凭人们的经验和直觉、尤其是个别精英的才能和天赋进行管理的，并未形成系统和科学的项目管理理论与方法。现在通行的看法认为，现代项目管理是二战后期发展起来的一种系统的管理技术和方法，以 20 世纪 80 年代为界把项目管理划分为两个阶段，80 年代之前被称为现代项目管理与评估成长阶段，80 年代之后被称为现代项目管理与评估成熟阶段。

（1）现代项目管理与评估成长阶段

早在 1917 年，亨利·甘特（Henry Gantt）发明了著名的甘特图，将项目任务按日历形式制作出来，方便于日常工作安排。20 世纪 30 ~ 40 年代，项目管理开始应用于美国等发达国家的国防和工业工程建设领域，一些民用工程项目也开始采纳，以严格控制项目的进度和成本。项目评估和论证于 20 世纪 30 年代最先开始于美国，当时经济大萧条使西方发达国家自由放任经济体系崩溃，一些国家开始实行新经济政策，兴办公共建设工程，于是出现了公共项目评价方法，产生了现代意义的项目评估原理。1936 年，美国颁布了《全国洪水控制法》，该法正式规定了运用成本效益分析方法评价洪水控制和水域资源开发项目。此后，还公布了一系列的法规，对项目评估的原则和程序做出了规定。英国、加拿大等国政府也相继就项目评估做出了规定，通过项目评估方法更好地规范项目建设。20 世纪 50 年代，美国军方和企业开发出关键路径法（CPM）、计划评审术（PERT）、图形评审技术（GERT）等方法。1957 年，杜邦公司将关键路径法（CPM）应用于设备维修，使维修停工时间由 125 小时锐减为 7 小时，取得了显著的时间费用控制效果。1958 年，美国海军特种计划局和洛克希德航空公司在"核潜艇上发射北极星导弹计划"设计中，应用计划评审技术（PERT），将项目任务之间的关系模型化，将设计完成时间缩短了 2 年。20 世纪 60 年代，美国国家航空航天局（NASA）在阿波罗登月计划中采用网络计划技术（Network Planning Technology），使此耗资 300 亿美元、历时 8 年、2 万家企业参加、40 万人参与、700 万个零部件构成的巨大项目顺利完成。1967 年，美国国防部制订了项目费用 / 进度控制系统准则（Cost / Schedule Control Systems Criteria，C/SCSC），成为项目工期与造价管理规范。在这一时期，出现了两大国际性项目管理研究机构：1965 年，一些欧洲国家在瑞士成立了国际项目管理协会（International Project Management Association，IPMA），1969 年，美国成立了项目管理协会（Project Management Institute，PMI），两大项目管理协会为推动项目管理研究和发展做出了卓越贡献。20 世纪 60～70 年代，现代项目评估的系统方法得以形成。1968 年，英国牛津大学的里特尔教授和米尔里斯教授合作出版《发展中国家工业项目分析手册》，系统阐述了项目评估的基本理论和方法。1975 年，世界银行的经济专家思夸尔等编著《项目经济分析》一书。1978 年，联合国工业发展组织发布了《工业可行性研究手册》。这些著作的问世标志着项目评估理论与方法的成熟发展和广泛应用。

（2）现代项目管理与评估成熟阶段

20 世纪 80 年代起，项目管理进入现代项目管理阶段，主要特点是现代项目管理与评估理论和方法越来越被人们广泛接受，影响范围不断扩大，与其他学科之间交叉渗透和相互促进，形成了日渐成熟的系统化的项目管理理论和方法体系，同时，项目管理专业教育和职业资格认证体系得到不断完善和发展。1983 年开始，美国要求政府投资的所有项目，不论军用还是民用，均采用项目管理软件进行管理，提高项目管理效率和水平。20 世纪 80 年代之后，项目评估工作越来越受到各国政府尤其是发展中国家政府的重视，成为银行贷款决策的重要依据。1980 年，联合国工业发展组织与阿拉伯工业发展中心联合编著《工业项目评价手册》。1985 年，英国政府宣布公共项目后评估是政府管理的必不可少和不可分割的一个组成部分，是政府计划决策和宏观管理的一个重要工具。进入 90 年代以后，随着信息系统工程、网络工程、软件工程、大型建设工程以及高科技项目的研究与开发，项目管理新领域不断出现，促使项目管理理论和方法进一步发展。像项目管理知识体系指南（Guide to Project Management Body of Knowledge）、项目全面造价管理（Total Cost Management）、项目风险造价管理、已获价值管理（Earned Value Management）、项目合作伙伴式管理（Partnering Management）等都是在这一阶段创立和发展起来的。国际标准化组织还制订了关于现代项目管理的标准（ISO10006）。今天的现代项目管理在项目的范围管理、时间管理、成本管理、质量管理、人力资源管理、沟通管理、采购管理、风险管理和集成管理等方面已经形成了专门的理论和方法体系。

这一时期，项目管理专业教育和职业资格认证体系得到不断完善和发展，许多大学相继建立和完善了项目管理专业的本科生和研究生教育体系。项目管理的职业化发展逐步分工细化，形成了一系列的项目管理的专门职业，例如：专业项目经理、造价工程师、建筑工程师、营造师，等等。项目管理专业人员职业资格认证、造价工程师资格认证、工料测量师、营造师资格认证等各类职业资格认证以及 ISO 9001 项目管理认证开始发展起来。

2. 我国项目管理与评估的发展历程

我国早在 2000 多年前就已经开始了工程项目管理实践，创造出很多具有系统思想的项目管理方法，唐宋明清等许多朝代的"工部"都有相应的"国家标准"，在工程项目建设中采用"工料定额"和"工时"、"造价"等管理方法，创造出了如秦长城、战国时期李冰父子设计修建的都江堰水利工程、北宋真宗年间皇城修复"丁渭工程"、河北赵州桥、北京故宫等许多举世曙目的宏伟工程。我国现代项目管理理论研究和管理实践起步较晚，20 世纪 50 年代才引进西方项目管理理论，现代项目管理的学术性研究、职业化认证及现代项目管理实践，与欧美发达国家相比还存在一定的差距。进入 21 世纪以来，随着我国工程项目实践突飞猛进的发展，我国现代项目管理理论和方法研究得到不断进步。

（1）我国现代项目管理与评估在理论及方法方面的发展

我国从 20 世纪 80 年代开始引进现代项目管理的原理、思想和方法，结合我国国情和社会主义现代化建设实践，对现代项目管理与评估的理论方法进行大量的探索、总结并创新发展。1991 年，成立了中国项目管理研究会，成为项目管理领域重要的学术机构。1993 年，国家自然科学基金会专题开展了重点项目"重大科技工程项目管理理论与方法研究"，这是国内首次专题研究项目管理。2001 年 5 月，符合我国国情的《中国项目管理知识体系（C-PMBOK）》和《国际项目管理专业资质认证标准》（C-NCB）正式推出，这两大成果标志着我国项目管理学科体系基本成熟。

在我国学科设置中，项目管理是"管理科学与工程"一级学科下面的一个分支，通常被认为是介于自然科学和社会科学之间的一门交叉学科。这一时期，我国出版发行了如丁士昭教授《工程项目管理》、戚安邦教授《项目管理学》等一大批现代项目管理专业教材和刊物，有力推动了现代项目管理理论和方法的传播。上百所高校开设项目管理的课程，培养本科和研究生专业的项目管理人才。

（2）我国现代项目管理与评估在实践方面的发展

我国的项目管理实践开展比较晚，从 20 世纪 80 年代开始借鉴和采用国际上一些比较先进的现代项目管理方法，在国内工程建设项目管理体制和方法上进行探索和改革。1984 年，我国鲁布革水电站项目最先开展现代项目管理实践，利用世行贷款采用国际招标，中标的日本企业运用工期、质量、造价等项目管理方法取得了良好效果，大幅降低了项目造价，缩短了项目工期，取得了明显的经济效益，对我国整个建设行业影响巨大。1987 年，原国家计划委员会、建设部等有关部门联合通知，要求在一批试点企业和建筑单位中采用项目管理施工方法，并开始建设中国的项目经理认证制度。此后，我国当时的建设部、化工部、电力部、煤炭部等政府部门在许多公共项目上先后采用了承包商项目经理管理体制，财政部、农林部等政府部门也结合世行贷款开展了一些项目管理的培训，有效促进了我国现代项目管理的全面发展。从 20 世纪 80 年代末开始，我国政府要求在国家重点建设项目中进行项目后评估工作。1987 年，原国家计划委员会首次正式公布了《建设项目经济评价方法与参数》，并于 1990 年进行了修订。1988 年，原国家计划委员会正式委托中国国际工程咨询公司进行第一批国家重点建设项目的后评估。1990 年，原国家计划委员会颁布《关于开展 1990 年国家重点建设项目后评价工作的通知》，这成为我国第一部有关项目后评估工作的规章，1991 年制定《国家重点建设项目后评价暂行办法》（讨论稿）。1992 年，建设部制定了《施工企业项目经理资质管理试行办法》。1993 年，中国建设银行颁发了《贷款项目后评价实用手册》。

进入 21 世纪后，项目管理与评估实践在我国进一步蓬勃发展，在现代工业企业的产品开发、软件系统开发、设备大修工程、单件生产等方面项目管理方法得到广泛应用，煤炭、钢铁、石化、信息、文化、图书出版业、教育、高科技产业和各种社会大型活动等各种领域也注重采用项目管理方式，各个领域出现了浓厚的"项目热"，甚至出现了"一切都是项目"的泛项目化管理，项目的应用类型呈现出宏观、微观、重点、非重点、工程、非工程、硬项目、软项目等多种不同的角度。许多行业也纷纷成立了相应的项目管理组织，如中国建筑业协会工程项目管理委员会、中国工程咨询协会项目管理指导工作委员会、中国国际工程咨询协会项目管理工作委员会等，促进了项目管理理论和方法在特定行业的应用与发展。此后，我国项目管理与评估的方法越来越成熟，越来越受到人们的重视，成为实现项目投资决策科学化、民主化和规范化的重要手段。2000 年原国家计划委员会制定《关于加强国际金融组织和外国政府贷款规划及项目管理暂行办法》。2004 年国务院发布《关于投资体制改革的决定》，规定对公共项目后评估要从维护经济安全、合理开发利用资源、保护生态环境、优化重大布局、保障公共利益、防止出现垄断等方面进行。基础设施行业在竣工以后5年左右、社会公益性项目则更长一些执行项目后评价。2008年，国家发展和改革委员会颁发《中央政府投资项目后评价管理办法（试行）》。经过20多年的努力，我国项目管理与评估体系日渐成熟和完善起来。最近几年，我国一系列大型工程建设项目获得丰硕成果，高铁、海底隧道、跨海大桥、航空航天等一大批大型工程和大国重器技术取得世界领先水平，并逐步走出国门、走向世界，许多工程和产品深受世界各国欢迎。特别是"一带一路"倡议提出和战略实施以来，一大批大型的国际工程项目正在规划和筹建，在此背景下，探索成熟有效的国际项目管理理论与方法，助力我国工程项目走出国门、融入全球经济一体化，已成为重大而又紧迫的研究课题。

3. 项目管理与评估研究的发展趋势

未来项目管理与评估的发展，将呈现出三个较为明显的趋势，成为项目管理研究的演进路径。

一是项目管理与评估的行业化。项目管理深入到各行各业，项目管理与评估方法体系需要结合行业项目的特色不断充实与完善，将普适的项目管理理论原则与特定行业领域密切结合，以不同的类型、不同的规模体现出不同行业领域的专业化、个性化特征要求，类似工程项目管理、运输项目管理、国防项目管理、科技项目管理、IT项目管理、研发项目管理等更细化的应用领域的项目管理研究将日益普及。项目的应用类型也呈现出微观、宏观、重点、非重点、工程、非工程、硬项目、软项目等不同角度。项目管理与评估需要结合行业特色和应用类型在实践中不断创新发展。

二是项目管理与评估的集成化。随着信息化的发展，传统的纵向经济运营模式越来越体现横向发展趋势，项目组织结构将突破传统矩阵型模式，项目范围和研究对象不断扩展，从单一项目发展成多项目组织和项目网络，项目管理的技术性要求越来越高，这需要处理好项目与其所处外部环境、生态系统之间的关系，做好项目的组合管理、集成管理，建立符合项目特色和现状需要的项目管理体系。

三是项目管理与评估的动态化。未来项目内外环境的变化将更趋频繁，项目管理与评估将从以往注重静态管理转变为更加关注动态监管和创新，从孤立的单一的项目管理转向对项目所处环境生态系统的重视，这需要在项目管理标准化、规范化的体系框架下，通过项目管理战略计划、密切跟踪监测和有效评估反馈来实现对项目管理工作的动态调整。

4. 运输项目管理与评估在我国发展的概况

运输项目管理与评估属于行业性的项目管理，是普适的一般性项目管理理论与运输行业有机结合的产物。我国运输项目管理与评估的研究呈现以下几个方面的特征。

一是运输行业工程项目建设应用现代项目管理与评估理论方法的时间比较早，20世纪80年代，我国在公路、铁路、航空及港口建设中开始采用现代项目管理施工方法，并制定了一系列的运输行业工程建设标准体系。例如，1981年，我国就建立了较为完善的公路工程行业标准体系；1992年，原铁道部制定了《铁道行业工程建设标准体系表》；2001年交通部颁发了《水运工程建设标准体系表》，这些行业标准成为运输项目立项和编制计划的重要依据，对规范运输项目工程建设起到了积极的指导作用。

二是由于历史和体制方面的原因，特别是在计划经济时代深受苏联体制的影响，我国运输项目管理长期处于条块分割的状态，铁道、公路、航空、水运等行业归属于不同的政府部门管理。在运输项目规划和建设过程中，过于强调单一运输方式的规模化、专业化发展，忽视了不同运输方式之间的统筹协调和集约化发展。尽管我国政界和学界推出了有关单一运输方式行业建设和管理的大量研究成果，例如研究报告、行业标准、技术规范、管理制度、教材及学术期刊等，但是能够涵盖整个运输领域的综合性研究成果显得少之又少。

三是随着综合运输业发展和运输领域行政体制改革推进，2007 年以来甚至未来很长一段时间，我国运输领域的综合化、集成化、智能化发展趋势越来越明显，不同于传统上过于强调单一运输方式的片面发展，而是强调整个运输体系的综合发展、协同发展和集约发展。这对运输项目管理与评估的理论与方法研究提供了全新的视角。这一时期我国出现了一大批覆盖交通运输大类的学术研究成果，未来必将会有更多的学术成果不断涌现出来。

1.4.2　运输项目管理与评估的研究方法

1. 实地调查研究法

实地调查研究法是通过对运输项目实地调查，获取可信可靠的资料和数据来源，对资料和数据进行整理加工，在综合运用相关基础理论和专业知识的基础上，运用定性定量分析等技术手段对所研究的运输项目管理问题进行分析研究。

2. 定性研究方法

定性研究方法是在现状调查的基础上，对运输项目中存在问题的本质属性进行分析，在掌握运输项目具体现状、存在问题、运作规律的基础上，通过大量的定性分析，对运输项目管理与评估提出具体方案及相关对策建议。定性分析的缺点是主观性较强、缺乏严格的评估标准、结论相对模糊。

3. 定量研究方法

定量研究方法是在现状调查的基础上，通过选取一些指标、引入相关模型，对运输项目管理与评估进行量化分析。尽管定量方法有利于提高项目评估的精确度和可信性，但由于很多数据都是预测出来的，存在诸多不确定性因素使数据将来可能会有很大的变化，而且数据本身缺乏一致性与可信性，导致定量研究方法也存在一定的局限性。在具体的研究中，通常将定量研究与定性研究相结合，提高研究成果的准确性和全面性。

4. 规范研究与实证分析方法

规范研究要回答运输项目管理与评估过程中的"应然"问题，实证研究要回答运输项目管理与评估过程中的"实然"问题，这两种研究方法尽管体现不同的逻辑结构，但都是科学、客观、全面地进行运输项目管理与评估研究的基本方法。

1.4.3　运输项目管理与评估的框架体系

1. 项目管理与评估的内容框架

美国项目管理协会（PMI）提出的项目管理知识体系主要由 9 个部分组成，即项目集成管理、项目范围管理、项目时间管理、项目成本管理、项目质量管理、项目人力资源管理、项目沟通管理、项目风险管理和项目采购管理。这 9 项细分的项目管理内容奠定了完整的项

目管理知识架构，其理论和方法均呈现出不断发展的态势。

（1）项目集成管理

项目集成管理也称项目综合管理，是从项目的整体出发，在项目整个投资建设周期内，确保多项目、项目中的各种工作以及项目成功要素能够很好地协调与配合的管理理论、方法和工具。项目综合管理的目的是保证完成项目总体目标，并尽可能追求项目绩效的最大化，管理对象包括项目的范围、人力资源、进度、费用、质量、采购、风险、职业健康与安全环境等各方面，主要管理措施包括综合协调、整体优化、有效控制和动态调整。

（2）项目范围管理

项目范围管理是指计划和界定一个项目或项目阶段需要完成的技术工作和管理工作的相关理论、方法和工具。项目范围管理内容包括运输项目范围的界定、范围的规划、范围的调整等方面。

（3）项目时间管理

项目时间管理又称项目工期或进度管理，是关于如何在规定时间内高效完成项目工作的理论、方法和工具。项目时间管理包括具体活动界定、活动排序、时间估计、进度安排及时间控制等各项工作。

（4）项目成本管理

项目成本管理又称项目费用管理，是指如何在不超出项目预算的情况下完成整个项目工作的管理理论、方法和工具。项目费用管理包括资源的配置、成本费用的预算以及费用的控制等工作。

（5）项目质量管理

项目质量管理是指如何确保项目质量以及控制项目质量的管理理论、方法和工具。项目质量管理具体包括项目质量管理计划、质量管理保障和质量管理控制等工作。

（6）项目人力资源管理

项目人力资源管理是指如何更有效地利用项目所涉及的人力资源，以及在项目人力资源管理方面所需的管理理论、方法和工具。项目人力资源管理的主要活动包括人力资源规划、人员招聘、培训、绩效评估、报酬与奖惩、劳动关系管理等几个方面。

（7）项目沟通管理

项目沟通管理是指如何及时有效地收集、使用、处理、传递及储存项目有关信息的管理理论、方法和工具。项目沟通管理包括确定项目沟通形式、规范项目沟通内容、界定项目沟通程序和消除项目沟通障碍等几个方面。

（8）项目风险管理

项目风险管理是指如何识别项目风险、分析项目风险和应对项目风险的管理理论、方法和工具。项目风险管理过程包括项目风险识别、量度、评估、监测、应对和预防等环节。

（9）项目采购管理

项目采购管理是指如何从组织外部寻求和获得项目所属的各种商品与劳务的管理理论、方法和工具。项目采购管理过程主要包括制定采购计划、采购过程管理、采购成本分析等方面。

2. 本书的内容框架体系

本书在梳理总结项目管理基本理论和学术研究成果的基础上，结合多年相关教学与科研实践工作积累，对运输项目管理与评估的基础理论、程序方法和实践应用进行阐述。本书共分10章,分别是绪论、运输项目管理与评估基础理论、运输项目前期论证与决策、运输项目计划与范围管理、运输项目过程与进度管理、运输项目成本与效益管理、运输项目质量与争议管理、运输项目风险与安全管理、运输项目收尾与后评价和国际运输项目管理。

本书的主要内容框架体系如图1-5所示。

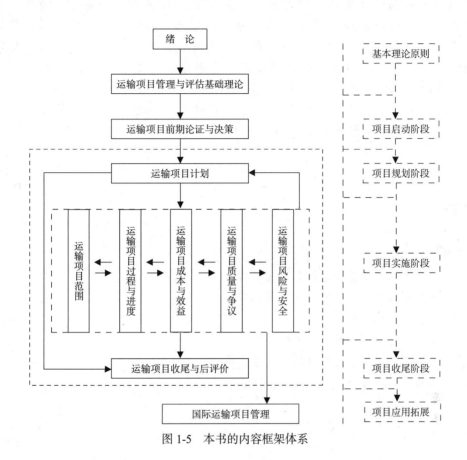

图1-5 本书的内容框架体系

本章小结

项目作为一种创新活动,普遍存在于人类的社会生产活动之中。交通运输业发展、运输效率提升需要各类项目活动来推动落实。运输项目是在国民经济交通运输领域产生的各类具有目标性、独特性、一次性特征的活动或任务,是指以提升空间位移功能为明确的目标要求,以运输基础设施、运输服务为交付成果,由一系列相互关联的活动和任务所组成的特定过程。运输项目具有较强的基础性和宏观性、公共性和外部性、系统性和整体性等特征。

为了便于更好地管理和推进项目进程,通常将项目的整个过程分解为项目启动、项目规划、项目实施和项目收尾4个项目阶段。运输项目基本建设程序是在项目阶段划分的基础上设置的，具有法律和制度上的强制性，是确保建设项目科学决策和顺利进行的重要保障。通常划分为运输项目启动、运输项目规划、运输项目实施和运输项目收尾4个阶段。

运输项目评估有狭义和广义之分。狭义的项目评估是发生在项目决策启动阶段、可行性研究之后的评估工作。可行性研究是项目评估的对象和基础，项目评估是可行性研究的结果得以实现的前提，项目评估是可行性研究的自然延伸和再研究。广义的项目评估是指贯穿于项目整个生命周期各阶段的审查工作，在不同的阶段有着不同的评估目标和评估内容，但总的目的都是根据客户要求，对项目进行研究判断，以支持项目决策工作，而且评估的方法也类似。

现代项目管理与评估至今已形成完整的理论体系和框架结构，其成熟的理论基础和方法已经在许多实际的项目管理过程中发挥了重要的作用。

思考与练习

1. 比较项目与运输项目的共同点与不同点。
2. 运输项目管理与运输项目评估有哪些特点？
3. 我国运输项目基本建设程序的具体内容有哪些？
4. 阐述运输项目评估的主要作用。
5. 运输项目评估的要求和原则有哪些？
6. 简要说明项目评估、可行性研究及后评价的主要区别和联系。
7. 简述运输项目管理与评估的框架体系及发展演进情况。

第2章

运输项目管理与评估理论基础

 本章导入

近几年，我国铁路运输部门主动适应经济发展新常态，以市场为导向，以创新发展为主线，大力推进铁路客货运输改革，近年来，不断解除"铁路老大"的桎梏，放下国企大姿态，走上物流营销市场竞争的大环境，铁路已经走出破冰的一步，在向现代化物流转型的过程中，相信定会重振雄风。客运方面，国家铁路平均年完成旅客发送量25亿人次，连续3年实现10%的增长，以"安全出行、方便出行、温馨出行"常态化为目标，动态优化客车开行方案，改进售票组织工作，落实基本服务标准，服务水平持续提升。货运方面，构建了物流基础设施网络，在发展国际联运、铁水联运、货物快运、特色物流等方面取得新进展，取消货运计划申报、请求车、承认车等繁杂手续，全面放开受理；对各类货物运输需求敞开受理，随到随办；实行"一口报价、一张货票核收"；广泛开展全程物流"一条龙"服务，对客户提出的接取送达需求，只要具备条件，铁路均提供服务。铁路正在融入现代化物流、抢滩现代化物流。同时，大力推进运输信息化建设，加强12306、95306网站建设，网上售票占比超过60%，网上货运业务受理超过99%，大大改善了旅客、货主体验，社会满意度明显提高。①

在激烈的市场竞争中，变化是常态。我国铁路部门从以往的连年亏损，到后来的扭亏为盈，到今天已成为世界级的铁路品牌。铁路转型为以满足顾客需求为导向的企业，树立系统思维、推行项目管理树立了榜样。只有适应不断变化的市场，在得到大多数员工及客户认同和接受的条件下，才能最终取得成功。

学习目标

1. 掌握运输项目系统管理的概念及特征。
2. 掌握运输项目系统的构成、项目目标系统的内容。
3. 熟悉运输项目组织管理的原则和类型。
4. 熟悉运输项目目标管理与控制。
5. 熟悉运输项目管理知识体系。
6. 了解运输项目管理模式与项目参与方的管理。

---

① 火车向着市场开铁路改革新常态，中华铁道网，2016-1-21，有改动。

2.1 运输项目系统管理

　　自然界和人类社会中的很多事物都存在相互联系、相互制约的关系，它们构成了各式各样的"系统"，系统与外在环境交互作用，其内部组成部分或元素之间相互作用、相互依赖，形成了特定的功能和结构，成为有机整体。项目管理的基本原理主要是系统管理。运输项目是由若干部分按照某种特定的方式和运行机制结合在一起，具有实现空间位移的功能和一定的时间、空间效用的有机整体，做好现代运输项目管理，必须树立运输项目系统思维。

2.1.1 运输项目系统管理概念

1. 系统原理

　　系统原理是管理科学中的一个最基本的原理，是指人们在从事管理工作时，运用系统的观点、理论和方法对管理活动进行充分的系统分析，以达到管理的优化目标，即从系统论的角度来认识和处理管理中出现的问题。项目管理就是运用系统管理方法，通过对项目进行高效率的计划、组织、指导和控制，以实现项目全过程的动态管理和项目目标综合协调与优化的组织管理活动。系统思想和方法是项目管理理论形成与发展的重要基础，其科学基础是系统论，哲学基础是事物的整体观。系统原理的基本原则主要包括以下几个方面。

　　（1）整分合原则。充分发挥各要素的潜力，提高系统的整体功能，即首先要从整体功能和整体目标出发，对管理对象有一个全面的了解和谋划（整体把握）；其次，要在整体规划下实行明确的、必要的分工或分解（科学分解）；最后，在分工或分解的基础上，建立内部横向联系或协作，使系统协调配合、综合平衡地运行（组织综合）。在制定整体目标和宏观决策时，必须将各种要素纳入其中，综合考虑。

　　（2）有效反馈原则。管理系统的内部条件和外部环境往往在不断变化，成功、高效的系统管理，离不开灵敏、准确、迅速的信息反馈，必须及时有效地捕获、反馈各种信息，及时做出决策并采取行动。

　　（3）封闭运行原则。任何一个管理系统内部，管理主体、管理对象、管理手段、管理过程等要素必须能够形成一个连续封闭的回路，形成自动自发的运行机制，才能形成有效的管理活动。

　　（4）动态相关性原则。任何一个管理系统的正常运转，不仅要受到系统本身条件的限制和制约，还要受到其他有关系统的影响和制约，并随着时间、地点以及人们的不同努力程度而发生变化。因此，必须掌握管理对象和各种要素之间的动态变化，充分利用相关因素的作用，及时调整措施。

　　系统动力运行包括输入、转换和输出三个基本环节。输入环节主要涉及人、财、物、时间、信息等各种资源要素投入，组织机构配置以及具体的技术手段、程序和做法；转换环节主要指系统内部运行的具体活动；输出环节主要指可交付成果的产出，包括各类物资成果及相关文件。项目运行过程遵循系统动力运行规律，同样包括输入、转换和输出三个基本环节，这三个环节循环往复，一个具体过程的输出，可能是另一个具体过程的输入，或是下一个项目阶段的输入。

2. 运输项目系统管理

运输项目是一个系统，是指它由若干部分按照某种特定的方式和运行机制结合在一起，成为一个相互联系、相互依赖的有机整体，以实现空间位移的功能和一定的时间、空间效用作为总体目标。运输项目系统由若干个子系统组成，包括运输项目子系统、运输项目管理组织子系统、运输项目管理过程子系统、运输项目管理目标子系统、运输项目管理方法子系统、运输项目管理要素子系统等。这些子系统相互联系、相互制约，集成为运输项目系统。运输项目系统管理就是按照系统原理对运输项目系统及其包含的各个子系统进行有效管理和优化的过程。

运输项目系统管理具有以下基本特征。

（1）集成性。运输项目系统由若干个相互联系和区别的元素、单元、子系统组成，构成系统的各个元素虽然具有不同的性能，但它们必须统一于系统的整体之中，运输项目系统管理要有效地集成各个子系统的功能，发挥出最优的整体效果。系统观念体现于项目集成管理、全生命周期管理和界面管理等活动之中。

（2）关联性。构成系统的各个元素或子系统之间是相互作用、相互依存和相互制约的，如果系统中某个元素发生变化，则其他元素就可能会产生相应的变化和调整，运输项目系统管理要充分考虑各个元素或子系统之间的这种相互作用关系。

（3）目标性。任何一个系统都有其独特的目标和目的，目标性既是建立系统的依据，又是评价系统性能的基准。运输项目系统管理的目标就是整合系统内部各要素或子系统的小目标，以达成项目的预期总体目标。

（4）动态适应性。任何一个系统都存在于一定的环境之中，或者处于更大范围的系统之中，外部环境的发展变化通常对系统产生影响。运输项目系统管理应保持与外界环境的动态适应状态，密切跟踪环境变化，主动做好预判，及时调整运输项目管理策略，以保持与环境的动态适应性。

2.1.2　运输项目系统管理方法

1. 运输项目系统管理方法的概念与原则

运输项目系统管理方法是指在对运输项目管理过程中要从系统整体目标出发，进行系统分析，对系统内部和外部环境之间的关系进行综合，站在全局、整体的角度，用系统、统筹的思维解决系统中所出现的问题，使得系统总体实现最优。例如，综合运输就是基于系统论思想，通过整合不同运输方式的技术经济优势，提出运输系统优化的方案。运用系统方法处理运输项目中的各类问题时，特别注意由于分工而被忽视的方面，协调各组成部分之间由于分工而造成的矛盾和冲突。

运输项目系统管理方法应遵循以下原则。

（1）系统思考。利用系统管理方法系统思考各个组成部分应如何充分发挥各自的作用，如何使系统更加有效地运行，如何使系统与环境之间、系统内部各组成要素之间协调一致。在分析和解决运输项目问题过程中，不是站在某个局部，而是站在项目的整体考虑问题；不是片面理解，而是全面分析；不是分而治之，而是总览全局。

（2）方案优化。方案优化主要体现在，利用优化方法选择和实施最优方案，使系统整体功能和产出最大，付出的代价和投入的资源最少。运输项目的目标、决策、计划、方案、控制方法和流程、资源配置、组织方法等方面要不断优化。

（3）综合集成。以系统的总目标为出发点，综合集成多个学科和多个技术领域内的成果，综合集成各种资源要素和技术应用方法，实现系统的整体最优。运输项目宏观性比较强、影响因素较多，必须综合考虑影响运输项目的政治、法律、社会、经济等宏观环境因素以及项目组织、结构、资源等内部要素，综合集成多种学科、技术和专业理论、原则及方法，解决运输项目系统中存在的问题。

（4）把握规律。项目推进有两个并行的过程：一是技术过程；二是确保技术过程有效实施的管理过程。不管是哪一个过程，都必须有效把握其内在的规律性，尊重客观规律，运用科学的技术工艺和管理方法，而不是主观臆断、盲目决策、粗制滥造。运输项目系统管理方法必须有效把握运输项目的客观规律及内在机理，运用科学思维，利用现代技术和手段对运输项目提供技术支持，必须遵循科学管理规律，实施项目管理过程中计划、组织、指导和控制等各项活动。

2.运输项目系统管理的工作环节

运用系统方法解决运输项目系统问题，遵循一定的逻辑步骤和工作环节[①]。

（1）明确问题。收集与系统有关的数据资料和信息，明确系统的结构和边界，确认系统各组成部分之间、系统与各组成部分之间、系统与环境之间的关系。

（2）确定目标。确定系统目标，标识评价系统功能优劣的指标体系或目标函数。任何一个系统都有目标，都需要加以明确。

（3）系统综合。将收集的数据资料、系统构成要素、系统目标及有关资源要素等进行系统综合，找出系统中存在的主要问题及主要影响因素，提出系统解决问题的若干可行方案。

（4）系统分析。明确系统的组成部分和影响因素，建立系统模型，分析变量之间的作用机理，反映系统各组成部分之间、系统与环境之间的相互影响和关系。

（5）系统优化。利用优化方法进行方案比选，选择最优（适合）方案，为决策提供依据。

（6）系统评价与决策。根据系统功能评价准则和系统环境进行方案评价，并从中确定一个最优方案以供实施。

（7）系统实施。组织实施所选定的最终方案，并在实施中进行完善。

 2.1.3 运输项目管理系统分析

系统分析是系统方法的重要环节。运输项目系统分析的任务是明确工程项目系统的组成、组织结构、目标、实现目标所需要的资源和其他相关事项。运输项目系统分析应明确系统内部和外部的各种关系，提出实现运输项目系统目标的若干个可行方案，建立反映系统内部机理的外部关系的模型。

运输项目系统分析的目的是为运输项目系统优化和实施建立基础。系统分析一般应明确

---

① 王祖和，等.现代工程项目管理[M].北京：电子工业出版社，2013，第46—47页。

以下内容[①]：

　　（1）系统描述及目标（What）；

　　（2）系统的资源及实施对象（Whom）；

　　（3）系统活动实施的主体（Who）；

　　（4）完成系统任务或活动的时间和地点（When，Where）；

　　（5）完成系统任务或活动的方式（How）。

　　运输项目系统分析过程，如图 2-1 所示。

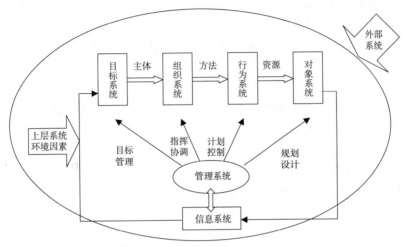

图 2-1　运输项目系统分析过程

1. 运输项目管理系统的构成

　　运输项目管理是运用科学的理念、程序和方法，采用先进的管理技术和现代化管理手段，对运输项目进行策划、组织、协调和控制的系列活动。运输项目管理系统的内涵可从主体、客体和环境三个维度进行分析。

　　1）运输项目管理的主体

　　运输项目管理主体是一种多主体的管理结构，主要由负责完成项目分解结构（WBS）中各项工作任务的个人、单位和部门所构成，包括建设单位、承包商和工程咨询单位，以及为项目提供某种服务的部门。运输项目管理按行为主体分为项目内部管理和外部管理两个层次。

　　（1）运输项目内部管理是指项目业主、承包单位和项目管理服务单位对运输项目投资建设运行活动实施的管理。运输项目内部管理主要是通过建立和运行科学的项目管理体系来实现的。运输项目内部管理具有不同类别的划分。

　　按管理阶段划分，运输项目内部管理分为：项目前期阶段的策划和决策管理，建设准备阶段的勘察、设计、采购、融资管理，建设实施阶段的施工、监理、竣工验收管理，投产运营阶段的总结评价管理。

　　按管理层面可划分为：运输项目决策层管理、项目执行层管理。

　　按管理要素可划分为：运输项目资源、人力、资金、技术、进度、质量、风险、职业健康、

---

① 王祖和，等．现代工程项目管理 [M]．北京：电子工业出版社，2013，第 46—47 页。

安全、环保等管理。

（2）运输项目外部管理主体是指各级政府部门按职能分工，对运输项目进行的行政管理。外部管理方式和内容因投资主体的不同而不同，主要是从运输项目的外部性影响和约束方面进行管理。

运输项目管理主体各个相关方之间相互联系、相互制约、相互协调，构成了运输项目管理主体结构。

2）运输项目管理的客体

运输项目管理的客体是指运输项目在投资、建设和开发等整个生命周期内的各项任务、活动和内容。项目管理主体不同，其管理客体不同。一般而言，项目业主管理的客体是项目全过程所涉及的全部工作。承包商管理的客体是承包项目的范围。设计方管理的客体是项目规划设计的范围。

3）运输项目管理的环境

运输项目管理的环境分为内部环境和外部环境。运输项目管理必须考虑的环境影响因素包括：

（1）项目所在的上层组织的影响；

（2）社会经济、文化、政治、法律等方面的影响；

（3）标准、规范和规程的约束；

（4）项目利益相关者。

2. 运输项目的行为系统

运输项目的行为系统是由实现项目目标、完成运输项目任务所有必需的活动构成的，包括各种规划设计、施工、采购和管理等工作。

运输项目行为系统的基本要求包括：

（1）将实现运输项目目标系统必需的所有工作，纳入计划和控制过程中；

（2）保证运输项目实施过程程序化、合理化，均衡地利用资源（如劳动力、材料、设备），保持现场秩序；

（3）保证项目的各分部的实施和各专业工程活动之间良好的协调。

3. 运输项目的目标系统

运输项目有许多目标要求，包括成果性目标、功能性目标、约束性目标、影响性目标、满意度目标、可持续发展目标等，而目标之间是相互联系、相互制约的，这就形成了运输项目的目标系统，如图2-2所示。

（1）成果性目标。成果性目标是指运输项目结束后应提交的交付物，即满足功能要求的各类交通运输基础设施工程实体或运输物流类的劳务服务。

（2）功能性目标。功能性目标是指运输项目应该达到的特定功能和要求，如服务水平、可达性、运输效率、舒适性、人性化等指标。

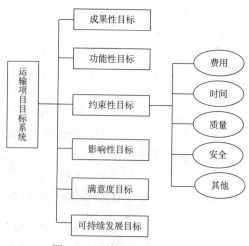

图2-2　运输项目的目标系统

（3）约束性目标。约束性目标是指明示的和必须履行的目标要求。明示的目标要求是指合同和设计文件等明确提出的要求；必须履行的目标要求是指国家法律法规、条例、办法，国家及行业的标准、规范等文件所提出的要求。约束性目标主要包括费用、时间、质量、安全和其他相关目标要求等。约束性目标是必须实现的。

（4）影响性目标。影响性目标是指运输项目在建设开发和运营过程中，对经济、社会、安全、生态环境等方面的影响程度。

（5）满意度目标。满意度目标是指运输项目利益相关方的满意状态。项目管理要求项目的相关方都能达到比较满意的状态，使相关方都满意。

（6）可持续发展目标。可持续发展目标是指运输项目的规划设计和建设运营的各个环节要着眼长远，体现人、资源和环境的相互协调及促进，体现项目经济效益与社会效益和生态效益的统一。

运输项目的目标是一个系统，每种目标本身也是一个系统，既有总目标，又有分目标，还有子目标。运输项目目标系统贯穿于项目整个生命周期的各个阶段。

2.2　运输项目组织管理

每个项目的实施，都需要许多方面的个人或组织积极参与。在运输项目推进过程中，运输项目组织管理可以进行人员配备、分工及协调，使相互之间加强合作，减少矛盾，保持良好的协作关系，形成合力，共同完成项目目标。

2.2.1　运输项目组织管理的概念及原则

1. 运输项目组织管理的概念

运输项目组织管理是指在运输项目推进过程中，对参与人员和相关单位进行的配备、分工及协调，使相互之间加强合作，减少矛盾，保持良好的协作关系，共同完成项目目标的工作。运输项目组织管理工作主要包括项目管理组织结构设置、项目团队管理、项目人力资源管理三个方面。

2. 运输项目组织管理的原则

1）法约尔、马克斯·韦伯的理论与原则

法约尔[1]、马克斯·韦伯[2]等很多管理学家对组织管理提出了诸多的原则，作为组织管理的普遍原则。

法约尔组织管理的十四条原则

- 劳动分工
- 权力与责任
- 纪律

① 亨利·法约尔.工业管理与一般管理 [M].迟力耕，张璇，译.北京：机械工业出版社，2007.
② 马克斯·韦伯.经济行动与社会团体 [M].康乐，简惠美，译.南宁：广西师范大学出版社，2011.

- 统一指挥
- 统一领导
- 个人利益服从整体利益
- 人员的报酬
- 集中
- 等级制度
- 秩序
- 公平
- 人员的稳定
- 首创精神
- 人员的团结

马克斯·韦伯组织理论

- 把现实组织目标所有必需的工作任务划分成高度专业化的职务，每个工作者都必须精通胜任他的工作职务，由于工作性质，内容比较集中，所以，这种专业技能比较容易掌握。
- 任务所包括的每项工作都必须由"严格的规章制度条例来组成"，这样就可以减少或消除由于个人工作绩效不同而带来的不确定性。
- 按组织目标的需要将机构和职位分成不同层次的等级制结构，并规定其上下级的职权范围，上级严于职守，充分发挥下级人员职权的效能，下级有责任按照职权范围内的工作实现给下级机构提供决策的依据。
- 在领导之间、上下级之间、组织与外界之间，必须在组织目标下采取以非个人义气的理性原则为指导的交往，避免个人成见和偏见影响这种关系。
- 在职能等级组织机构中，职工的提升必须根据资格和允许的条件来决定。由于职工的提升是严谨的，所以员工多为终身制，员工对组织也是尽职尽责，忠诚于该组织。
- 组织中各级管理人员的任用，完全按岗位所需聘其任职，并通过严格培训和正式考试制度来实行。

2）运输项目组织管理的主要原则

（1）人本原则。人本原则是指在项目组织管理和一切管理活动中都应以人为本展开。人既是管理的主体，又是管理的客体，每个人都处在一定的管理层面上。在管理活动中，作为管理对象的诸要素和管理系统各环节（组织机构、规章制度等）都需要人去掌握、运作、推动和实施。所以，应该根据人的行为思想规律，运用各种激励手段，充分发挥人的积极性和创造性，挖掘人的内在潜力，达成项目目标。只有做到以人为本的运输项目组织管理，才能更大限度地确保以人为本的运输服务。

（2）能级原则。能级原则也是实现资源优化配置的重要原则。能级原则是指根据人的能力大小，赋予相应的权力和责任，使组织的每一个人都各司其职，以此来保持和发挥组织的整体效用。一个组织应该有不同层次的能级，只有这样才能构成一个相互配合、有效的系统整体。

（3）动力原则。动力原则是指在项目组织中只有激发起强大的动力（物质动力、精神动力、信息动力），才能使项目团队具有强大的执行力，使管理系统得以持续、有效、自发地运行。在项目组织管理中，要注重发挥人的内在动力，还应利用某种外部诱因（外部压力和工作吸引力）的刺激，调动人的积极性和创造力。在运用动力原则时，要注意综合协调运用、正确认识和处理个体动力和集体动力的辩证关系，处理好暂时动力与持久动力之间的关系，掌握好各种刺激量的阈值。

（4）受控原则。受控原则是指在项目组织中建立对人的约束机制，每个项目人员和每个环节都应该自觉接受监督控制的原则。运输项目组织管理中，要着重注意对运输项目质量和安全等方面的严格要求，应通过各种方式对被控对象进行监督、检查、引导和纠正。

2.2.2　运输项目组织结构设置

1.运输项目组织结构设置的概念

运输项目组织结构设置是指按运输项目目标的需要将项目组织机构和职位分成不同层次的等级制结构，并规定其任务分工及上下级的职权和责任范围的活动。

2.运输项目组织结构设置的原则

运输项目组织结构设置的原则包括以下几个方面。

（1）有效管理幅度原则。管理幅度是指一个主管能够直接有效地指挥下属的数目。一个主管能直接而有效地指挥下属的人数是有限度的，既不是越多越好，也不是越少越好，如何选择适宜的管理幅度应根据项目的实际情况，考虑管理者才能高低、工作任务和问题的复杂程度、授权程度等方面的影响因素。

（2）集权与分权相结合原则。集权是指将组织中的权力集中到较高的管理层次，分权则是指将组织中的权力分散到整个组织之中。既要保证项目能够集权，得到有效控制，又要尽量分权，调动项目成员的积极性和主动性，使两者适度匹配。

（3）权责对等原则。权责对等原则也就是权责一致原则，是指在一个组织中的管理者所拥有的权力应当与其所承担的责任相适应。应确保项目中每个管理层级上的人员的职权与责任大小相对等。

（4）才职相称原则。管理人员的才智、能力与担任的职务应相适应。设计了各种职位、职务之后，就要安排相应的人员担任工作，或通过培训使其胜任工作。因为每种职位、职务都有其所要求的能力水平。

（5）命令统一原则。设置科学合理的组织结构，确保统一指挥、令行禁止，项目组织中的任何成员都应具备执行力，提升组织效率。

（6）效率与效果原则。组织结构设置和工作分工时，既要体现提高工作效率，即投入与产出的比率，也要关注工作效果，即达到和实现组织的目标。

3.运输项目的组织结构类型

任何一个组织都是为完成一定的使命和实现一定的目标而设立的，由于每个组织的使命、目标、资源、条件和所处的环境不同，导致其组织结构也会不同。运输项目的组织结构要依据运输项目目标任务、拥有的资源条件、规定的程序要求及所处环境因素等条件进行设置。通常，按照从面向功能到面向项目的程度，大类上可以将组织结构划分为直线职能型、项目型、矩阵型和混合型4类。

1）直线职能型组织结构

直线职能型组织结构也被称为 "U 型组织"（Unitary Structure），是指项目任务以直线部门和职能部门作为承担任务的主体来完成的组织结构。这种组织形式相对于规模较小、时间较短、决策信息少的项目非常有效，如图 2-3 所示。

（1）直线职能型组织结构的主要优势是：它既保持了直线型结构集中统一指挥的优点，又吸收了职能型结构分工细密、注重专业化管理的长处，从而有助于提高管理工作的效率。

（2）直线职能型组织结构的缺点主要有以下几方面。

①属于典型的"集权式"结构，权力集中于项目最高管理层，下级缺乏必要的自主权。

②各职能部门之间的横向联系较差，容易产生脱节和矛盾。

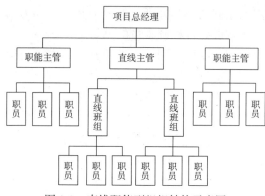

图 2-3　直线职能型组织结构示意图

③直线职能型组织结构建立在高度的"职权分裂"基础上，各职能部门与直线部门之间如果目标不统一，则容易产生冲突。特别是对于需要多部门合作的事项，往往难以确定责任的归属。

④直线人员和职能参谋人员容易产生摩擦和权力纠纷。

⑤信息传递路线较长，反馈较慢，难以适应环境的迅速变化。

为了避免部门间的摩擦，管理层应明确他们各自的作用，鼓励他们相互协调和合作。

2）项目型组织结构

项目型组织（Project Organization）是指为特定项目设置特定的项目团队，建立以项目为单位的自控制单元，通过项目创造价值并达成自身战略目标的组织结构。在这里所谓的项目型组织，不同于项目管理中所说的项目部，它是指一种专门的组织结构形式。这种组织形式适合于包含多个相似工程项目的组织，适合一些长期的、大型的、重要的和复杂的过程项目，如图 2-4 所示。

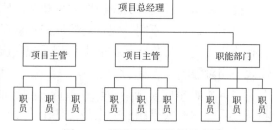

图 2-4　项目型组织结构示意图

（1）项目型组织结构的优点主要有：

①目标单一，能做到以项目为中心；

②项目所需资源较为集中，容易统一指挥和协调，决策速度较快，运行效率较高；

③结构简单灵活，易于操作。

（2）项目型组织结构的缺点主要有：

①由于资源独占，可能造成资源浪费；

②项目之间容易发生各种冲突，增加了协调成本；

③与上级单位职能部门之间的横向联系少；

④由于每个项目都有特殊性，很难建立规范化的项目管理标准；

⑤项目结束后项目人员的工作保障成问题。

3）矩阵型组织结构

矩阵型组织（Matrix Organization）是一种混合体，是职能型组织结构和项目型组织结构的混合，它既有项目型组织结构注重项目的特点，也保留了职能型组织结构的职能特点。这种结构将职能与任务很好地结合在一起，既可满足对专业技术的要求，又可满足对每一项目任务快速反应的要求。矩阵型组织结构一般比较适用于协作性和复杂性强的大型组织系统，特别是当几个项目需要同时共享某些管理、技术人员时，如图 2-5 所示。

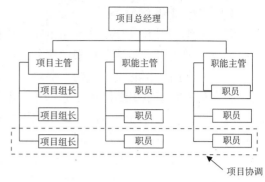

图 2-5　矩阵型组织结构示意图

（1）矩阵型组织结构的优点主要包括以下方面。

①同时具备项目型与职能型组织结构的优点，既可体现专业技术的需要，又可以对每一项目任务快速反应。

②有助于项目目标平衡，各个功能部门之间工作协调。

③加强了横向联系，专业人员得到了充分利用，实现了人力资源的弹性共享，避免了资源重置。

④具有较大的机动性，促进各种专业人员互相帮助，互相激发，相得益彰。

⑤项目人员对项目结束后的忧虑减少。

（2）矩阵型组织结构的缺点主要包括以下方面。

①成员位置不固定，有临时观念，有时责任心不够强。

②人员受双重领导，当有冲突时，可能处于两难困境。

③有时不易分清责任，需要花费很多时间用于协调，从而降低人员的积极性。

按照团队负责人权力大小、职能部门人员投入团队工作的时间比率、团队负责人的角色等维度，可以将矩阵型组织结构划分为弱矩阵、平衡矩阵和强矩阵 3 种矩阵组织结构类型（见表 2-1）。这 3 种矩阵组织结构形式，如图 2-6 至图 2-8 所示。

表 2-1　矩阵组织结构类型划分

组织形式 团队特性	矩　阵　型		
	弱　矩　阵	平 衡 矩 阵	强　矩　阵
团队负责人权力	低	低到中等	中等到高
职能部门人员投入团队工作的时间比率	0 ～ 25%	15% ～ 60%	50% ～ 95%
团队负责人的角色	兼职	专职	专职
团队负责人的头衔	团队协调人	团队经理	团队经理

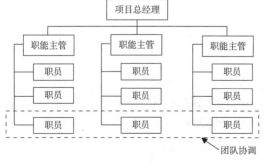

图 2-6　弱矩阵型组织结构示意图

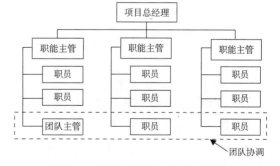

图 2-7　平衡矩阵型组织结构示意图

4）混合型组织结构

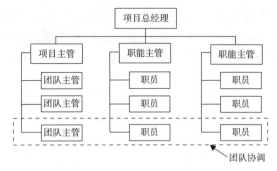

图 2-8　强矩阵型组织结构示意图

混合型组织结构（Hybrid Structure）是指将两种或三种组织结构结合起来设置分部，发挥某些职能部门专长的组织结构。混合型组织结构通常是矩阵型组织结构和业务单元型组织结构的结合，在这种组织结构中，组织不仅可以根据产品、客户或市场的不同，设置一系列相对独立的业务单元，而且，在设计中往往将一些共用的职能（如客户服务部门、采购、人事、财务、广告等）集中，由上级直接委派以辅助和协调各产品、客户或市场部门，做到资源共享。混合型组织结构一般比较适用于业务范围比较广、协作性和复杂性强、需要同时共享某些资源的大型组织系统，如图 2-9 所示。

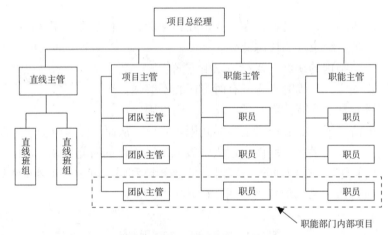

图 2-9　混合型组织结构示意图

（1）混合型组织结构的优点主要包括：

①灵活性强，可以根据外部环境和业务活动的变化及时进行调整；

②有助于组织内部资源共享，共同应对一些复杂问题。

（2）混合型组织结构的缺点主要包括：

①组织结构不规范，容易造成管理上的混乱；

②所设各部门之间差异很大，不利于协调与合作。

2.2.3　运输项目团队管理

1. 项目团队的概念和特征

项目团队是指为实现一个具体项目或任务的目标而组建的一个协同工作的队伍[①]。项目团队的根本使命是为实现共同的项目目标而协调一致、共同努力、科学高效地开展工作。项

---

① 戚安邦.项目管理学 [M].天津: 南开大学出版社，2003，第 96 页。

目团队是具体负责项目实施的组织，在一个项目中可能有一个或多个项目团队，因项目规模大小或任务需要而异。项目团队是一种临时性的组织，一旦项目完成或终止，项目团队的使命即已完成或终止，项目团队即告解散。项目团队还具有灵活性、团队成员往往受到双重领导的特点。

就如同项目本身的独特性一样，没有哪两个团队会完全一样。"没有完美的个人，但有完美的团队"，项目团队能否有效地开展项目管理活动，主要体现在是否具备以下几个方面的特征。

（1）共同的目标和愿景。团队只有具备共同的目标和愿景，才能使团队成员凝聚在一起，并为之共同奋斗。共同的目标和愿景包容了个人的目标和愿景，充分体现了个人的意志和利益，并具有足够的吸引力，能够引发团队成员的热情。

（2）强大的项目团队精神。项目团队精神是项目成员为了实现团队的整体利益和目标而相互协作、共同努力的意愿和作风。只有具备强大的团队精神，才能感召项目成员，使项目成员对项目团队有着强烈的归属感和一体感，使团队成员对团队事务全身心投入，使团队成为一个有机整体。

（3）塑造性强的项目团队文化。项目团队文化是在其发展过程中形成的，是团队成员共同的思想作风、价值观念和行为规范，是一个项目团队所特有的信念和行为模式。一个具有文化底蕴的项目团队，就像一个具有文化修养的人一样，处处显示出自己独特的行为模式。团队文化包括团队价值观、团队道德和团队制度等方面的内容。团队文化的本质是团队价值观，是一个团队的基本观念和信念。团队道德是团队及其成员将团队文化内化于心的内在约束力，是思想意识和行为规范的综合。团队制度是项目组织在项目管理实践活动中发展起来的规章制度、组织形式和行为准则。

（4）合理的分工与协作。团队内部分工有助于发挥团队成员的专长，提高工作的专业化水平和工作效率；协作使分工的接口和界面有效融合，在更高层面上提升工作的系统化、整体化水平。

（5）科学合理的团队结构。项目团队成员的知识结构、专业结构、能力结构、年龄结构匹配要合理，有助于团队内部形成功能互补的整体优势。

2. 项目团队建设

项目团队是由于开发项目的需要而组建的，因此也是随着项目的进程而不断成长和变化的。项目团队建设过程可以描述为5个阶段：项目团队组建阶段、项目团队磨合阶段、项目团队正规阶段、项目团队成效阶段和项目团队解散阶段。

（1）项目团队组建阶段。在这个阶段，项目人员得以配备，项目团队成员大多从不同职能部门被调集到一起，参与到一个新的岗位和环境之中。这时，应及时组织项目成员学习项目团队的目标和使命，学习项目背景知识和工作要求，以便使项目成员及早适应环境，投入到新的工作岗位。

（2）项目团队磨合阶段。在项目成员明确团队目标和各自工作之后，在这个阶段就开始执行被分配的任务。在这个阶段，需要加强成员之间的沟通，以便相互之间加深了解，避免冲突和不和谐的因素。如果团队成员在人际关系和工作关系等问题上产生摩擦和紧张状况，应坦诚沟通，有效协调，及时化解矛盾，反思并修正有关的立场、观点、方法和行为，避免再次发生。

（3）项目团队正规阶段。在经过磨合期的相互熟悉和理解之后，团队成员之间的关系会逐步确立，成员之间开展有效的沟通和协作，团队凝聚力不断加强，团队工作较为稳定和顺畅。

（4）项目团队成效阶段。在经历前面几个阶段之后，团队成员彼此信任度增强，团队氛围变得较为民主和融洽，更加合作和沟通，工作效率会变得更高。因此，项目的一些重大决策和团队成员密切协作会顺利推进，项目将取得长足进展。由于前期对工作已较为娴熟、成员之间相互了解，这个阶段容易出现居功自傲、滋生不良习气的倾向，因此发现不良苗头应及时制止。

（5）项目团队解散阶段。项目的大多数工作已经完成，项目的基本目标已经实现，随着项目竣工验收，项目团队也面临解散。这时应该多肯定他们的工作业绩，稳定他们的情绪，鼓励他们重新回到原来的工作岗位，创造新的成绩。

2.2.4 运输项目经理

项目经理是运输项目团队的负责人，负责运输项目的计划、组织、指挥及实施全过程，以保证项目目标的成功实现。项目经理在项目管理过程中起着至关重要的作用，有人称项目经理是项目团队的"灵魂"。

1. 项目经理与部门经理、总经理的区别

项目经理是负责管理整个项目的人，是整个项目活动的领导者、组织者、决策者和管理者。项目经理具有一般管理者的角色特点，但又有一些明显的不同。

（1）项目经理与部门经理的职责不同。项目经理对项目的计划、组织、实施负全权责任，对项目目标的实现负终极责任。而部门经理只能对项目涉及本部门的部门工作施加影响，如技术部门经理对项目技术方案的选择，设备部门经理对设备选择的影响等。项目经理对项目的管理比起部门经理更加系统全面，要求他具有系统思维的观点。

（2）项目经理与项目公司总经理职责不同。项目经理是项目的直接管理者，是一线的管理者，而项目公司的总经理是通过对项目经理的选拔、使用、考核等来间接管理一个项目的。

（3）在一个实施项目管理的企业中，许多总经理是从项目经理做起来的。

2. 项目经理的角色

项目经理的主要角色通常有以下类型[①]。

（1）项目领导者/决策人。项目经理是项目团队的最高领导，是项目管理和工作的决策制定者。项目经理在项目实现过程中，要确定项目及各项目阶段的目标、范围、任务，要规定各项工作的要求，这些都属于项目决策的工作，所以项目经理是项目团队的决策者。项目经理也是在解决处理项目层面重大问题时，起主导作用的人。

（2）项目计划者/分析师。运输项目规划设计及一系列的计划工作，既有集成计划工作也有各种专项计划工作，项目经理是项目计划的主要制订者，负责项目计划的审核和批准。同时，在项目的计划和安排过程中，项目经理必须全面地分析项目或项目阶段所处的外部环境和所具有的内部条件，深入地分析这些环境与条件可能给项目或项目阶段所带来的机遇和威胁，深入地分析和估算项目或项目阶段所需的各种资源，综合地分析项目或项目阶段所面临的各种风险，以及应对这些风险的措施。

---

① 戚安邦.项目管理学 [M].天津：南开大学出版社，2003，第 107—109 页。

（3）项目组织者/合作者。作为项目的组织者项目经理要组织项目团队，设计项目团队的组织结构，分配项目团队成员角色，安排项目管理人员的管理职责，自上而下地进行授权，进行项目团队人员的配备，分派各种项目管理任务，组织和协调团队成员的工作。同时，项目经理在整个项目的实现过程中还要扮演合作者的角色，他要与项目团队的全体成员和所有的项目相关利益者进行合作。项目管理是一种基于团队作业的管理，而不是一种基于部门作业的管理，而在基于团队作业的管理中，任何人都是以合作者的身份出现的，项目经理也不例外。

（4）项目控制者/评价者。作为项目的控制者，项目经理需要全面、及时地控制项目的全过程，他要根据项目的目标和项目业主/客户的要求与期望制定出项目各项工作的管理控制标准，组织项目管理人员去对照标准度量项目的实际绩效，对照标准分析和确定项目实际工作中所出现的各种偏差，并决定采取何种措施去纠正已出现的各种偏差。同时，项目经理还需要扮演项目评价者的角色，他要从一个评价者的角度出发，客观地衡量和评价一个项目的工期进度、项目质量和项目成本与预算的实际完成情况，并及时评价和判断各种偏差的性质及其对于项目的影响，评价和判断项目实现过程中出现的各种问题。

（5）项目利益协调人/促进者。作为项目利益的协调人，项目经理处于全体项目相关利益者的中心位置，因为项目经理不但要协调项目业主和项目客户的利益，还要协调项目业主/客户与项目团队的利益，以及项目团队、项目业主/客户和项目其他利益相关者之间的各种利益关系。同时，项目经理还需要通过自己的工作去努力促进和增加项目的总体利益，努力追求项目利益的最大化，从而使所有项目利益相关者都能够从项目中获得更大的利益。

3. 项目经理的责任

项目经理作为项目的负责人，其责任就是通过一系列的领导及管理活动使项目的目标成功实现并使项目利益相关者都获得满意。在项目的实施过程中，项目经理的主要任务就是要对项目进行全面的管理，具体体现在对项目目标要有一个全局的观点，并制订计划，报告项目进展，控制反馈，组建团队，在不确定环境下对不确定问题进行决策，在必要的时候进行谈判及解决冲突，保证项目的成功实施。

（1）项目经理对于所属上级组织的责任。项目经理对所属上级组织负责，保证项目目标符合上级组织的目标，充分利用和保管上级分配给项目的资源，及时与上级就项目进展进行沟通。

（2）项目经理对项目所应承担的责任。项目经理对项目的成功负有主要责任，对项目实施计划、监督与控制，保证项目按时完成，在预算内达到预期结果。保证项目的整体性，保证项目在实施过程中自始至终以实现项目目标为最终目的。由于项目在实施过程中存在各种各样的冲突，项目经理在解决项目的冲突过程中要起重要作用，做到化解矛盾，平衡利害。

（3）项目经理对项目小组所应承担的责任。项目经理有责任为项目组成员提供良好的工作环境与氛围。项目经理作为项目的负责人及协调人，首先应该保证项目组成员形成一个好的工作团队，成员之间密切配合，相互合作，拥有良好的团队精神及好的工作氛围与环境。对项目小组中的关键成员及高级研究人员要进行特别的照顾，这是激励项目成员的重要手段。项目经理有责任对项目小组成员进行绩效考评。项目经理要建立一定的考评制度，对项目组成员的绩效进行监督与考评。公正的考评制度也是激励员工的一种手段。由于项目小组是一个临时的集体，项目经理在激励项目成员的同时还应为项目小组成员的将来考虑，使他们在项目完成之后，有一个好的归属，这样可以使他们无后顾之忧，保证他们安心为项目工作。

4.项目经理的素质与能力

（1）良好的道德素质。人的道德观，决定着人行为处事的准则。项目经理具备良好的道德品质是保证项目相关方根本利益的前提。但是，项目管理是一项复杂的工作，有时很难将有意识的估计错误与真正的错误区分开来，或者将有意夸大的项目支出和坦率的乐观主义区分开来。为了使商业道德的概念更清晰，许多公司和专业团体都制定了各自的一套行为准则。例如，美国项目管理协会（Project Management Institute，PMI）将发布的项目管理专业人员道德准则作为规范项目经理行为的参考，内容如下。

项目管理职业的道德法典

项目管理专业人员在其职业生涯中会影响到社会上所有人的生活质量，因此，项目管理专业人员在工作过程中要以道德的方式获得并维持团队成员、同事、雇员、客户和公众的信任。

条款Ⅰ　项目管理专业人员要保持较高的个人和职业行为标准并：

a.对其行为负责；

b.只有通过培训和工作经验证明合格或者在向其雇主或客户完全公开与自己有关的条件后，才能接受项目并承担责任；

c.保持其专业技能处于最佳状态，并认识到个人的继续发展和教育的重要性；

d.行事方式要讲品格，以此提高本职业的诚信和名誉；

e.支持这一法典，鼓励同事和合作人员按这一法典行事；

f.通过积极参与并鼓励同事和合作人员的参与来支持这一职业团体；

g.在工作进程中遵守国家的法律。

条款Ⅱ　项目管理专业人员在他们的工作中应该：

a.提供必要的项目领导以促进生产率的最大化，同时努力使成本最小；

b.应用最先进的项目管理技术，保证质量、成本和时间目标按计划完成；

c.公平对待所有团队成员、同事和合作人员，不管其种族、宗教、性别、年龄和国籍；

d.保护项目团队成员免受身体上和精神上的伤害；

e.为项目团队成员提供适当的工作条件和机会；

f.寻求、接受并提出诚实的工作方面的批评，恰如其分地评价他人的贡献；

g.支持项目团队成员、同事和合作人员的职业发展。

条款Ⅲ　在与雇主及客户的关系中，项目管理专业人员应该：

a.在职业或商业事务中作为雇主或客户忠诚的代理人或托管人行事；

b.在应聘时及以后要对雇主或客户的业务或技术过程保密，直到这种信息适于公开为止；

c.通知雇主、客户、职业社会或作为其成员的公共机构以及他们可能要做陈述的机构有关可能导致利益冲突的任何情况；

d.对于与其雇主或客户有业务关系的人，决不直接或间接给予或接受任何礼物、报酬或超出名义价值的服务；

e.在汇报项目质量、成本和时间时要诚实、实事求是。

条款Ⅳ　在完成对社会的责任时，项目管理专业人员要：

a.保护公众的安全、健康和福利，勇敢反对在这些方面影响公众利益的陋习；

b.寻求扩大公众对项目管理职业及其成就的了解和理解。

（2）健康的身体素质。大的工作负荷没有健康的体质是不行的，项目经理必须具备健康的身体素质。健康的身体素质不仅指生理素质，也指心理素质。

（3）全面的理论知识素质。项目经理岗位的协调性比较强，要求应该具备比较全面的理论知识素质。具体包括：现代项目管理所需的项目管理独特知识；一般管理方面的知识，如计划管理、组织管理、实施管理、领导和控制等方面的内容；项目所属专业领域的知识，主要有专业技术知识、专业管理知识、专门行业知识。另外，最好具有技术学、社会学、经济学、管理学、法学、人力资源管理、项目管理学等方面的知识背景。

（4）系统的思维能力。系统的思维能力是指项目经理要具备良好的逻辑思维能力、形象思维能力及将两种思维能力辩证统一于项目管理活动中的能力。系统的思维能力还要求项目经理具有从整体上把握问题的系统思维能力。在运用系统概念与观点分析处理问题时，把研究的对象作为一个整体来分析。既要注意整体中各部分的相互联系和相互制约关系，又要注意各要素间的协调配合，服从整体优化的要求。综合考察系统的运动和变化，以保证科学地分析和解决问题。研究系统所处的外界环境的变化规律以及其对系统的影响，使系统适应环境变化。

（5）娴熟的管理能力。所谓管理能力就是把知识和经验有机地结合起来运用于项目管理的本领，对于项目经理，知识和经验固然重要，但是归根到底还是要靠能力。作为项目经理应该具有娴熟的管理能力，主要有：决策能力、计划能力、组织能力、协调能力、人际交往能力、积极的创新能力。由于项目的一次性特点，使项目不可能有完全相同的以往经验可以参照，加上激烈的市场竞争，项目经理必须具备一定的创新能力。创新能力一方面要求项目经理在思维能力上创新，具有对问题的敏感性、思维的流畅性、思维的灵活性、发挥创见的能力、对问题的重新认识能力；另一方面要求项目经理要敢于突破传统的束缚，传统的束缚主要表现在社会障碍和思想方法障碍。

（6）丰富的项目管理经验。项目管理是实践性很强的学科，项目管理的理论方法是科学，但是如何把理论方法应用于实践是一门艺术。通过不断的项目管理实践，项目经理会增加他对项目及项目管理的悟性；要丰富项目管理经验不能只局限在相同或相似的项目领域中，而要不断变换从事的项目类型，这样才能成为卓越的项目管理专家；一个项目经理的职业道路经常是从参加小项目开始，然后是参加大项目，直到授权管理小项目到大项目；要善于进行项目的总结，从项目实践的反省中获得经验。

（7）卓越的领导能力。由于项目经理权力有限，却又不得不面对复杂的组织环境，肩负保证项目成功的责任，因此项目经理需要很强的领导才能。具体来说，有效的项目经理应具备的领导能力包括：采用民主的领导风格；有清楚的领导意识和清楚的行动方向；能辅助项目成员解决问题；能使新成员尽快地融入到团队中来；具有很强的沟通能力；能够权衡方案的技术性、经济性及其与人力因素之间的关系等。

（8）成熟的授权能力。领导的艺术在于最大限度地调动项目团队成员的积极性。在涉及制订具体工作计划，决定如何完成任务，控制工作进程以及解决妨碍工作进展的问题时，应明确每个团队成员的任务和工作职责，授予团队成员一定的权力，让他们做出与其工作相关的决策，使他们具有责任感，同时应注意制定规范准则，使得授权限度明确。

（9）指导能力。项目经理就像一个球队的教练，他不需要上场踢球，但必须能发现问题并找出解决问题的办法，从更高的理论层次上指导球队进行有效的训练。需要指出的是，这里的指导并不是指专业知识的指导，项目经理尽管可能是一个通才，但和部门经理相比，他不必是某领域的专家，也不必对技术业务非常精通，正如优秀的指挥不必是一流的乐器手一样。项目经理对于团队成员的指导更多地体现在对项目任务的分配，项目各项指标的设计，项目资源运用以及团队成员之间合作方式的规定和建议中。

（10）激励能力。一个好的项目经理应该懂得激励的效应，正确运用激励方法以实现激励的目的。要想利用好激励机制，首先要对团队成员的需求有充分的了解，并善于将团队成员的个人目标和项目目标有机地结合起来，即以需求为基础，以目标为导向，以绩效考核作为基础。其次要善于使用各种激励方法，如危机激励、信心激励、榜样激励和奖惩激励、薪酬和晋升激励等。

2.3　运输项目目标管理

运输项目因其涉及内容繁杂、利益方众多、建设周期长、不确定因素多等原因，在建设执行过程中，项目目标会受到各方面的影响。项目目标的正确设置与否，以及是否可控，一定意义上直接决定项目建设的成败。因此，运输项目目标管理通常被作为项目管理中重要的基础性工作内容。

2.3.1　运输项目目标管理的概念与特征

1. 运输项目目标管理的概念

运输项目目标管理是指将运输项目工作任务和目标明确化，建立目标系统和控制基准，层层分解逐层落实，以便统筹兼顾全面协调，在执行过程中及时监控和纠偏，努力实现项目既定目标的管理活动。运输项目目标管理包括运输项目目标体系设置、目标分解及落实、目标监控及纠偏、目标实施总结及完善4个主要工作环节。

2. 运输项目目标管理的特征

运输项目目标管理是一种参与的、民主的、自我控制的管理模式，其主要特征如下。

（1）员工参与管理。通过合理设置运输项目目标，由上下级共同商定，确定各种目标，引导项目成员参与管理。

（2）以自我管理为中心。运输项目目标实施过程中，充分发挥以项目员工自我管理为中心的优势，通过自身监督与衡量，不断修正自己的行为，提升工作绩效，达成项目目标。

（3）强调自我评价。运输项目目标管理强调自我对工作中的成绩、不足进行对照总结，经常自检自查，不断提高工作水平。达到预定的期限后，下级首先进行自我评估，提交书面报告；然后上下级一起考核目标完成情况，决定奖惩；同时讨论下一阶段目标，开始新的循环。如果目标没有完成，应分析原因总结教训。

（4）重视成果。运输项目目标管理以制定目标为起点，以目标完成情况的考核为终结。目标管理将评价重点放在工作成效上，将评价作为进一步改善工作的重要手段，使评价更具有建设性。

3. 运输项目目标管理实施的原则

项目管理中目标的设置应做到科学、合理、有效，过高、过低、模糊不清、难以衡量的目标很难实施，也就失去了目标的意义。运输项目目标管理实施的原则如下。

（1）目标制定必须科学合理。目标管理能不能产生理想的效果、取得预期的成效，首先就取决于目标的制定，科学合理的目标是目标管理的前提和基础，脱离了实际的工作目标，则使目标管理失去实际意义。有意义的目标应该具备明确、具体、可行（可操作）、可度量和一定的挑战性等特征，而且这些目标也需要得到项目所在上级单位或项目相关利益方的认可，与其他相关方的目标一致。

（2）督促检查必须贯穿始终。在目标管理的过程中，必须随时跟踪每一个目标的进展，发现问题及时协商、及时处理、及时采取正确的补救措施，确保目标运行方向正确、进展顺利。

（3）目标控制必须及时有效。目标管理以目标的达成为最终目的，在目标实施的过程当中，必须及时监督控制，制定有效的纠偏措施，保证目标的顺利实现。

（4）考核评估必须执行到位。任何一个目标的达成、项目的完成，都必须有一个严格的考核评估。验收、考核、评估工作必须落实到位，才能真正达到表彰先进、鞭策落后的目的。

4.运输项目目标管理的意义

对项目决策层而言，运输项目目标管理能够让运输项目业主和公众期望值具体化，能够量化各方的利益关系，对出现的重大影响能及时权衡和协调，同时期望各方信守相关合同约定。

对项目管理层而言，明确的目标可以让其有的放矢，合理的目标系统可以回答其工作中的"目标是什么""什么程度""怎么办""怎么度量""怎么处置"等问题。

对项目团队成员而言，有明确的职责和工作要求以及努力方向能提高工作效率，同时也会因为期待完成任务后相关的绩效，能有效激发出其工作热情。

此外，目标的层层分解，贯穿于运输项目全过程、全方位，是能让运输项目在执行中便于检查和控制的良好途径。

2.3.2　运输项目目标系统构建

1.运输项目目标确定的依据

（1）利益相关方的需求和期望。运输项目决策之初，无论投资方、承建方、协作方或政府，均会有一定的目的或利益期望，这些目的与利益期望，只要可行，即经过项目的控制和协调后是可以实现的，也可以认为是项目目标的雏形。其中可能包含运输项目建设的费用投入与收益、资源投入、质量要求、进度要求、健康安全与环境管理（HSE）、风险控制率、各利益方满意度，以及其他特殊目标和要求。由于每个运输项目均有其唯一性，每个项目目标的侧重点不尽相同，但 HSE、质量、费用与进度在绝大多数项目中，都是相对重要的控制要求。

（2）运输项目市场需求和前景预测。

（3）项目业主/投资方发展战略、现状和能力。

（4）项目环境分析，包括政治、法律、经济、技术、社会文化、自然环境分析等。

（5）国家颁布的法律法规、政策、规定和细则，国家和行业颁布的强制性标准、规范、操作规程等。

（6）其他相关资料。

2.运输项目目标系统建立的方法

建立项目目标系统可以采取以下方法步骤。

1）明确项目的各类期望和要求

其中可能包含的方面有：生产能力（功能）、经济效益要求、进度要求、质量保证、产业与社会影响、生态保护、环保效应、安全、技术及创新要求、试验效果、人才培养与经验积累及其他功能要求。

2）详细研究和确定项目工作范围

详细研究和确定项目工作范围，按照运输项目固有的特点，沿可执行的方向，运用结构图、矩阵图、鱼骨图等方法，对项目范围进行分解，层层细分，建立工作分解结构（WBS），全面明确工作范围内包含哪些环节和内容，以此作为目标细分的依据。工作分解结构的末端应该是可执行单元，对应的目标亦即可执行目标。

3）建立项目目标矩阵

以项目期望目标为列，以 WBS 结构为行，建立目标矩阵。识别目标矩阵中重要因素，作为重要控制目标。根据重要控制目标情况，设置相关专职或兼职职能岗位。项目目标矩阵及重要控制目标识别是项目职能岗位设置及团队组建的基础，也是组织分解机构（OBS）组建的依据（见表 2-2）。

表 2-2　项目目标矩阵

	子项 1.0	子项 2.0	子项 3.0
目标期望 1	子项目 1.1	子项目 2.1	子项目 3.1
	子项目 1.2	子项目 2.2	子项目 3.2
目标期望 2	子项目 1.3	子项目 2.3	子项目 3.3
	子项目 1.4	子项目 2.4	子项目 3.4
目标期望 3	子项目 1.5	子项目 2.5	子项目 3.5
	子项目 1.6	子项目 2.6	子项目 3.6

4）建立项目目标系统

运输项目目标系统是一种层次结构，由系统目标、子目标、可执行目标三个层次构成。系统目标是指整个运输项目的总目标，可分为功能目标、技术目标、经济目标、社会目标和生态目标等。子目标是系统目标的下一级细分目标。可执行目标是子目标的进一步细分目标，该级目标应具有可操作性，也称操作目标。

3. 运输项目目标体系

运输项目涉及面广，有很多目标要求，在很多方面均会有控制要求，因此运输项目需要设立多个总目标，比如，运输项目的投资、成本、质量、进度、安全环保等方面的要求就属于总目标之列，也可以设置成果性目标、功能性目标、约束性目标、影响性目标、满意度目标、可持续发展目标等类别划分的目标体系。在总目标之下，需要设立多个子目标用以支撑或说明各类控制要求和建设期望，就某一项子目标而言，如投资控制这些投资可能分布在几个项目阶段或工段中，而这几个项目阶段或工段，包含设计费、采购费、建安费、管理费等，这些分项控制要求均属于项目投资总目标下的子目标。又如，在设计变更控制目标下，则又可分解为不同专业的目标。再如，拟定进度总目标后，则可能分解为项目策划决策期、项目准备期、项目实施期和项目试运行期等。运输项目总目标与多个子目标就构成了一个目标系统，成为了运输项目建设研究和管理的对象。

例如，以某市城市交通世界银行贷款项目为例，世界银行评价和确定选用的项目方案中，目标体系设置主要包括战略、经济和效用 3 个准则层面和 9 个指标层指标（见表 2-3）。

表 2-3　评价目标体系

准则层指标	权重	指标层指标	权重
战略准则	0.35	改善中低收入者出行	0.41
		公共交通优先	0.32
		提高安全性和可达性	0.27
经济准则	0.33	项目投资/服务人口	0.34
		交通改善的社会效益	0.41
		项目工程拆迁量	0.25
效用准则	0.32	项目增加的系统效用	0.32
		满足市民需求的效用	0.45
		降低城市污染的效用	0.23

2.3.3　运输项目目标管理与控制

运输项目目标管理的全过程是由一个个循环过程所组成的，一直持续到项目结束。在控制过程中，都要经过投入、转换、反馈、对比、纠正等基本环节。如果缺少这些基本环节中的某一个，动态控制过程就不健全，就会降低控制的有效性。

1. 运输项目目标管理的步骤和基本程序

运输项目目标管理的步骤和基本程序如下。

1）按计划要求投入

运输项目目标管理过程首先从投入开始。一项计划能否顺利地实现，基本条件是能否按计划所要求的人力、材料、设备、机具、方法和信息等进行投入。计划确定的资源数量、质量和投入的时间是保证计划实施的基本条件，也是实现计划目标的基本保障。

2）做好转换过程的控制工作

运输项目的实现总是要经由投入到产出的转换过程。正是由于这样的转换，才使投入的人、财、物、方法、信息转变为项目成果产出品，如设计图纸、分项（分部）工程、单位工程，最终输出完整的运输工程项目。在转换过程中，计划的执行往往会受到来自外部环境和内部系统多因素的干扰，造成实际进展情况偏离计划轨道。而这类干扰往往是潜在的，未被人们所预料或人们无法预料的。同时，由于计划本身不可避免地存在着程度不同的问题，因而造成实际输出结果与期望输出结果之间发生偏离。为此，项目管理人员应当做好"转换"过程的控制工作，跟踪了解运输项目实际进展情况，掌握项目转换的第一手资料，为今后分析偏差原因、确定纠正措施提供可靠依据。同时，对于那些可以及时解决的问题，采取"即时控制"措施，及时纠正偏差，避免"积重难返"。

3）确保信息及时沟通反馈

反馈是控制的基础工作。对于一项即使认为制订得相当完善的计划，项目管理人员也难以对其运行结果有百分之百的把握。因为在计划的实施过程中，实际情况的变化是绝对的，不变是相对的。每个变化都会对预定目标的实现带来一定的影响。因此，项目管理人员必须在计划与执行之间建立密切的联系，及时捕捉工程进展信息并反馈给控制部门，为控制服务。为使信息反馈能够有效地配合控制的各项工作，使整个控制过程流畅地进行，需要设计信息反馈系统。它可以根据需要建立信息来源和供应程序，使每个控制和管理部门都能及时获得所需要的信息。

4）对比目标以确定是否偏离

对比是将实际目标成果与计划目标成果相比较，以确定是否有偏离。对比工作首先是收集工程实施成果并加以分类、归纳，形成与计划目标相对应的目标值，以便进行比较。其次是比较结果进行分析，判断实际目标成果是否出现偏离。例如，某网络进度计划在实施过程中，发现其中一项工作比计划要求拖延了一段时间，如果该工作是关键工作，或者虽然不是关键工作，但它拖延的时间超过了项目的总时差，那么这种拖延肯定影响了总计划工期，对此工作必须采取纠偏措施。如果未发生偏离或所发生的偏离在允许范围之内，则可以继续按原计划实施。

5）取得纠正偏差的效果

当出现实际目标成果偏离计划目标的情况时，就需要采取措施加以纠正。如果是轻度偏离，通常可采用较简单的措施进行纠偏。如果目标有较大偏离时，则需要改变局部计划才能使计划目标得以实现。如果已经确定的计划目标不能实现，那就需要重新确定目标，然后根据新目标制订新计划，使工程在新的计划状态下运行。当然，最好的纠偏方法是把管理的各项职能结合起来，采取系统的办法。这不仅需要在计划上做文章，还要在组织、人员配备、领导等方面做文章。项目实施过程的每一次控制循环结束都有可能使工程呈现出一种新的状态，或者是重新修订计划，或者是重新调整目标，使其工程项目在这种新状态下继续开展。

2. 运输项目目标管理控制的基本内容

在运输项目目标管理控制中，要着重控制好项目的约束性指标，运输项目的进度目标、质量目标和成本目标为运输项目的三大主要目标。

1）进度目标控制

运输项目进度目标控制是指在实现运输项目总目标的过程中，为使运输项目的实际进度符合项目进度计划的要求，使项目按计划要求的时间推进而开展的有关监督管理活动。工程项目进度控制的总目标就是项目最终交付成果的计划时间。运输项目进度控制是对运输项目从策划与决策开始，经设计与施工，直至竣工验收交付使用为止的全过程的控制。

事前控制，主要内容是编制或审核运输项目实施总进度计划，审核运输项目的阶段性计划，制订或审核材料供应采购计划，找出进度控制点，确定完成日期。

事中控制，主要是建立反映运输项目进度情况的日记，进行项目进度检查对比，对有关进度及时计量并进行审查，通过召开现场进度协调会等确定进度控制措施。

事后控制，主要是当实际进度和计划发生差异时，必须及时采取进度纠偏对策。首先，制定保证不突破总工期的对策措施，包括组织措施、技术措施、经济措施等；其次，制定突破总工期的补救措施，然后调整其他计划，建立新的计划，并按其实施。

2）质量目标控制

运输项目质量目标控制是指在力求实现运输项目总目标的过程中，为满足项目总体质量要求所开展的有关监督管理活动。其任务是通过建立健全有效的质量监督工作体系，认真贯彻检查各种规章制度的执行，随时检查质量目标与实际目标的一致性，来确保项目质量达到预期制定的标准和等级要求。在运输项目的三大目标（时间、成本、质量）控制当中，质量控制是主题，项目质量永远是考察和评价项目成功与否的首要方面。

事前控制，首先掌握质量控制的技术标准和依据，制定保证质量的各种措施，对承揽项目任务的单位进行资质审查，对涉及项目质量的材料进行验收和控制，对设备进行预检控制，对有关的计划和方案进行审查。

事中控制，首先对工艺质量进行控制，然后对工序交接、隐蔽工程检查、设计的变更审核、质量事故的处理、对质量和技术签证等进行控制，对出现违反质量规定的事件、容易形成质量隐患的做法立即采取措施予以制止。建立实施质量日记、现场质量协调会、质量汇报会等制度，以及时了解和掌握质量动态，及时处理质量问题。

事后控制，主要是指当发生质量事故或发现项目实施中存在与质量标准的差异时，必须及时采取质量纠偏对策。事后控制往往通过项目的阶段验收和竣工验收、技术资料整理、文件档案的建立来实现。

3）投资成本目标控制

运输项目投资成本目标控制是指整个运输项目的实施阶段开展投资成本指标控制的管理活动。项目投资费用是由项目合同界定的，因此应在满足项目的使用功能、质量要求和工期要求的前提下，阶段性检查费用的支出状况，控制费用支付不超过规定值，并严格审核设计的修改和工程的变更，以实现项目实际投资不无故超过计划投资的目标。

事前控制，主要熟悉项目设计图纸与设计要求，分析项目价格构成因素，进行风险预测，采取相应的防范措施。事前分析费用是最容易突破的环节，从而明确投资控制的重点。

事中控制，主要是定期检查和对照费用支付情况，定期或不定期对项目费用超支或节约情况做出分析，并提出改进方案。同时，完善信息制度，掌握价格变动的范围和幅度。

事后控制，主要是审核项目成本结算报告，并做好后续事宜。

3.运输项目目标管理控制措施

为了取得运输项目目标控制的理想成果，应从多方面采取措施对运输项目目标实施控制。

1）组织控制措施

一是事先落实控制的组织机构，委任执行人员，授予相应职权，明确任务、权利和责任，制定工作考核标准。二是确保各部门职能人员，要按计划要求监督投入的劳动力、机具、设备、材料，经常到现场巡视、检查运行情况，对工程信息进行收集、加工、整理、分析并及时反馈。三是及时发现和预测目标偏差，并采取纠正措施。

2）技术控制措施

控制在很大程度上要通过技术来解决问题，为使项目实施能够达到期望的目标，首先，需要依靠掌握特定技术的人，采取一系列有效的技术手段和措施，实现项目目标的有效控制。其次，要对多个可能的主要技术方案进行技术可行性分析，对各种技术数据进行审核、比较，事先确定设计方案的评选原则；通过科学试验确定新材料、新工艺、新设备、新结构的适用性；对各投标文件中的主要技术方案做必要的论证；对施工组织设计进行审查，并想方设法在整个项目实施阶段寻求节约投资、保障工期和质量的技术措施，以达到对项目目标实施有效控制的目的。

3）经济控制措施

运输项目的建成动用，归根结底是一项投资的实现。从项目的提出到项目的实现，始终伴随着资金的筹集和使用。无论是对工程造价实施控制，还是对工程质量、进度实施控制，都离不开经济措施。为了理想地实现项目目标，项目管理人员要收集项目经济信息和数据，要对各种实现项目的计划进行资源、经济、财务等方面的可行性分析，要对经常出现的各种设计变更和其他项目变更方案进行技术经济分析，以力求减少对计划目标实现造成的不利影响。同时，要对工程项目概、预算进行审核，要编制资金使用计划，要对工程付款进行审查等。如果在目标控制时忽视了经济措施，不但可能使项目造价目标难以实现，而且会影响项目质量和进度目标的实现。

4）合同控制措施

运输项目建设需要设计单位、施工单位和材料设备供应单位分别承担项目实施中的相应工作。这些承包商是分别根据与业主签订的设计合同、施工合同和供销合同来参与项目建设的，他们与项目业主构成了承发包关系。承包设计的单位根据合同要求，要保障运输项目设计的安全可靠性，提高项目的适用性和经济性，并保证设计工期的要求。承包施工的单位要根据合同要求，在规定的工期、造价范围内保证完成规定的工程量，并使其达到规定的施工质量要求。承包材料和设备供应单位应当根据合同要求，保证按质、按量、按时供应材料和设备。由此可见，确定对目标控制有利的承发包模式和合同结构，拟订合同条款，参加合同谈判，处理合同执行过程中的问题，以及做好预防和处理索赔的工作等，是项目管理人员进行目标控制的重要手段。

2.4 运输项目管理体系

目前国际上主要的项目管理研究体系有国际项目管理协会（International Project Management Association，IPMA）和美国项目管理协会（Project Management Institute，PMI）。IPMA 拥有一个应用标准，即《国际项目管理专业资质标准》（IPMA Competence Baseline，ICB），规定了项目管理者 40 个方面的素质要求。PMI 开发了世界上第一套项目管理知识体系（Project Management Body of Knowledge，PMBOK），其中，把项目管理划分为 9 个知识领域（范围管理、时间管理、成本管理、质量管理、人力资源管理、沟通管理、采购管理、风险管理和综合管理）。国际标准化组织以该文件为框架，制定了 ISO10006 项目管理体系标准。项目管理体系对于规范项目运作、提高运行效率、降低项目风险，有着重要的指导作用。

2.4.1 运输项目管理体系的概念

项目管理体系是指对项目所要开展的各种管理活动中要使用的各种理论、方法和工具等一系列内容的总称。运输项目管理体系是运输项目管理功能的各要素的集合，是由运输项目管理现状为出发点，依据国际项目管理体系标准，从项目管理本质着手，对运输项目管理整体运行进行研究，保证体系的完整性、可执行性和持续改进性特点。

确保项目管理体系有效运行，可以提高项目规范化管理水平，提高项目组织运行效率，降低决策失误及各类风险，从而保障项目目标的实现。通过梳理影响项目成功与失败的因素（如下所示），发现很多成功的项目都得益于拥有成熟健康的项目管理标准体系，并使其规范有序地发挥作用，而很多项目的失败也是由于这个方面，缺乏有效的项目管理体系，或者并未使其有效运行。

影响项目成功与失败的因素

影响项目成功的因素	影响项目失败的因素
项目经理的能力与权威；	项目的投资不到位；
项目班子的素质、能力及凝聚力；	项目不合法；
项目利益相关者的团结与协作；	项目经理素质与能力不够；
项目范围及项目目标的明确程度；	与业主、供应商和客户关系不和谐；
项目经理的人事与行政管理技巧；	不充分利用进度和状态报告；
现实而实事求是的项目进度报告；	缺乏项目资源的支持；
项目团队的管理与支持；	项目的范围和目标存在异议；
项目资源的获取与利用；	决策和问题解决缺乏项目人员的参与；
项目的计划与组织；	项目团队缺乏团队精神和凝聚力；
有效的项目质量控制与成本控制；	缺乏创新；
安全管理；	不现实的项目计划；
适度而规范的项目变更；	缺乏项目的有效组织；
项目资金到位；	不适当的变更管理；
项目合同管理的严肃性与有效性。	安全事故。

2.4.2 运输项目管理体系的构成

运输项目管理体系的主要内容包括项目相关主体、项目生命周期、项目过程管理以及9个项目职能管理领域等。

1. 运输项目相关主体

（1）项目业主。通常是运输项目工程建设实体的所有者、运输项目产出成果的需求者或者是运输项目所需资金的提供者。

（2）承包商或供应商。一般接受运输项目业主委托，承接运输项目全过程、某一项目阶段或某些活动的承包方。按项目阶段或工作性质不同，可将承包商划分为勘察设计承包商、施工承包商、采购承包商等类型，按承包商规模层级可细分为总承包商、分包商等类型。

（3）监理。运输工程项目中，从事建设工程监理及相关服务活动的服务机构。

（4）用户。运输项目产出成果的最终需求者或购买者，通常指运输项目的使用者，即旅客或货主。

（5）政府。对运输项目进行行政审查、监督和管理的政府及相关部门。通常包括发展改革、交通运输、铁路、民航、邮政、能源、城市建设等政府部门。

2. 运输项目生命周期

（1）概念阶段，是运输项目生命周期的初始阶段，也称项目立项阶段，最关键的工作是明确项目的概念、制定项目建议书、编制可行性研究报告，进行立项申报。

（2）规划设计阶段，对运输项目进行全面的规划设计，完成运输项目范围、工程设计、资源使用、进度、成本、质量、风险等各项计划方案。同时，落实项目招投标各项工作，签订合同，做好开工前的人、财、物及一切软硬件准备。

（3）实施阶段，是运输项目生命周期中时间最长、完成的工作量最大、资源消耗最多的阶段。这个阶段要根据项目的工作分解结构和网络计划来组织协调，确保各项任务保质量、按时间完成。这个阶段管理的重点是指导、监督、预测、控制。

（4）收尾阶段，项目组织者要对项目进行财务清算、文档总结、评估验收、最终交付客户使用和对项目总结评价。

以运输基建项目为例，运输项目基本建设程序，如图 2-10 所示。

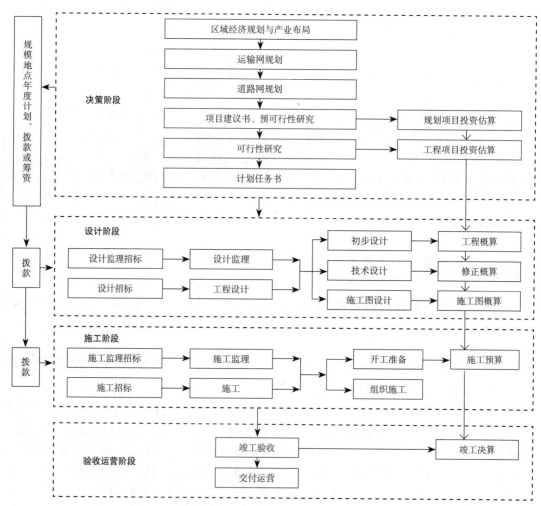

图 2-10　运输基建项目基本建设程序

3. 运输项目过程管理

美国项目管理协会（PMI）提出的项目管理知识体系（PMBOK）中规定，过程就是基于一定输入，采用相关工具和技术，产生一定输出的活动集合。项目是由各种过程组成的，这些过程可分为两类：一类是与项目管理有关的过程，涉及项目组织和管理；另一类是与产品有关的过程，涉及具体的项目产品生成。这两类过程结合起来，才能完成整个项目活动。

运输项目过程也分为两大类：一类是创造运输项目产品的过程，创造项目产品的过程因产品的不同而不同，创造工程项目产品的典型过程通常为前期筹划—设计—采购—施工—验收—总结评价，这个过程关注实现项目产品的特性、功能和质量，可以看作技术推进或物理变化的过程，运输工程类项目表现为产出物的日益变化，运输服务类项目表现为运输对象空间位移的变化。创造项目产品的过程只能保证运输项目产品的功能特性。另一类是项目管理过程，不因产品不同而不同，其典型过程是启动—计划—实施—检查—改进，项目管理的过程则是利用项目管理的先进技术和工具，以保

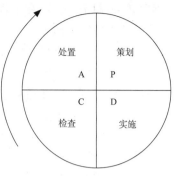

图 2-11　PDCA 循环图

证项目的效率和效益。美国质量管理专家戴明博士提出的 PDCA（Plan-Do-Check-Act）循环方法是项目管理中常用的方法，其主要过程如下（见图 2-11）。

・ P（Plan）计划，在项目管理制度、文件中确定有效运行和控制的准则与方法，包括方针和目标的确定以及活动规划的制定。主要工作内容包括：在明确工作目标的基础上按工作分解结构（WBS）原理层层分解工作，确定每项作业的具体目标；确定实现目标的具体操作过程；确定过程顺序和相互作用；确定运行和控制过程的准则和方法；为支持过程有效运行，明确保证必需的资源和信息；基于以上工作做出详细的工作计划；对工程项目计划进行评审、批准。

・ D（Do）实施，根据已知的信息、设计方法、方案和计划布局进行具体运作，实现计划中的目标与内容。

・ C（Check）检查，检查并总结执行计划的结果，分清哪些对了、哪些错了，明确偏差，找出问题。

・ A（Action）改进，对检查总结的结果进行处理，对成功的经验加以肯定，并予以标准化；对于失败的教训也要总结，引起重视，采取必要的措施调整计划，通过分析发现管理工作的缺陷，提出改进管理的措施，使管理工作持续进行。对于没有解决的问题，应提交给下一个 PDCA 循环中去解决。

以上 4 个阶段是周而复始、循环往复、阶梯式上升的，适用于一切循序渐进的管理工作。

4. 运输项目管理职能领域

依据美国项目管理协会（PMI）规定的项目管理的 9 个知识领域，本书界定运输项目管理与评估的职能领域也主要包括以下 9 个方面。

（1）运输项目范围管理

运输项目范围管理是指计划、界定和评估运输项目或项目阶段需要完成的技术工作和管理工作的相关理论、方法和工具。运输项目范围管理包括运输项目范围的界定、范围的规划、范围的调整等。

（2）运输项目过程与进度管理

运输项目过程与进度管理是有关如何按时完成运输项目工作的理论、方法和工具，主要包括运输项目具体活动界定、活动排序、花费时间估计、进度安排及进度控制等各项工作。

（3）运输项目成本与效益管理

运输项目成本与效益管理是如何在不超出运输项目预算的情况下完成整个运输项目工作

所需的管理理论、方法和工具，主要包括资源需求计划与配置、成本费用预算、成本费用控制及效益管理等工作。

（4）运输项目质量与争议管理

运输项目质量与争议管理是指如何确保运输项目质量以及保证项目质量所需的管理理论、方法和工具，具体包括运输项目质量管理计划、质量管理保障、质量管理控制及争议管理等工作。

（5）运输项目风险与安全管理

运输项目风险与安全管理是指如何识别运输项目风险、分析项目风险、应对项目风险及运输项目安全管理所需的管理理论、方法和工具。主要包括如下步骤。

①风险识别。风险的识别是风险管理的首要环节。只有在全面了解各种风险的基础上，才能够预测危险可能造成的危害，从而选择处理风险的有效手段。

②风险评估。在运输项目风险识别和估计的基础上，对每种风险进行定性或定量分析，对项目风险事件发生的可能性大小、项目风险影响程度和后果进行排序和综合评价，并确定运输项目关键性风险影响因素的过程。

③风险监测。在运输项目过程中，根据项目风险管理计划和项目实际发生的风险与变化所开展的项目风险监视、测定和控制活动。

④风险应对。指根据风险估测和风险分析的结果，为避免或减小运输项目风险而对项目风险采取的行动方案和管理措施。

⑤安全保障。根据风险管理结果对确保运输项目健康运行采取的安全保障措施。

（6）运输项目人力资源管理

运输项目人力资源管理是指如何更有效地利用运输项目所涉及的人力资源以及在项目人力资源管理方面所需的管理理论、方法和工具。运输项目人力资源管理的主要活动有以下几个方面。

①人力资源规划。将项目组织对人员数量和质量的需求与人力资源的有效供给相协调。项目人力资源规划活动将概括出项目的人力需求，并为人员配备、选拔、培训与奖励提供所需信息。

②人员招聘。人员招聘前要对项目中某一岗位的员工职责做出岗位描述，确定该岗位的知识、能力和素质要求。选择最合适的招聘方式组织人员招聘和选拔（包括从组织内部其他岗位调入）。

③培训。根据项目工作需要，建立合适的人员培训体系，确定培训种类、培训内容、师资队伍、培训成果应用、培训效果测评等内容。

④绩效评估。根据项目设定的目标体系评价员工业绩的方法，尽量做到用事先设定的指标量化，绩效评估的结果可用作改进工作、对员工进行培训、表彰奖励、惩戒的重要依据。

⑤报酬与奖惩。合理确定工资级别和水平、福利与其他待遇、奖励和惩罚的标准、工资的测算方法（如岗位工资、计件工资或绩效工资等）以及各种补贴。

⑥劳动关系管理。包括与员工签订劳动协议、处理员工之间可能出现的纠纷、制定员工的权利和义务、按照劳动法处理各类员工问题、制定员工投诉制度等方面的工作。

（7）运输项目采购管理

运输项目采购管理是指有关从运输项目组织外部寻求和获得各种商品与劳务的管理，以及这一管理所需的理论、方法和工具。运输项目采购管理过程主要分为：

①制定采购计划。根据项目进程对资源的需求，在采购之前首先要做采购分析，确定采

购内容、采购方式和采购要求等，对采购可能发生的直接成本、间接成本、采购评标能力等进行分析比较，分析供应商，选择恰当的合同类型，编制采购计划。

②采购过程管理。包括询价、供方选择及采购合同管理。

③采购成本分析。考虑项目生命周期内的最低整体采购成本。在实际采购工作中，很多招标单位通常只关注承包方的投标报价，而忽视了招标成本、建设成本和所有权损耗成本等项目整体采购成本。

（8）运输项目沟通管理

运输项目沟通管理是指如何及时有效地收集、使用、处理、储存项目信息以及在项目信息沟通管理方面所需的管理理论、方法和工具。项目沟通管理的重要性体现在：为项目的决策和计划提供信息；作为组织和控制管理过程的依据和手段，是成功实现项目目标的关键因素；是改善人际关系、构建项目管理团队、密切项目与利益相关者关系的必不可少的条件；是项目管理人员成功进行项目管理的重要手段。

①项目沟通的形式。包括：正式沟通，由项目的组织结构图、项目流程、项目管理流程、信息流程和确定的运行规则构成，例如项目手册、各种书面文件、协调会议等；非正式沟通，如口头交流、其他方式的交流；新型通信网络方式的信息沟通；传统方式的信息沟通。

②项目沟通的主要内容。主要包括：内部沟通，例如，项目内部解释工作成果要求，明确所期望付出的努力以及工作期限，尽可能告知项目人员可能遇到的困难以及所需要的特别信息，为他们走向成功做好准备，当面进行工作任务的分配交接，留出充足的时间进行答疑和讨论；外部沟通，例如，与上级企业管理层的沟通、与业主的沟通、与设计单位的沟通、与监理机构的沟通、与供应商的沟通、与用户的沟通、与其他单位或公众的沟通。

③项目沟通管理的基本步骤。包括：沟通计划，沟通计划决定项目干系人的信息沟通需求，谁需要什么信息，什么时候需要，怎样获得；信息发布，信息发布使需要的信息及时发送给项目干系人；信息反馈，及时收集和传播执行信息，如落实状况报告、进度报告和预测报告；信息汇总，在达到沟通目标或因故终止后，需要汇总相关信息，如各类文件、资料、记录，将这些信息存档，以备将来使用。

④消除沟通障碍。常见的沟通问题包括：发送者的障碍，如语言障碍、发送者个人问题、心理或个性问题；信息传递的障碍；接受者的障碍；组织内部固有的障碍；反馈的忽视。实现工程项目有效沟通需要做到：提高发送者沟通的语言能力和心理水平；注重信息传递的及时性；坚持统一目标的原则；设置合理的组织机构、营造和谐的组织气氛；建立沟通的反馈机制。

（9）运输项目综合管理

运输项目综合管理也称集成管理，是确保各种项目工作和项目的成功要素能够很好地协调与配合，以及相应的管理理论、方法、工具。运输项目综合管理从项目的整体出发，在其整个投资建设周期内，保证完成运输项目总体目标，并尽可能追求项目绩效的最大化，对项目的范围、人力资源、进度、费用、质量、采购、风险、职业健康与安全环境等各方面进行综合协调与控制。运输项目综合管理最基本的特征是整体优化性和动态发展性。运输项目综合管理的基本原则如下。

①以运输项目综合目标的实现为核心。运输项目是多目标的统一，针对整个目标系统实施控制，追求目标系统的整体效果。在实施目标控制过程中，应该以实现运输项目的整体目标系统作为衡量目标控制效果的标准，追求目标系统整体效果，做到各目标互补。

②坚持系统视角、综合集成的管理理念。在进行项目目标设计时，应特别注意工程项目管理多目标之间的平衡。运输项目的投资（费用）、工期（进度）、质量（技术性能）、安全（风险）等要素之间并非彼此独立，而是相互联系、相互制约、既对立又统一的一个有机整体，片面解决一个问题可能会影响其他问题或带来新的问题，因此应该从整体上考虑并解决问题，有效集成各个子目标形成运输项目的整体目标。

③坚持持续提高运输项目管理绩效，实施项目的动态管理。由于项目建设周期比较长，实施的环境和客户的需求在不断的变化，所以需要对运输项目进行动态调整及管理。包括及时调整项目规划与计划、做好例外管理工作、对工作进行检查和控制等方面，使其适应不断变化的外部环境、更符合客观实际。

④统筹协调有效调动各方积极性。运输项目各参与方综合管理的任务不同，运输项目业主应争取政府和社会对项目顺利推进的广泛支持，选择合适的咨询、施工等单位，并保持他们之间的协同工作。项目其他参与方应根据业主的要求，组织好项目管理团队，建立科学、规范的管理规章制度，有计划地、协调地实现各项管理目标。

2.5 运输项目建设及投融资管理模式

运输项目具有"公益性"及"商品性"的双重属性，是国家重要的基础设施，在国民经济体系中发挥基础性作用。对于大型的运输工程项目而言，建设周期较长，投资数额巨大，因此，恰当选择项目建设及投融资管理模式是确保项目成功的基础性工作之一。运输项目建设及投融资管理模式规定了运输项目投资建设的基本组织模式以及在完成项目过程中各参与方所扮演的角色及合同关系，在某些情况下，还要规定项目完成后的运营方式。采取成熟的项目建设及投融资管理模式，可以促进实现各种资源的有效配置，提高项目运行效率，推进项目成功。规范项目参与方对项目的管理也是确保项目成功的另一个重要方面。项目参与方对项目的管理是由国家法律法规或政策规定的，是项目参与各方应共同遵循的一些程序或规定。

2.5.1 运输项目建设及投融资管理模式类型

运输项目建设及投融资管理模式规定了项目投资建设的基本组织模式、资金筹措方式和来源，以及在完成项目过程中各参与方所扮演的角色及合同关系，在某些情况下，还要规定项目完成后的运营方式。运输项目建设及投融资管理模式确定了运输项目管理的总体框架、项目参与各方的职责、义务和风险分担，在很大程度上决定了运输项目的合同管理方式、项目进程、工程质量和造价。运输项目建设及投融资管理模式可以分为业主管理模式、项目投融资管理模式和承发包管理模式等类型。

1. 运输项目业主管理模式

运输项目业主管理模式包括业主自行管理模式和业主委托管理模式两大类。

1）业主自行管理模式

业主自行管理模式的优点是可以充分保障业主方对工程项目的控制，随时采取措施保障业主利益的最大化。但是其缺点：一是组织机构庞大、建设管理费用较高；二是对于缺少连续性项目的业主而言，不利于管理经验的积累。

2）业主委托管理模式

业主委托管理模式主要分为项目管理服务模式、项目管理承包模式、"代建制"模式和设计—管理模式等类型。

（1）项目管理（Project Management，PM）服务模式。项目管理服务是指从事工程项目管理的企业受业主委托，按照合同约定，代表业主对工程项目的组织实施进行全过程或若干阶段的管理和服务。项目管理企业不直接与该工程项目的总承包企业或勘察、设计、供货、施工等企业签订合同。项目管理企业一般应按照合同约定承担相应的管理责任。该模式由项目管理企业代替业主进行管理与协调。该模式的优点：充分发挥项目经理的经验和优势，且管理思路前后统一；当业主同时开发多个项目时，可以避免本单位项目管理人员经验不足的缺陷，有效避免失误和损失；业主可以比较方便地提出必要的设计和施工方面的变更。该模式的缺点：增加了业主的额外费用；不利于提高沟通质量；项目管理单位的职责不易明确。该模式的适用范围非常广泛，既可应用于大型项目或复杂项目，也可应用于中小型项目，既可应用于项目建设的全过程，也可只应用于项目建设中的某个阶段。

（2）项目管理承包（Project Management Contracting，PMC）模式。PMC 模式是指由业主通过招标方式聘请项目管理承包商，作为业主代表或业主的延伸，对项目全过程进行集成化管理。该模式下，PMC 承包商需与业主签订合同，并与业主聘用的咨询单位、专业咨询顾问密切合作，对工程进行计划、管理、协调和控制。业主一般不与施工单位和材料、设备供应商签订合同，但对某些专业性很强的工程内容和工程专用材料、设备，业主可直接与施工单位和材料、设备供应商签订合同。业主与 PMC 承包商所签订的合同既包括管理服务的内容，也包括工程施工承包的内容。该模式的优点：充分发挥管理承包商在项目管理方面的专业技能；统一协调和管理项目的设计与施工，以减少矛盾；有利于减少设计变更；业主与管理承包商的合同关系简单；缩短项目工期。该模式的缺点：由于业主与施工承包商没有合同关系，控制施工难度较大；业主对工程费用也不能直接控制，存在很大风险。PMC 模式一般适用于投资和规模巨大、工艺复杂的大型项目，或者是业主方由很多公司组成、对工程的技术工艺不熟悉的项目。因此 PMC 模式需要管理承包商有相当的经验，如果是利用银行、金融机构贷款和出口信贷而建设的项目，应首选 PMC 模式。

（3）"代建制"（Agent Construction System，ACS）模式。"代建制"模式是指投资方经过规定的程序，委托或聘用具有相应资质的工程管理公司或具备相应工程管理能力的其他企业，代理投资人或建设单位组织和管理项目建设的模式。"代建制"除项目管理的内容外，还包括项目策划、报批、办理规划、土地、环评、消防、市政、人防、绿化、开工等手续，采购施工承包商和监理服务单位等内容。从工程项目的代建范围来划分，"代建制"的实施方式分为全过程代建和两阶段代建。全过程代建，即委托单位根据批准的项目建议书，面向社会招标选择代建单位，由代建单位根据批准的项目建议书，从项目的可研报告开始介入，负责可研报告、初步设计、建设实施乃至竣工验收的管理。两阶段代建，即将建设项目分为项目前期工作阶段代建和项目建设实施阶段代建。其中，前期代建是由投资人直接委托或招标选择前期代理单位，协助编制可行性研究报告，负责组织可研报告的评估，完成项目报批手续，通过招标选定设计单位，办理并取得规划许可证和土地使用证，协助完成土地使用拆迁工作。

工程代建是授权代建人办理开工申请报告，办理并取得施工许可证，通过招标选定施工单位，组织管理协调工程的施工建设，履行工程如期竣工验收和交付使用的职责，负责保障工程项目在保修期内的正常使用。该模式的优点是有助于发挥代理较强的专业能力和协调作用，加快工程项目进度。缺点是业主对项目各环节参与较少，难以有效管控项目。

（4）设计—管理（Design-Management）模式。此模式通常是指由同一单位向业主提供设计和施工管理服务的项目管理方式。业主与设计—管理公司和施工总承包商分别签订合同，由设计—管理公司负责设计并对项目实施进行管理。该模式通常以设计单位为主，可对总承包商或分包商采用阶段发包方式，从而加快工程进度。该模式的优点：设计能力相对较强，能充分发挥其在设计方面的长项。该模式的缺点：施工管理能力较差，因此无法有效管理施工承包商。

2. 运输工程项目投融资管理模式

传统上运输项目等基础设施建设主要通过政府财政支持方式实现融资目标，政府的财政投资可以为运输项目等基础设施建设提供稳定的资金来源，而且不需要承担巨大的利息压力，但是往往受到政府财力制约，运作效率也相对较低。创新运输项目投融资管理模式，不仅可以确保运输项目所需资金规模，而且有助于形成科学高效的项目运行治理结构，因而是项目策划阶段需要着重考虑的工作。狭义的项目投融资是通过项目来融资，由项目的期望现金收入作为全部还款来源，还款保证仅限于项目资产、项目合同协议下的利益和权益。广义的项目投融资还包括股权融资和债权融资。当前，国际上比较流行的运输工程项目社会化投融资模式主要包括以下几种类型[①]。

1）BOT 模式

BOT（Build Operate Transfer，建造—运营—移交）有时也称为"特许经营权"（Concession）方式，它是指投资人作为项目的发起人，从一个国家的中央或地方政府获得某项基础设施的特许建造经营权，然后由发起人联合其他各方组建股份制的项目公司，负责整个项目的融资、设计、建造和运营。在整个特许期内，项目公司通过项目的运营获得利润，项目公司以运营和经营所得利润偿还债务以及向股东分红。在特许期届满时，整个项目由项目公司无偿或以极低的名义价格移交给东道国地方政府。

BOT 是一种有限追索权的项目融资（Limited-recourse Project Financing）方式，贷款人只承担有限的责任和义务，债权人只能对项目发起人（项目公司）在一个规定的范围、时间和金额上实现追索，即只能以项目自身的资产和运行时的现金流作为偿还贷款的来源，而不能追索到项目以外或相关担保以外的资产，如项目发起人所在的母公司的资产。各国在 BOT 方式实践的基础上，又发展了多种引申的方式，如：BOOT（Build Own Operate Transfer，建造—拥有—运营—移交）；BOO（Build Own Operate，建造—拥有—运营）；BLT（Build Lease Transfer，建造—租赁—移交）；BT（Build Transfer，建造—移交）等十余种方式。

2）PFI 模式

PFI（Private Finance Initiative，私人融资活动或民间主动融资），是英国政府于 1992 年提出的，在一些西方发达国家逐步兴起的一种新的基础设施投资、建设和运营管理模式。作

---

① 王守清. 特许经营项目融资（BOT、PFI 和 PPP）[M]. 北京：清华大学出版社，2008.
　王守清. 项目融资：PPP 和 BOT 模式的区别与联系 [J]. 国际工程与劳务，2011（9）.

为一种独立的融资方式，与 BOT 相比具有以下几个特点。

（1）项目主体单一。PFI 的项目主体通常为本国民营企业的组合，体现出民营资金的力量。

（2）项目管理方式开放、灵活。对于项目建设方案，由政府与私人企业协商确定；政府对最低收益等做出实质性的担保。

（3）实行全面的代理制。在项目开发过程中，广泛地应用各种代理关系。

（4）合同期满后项目运营权的处理方式灵活。合同期满后，如果私人企业通过正常经营未达到合同规定的收益，则可以继续拥有或通过续租的方式获得运营权，这是在前期合同谈判中需要明确的。

3）PPP 模式

PPP（Public Private Partnership，政府和社会资本合作）是公共基础设施建设中的一种项目运作模式。在该模式下，鼓励私营企业、民营资本与政府进行合作，参与公共基础设施的建设。PPP 是以市场竞争的方式提供服务，主要集中在纯公共领域、准公共领域。政府采取竞争性方式选择具有投资、运营管理能力的社会资本，双方按照平等协商原则订立合同，由社会资本提供公共服务，政府依据公共服务绩效评价结果向社会资本支付对价。PPP 的主要特点是，政府对项目中后期建设管理运营过程参与更深，企业对项目前期可研、立项等阶段参与更深。政府和企业都是全程参与，双方合作的时间更长，信息也更对称。

PFI 和 PPP 都利用私人或私营企业资金、人员、技术和管理优势，向社会提供长期优质的公共产品和服务。BOT、PFI、PPP 三者在本质上是一致的，都是采取由私营企业来负责或承担大部分项目融资的方式，实现了资源在项目全生命周期的优化配置。政府一般提供政策支持，不直接参与或少量参与该类项目的管理工作。

3. 运输工程项目承发包管理模式

运输工程项目承发包管理模式是指业主单位向项目实施单位购买产品的一种方式。

1）传统的发包模式

传统的发包模式即 DBB（Design Bid Build，设计—招标—建造）模式，将设计、施工分别委托不同单位承担。该模式的核心组织为"业主—咨询工程师—承包商"。这种模式由业主委托咨询工程师进行前期的可行性研究等工作，待项目立项后再进行设计，设计基本完成后通过招标选择承包商。业主和承包商签订工程施工合同和设备供应合同，由承包商与分包商和供应商单独订立分包及材料的供应合同并组织实施。业主单位一般指派业主代表（可由本单位选派，或从其他公司聘用）与咨询方和承包商联系，负责有关的项目管理工作。施工阶段的质量控制和安全控制等工作一般授权监理工程师进行。

DBB 模式的优点：由于这种模式长期、广泛地在世界各地采用，因而管理方法成熟，各方对有关程序熟悉；业主可自由选择设计人员，便于控制设计要求，施工阶段也比较容易掌控设计变更；可自由选择监理人员监理工程；可采用各方均熟悉的标准合同文本（如 FIDIC "施工合同条件"），有利于合同管理和风险管理。DBB 模式的缺点：项目设计—招投标—建造的周期较长，监理工程师对项目的工期不易控制；管理和协调工作较复杂，业主管理费较高，前期投入较高；对工程总投资不易控制，特别在设计过程中对"可施工性"（Constructability）考虑不够时，容易产生变更，从而引起较多的索赔；出现质量事故时，设计和施工双方容易互相推诿责任。

2）DB 模式

DB（Design Build，设计—建造）模式是指工程总承包企业按照合同约定，承担工程项目的设计和施工，以及大多数材料和工程设备的采购，但业主可能保留对部分重要工程设备和特殊材料的采购权。合同价款形式通常采用总价合同，但允许价格调整，也允许某些部分采用单价合同。咨询单位管理的内容主要包括设计管理和施工监理等。由于采用总价合同，承包商承担了大部分责任和风险。该模式的优点：由于设计工作由承包商负责，减少了索赔；施工经验能够融入设计过程中，有利于提高可建造性；对投资和完工日期有实质的保障。该模式的缺点：业主无法参与设计单位的选择，对最终设计和细节的控制能力降低，总价包干可能影响项目的设计和施工质量。DB 模式一般适用于技术不是太复杂，而且最适用于以工程为主的项目上，如公共交通运输设施、桥梁和道路等。

3）EPC/T 模式

EPC/T（Engineer Procurement Construction/Turnkey，设计—采购—施工/交钥匙）模式指工程总承包企业按照合同约定，承担工程项目的设计、采购、施工、试运行服务等工作，并对承包工程的质量、安全、工期、造价全面负责，使业主获得一个现成的工程，由业主"转动钥匙"就可以运行。EPC 模式的优点：能充分发挥市场机制的作用，促使承包商、设计师、建筑师共同寻求最经济、最有效的方法实施工程项目；通过 EPC 工程项目公司的总承包，可以比较容易地解决设计、采购、施工、试运转整个过程的不同环节中存在的突出矛盾，使工程项目实施获得优质、高效、低成本的效果。EPC 模式适用于一些工期紧、技术复杂，而且又不想增加协调管理和其他工作量的项目，目前在铁路、港口等大型基础设施工程以及含有机电设备采购和安装的工程项目中得到广泛采用[①]。该模式的缺点是业主难以全面掌握项目各方面的有关情况。

4）CM 模式

CM（Construction Management，施工管理）模式采用"Fast-Track"（快速路径法）将项目的建设分阶段进行，即分段设计、分段招标、分段施工，并通过各阶段设计、招标、施工的充分搭接，"边设计边施工"，使施工可以在尽可能早的时间开始，以加快建设进度。CM 模式以 CM 单位为主要特征，在初步设计阶段，CM 单位就接受业主的委托介入到工程项目中来，利用自己在施工方面的知识和经验来影响设计，向设计单位提供合理化建议，并负责随后的施工现场管理，协调各承（分）包商之间的关系。CM 模式的优点是减少施工阶段的设计变更和返工；缺点是项目业主投资风险较大，在工程完成前对工程造价心中无数。CM 模式一般适用于建设周期长、工期要求紧、不能等到设计全部完成后再招标施工的项目，或者是投资和规模都很大、技术复杂、组成和参与单位众多，缺少以往类似经验的项目。它不适用于规模小、工期短、技术成熟以及设计已经标准化的常规项目和小型项目。

CM 模式一般分为 CM/Agency（代理型）和 CM/Non–Agency（非代理型或风险型）两种。采用代理型 CM 模式时，CM 单位是业主的咨询单位，业主与 CM 单位签订咨询服务合同，与各承包商签订施工合同，CM 单位根据业主与各个承包商所签订的施工合同的约定进行工程管理。非代理型 CM 模式中，业主一般不与施工承包商签订工程施工合同，而是与 CM 单位签订既包含咨询业务，又包括施工承包的 CM 合同，然后 CM 单位与施工承包商和

---

① 杨俊杰，王力尚 .EPC 工程总承包项目管理模板及操作实例 [M]. 北京：中国建筑出版社，2014.

材料设备供应商签订合同，由于这种情况下，业主对工程投资不能直接控制，存在很大风险。为促使 CM 单位加强投资控制，业主往往要求 CM 合同中预先确定一个具体数额的保证最大工程价格（Guaranteed Maximum Price，GMP），如果实际投资超过了 GMP，超过部分将由 CM 单位承担，反之，节余部分归业主与 CM 单位分成。GMP 包括工程的预算总成本和 CM 经理的酬金，但不包括业主方的不可预见费、管理费、设计费、土地费、拆迁费和其他业主自行采购、发包的工程费用等。该方法可作为轨道交通等大型项目工程造价的确定方法，使承建单位向业主保证合同的总费用不超过规定的数额。

5）DBO 模式

DBO（Design Build Operate，设计—施工—运营）模式是指由一个承包商设计并建设一个公共设施或基础设施，并且运营该设施，满足在工程使用期间公共部门的运作要求。承包商负责设施的维修保养，以及更换在合同期内已经超过其使用期的资产。该合同期满后，资产所有权移交给公共部门。相比于传统的发包模式，该模式下承包商不仅承担工程的设计施工，在移交给业主之前的一段时间内还要负责其所建设工程的运营。DBO 模式不涉及融资，承包商收回成本的唯一途径就是公共部门的付款，项目所有权始终归公共部门所有。设计和施工成本在竣工时由政府全额支付或分期支付，运营期间由政府部门对承包商的运营服务付费。该模式的优点：责任主体比较单一，设计、施工、运营三个过程均由一个责任主体来完成；可以优化项目的全生命周期成本；使施工的周期更为合理；可以保证项目质量长期的可靠性；从财务角度看，DBO 合同下政府仅需要承担简单的责任而同时拥有长期的承诺保障。DBO 模式的缺点：责任范围的界定容易引起较多争议，招标过程也较长，需要专业的咨询公司介入。

2.5.2　运输项目管理模式选择

运输工程项目管理模式都有其特点和适用范围，都各有利弊，有其局限性，在实际划分时也不是十分明确，工程项目管理采用哪种模式，要从许多方面综合去考虑，应根据工程项目自身的特点、建设条件、项目环境，考虑项目业主最侧重项目的哪些目标，结合具体的运输项目，扬长避短，选择最适合的项目管理模式。在选择工程项目管理模式时，还应考虑以下主要因素。

（1）项目的复杂性和对项目的进度、质量、投资等方面的要求。

（2）投资、融资有关各方对项目的特殊要求。

（3）法律法规、部门规章以及项目所在地政府的要求。

（4）项目管理者和参与者对该管理模式认知和熟悉的程度。

（5）项目的风险分担，即项目各方承担风险的能力和管理风险的水平。

（6）项目实施所在地建设市场的适应性，在市场上能否找到合格的实施单位（承包商、分包商等）。

（7）项目所需资金的规模、资金来源及筹资难易程度。

改革开放以来，我国运输基础设施快速发展，各种方式交通运输通行能力、服务水平和运输效率大幅提高，为经济社会持续健康发展提供了有力支撑。但是相对于群众出行需求日益频繁、国内外贸易规模不断扩大、发挥交通拉动区域发展导向功能的现实需求而言，我国交通运输基础设施发展还较为滞后，建设养护投资缺口较大，成为制约经济社会快速发展的瓶颈。同时，政府交通运输设施投资债务规模不断扩大，政府债务潜在风险呈增大趋势。因此，积极探索和创新交通运输工程建设投融资模式及管理机制显得十分必要。

十八届三中全会提出建立规范合理的中央和地方政府债务管理及风险预警机制，允许社会资本通过特许经营等方式参与基础设施投资和运营。国务院《关于加强地方政府性债务管理的意见》（国发（2014）43号）提出，加快建立规范的地方政府举债融资机制、通过开展特许经营模式，使社会资本广泛应用于基础设施建设过程中，维持公益事业稳定运作状态。

借鉴发达国家采用PPP等融资模式的成功经验，结合我国国情，探索适合我国的交通基础设施投融资运营模式，既有助于解决当前交通运输工程建设所需资金短缺问题，减轻政府财政负担和债务压力，又可以探索一整套大型公共基础设施项目融资的新渠道和管理的新机制，具有探索、创新公共基础设施投融资体制改革的示范意义。

2.5.3　运输项目参与主体对项目的管理

项目参与主体对项目的管理是由国家法律法规或政策规定，项目参与各方应共同遵循的一些程序或规定，主要内容包括：项目业主对运输工程项目的管理、政府对运输工程项目的管理、承包商对项目的管理、银行对贷款项目的管理、工程咨询单位对项目的管理等方面[①]。

1. 项目业主对运输工程项目的管理

1）业主管理的概念

广义上项目业主是指项目的出资人（包括资金、技术及其他资产入股等）。狭义上项目业主是指项目在法律意义上的所有人，可以是单一的投资主体（即投资者），可以是自然人、法人或政府，也可以是各投资主体依照一定法律关系组成的法人形式。

2）业主管理的目的

业主对项目管理的主要目的是实现投资主体的投资目标和期望；将项目投资控制在预定或可接受的范围之内；保证项目建成后在项目功能与质量上达到设计标准。

3）业主管理的特点

业主对工程项目的管理代表了投资主体对项目的要求，因此，业主要协调各投资主体的关系，协调项目与社会各方的关系，是对项目进行全面管理的中心。从管理方式上看，在项目建设过程中业主对工程项目的管理大都采用间接而非直接方式。

4）业主管理的主要任务

（1）决策阶段的主要任务，主要围绕着项目策划、项目建议书、项目可行性研究、项目核准、项目备案、资金申请及相关报批工作开展项目的管理工作，主要包括：对投资方向和内容做初步构想，择优聘请有资质、信誉好的专业咨询机构对企业或行业、地区等进行深入分析，开展专题研究及投资机会研究工作，并编制项目发展战略或规划；选择好咨询机构；组织对工程项目建议书和可行性研究报告进行评审，并落实项目资金、建设用地、技术设备、配套设施等建设相关条件；根据项目建设内容、建设规模、建设地点和国家有关规定对项目进行决策，报请有关部门审批、核准或备案。

（2）实施准备阶段，主要包括：备齐项目选址、资源利用、环境保护等方面的批准文件，

---

① 全国咨询工程师职业资格考试参考教材编写委员会.工程项目组织与管理[M].北京：中国计划出版社，2016.

协商并取得原料、燃料、水、电等供应及运输等方面的协议文件；明确勘察设计的范围和设计深度，选择有信誉和资质合格的勘察、设计单位进行勘察、设计，签订合同，并进行合同管理；及时办理有关设计文件的审批工作；组织落实项目建设用地，办理土地征用、拆迁补偿及施工场地的平整等工作；组织开展设备采购与工程施工招标及评标等工作，择优选定合格的承包商，并签订合同；按有关规定为设计人员在施工现场工作提供必要的生活与物质保障；选派合格的现场代表，并选定适宜的工程监理机构。

（3）实施阶段，主要包括：由业主出面办理的各项批准手续，如施工许可证，需取得法律、法规规定的申请批准手续；协商解决施工所需的水、电、通信线路等必备条件；解决施工现场与城乡公共道路的通道，以及专用条款约定的应由业主解决的施工场地内主要交通干道，满足施工运输的需要；向承包方提供施工现场及毗邻区域的工程地质和地下管线、相邻建筑物和构筑物、地下工程、气象和水文观测等资料，保证数据真实；聘请咨询、监理机构，督促咨询、监理工程师及时到位，履行职责；协调设计与施工、监理与施工等方面的关系，组织承包方和咨询设计单位进行图纸会审和设计交底；确定水准点和坐标控制点，以书面形式交给承包方，并进行现场交验；组织或者委托咨询监理工程师对施工组织设计进行审查；协调处理施工现场周围地下管线和邻近建筑物、构筑物及有关文物、古树等的保护工作，并承担相应费用；督促设备制造商按合同要求及时提供质量合格的设备，并组织运到现场；督促检查合同执行情况，按合同规定及时支付各项款项，并协调好报告中出现的新问题和矛盾冲突。

（4）竣工验收阶段的主要任务，主要包括：组织进行试运行；组织有关方面对施工单位拟交付的工程进行竣工验收和工程决算；办理工程移交手续；做好项目有关资料的收集和接收与管理工作；安排有关管理与技术人员的培训，并及时接管；进一步明确项目运营后与施工方、咨询工程师等各方的关系。

2. 政府对运输工程项目的管理

1）政府管理的作用与特点

政府管理能够保证投资方向符合国家产业政策的要求；保证工程项目符合国家经济社会发展规划和环境与生态等的要求；引导投资规模达到合理经济规模；保证国家整体投资规模与外债规模在合理的可控的范围内进行；保证国家经济安全与公共利益，防止垄断；为维护国家经济社会安全和合理利用国家资源，对于关键领域的投资或相关重大投资，在投资规模、项目布点、建设时间、节约资源、市场准入等方面采取一定的引导或限制措施。政府管理的特点：具有行政权威性、法律严肃性，可采用的管理手段是多方面的，包括行政、法律、经济等手段。

2）政府对项目管理的主要方面

第一，制定宏观经济政策与相关发展规划，引导和调控投资项目。

宏观经济政策主要有：货币政策、财政政策、投资政策、产业政策、税收政策、价格管理政策、人口与就业政策、国际收支与管理政策等。政府制定国民经济与社会发展中长期规划、主体功能区规划、区域规划，以及教育、科技、卫生、交通、运输、能源、农业、林业、水利、生态环境、战略资源开发等重要领域的专项规划，明确发展的指导思想、战略目标和总体布局，并适时调整国家固定资产投资指导目录、外商投资产业指导目录，明确国家鼓励、限制和禁止投资项目。在国家发展改革委关于实行核准制的《项目申请报告通用文本》中明确规定，《项目申请报告》要有"发展规划、产业政策和行业准入分析"的内容。

第二，制定相关规定，界定投资管理权限。

政府投资的项目，实行审批制管理程序；企业投资建设的重大和限制类项目，实行核准制管理程序；核准目录之外的企业投资建设项目，除国家法律、法规和国务院专门规定禁止投资的项目外，实行备案制管理程序。

（1）政府投资项目。政府投资是指各级政府投入工程项目建设的政府性资金，包括财政预算内投资资金、各类专项建设基金、国家主权外债和其他政府性资金。政府投资项目是指在我国境内使用政府性资金的固定资产投资项目。财政预算内投资资金（含国债资金）是指各级政府在财政预算中列支的建设资金，由各级发展改革部门安排用于固定资产投资项目。各类专项建设基金是指经国务院或有关部委批准，向社会特定对象征收的专门用于某方面建设的资金。例如，水利建设基金，铁路、民航、港口建设基金等。各类专项建设基金纳入财政预算管理，实行定向征收，定向使用，专户管理。国家主权外债资金是指以国家主权信用为担保的国外贷款。其他政府性资金是指除各类专项建设基金外，各级政府向社会不同对象征收并全部或部分用于工程项目建设的资金，种类较多。例如，征收土地出让金和新增建设用地有偿使用费等。政府投资主要用于关系国家安全和市场不能有效配置资源的经济和社会领域，包括加强公益性和基础设施建设，保护和改善生态环境，促进欠发达地区的经济和社会发展，推进科技进步和高技术产业项目等。政府投资项目实行审批制。政府投资资金可分别采取直接投资、资本金注入、投资补助、转贷和贷款贴息等方式。政府以资本金注入方式投入的，要确定出资人代表。对于政府投资项目，采用直接投资和资本金注入方式的，从投资决策角度只审批项目建议书和可行性研究报告，除特殊情况外不再审批开工报告，同时应严格政府投资项目的初步设计、概算审批工作。审批制项目的具体行政管理程序为：报送项目建议书→申请办理规划选址预审、用地预审和环境影响评价审批手续→申报可行性研究报告→申请办理规划许可手续→申请办理正式用地手续→办理项目开工手续。

（2）企业使用政府补助、转贷、贴息投资建设的项目。投资补助是指对符合条件的企业投资项目和地方政府投资项目给予投资资金补助。贴息是指对符合条件、使用中长期银行贷款的投资项目给予贷款利息补贴。投资补助和贴息资金均为无偿投入。投资补助和贴息资金重点用于：公益性和公共基础设施项目，保护和改善生态环境的项目，促进欠发达地区经济和社会发展的项目，推进科技进步和高新技术产业化的项目，以及符合国家有关规定的其他项目。申请中央预算内投资补助和贴息项目，由省级发展改革委统一组织筛选，完成项目前期管理工作后，向国家发展改革委上报资金申请报告，由国家发展改革委审批。

（3）《政府核准的投资项目目录》内的项目。对企业不使用政府投资建设但在《政府核准的投资项目目录》内的项目，政府主要从维护经济安全、合理开发利用资源、保护生态环境、优化重大布局、保障公共利益、防止出现垄断等方面进行核准。企业投资建设实行核准制的项目，仅需向政府提交项目申请报告。投资项目申请核准时，应提交项目申请报告以及核准要求的相关文件、资料。按核准权限属于国家发展改革委或国务院核准的项目，由项目主体向注册所在地的省级发展改革部门提出项目申请报告，经省级发展改革部门审核后报国家发展改革委。计划单列企业集团和中央管理企业可直接向国家发展改革委提交项目申请报告。

（4）外商投资项目。政府还要从市场准入、资本项目管理等方面进行核准。外商投资项目包括中外合资、中外合作、外商独资、外商购并境内企业、外商投资企业增资等各类外商投资项目。外商投资项目，依据国家发展改革委颁布的《外商投资项目核准暂行管理办法》

进行核准。

（5）境外投资项目。境外投资项目是指投资主体经核准，通过投入货币、有价证券、实物、知识产权或技术、股权、债权等资产和权益或提供担保，获得境外所有权、经营管理权及其他相关权益的项目，包括境外投资资源开发类项目和非资源开发类项目。

（6）备案类项目。《政府核准的投资项目目录》之外的，其他不使用政府投资的建设项目，无论规模大小，均实行备案制。备案制项目的行政管理程序为：办理备案手续→申请办理规划选址、用地和环境影响评价审批手续→申请办理项目开工手续。基本建立现代企业制度的特大型企业集团，投资建设《政府核准的投资项目目录》内的项目，可以按项目单独申报核准，也可编制中长期发展建设规划，规划经国务院或国务院投资主管部门批准后，规划中属于《政府核准的投资项目目录》内的项目不再另行申报核准，只需办理备案手续。

第三，加强重要资源的管理。

（1）对土地资源使用的管理。我国土地归国家和集体所有，工程项目建设用地通过两种方式获得：一是有偿转让；二是无偿划拨，即根据国家土地政策规定，为特定类型项目划拨土地。《项目申请报告》要有"建设用地、征地拆迁及移民安置分析"的内容。

（2）对自然资源合理利用的管理。

（3）对外汇的管理。

（4）自然资源的管理。《项目申请报告》要有"资源开发及综合利用分析"的内容。

（5）能源节约。《项目申请报告》要有"节能方案分析"的内容，包括资源节约措施、用能标准和节能规范、能耗状况和能耗指标分析、节能措施和节能效果分析等。

第四，维护经济安全。

对于投资规模巨大、对国民经济有重大影响的项目，应进行宏观经济影响分析。《项目申请报告》要有"经济影响分析"的内容，包括经济费用效益或费用效果分析、行业影响分析、区域经济影响分析、宏观经济影响分析等。

第五，优化布局。

对于关系国家经济与社会安全等关键性的重大项目，将从国家全局的角度进行布局优化，以保证社会资源的最佳合理利用和整体的社会与经济效益更好。这类项目主要包括重大农林水利工程、能源、交通、邮电、通信、大型矿藏开发等。对于因征地拆迁等可能产生重要社会影响的项目，以及扶贫、区域综合开发、文化教育、公共卫生等具有明显社会发展目标的项目，应从维护公共利益、构建和谐社会、落实以人为本的科学发展观等角度，进行社会影响分析评价。《项目申请报告》要有"社会影响分析"的章节，主要内容包括：社会影响效果分析，阐述拟建项目的建设及运营活动对项目所在地可能产生的社会影响和社会效益；社会适应性分析，分析拟建项目能否为当地的社会环境、人文条件所接纳，评价该项目与当地社会环境的相互适应性；社会风险及对策分析，针对项目建设所涉及的各种社会因素进行社会风险分析，提出协调项目与当地社会关系、规避社会风险、促进项目顺利实施的措施方案。

第六，环境保护。

建设对环境有影响的项目，不论投资主体、资金来源、项目性质和投资规模，都应当依照《环境影响评价法》和《建设项目环境保护管理条例》的规定，进行环境影响评价，向有审批权的环境保护行政主管部门报批环境影响评价文件。实行审批制的建设项目，建设单位应当在报送可行性研究报告前完成环境影响评价文件报批手续；实行核准制的建设项目，建设单位应当在提交项目申请报告前完成环境影响评价文件报批手续；实行备案制的建设项目，建设单位应当在办理备案手续后和项目开工前完成环境影响评价文件报批手续。

（1）审批项目环境影响评价。由国务院投资主管部门核准或审批的建设项目，或由国务院投资主管部门核报国务院核准或审批的建设项目，其环境影响评价文件原则上由国家环境保护总局审批。对环境可能造成重大影响，并列入《国家环境保护总局审批环境影响评价的建设项目目录》的建设项目，其环境影响评价文件由国家环境保护总局审批。对环境可能造成轻度影响，且未列入《国家环境保护总局审批环境影响评价的建设项目目录》的建设项目，其环境影响评价文件由省级环境保护行政主管部门审批。《国家环境保护总局审批环境影响评价的建设项目目录》以外的其他建设项目的环境影响评价文件的审批权限，由省级环境保护行政主管部门按照建设项目的环境影响程度，结合地方情况提出，报省级人民政府批准。其中，化工、染料、农药、印染、酿造、制浆造纸、电石、铁合金、焦炭、电镀、垃圾焚烧等污染较重或涉及环境敏感区的项目的环境影响评价文件，应由地市级以上环境保护行政主管部门审批。对国家明令淘汰和禁止发展的能耗高、物耗高、环境污染严重、不符合产业政策和市场准入条件的建设项目的环境影响评价文件，各级环境保护行政主管部门一律不得受理和审批。在国家发展改革委关于实行核准制的《项目申请报告通用文本》中明确规定，《项目申请报告》要有"环境和生态影响分析"的内容，包括：环境和生态现状；生态环境影响分析；生态环境保护措施；地质灾害影响分析；特殊环境影响。

（2）规划环境影响评价，主要包括：①综合性规划。国务院有关部门、设区的市级以上地方人民政府及其有关部门，对其组织编制的土地利用的有关规划和区域、流域、海域的建设、开发利用规划（以下称综合性规划），应当根据规划实施后可能对环境造成的影响，编写环境影响篇章或者说明。②专项规划。涉及工业、农业、畜牧业、林业、能源、水利、交通、城市建设、旅游、自然资源开发的有关专项规划（以下称专项规划），应当进行环境影响评价。编制专项规划，应当在规划草案报送审批前编制环境影响报告书。编制专项规划中以发展战略为主要内容的专项规划，应当编写环境影响篇章或者说明。③规划的环境影响篇章或者说明应当包括的内容：规划实施对环境可能造成影响的分析、预测和评估，包括资源环境承载能力分析、不良环境影响的分析和预测以及与相关规划的环境协调性分析；预防或者减轻不良环境影响的对策和措施，包括预防或者减轻不良环境影响的政策、管理或者技术等措施。④对规划进行环境影响评价，应当分析、预测和评估的内容：规划实施可能对相关区域、流域、海域生态系统产生的整体影响；规划实施可能对环境和人群健康产生的长远影响；规划实施的经济效益、社会效益与环境效益之间，以及当前利益与长远利益之间的关系。环境影响报告书除包括上述内容外，还应当包括环境影响评价结论，主要包括规划草案的环境合理性和可行性，预防或者减轻不良环境影响的对策和措施的合理性和有效性，以及规划草案的调整建议。环境影响评价文件由规划编制机关编制或者组织规划环境影响评价技术机构编制。规划编制机关应当对环境影响评价文件的质量负责。对可能造成不良环境影响并直接涉及公众环境权益的专项规划，规划编制机关应当在规划草案报送审批前，采取调查问卷、座谈会、论证会、听证会等形式，公开征求有关单位、专家和公众对环境影响报告书的意见，依法需要保密的除外。

第七，工程安全管理。

我国政府对安全生产的监督管理采用综合管理和部门管理相结合的机制。国务院负责安全生产监督管理的部门，对全国各行各业的安全生产工作实施综合管理、全面负责，并从综合管理全国安全生产的角度出发，指导、协调和监督各行业或领域的安全生产监督管理工作。国务院建设行政主管部门，对全国的建设工程安全生产实施统一的监督管理。国务院铁路、交通、水利等有关部门，按照国务院规定的职责分工，分别对专业建设工程安全生产实施监督管理。县级以上地方人民政府建设行政主管部门和各有关部门，则分别对本行政区域内的建设工程和专业建设工程的安全生产工作，按各自的职责范围实施监督管理，并依法接受本行政区域内安全生产监督管理部门和劳动行政主管部门对建设工程安全生产监督管理工作的指导和监督。

3. 承包商对项目的管理

承包商分为两类：一类是工程承包商；另一类是设备承包商。承包商对工程项目的管理是指承包商为完成项目业主对项目建设的委托或设备供货的委托，以自己的施工或供货能力来完成业主委托的任务，在建设阶段对自己所承担的项目中投入的各种资源进行计划、指挥、组织、协调的过程。承包商管理的主要任务如下。

（1）工程承包商的主要任务。制订施工组织设计和质量保证计划，经监理工程师审定后组织实施；按施工计划组织施工，认真组织好人力、机械、材料等资源的投入，并向监理工程师提供年、季、月工程进度计划及相应进度统计报表；按施工合同要求在工程进度、成本、质量方面进行过程控制，发现不合格项及时纠正；遵守有关部门对施工场地交通、施工噪声以及环境保护和安全生产等方面的管理规定，办理相关手续；按专用条款约定，做好施工现场地下管线和邻近建筑物、构筑物，及有关文物、古树等的保护工作；保证施工现场清洁，使之符合环境卫生管理的有关规定；在施工过程中按规定程序及时主动、自觉地接受监理工程师的监督检查；提供业主和监理工程师需要的各种统计数据的报表；及时向委托方提交竣工验收申请报告，对验收中发现的问题及时进行改进；负责已完工程的保护工作；向委托方完整、及时地移交有关工程资料档案。

（2）设备承包商的主要任务。保证按合同，以规定的价格，在规定的时间、质量和数量条件下提供设备，并做好现场服务，及时解决有关设备的技术质量、缺损件等问题；按照合同约定，完成设备的有关运输、保险、包装、设备调试、安装、技术援助、培训等相关工作；保证提交的设备和技术规范与委托文件的要求一致；保证业主在使用其所提供的设备时，不侵犯第三方的专利权、商标权和工业设计权；完成合同规定的其他工作。

4. 银行对贷款项目的管理

为工程项目提供资金的渠道有很多，本文中的银行是泛指以银行为代表的为工程项目提供贷款的所有金融机构。为项目提供资金贷款的各金融机构，从其所提供资金的安全性、流动性、收益性等方面考虑，对项目进行了解、分析及控制等，是一种不完全意义上的项目管理。这类管理重点是资金投入的评审和资金的投入与使用的控制与监督，以及风险控制等。银行对贷款项目管理的主要任务包括以下方面。

（1）贷前管理。贷前管理主要工作包括：受理借款人的借款申请；进行贷款基本调查，包括对借款人历史背景的调查，对借款人行业状况和行业地位的调查，对借款的合法性、安全性和盈利性的调查，借款人信用等级的评估调查，以及对贷款的保障性进行调查；进行信用评价分析，对借款人的品德、能力、资本、担保、经营环境等方面进行调查；对借款人进行财务评价，借款人的财务状况、盈利能力、资金使用效率、偿债能力、借款人的发展变化趋势进行预测；对贷款项目进行评估，以银行的立场为评估的出发点，以提高银行的信贷资产质量和经营效益为目的；制定贷款的法律文件，主要有借款合同、保证合同、抵押合同、质押合同；贷款审批；贷款发放。

（2）贷后管理。贷后管理主要工作包括：贷后检查，以检查借款人是否按规定使用贷款和按规定偿还本息为主要内容的贷款检查，以检查借款人全面情况为内容、以保证贷款顺利偿还为目的的借款人检查，以把握担保的有效性及应用价值为目的的担保检查等；贷款风险预警；贷款偿还管理。在项目建成后，银行还要进行贷款偿还管理，主要包括本息的催收，有延长还款期限的贷款展期管理，以及借款人归还贷款的全部本息后，对结清贷款进行评价和总结等。

（3）银行对贷款项目的评估。主要评价指标有：

偿债能力分析：

$$流动比率 = 流动资产/流动负债；$$

$$速动比率 = （流动资产 - 存货）/流动负债；$$

$$保守速动比率 = （现金 + 短期证券 + 应收账款净额）/流动负债$$

资本结构分析：

$$股东权益比率 = （股东权益总额/资产总额）×100\%；$$

$$资产负债比率 = （负债总额/资产总额）×100\%；$$

$$长期负债比率 = （长期负债/资产总额）×100\%；$$

$$股东权益与固定资产比率 = （股东权益总额/固定资产总额）×100\%$$

投资收益分析：

$$投资收益率 = 投资收益/平均投资额$$

财务结构分析：资本化比率 = [长期负债合计/（长期负债合计 + 所有者权益合计）]×100%；

$$固定资产净值率 = （固定资产净值/固定资产原值）×100\%；$$

$$资本固定化比率 = [（资产总计 - 流动资产合计）/所有者权益合计]×100\%$$

另外，还有经营效率分析、盈利能力分析、借款人信用状况评价及项目公司评价等方面。为减少风险，还要对采用何种担保方式贷款进行分析，主要包括：信用贷款方式；保证担保贷款方式；抵（质）押担保贷款方式。最后，总结分析评价结果，提出是否贷款、贷款额度、贷款期限、还款方式和风险防范措施等方面的结论和建议。

5. 工程咨询单位（咨询工程师）对项目的管理

工程咨询单位是为工程建设项目投资决策提供技术、经济和管理等专业性或综合性咨询服务的企业。咨询工程师是以工程咨询服务为职业的工程技术、工程经济、工程管理等工程师的总称。根据委托，咨询工程师对工程咨询项目的管理可以是项目进行的任何一个阶段，或其中的某个管理工作，也可以是几个阶段或全部管理工作。工程咨询单位或咨询工程师参与项目管理的主要任务包括以下方面。

（1）项目决策阶段，主要任务是根据业主的委托，当好业主的参谋，为业主提供科学决策的依据，具体包括：①对项目拟建地区或企业所在地区，及项目所属行业情况进行调查分析，对相关产品的市场情况进行研究，在此基础上，根据国家宏观调控政策和规划，就地区发展规划、企业发展战略、行业发展规划等方面提出咨询意见，并与委托方进行交流与沟通，取得共识，完成相应报告；②对项目的建设内容、建设规模、产品方案、工程方案、技术方案、建设地点、厂址布置、污染处理方案等进行比选，完成相应报告；③在项目相关方案研究的基础上，根据有关要求，完成项目的融资方案分析、投资估算，以及在财务、风险、社会及国民经济等方面的评价，对项目整体或某个单项提出咨询意见，完成相应报告，交付委托方；④按委托方及有关项目审批方的要求，对项目的可行性研究报告进行评估论证，完成相应报告，交付给委托方；⑤根据委托，协助完成项目的有关报批工作。

（2）项目建设准备阶段，具体包括：①直接接受业主委托承担勘察设计工作，或代理业主进行项目的有关勘察设计招标工作；②协助业主或按业主委托要求完成项目进度安排、质量要求、资金控制及相应协议的起草工作；③协助业主完成或接受业主委托进行设备采购、施工招标工作；④协助委托方完成好项目的有关设计文件及项目开工等报批工作；⑤按委托方要求和国家有关规定，做好项目设计内容的调整与修改工作；⑥业主委托的其他工作，如征地、周边关系的协调等。

（3）项目实施阶段，具体包括：①根据委托方的要求，向施工单位进行项目设计图纸的技术交底，审查施工组织设计；②根据委托，在资质允许的前提下，代表业主对项目施工进行监督、管理以保证项目在质量、费用和进度等方面满足业主要求；③根据业主委托开展项目中间评价工作；④及时向业主报告项目的有关进度、质量及费用等方面的情况；⑤按有关规定对项目施工过程中的有关问题及时妥善地进行处理；⑥为工程投产后的运营做好人员培训、操作规程和规章制度的建立等准备工作；⑦配合业主，做好项目的竣工验收工作。

（4）项目投产后阶段，具体包括：①项目目标和过程评价。咨询工程师按业主委托对项目全过程进行组织回顾和总结，对项目的效果和效益进行分析和评价。对照项目可研评估结论和主要指标，找出变化和差别，并分析原因，总结经验和教训。②持续性评价。对项目建成后在与国民经济发展的适应能力方面进行研究，对项目是否能够持续发展进行分析，并在此基础上提出项目可持续发展所需创造的条件；③在以上评价的基础上提出项目发展的对策建议，供委托方与有关方参考。

本章小结

运输项目管理必须遵循基本的原理、原则、制度和方法。项目管理就是运用系统原理，通过对项目进行高效率的计划、组织、指导和控制，以实现项目全过程的动态管理和项目目标综合协调与优化的组织管理活动。做好现代运输项目管理，必须树立运输项目系统思维。在运输项目推进过程中，为了使相互之间加强合作，减少矛盾，保持良好的协作关系，形成合力，共同完成项目目标，需要进行运输项目组织管理，做好人员配备、分工及协调。同时，加强项目目标管理，避免在项目建设执行过程中,项目目标会受到不利影响。项目目标的正确设置与否,以及是否可控,在一定意义上直接决定项目建设的成败。运输项目成功、有效地运行,必须具备健全的运输项目管理体系,有效集成运输项目管理功能的各个要素,使体系发挥出整体性、可执行性和持续改进性的功能。运输项目管理体系的主要内容包括项目相关主体、项目生命周期、项目过程管理以及9个项目职能管理领域等。

项目管理模式规定了项目投资建设的基本组织模式,以及在完成项目过程中各参与方所扮演的角色及合同关系,在某些情况下,还要规定项目完成后的运营方式。项目参与方对项目的管理是由国家法律法规或政策规定的,项目参与各方应共同遵循相应的程序或规定,主要内容包括:项目业主对运输工程项目的管理、政府对运输工程项目的管理、承包商对项目的管理、银行对贷款项目的管理、工程咨询单位对项目的管理等方面。成功的项目管理活动,需要项目管理模式的支撑。

思考与练习

1. 阐述运输项目系统管理理论。
2. 分析运输项目组织管理的原则和类型。
3. 论述项目经理应如何做好运输项目团队管理工作。
4. 运输项目组织结构在不同的项目阶段有何差异?
5. 论述运输项目目标管理与控制,如何有效解决项目利益相关者之间的冲突。
6. 分析运输项目管理体系的概念及构成。
7. 如何进行运输项目管理模式选择?
8. 分析 EPC/T 模式的优缺点及适用范围。

运输项目前期论证与决策

 本章导入

运输项目特别是运输基建项目可能会耗费国家巨大的资金和社会资源，尤其可能对地区的环境和人们的生活带来影响，因此各国对运输项目的决策管理均较为谨慎。例如，在英国，新建公路项目要经过大约12年的论证准备阶段然后才能施工实施：第1～4年，项目方案调查阶段；第4～5年，交通大臣第一次决策和公众商议阶段；第5～5.5年，交通大臣第二次决策阶段；第5.5～7.5年，法定审批程序阶段；第7.5～9.5年，对公众做进一步的公开咨询阶段；第9.5～10年，将监察长的报告交各有关政府部门进行审议、写出报告并提出决定草案；第10～10.5年，交通大臣第三次决策阶段，确信不会有司法审查风险时将发布此项指令；第10.5～12年，施工前的准备和交通大臣第四次决策阶段，这一阶段将完成施工图设计、进行工程招标、交通大臣对工程预算等进行决策等[①]。

运输项目中，修建铁路、高速公路、机场、港口码头等一些超大的基建项目，往往携着巨大的资金风险。实现如此巨大的建设项目并达到预期目标，需要具备现代项目管理的理念和知识，首先做好运输项目前期论证和评估，进而做出项目决策。如果运输项目匆匆启动、狂热启动，程序不完善，缺乏科学系统的市场调研和分析论证，很可能会判断失误，埋下项目失败的伏笔，留下严重的问题隐患。

学习目标

1. 掌握运输项目市场需求的概念、主要影响因素。

2. 了解运输项目经济社会调查分析。

3. 熟悉运输项目市场需求预测主要方法。

4. 熟悉运输项目建议书及可行性研究报告的概念及重要性。

5. 掌握运输项目经济评价的常用方法。

6. 了解运输项目评估的内容及工作程序。

---

① 严作人，等.运输经济学[M].北京：人民交通出版社，2009.

3.1 运输项目市场需求调查分析

运输市场需求调查分析是运输项目可行性研究和项目评估的重要基础部分，具有举足轻重的地位。运输市场需求分析是对投资机会进行鉴别，进行项目可行性研究和评估的一个重要前提。任何投资项目的可行性研究和评估工作，一般都是从调查研究和预测项目市场需求情况开始的。通过对运输市场状况调查研究和分析预测，当市场需求分析结果确认拟建项目的产品或服务符合社会需要，并具有一定的发展前景，项目才值得去投资开发。

3.1.1 运输项目市场需求主要影响因素

1. 运输项目市场需求的概念

运输项目市场需求简称运输市场需求，是指社会经济生活在人与货物空间位移方面所提出的有支付能力的需要。运输需求又分为旅客运输需求和货物运输需求。如同工业项目中的产品需求，它是计算运输项目成本和效益的基础。一个运输项目的建设投资成本和投产运行后生产生命期内的运营成本，主要取决于运输需求量的大小；同样，运输项目运行后所得的效益，也有赖于运输需求量进行衡量和计算。运输需求量预测正确与否，直接影响到运输项目成本和效益能否正确衡量，从而影响到运输项目投资决策的正确性。但运输需求与其他商品需求相比又有其特殊性，具体体现在以下几个方面[①]。

（1）广泛性。运输需求产生于人类生活和社会生产的各个角落，运输业作为一个独立的产业部门，任何社会活动都不可能脱离它而独立存在，因此与其他商品和服务的需求相比，运输需求具有广泛性，是一种带有普遍性的需求。

（2）多样性。货物运输服务提供者面对的是种类繁多的货物。承运的货物由于在重量、体积、形状、性质、包装上各有不同，因而对运输条件的要求也不同，在运输过程中必须采取不同的技术措施。对旅客运输需求来说，对服务质量方面的要求也是多样的。这是由于旅客的旅行目的、收入水平等不同，对运输服务的质量要求必然呈多样性。

（3）派生性。运输需求大体上是一种派生性需求。所谓派生性需求是指一种商品或劳务的需求是由另一种或几种商品或劳务需求派生而来。派生性是运输需求的一个重要特点。显然，货主或旅客提出位移要求的最终目的往往不是位移本身，而是为了实现其生产、生活中的其他需求。完成空间位移只是中间的一个必不可少的环节。

（4）空间特定性。运输需求是对位移的要求，而且这种位移是运输消费者指定的两点之间带有方向性的位移，也就是说运输需求具有空间特定性。

（5）时间特定性。客货运输需求在发生的时间上有一定的规律性。例如，周末和重要节日前后的客运需求明显高于其他时间；市内交通的高峰期是上下班时间；蔬菜和瓜果的收获季节也是这些货物的运输繁忙期。这些反映在对运输需求的要求上，就是时间的特定性。运输需求在时间上的不平衡性引起运输生产在时间上的不均衡。时间特定性的另一层含义是对

---

① 谢海红，等 . 交通项目评估与管理 [M]. 北京：人民交通出版社，2009，第 35-37 页 .

运输速度的要求。客货运输需求带有很强的时间限制，即运输消费者对运输服务的起运和到达时间有各自特定的要求。从货物运输需求看，由于商品市场千变万化，货主对起止的时间要求各不相同，各种货物对运输速度的要求相差很大；对于旅客运输来说，每个人的旅行目的和对旅行时间的要求也是不同的。

（6）部分可替代性。不同的运输需求之间一般是不能互相替代的，例如，人的位移显然不能代替货物位移，北京到兰州的位移不能代替北京到广州的位移，因为这明显是不同的运输需求。但是在另一些情况下，人们却可以对某些不同的物质位移做出替代性的安排。例如，煤炭的运输可以被长距离高压输电线路替代。在工业生产方面，当原料产地和产品市场分离时，人们可以通过生产位置的确定在运送原料还是运送产成品或半成品之间作出选择。人员的一部分流动在某些情况下也可以被现代通信手段所替代。

在进行运输需求预测时，还应明确"运输需求"与"运输量"是两个不同的概念，社会经济活动中的人与货物空间位移是通过运输量的形式反映出来的。运输量是指在一定运输供给条件下所能实现的人与货物空间位移量。其可以是公路上的汽车货物流量、航线上的旅客人数或是铁路列车运送的货物吨数。运输量的大小当然与运输需求的水平有十分密切的关系，但在许多情况下，运输量本身并不能完全代表社会对运输的需求。运输需求能否实现要取决于运输供给的状况，在运输能力完全满足需求的情况下，运输量就可以基本上反映运输需求。但有的时候，特别是在一些国家或地区运输供给严重不足的情况下，运输业完成的运输量仅是社会经济运输需求的一部分，如果增加运输设施、扩大运输能力，被不正常抑制的运输需求就会迅速变成实际的运输量。

明确"运输需求"与"运输量"的概念对预测运输需求是很重要的。过去有许多预测工作没有分清运输需求与运输量的区别，在大部分预测过程中主要采用了以过去的历史运输量数据预测未来运输需求的方法，以"运量预测"简单代替"运输需求预测"，这种概念上的误差当然会影响到预测的准确程度。显然，在运输能力满足需求的情况下，运量预测尚可以代表对运输需求量的预测；而在运输能力严重不足的情况下，不考虑运输能力限制的运量预测结果，就难以反映经济发展对运输的真正需求。随着我国市场经济机制的不断完善，运输供给长期紧缺的状况基本改善，运输需求与运输量的实际差别也随之缩小。

2. 运输项目市场需求的主要影响因素

影响运输项目市场需求的因素很多，对于客货运输而言，也存在诸多差异，但就主要影响因素而言包括以下几方面。

（1）人口变动及城市化程度。人口的增加或居住分布格局的改变，意味着消费量的增加和使用运输工具的机会增多，从而使运输项目市场需求增加。

（2）居民生活水平。生活水平的提高，意味着人们的购买力提高和旅行（包括旅游等娱乐性旅行和走亲访友等生活性旅行）增加，从而导致客货运量增加。

（3）生产发展水平。一般随着生产的发展，原材料、燃料、成品、半成品等货物运输量增加，带动运输项目市场需求增长。

（4）经济结构。一定的经济结构既影响着运输需求量的大小，也影响到运量的流向和运距。因此，随着经济结构的变动，运输需求量也将发生相应变化。

（5）国家政策。诸如国家的区域发展政策、价格政策、产业布局政策等的变化，对运输需求量也会产生较大影响，往往会带动运输项目市场需求的增长。

（6）国际贸易。国际贸易的发展主要关系到进出口货物运输量的增长，会拉动国际运输项目市场需求的增长。

（7）运输技术与服务水平。运输设施和运输设备技术水平的发展，运输服务质量的提高，运价的降低，都会对运输需求产生较大的影响。

3.1.2 运输项目经济社会调查分析

由于运输项目的产品有其特殊性，其生产必须适应和服务于经济社会的发展，并通过项目的建设引领促进经济社会加速发展。为了分析研究运输项目与社会经济发展的适应情况，论述项目建设的必要性，预测运输需求的变化状态，就必须全面、系统、准确、及时地开展社会经济调查工作，搜集有关国民经济发展规模、发展水平、人口、自然资源、产业结构等资料，并以此开展科学的运输市场需求分析与预测①。

1.运输项目经济社会调查

运输业是服务于一个地区社会经济发展的基本条件，是地区间经济社会联系的纽带，发挥重要的物流运输功能，形成地区或区域交通运输网络和经济网络，促进生产资源的合理流动和高效配置，推动区域内经济社会快速发展。另一方面，运输业发展、运输项目建设和开发，是建立在区域经济社会发展基础之上的，其建设开发的规模及程度必须与一定区域内经济社会发展的运输需求状况相匹配。

1）项目影响区的识别与划分

由于运输项目的类型、目标、规模等方面存在差异，自身特点和功能不同，如有的交通运输项目是为地区经济服务的，有的是为某个建设基地或特定客户服务的，有的是为某个港口的物资集散或某个大通道的区域经济服务的，有的是军用的，从而确定了每一个运输项目影响区的大小是不一样的，进行项目经济社会调查、分析和研究的范围也有所区别。为了研究运输项目影响区内经济社会的主要问题，就要合理确定调查范围。一般将调查范围划分为直接影响区和间接影响区，经济社会分析研究的重点是直接影响区。直接影响区和间接影响区划分标准主要是看能否显示出影响区内各地区间的社会经济往来关系，能否有效地反映这一区域的物流和车流特征。直接影响区确定得过大，会增加调查研究的工作量，造成人力、物力、财力和时间的浪费；直接影响区定得太小，又不能达到预期的目的和要求，不能满足统计上的充分有效性。从地理位置看，直接影响区一般距项目很近或项目就通过这些地区或区域，从地理范围上看类似于运输走廊这一概念。通常直接影响区一般具有以下几方面的特点。

（1）运输项目运行后，由于运输条件的改善，促进了人员、物资的交流，会使这些地区或区域的经济社会显著受益，即促进了该区域生产资源的合理流动和高效配置，使得区域内的经济总量和居民收入水平显著增加。

（2）运输项目运行后，该项目承担的大部分运量来自这些地区或区域，即交通量的发生源或集中点大部分在这些地区或区域。

（3）运输项目实施后，会使这些地区或区域内其他线路或运输方式显著分流，交通运输条件大为改善。

---

① 谢海红，等.交通项目评估与管理 [M].北京：人民交通出版社，2009，第37—52 页.

从直接影响区所具有的这些特征出发，通常将运输项目直接经过的市、县等以行政单位划分作为直接影响区，必要时划分到区或乡一级；而把直接影响区范围以外，凡运输项目线路途经的地区，及其运行的车、船等运载工具所波及的范围皆作为间接影响区。

2）区域经济社会调查内容

运输项目的区域经济社会调查内容较多，在具体调查时，一般要抓住影响运输项目的关键性因素进行详细调查，对于一般性因素进行普通调查。区域经济社会调查主要内容如下。

（1）自然条件。对自然条件的调查可以根据运输项目的功能作用不同而有所侧重，但一般包括自然资源条件（如土地资源、气候资源、水资源、生物资源、矿产资源和旅游资源等）、环境状况（如生态环境、地质条件、水文条件等）和区位条件（如所处位置、周边区域等）等。这些要素有机地结合在一起，成为影响区域经济社会状况和生产力布局的基本因素。

（2）经济发展水平。区域内的经济发展水平是运输需求的根本来源，也是支撑区域内运输项目建设和运行的基本经济保障。因此，详细了解区域内经济总量规模、生产力布局、产业结构、发展趋势、发展战略等对论证项目的必要条件和经济合理性有着十分重要的作用。调查的内容主要包括：经济发展水平、经济结构、生产布局、投资与外贸、经济发展规划与政策、区域交通运输条件等。

（3）人口与社会状况。人口是社会生产和生活的主体，是经济和社会结构的重要因素，人口出行与交通运输有着直接的关系，在项目经济评价中，人口也是一个重要参数。因此，人口调查、分析和预测是经济社会调查的重要内容之一。通过人口调查统计可对区域内劳动力资源、人口规模、人口分布等现状有所认识。人口状况调查的主要指标有总人口、居住分布特征、职工人数、劳动力资源总数、劳动力资源分布、人口密度、人口自然增长率、人口平均增长速度等。对人口与劳动力资源的分析，还可包括人口与劳动力地域分布对生产布局的影响，人口与劳动力的流动性程度对交通运输的影响以及劳动力资源的利用效率等。除人口状况调查外，还需要调查了解区域社会状况，主要包括城乡规模、城市布局、城市化状况、科教文卫事业状况、社会习惯、社会风俗等方面。

2. 运输项目经济社会分析

项目经济社会分析的内容与项目经济社会调查的内容是一致的，并通过以下内容分析从而对社会经济发展变化趋势和发展远景进行估计与预测。

1）资源条件分析

资源是社会经济发展的基础和保证。一个地区或区域所拥有的资源结构和特色，必然影响该区域的社会经济结构和特征。资源条件分析主要内容如下。

（1）资源的总储量及其构成分析。某种资源能否成为一个地区的优势，很重要的一点就是看其储量情况以确定可能的开发规模。储量的大小一般分为远景地质储量、探明储量及经济可采储量。其中只有经济可采储量才具有现实的可开发意义，同时，储量情况不仅包括储量的大小，而且还包括质量的优劣、分布地域构成等，以便分析某种资源与该地域的产业结构、技术结构的适应性，是否能转化为产业优势，形成新的经济增长点。

（2）资源开发能力分析。区域内某种资源的储量优势不一定就是该区域的经济实力优势。资源开发条件才是储量转化为经济实力的关键。资源的开发条件可以分为内部条件和外部条件，内部条件主要是指开发资源的技术条件，各种效率指标以及开发成本等。外部条件主要指国民经济其他部门对开发资源的配合情况，如交通、电力、水利等的适应性条件。

（3）资源需求平衡分析。因各种资源在地域上分布的不平衡，使得经济发展中所需的燃料、原材料在供需上存在矛盾。为了合理地解决这些矛盾，需要分析该地区经济发展所需燃料、原材料的数额、品种及规格，需要调进或调出的数额、品种和规格以及调进或调出的地域分布，运输距离，运输方式，某种资源的短缺给国民经济带来的损失等。

2）经济分析

经济分析是社会经济分析的重点，是确定拟建运输项目规模和标准的前提。经济分析的内容十分广泛，但对运输项目来说，主要包括以下几个方面。

（1）国民经济总体水平及增长速度分析。它主要分析国内生产总值、社会总产值、工农业总产值、工业总产值、农业总产值的总量及增长变化情况。

（2）国民经济的构成情况分析。它包括国民经济部门构成，产业构成，农业、轻工业、重工业的构成，基础产业与其他产业发展的协调情况等。

（3）主要工农业产品产量分析。主要工农业产品产量体现着一个国家和地区一定时期内生产的实物成果总量，体现着一个国家和地区的产业优势和工业、农业各自的内部构成。

（4）居民收入水平及其变化分析。居民收入水平在一定程度上体现着经济效益的好坏和劳动就业状况，反映着人民的生活水平和福利状况。居民收入分析为后面的项目效益计算提供依据。

（5）区域经济发展战略分析。它着重分析经济发展的方向、战略目标、产业结构变化、产业布局及实现目标的途径。

3）人口分析

人口分析大致可从以下 3 个方面展开。

（1）人口总量及增长情况分析。它主要是以时间为基准，考察人口在不同时点上的增减变化量，以及增减变化速度。

（2）人口构成分析。它包括人口总量中的城乡构成，农业与非农业人口构成，流动人口与常住人口的构成，人口与劳动力构成等。

（3）人口的区域分布情况分析。它包括人口在区域空间上的分布特点、集中程度、居住习惯等。

3.1.3　交通调查与分析

交通调查与分析，就是根据研究任务和要求，进行交通方面的数据调查和资料收集，在有丰富资料的基础上，利用各种经济分析方法，把握交通现象的规律性，以此指导运输需求量的预测工作。

1. 交通调查

交通调查的地理范围与社会经济调查的范围一致，且要求以所划分的小区为基础进行。交通调查的方法按调查规模可分为普查和抽查两大类，后者在交通调查中应用较广。按调查对象又可分为典型调查、抽样调查和重点调查。以公路运输项目交通调查为例，其调查的具体内容主要包括以下几方面。

（1）交通概况。如铁路、公路、水路、航空及管道五种运输方式的线路长度、技术等级标准、年运输能力、主要货类、平均运距；公路运输的地位及作用，主要相关公路的等级、里程、路面类型、交通量、行车速度、行车时间、大中桥、隧道、重要交叉口；分车型历年汽车保有量、运输成本、平均吨位（客位）、实载率、吨位利用率、里程利用率以及五种运输方式的改造计划和长远规划等。

（2）交通运输量。如五种运输方式的客货运量、周转量、主要货类、旅客构成、流向；综合运输构成、各种运输方式的能力利用率、运输量增长率；远景运输量的规划、各种运输方式的比重；公路运输发展的新特点；新生源等。

（3）公路交通量。它是交通调查的重点之一，内容包括有关公路的交通量和交通量的年递增率；汽车交通占混合交通的比重；车型构成；交通量月、周、日不均匀系数；高峰小时交通量、车流平均运行速度；有关交叉口的交通状况等。

（4）公路运输成本，包括燃料、养路费等汽车运行各项成本费用；交通及非交通部门各种汽车单位运输成本。

（5）道路养护大修、管理费用。

（6）道路收费，包括收费的形式、体制、标准，还应调查收费对交通量的影响。

（7）交通事故及货损，包括公路交通事故平均损失费，各级公路交通事故率，在途货物平均价格、货损率等。

（8）OD调查，即起讫点调查，目的是为了获取公路上交通流的构成、流量、流向、起讫点、货物种类、实载率情况等，为预测远期交通量提供依据，同时也为道路设计和经济评价采集基础数据。

从上述公路建设项目的交通调查可看出，不仅要深入了解本运输方式内部的相关运营数据与标准等，而且对于其他运输方式的运营情况及发展趋势等也要作具体的调查分析。

2. 交通分析

交通分析通常可采用因果分析法、趋势分析法或类比分析法进行，主要分析内容有以下方面。

（1）运输路线适应性分析。主要是通过饱和度指标（实际交通量与通行能力之比）的计算，了解区域内的各条运输路线是否适应运输需求，分析道路通行能力的利用程度，从而有助于项目的正确决策。

（2）综合运输分析。一船包括运输量增长分析、运输结构分析和运输弹性分析。

各种运输方式的运输量增长分析，可通过计算平均增长速度来反映，对于点（车站、港口等）、线（相关线路）、面（整个地区）都可以采用这种方法。

运输结构分析是以运输总体总量为标准，求各种运输方式占运输总量的百分比，通常可以分析运输里程、运输量等指标。对未来运输结构的变化，通常采用类比的方法，即研究其他国家或地区的运输结构及其发展规律，结合各省和全国的交通运输网规划及项目影响区本身的经济、交通特点，综合分析而定。

运输弹性分为运输价格弹性、运输收入弹性、运输生产（经济）弹性等。运输弹性分析是为了把握经济发展与交通运输的关系，确定未来交通运输的发展趋势。各国经济发展与交通增长的共同规律是：经济发展初期交通运输增长速度高于经济增长速度，运输弹性大于1；经济发展到一定水平时，交通运输增长变缓，直至与经济增长几乎同步，运输弹性接近于1；经济发展后期，交通增长慢于经济增长，运输弹性小于1。经济发展初期，货运增长比客运快，货运弹性一般大于客运弹性；经济发展中期，客运增长将赶上或超过货运增长；经济发展后期，货运弹性将小于客运弹性。

（3）地方交通特点分析。各地区有各自的交通运输特点，在公路建设项目中分析的目的

是为了确定其他运输方式向公路运输的转移程度，明确道路建设项目在综合运输网中的地位和作用。地方交通特点分析内容主要有线路特点、货类及运输工具特点分析。

线路特点分析指分析各种运输方式的线路长度和构成、线路密度、走向、运输能力、运输优势等；货类特点分析指地区货物运输种类、流向、运输时间要求、货物平均运距等。不同运输方式在运输货类、运输时间、运输距离、运输费用、运输数量等方面具有各自的优势、货物平均运距、不同运输方式的经济运距是重点分析的内容。未来客、货运量对哪些车辆需求增加，未来车辆构成应如何确定，是进行运输工具特点分析的主要内容，这也是交通预测和路面设计的基础。

（4）OD分析，即起讫点分析。对OD调查数据进行分析汇总，能得到反映基本出行情况的一系列OD表，称为现状OD表，还可得到高峰小时交通量、24小时各断面交通量、日昼比、各车型的比例、货车平均吨位、客车平均客位、货（客）车实载率、货车载货品种结构等一系列反映交通流方面的特征指标。

3.1.4 运输项目市场需求预测的主要方法

运输需求历来被认为是派生性需求，经济活动、社会活动等本源性需求的变化直接决定运输需求这一派生性需求的大小。通过分析社会经济活动的变化规律，分析它们与交通运输的关系，便可较为准确地掌握运输需求的变化规律。

运输需求预测是项目可行性研究及项目评估中的关键内容，是评估项目建设和开发的必要性，确定项目工程规模和技术标准，以及进行经济评价的重要依据和基础。其预测的水平和质量，将直接影响到运输项目决策的科学性。运输需求预测必须在深入调查分析的基础上进行，必须采用科学的方法，坚持定量与定性分析相结合的原则，做到系统、全面。

运输需求预测通常分为两种，一种为定性预测，另一种为定量预测。定性预测主要用于预测因素不确定，缺乏定量数据的情况，预测方法包括：专家调查法、主观概率法、趋势判定法、相互影响判定法等，对预测指标及其预测结果进行判断，并根据专家的意见进行修正，直到满意为止。而定量预测，则从目标和因素的相互关系出发，建立函数模型预测，通常采用四阶段法、回归预测法、时间序列预测法、弹性分析预测法等。

1. 四阶段法

所谓"四阶段"预测方法，是将预测任务分成四个子任务来依次完成，即依次进行出行生成预测、出行分布预测、交通方式划分预测以及交通量分配预测，由于分为四个相互关联的阶段进行预测，因此又简称"四步法"。四阶段法起源于城市交通规划，是在20世纪70年代初，欧美一些发达工业国家为了满足大规模城市道路交通规划及其建设需要而研究的一种经典预测方法，目前在公路项目中应用极其广泛。

1）出行生成预测

出行生成（Trip Generation）预测包括交通产生量和吸引量预测，这一阶段的预测目的在于获得城市未来社会经济发展规模、人口规模和土地利用特征，并研究在此条件下各交通小区可能产生和吸引的交通总量。

出行生成预测是四阶段法的运输需求预测的基础，预测方法较多，如家庭类别生成模型、回归分析法、增长率法、吸引率法、平均出行次数法、时间序列法、弹性系数法等。目前常用的定量分析方法有时间序列法和回归分析法。回归分析法是在分析小区居民出行发生量、吸引量与其影响因素相关关系的基础上，得出回归预测模型。

用这些方法进行城市居民出行生成预测、城市流动人口出行生成预测、城市市内货运交通生成预测、城市对外及客（货）运交通生成预测、区域交通生成预测。

2）出行分布预测

出行分布（Trip Distribution）预测的目的在于预测一定的城市社会经济生产和居民日常生活活动所产生的交通需求在城市不同空间位置上的分布或者流向、流量，以便在实施城市道路交通网络规划时能够把握主要交通流向，使路网的布局沿主要交通需求流向布置，并注意容量上的配置。

出行分布预测是解决出行生成预测的交通发生总量去向何方，交通吸引总量来自何处的问题。常用的方法可分为两类：一是利用现状 OD 表预测未来 OD 表，称为增长率法，如均衡增长率法，平均增长率法、底特率法、弗雷特（Frator Method）法等，其中弗雷特法应用较为广泛；二是综合考虑各区之间交通时间区间距离、运行费用等因素，通过模型预测未来交通分布状态，其主要采用重力模型法预测。

3）交通方式划分预测

交通方式划分（Mode Split）预测旨在考察未来城市活动中，产生的交通需求量在各种交通方式的分配状况，从而有助于从总体上比较真实、客观地把握未来城市社会经济活动中交通压力，为优化城市未来的交通运输方式结构提供合理科学的决策支持。交通方式划分解决的是出行量以怎样的交通工具完成输送的问题，即预测各种交通方式的交通量分担率。常用的出行方式划分方法有：转移曲线法、概率模型法、转换的重力模型法、回归模型法等。

4）交通量分配预测

交通量分配（Traffic Assignment）目的是预测交通出行矩阵（OD 矩阵）在道路交通网络上的分配情况，从而对道路的交通负荷做出预测。

四阶段预测方法理论成熟，建模层次分明，便于理解，但因其模型结构复杂，步骤繁多，所以采用人工方式进行计算工作量非常巨大，必须借助计算机和软件才能实施。此外，"四阶段"预测方法中的四个步骤是相互依存的，任一阶段预测都要以其上一阶段的预测结果为基础，从而易于造成预测误差被传递和扩大。

2. 回归分析法

回归分析法是较为常见的一种预测方法。在影响平均需求的多个因素中，大多数因素与需求关系是不确定的，不能用函数关系来表示，尽管这些因素与需求量之间没有对应的值，但可以用函数关系来近似地建立起相互关系。回归分析法就是研究其内在的相互关系；运用调查得来的实际数据来建立合理模型，从而进行需求预测。

回归分析法是在掌握大量观察数据的基础上，利用数理统计方法建立因变量与自变量之间的回归方程式，再用自变量数值的变化去有效地预测因变量未来可能的取值范围。回归分析中使用的数学模型有线性方程、指数方程、对数方程等。当研究的因果关系只涉及因变量和一个自变量时，称做一元回归分析；当研究的因果关系涉及因变量和两个或两个以上自变量时，称做多元回归分析。此外，回归分析中，又依据描述自变量与因变量之间因果关系的函数表达式是线性的还是非线性的，分为线性回归分析和非线性回归分析。

回归预测普遍应用在运输需求预测中，各种不同交通方式的需求预测都可以用回归预测方法。例如，铁路运输企业是一个大系统，诸多影响因素都是相互联系、相互制约，也就是说它们的变量之间客观上存在着一定的关系。通过对所占有的铁路运输企业的市场资料分析，可以发现铁路运输市场变化的规律性，找出其变量之间的关系，建立回归方程来进行预测。

3. 弹性系数法

弹性系数法是一种定性定量相结合的综合分析方法，它通过研究确定交通运输量的增长率与国民经济发展的增长率之间的比例关系——弹性系数，根据国民经济的未来增长状况，预测交通运输量的增长率，进而预测未来运输需求。

弹性系数与未来的社会经济的发展层次、地区特点、发展战略等均有一定的关系。因此，弹性系数的确定应综合分析预测地区的历史、现状、发展趋势，通过历史现状资料分析不同时期的变化规律，并通过与其他地区的类别分析等确定。

运输需求受多种因素影响，而且不同影响因素的变动对运输需求影响的程度也不同，为进行比较，引入弹性分析的概念。运输需求弹性用来分析运输需求量随其影响因素变化而变化的反应程度，一般用弹性系数来表示。其计算公式为

$$E_d = \frac{Q_{变动率}}{Z_{变动率}} = \frac{\Delta Q / Q}{\Delta Z / Z} \tag{3-1}$$

式中：E_d 为运输需求弹性；Q、ΔQ 为运输需求量及其变化值；Z、ΔZ 为影响因素及其变化值。

影响运输需求的因素很多，因此就有很多种相应的运输需求弹性，如：价格弹性、收入弹性、交叉弹性和派生弹性。

1）运输需求价格弹性

运输需求价格弹性反映了运输需求量的变化对运输价格变动的敏感程度。运输需求价格弹性系数的计算公式为

$$E_d = \frac{\Delta Q / Q}{\Delta P / P} \tag{3-2}$$

式中：Q、ΔQ 为运输需求量及其变化值；P、ΔP 为运价及其变化值。

影响运输需求价格弹性系数的因素非常多，具体包括以下几方面。

（1）运输需求替代性强弱。运输需求替代性越强，则其弹性系数越大，替代性越弱，则其弹性系数越小。

（2）货物种类。对高价值货物而言，其运输需求价格弹性系数比较小，而低价值货物运输弹性比较大。

（3）旅客种类。一般而言，生活性旅客的客运需求弹性系数比较大，而工作性旅客的客运需求弹性系数比较小。

（4）运输需求的时效性。运输需求的时效性可以理解为运输需求在时间上的紧迫程度。时效性越强，其运输需求弹性系数越小，时效性越弱，其运输需求弹性系数越大。

（5）货物运输需求的季节性以及市场状况等。当某种货物急于上市销售或不易久存时，其运价弹性小。此外，运输需求与资源分布及工业布局关系极大，它们决定了相当部分的货运量，这些运量一经形成，其运价弹性就比较小。

（6）不同运输市场上客货运输的需求弹性有很大的差别，还表现在弹性与具体的运输方式、

线路和方向有关。对能力紧张的运输方式、线路、方向，需求的价格弹性较小，运价变动尤其是运价提高对需求影响不大；而能力富裕的运输方式、线路和方向，需求的价格弹性就较大。

2）运输需求收入弹性

运输需求收入弹性 E_I，反映运输需求量变化对消费者收入变化的敏感程度。运输需求收入弹性系数的计算公式为

$$E_I = \frac{\Delta Q / Q}{\Delta I / I} \tag{3-3}$$

式中：Q、ΔQ 为运输需求量及其变化值；I、ΔI 为居民收入水平及其变化值。

需求收入弹性一般为正值，多用于客运需求分析。因客运需求量 Q 和居民收入水平 I 一般按同方向变动，即居民收入增加时，客运需求增加；反之，居民收入减少时，客运需求减少。

在进行交通规划决策时，收入弹性将是其中一个重要的考虑因素。收入弹性大的运行项目，由于需求量增长较快，所以发展速度应当提高。收入弹性小的项目，由于需求量增长较慢，所以发展速度可以适当减慢。

3）运输需求交叉弹性

运输需求具有替代性，其替代性强弱可以用交叉弹性来反映。运输需求交叉弹性是指一种运输方式、一条运输线路或一家运输企业的运输需求量的变化对其他可以替代的另一种运输方式、另一条运输线路或另一家运输企业价格变化的敏感程度，即一种可替代的运输需求的价格每变化 1% 将引起的另一种被替代的运输服务的需求量的变化，其计算公式为

$$E_{PYX} = \frac{\Delta Q_Y / Q_Y}{\Delta P_X / P_X} \tag{3-4}$$

式中：E_{PYX} 为 X 价格变动引起需求量 Y 变动的敏感程度。

运输需求交叉价格弹性反映出两种运输方式之间的替代或互补关系。

（1）交叉弹性为正值，说明运输服务 X 的价格变动将引起运输服务 Y 的需求呈同方向变动，如航空运价提高，会使铁路、水路的运输需求量增加，表明航空运输同铁路运输和水路运输的可替代性。此值越大，则表明两者之间的替代性越强。

（2）交叉弹性为负值，说明运输服务 X 的价格变动将引起运输服务 Y 的需求呈反方向变动，如水运价格提高会使疏港汽车的运输需求量减少，表明这两种相关运输服务存在互补性，即它们结合使用，更能满足消费的需求。

（3）交叉弹性为零，说明运输服务 X 的价格变动对运输服务 Y 的需求没有影响，表明两种运输服务相互独立，互不相关。如航空运价提高，对公路短途运输需求量没有影响，因此，航空运输与道路短途运输无替代性或互补性，两者互不影响。

交叉弹性与价格弹性、收入弹性一样，在价格和运输量分析中有着重要作用。运输行业管理部门或运输企业在制订行业、企业的运输发展规划时，应当考虑运输项目的替代性和互不影响性，以利于合理规划运网布局，正确处理各种运输方式、各种运输企业之间的合理分工，协调相互之间的发展关系。

4）运输需求派生弹性

运输需求派生弹性用来分析运输需求随其本源性需求的变化而变化的敏感程度。由于与

运输需求相联系的本源性需求很多，如生产、生活、消费等，所以，运输需求派生弹性的种类也很多。在此主要介绍运输需求的生产派生弹性和运输需求的商品派生弹性两种。

（1）运输需求的生产派生弹性，是指运输需求量变化对工农业生产变化的敏感程度。其计算公式为

$$E_{G} = \frac{\Delta Q / Q}{\Delta G / G} \tag{3-5}$$

式中：Q、ΔQ 为运输需求量及其变化值；G、ΔG 为工农业生产水平及其变化值。

E_{G} 一般为正值，运输需求量同工农业生产水平呈同方向变化。运输需求生产派生弹性可以应用于宏观运输经济分析，反映运输与国民经济各部门发展的比例，为国家制订运输经济政策提供依据，也可以用于运输行业管理和运输企业发展战略的制订。

（2）运输需求的商品派生弹性。在市场经济中，运输需求同样取决于商品的市场需求。运输需求的商品派生弹性指运输需求量变化对商品需求量变化的敏感程度。其计算公式为

$$E_{C} = \frac{\Delta Q / Q}{\Delta C / C} \tag{3-6}$$

式中：Q、ΔQ 为运输需求量及其变化值；C、ΔC 为商品需求及其变化值。

运输需求的商品派生弹性可以应用于微观运输需求预测，比较不同商品对运输需求的灵敏程度，同时也可以看出商品对运费的敏感程度，为运输部门生产经营决策和制定运价提供依据。

4. 时间序列法

1）时间序列的概念及类型

时间序列是指以时间顺序排列起来的统计数据，用以表示运输的某种经济活动依时间变化的过程。把时间序列在平面坐标上标出，并用折线连接起来，从折线的形态就可以观察到某一变量变化过程和趋势。不同变量其时间序列的数据是不同的，在平面坐标上折线的形态也是不同的。时间序列模式是指某一变量的时间序列所反映的可以识别的变动趋势形态。每个变量的时间序列都有其模式。水平型、趋势型、季节型、周期型和不规则型是基本模式。在实际工作中，只有少数变量的时间序列属于基本模式。而绝大多数变量的时间序列模式是由两个以上基本模式组合而成的。理解时间序列的基本模式对于提高预测的精度是很重要的。

变量的时间序列模式，基本反映了该变量的变化规律和发展趋势。预测是要根据其时间序列呈现出的变化模式选择合适的预测方法的。

2）时间序列预测的原理

时间序列是按时间顺序的一组数字序列。时间序列预测就是利用这组数列，应用数理统计方法加以处理，以预测未来事物的发展。时间序列分析是定量预测方法之一，它的基本原理：一是承认事物发展的延续性，应用历史数据就能推测事物的发展趋势；二是考虑到事物发展的随机性，任何事物发展都可能受偶然因素影响，为此要利用统计分析中加权平均法对历史数据进行处理。该方法简单易行，便于掌握，但准确性差，一般只适用于短期预测。

时间序列预测主要是以连续性原理作为依据的。连续性原理是指客观事物的发展具有合

乎规律的连续性，事物发展是按照它本身固有的规律进行的。时间序列预测就是利用统计技术与方法，从变量的时间序列中找出演变模式，建立数学模型，对预测变量的未来发展趋势做出定量估计。

时间序列法通过历史资料和数据，按时间序列排列一组数字序列，如按月份、季度、年度排列起来的客、货运输量或客、货周转量等。在铁路运输需求预测中，时间序列法的优点是：假定影响铁路运输市场需求或客、货运输量的各因素与过去的影响大体相似，并且运输量或运输市场需求有一定的规律，在这种情况下，只要将时间序列的倾向性进行统计、分析并加以延伸，便可以推测出运输市场需求的变化趋势，从而得出较符合实际的预测结果。

3）平均预测法

时间序列法有：平均预测法、指数平滑法、二次曲线法和生长曲线法等。在时间序列法中最基本的是平均预测方法。以一定观察期内，预测变量时间序列的平均值，作为未来某个时期预测变量的预测值。采用平均法预测时，首先分析变量时间序列的特点，根据其特点计算相应的平均值。平均预测法的种类很多，如算术平均法、移动平均法和趋势平均法等。

（1）算术平均法。算术平均法又称简单平均法，是以一定时期内，预测变量时间序列的简单算术平均数作为变量的下期预测值。对铁路运输企业来说，就是直接将若干时期的运量的算术平均值作为预测值。算术平均法并未考虑偶然因素对未来运输量的不规则影响，一般误差较大。

（2）移动平均法。移动平均法对铁路运输的市场预测来说，就是在掌握 n 期运输量的基础上，按照事先确定的期数 m（$m<n/2$），逐期分段计算 m 期算术平均数，并以最后一个 m 期平均数作为未来 $n+1$ 期预测运输量。所谓移动是指预测值随着时间的不断推移计算的平均值也在不断地往后顺延，变动预测值 b 是前后两次移动平均数的差异。其计算公式为

$$E_{n+1} = \frac{\sum Q}{m} + b \qquad (3-7)$$

式中：X_{n+1} 为第 $n+1$ 的预测值；$\sum Q$ 为最后移动期运量之和；m 为事先确定的期数（$m<n<2$）；b 为前后两次移动平均数差异的变动预测值。

移动平均法能克服算术平均法的缺点，有助于消除远近期偶然因素对运输量的不规则影响，但是移动期 m 带有一定的主观性，如果误差过大还要结合定性分析来预测。

（3）趋势平均法。趋势平均法对铁路运输企业来说是在按移动平均法计算 n 期时间序列平均值的基础上，进一步计算趋势值的移动平均值的一种方法。其表达式如下：

预测运量 = 基期运输量移动平均值 + 基期趋势值移动平均值 × 基期与预测期的时间间隔

趋势值 = 该期运输量移动平均值 − 上期运输量移动平均值

基期运输量移动平均值 = 移动期运输量之和 ÷ 移动期

基期序数值 = $n − (m+s−2)/2$

式中：n 为时间序列期数；m 为移动期；s 为趋势值移动时期数。

[例3-1] 某铁路运输单位某年 1—12 月的放客运输量资料见表 3-1 所示，试预测下一年度 1 月份旅客运输量（$m=5$）。

表 3-1　某铁路运输单位某年 1–12 月旅客运输量　　　　　　（单位：人次）

月　　份	旅客运输量	月　　份	旅客运输量	月　　份	旅客运输量
1	467 097	5	547 638	9	499 576
2	464 081	6	578 057	10	496 915
3	485 528	7	526 583	11	491 239
4	511 903	8	471 817	12	435 006

综合考虑以上各种方法的优劣，最终选择采用移动平均法进行预测较为可靠。其具体计算过程如下：

预测最后移动期的平均数：（471 817+499 576+496 915+491 239+435 006）÷5=478 911（人次）

预测上一个移动期的平均数：（526 583+471 817+499 576+496 915+491 239）÷5=497 226（人次）

前后两次移动平均数差异值 b=478 911−497 226=−18 315

所以，预测下一年度 1 月旅客运输量 = 478 911−18 315=460 596（人次）。

[例 3-2] 某铁路单位前 12 年的旅客运输量见表 3-2 所示。已知：$m=5$，$s=3$，$n=12$，试预测第 13 年旅客运输量。

表 3-2　某铁路单位前 12 年旅客运输量　　　　　　（单位：百万人公里）

年　　限	旅客运输量	年　　限	旅客运输量	年　　限	旅客运输量
1	3 164	5	2 241	9	2 718
2	3 308	6	2 715	10	2 786
3	3 753	7	2 431	11	2 374
4	2 671	8	2 559	12	2 353

采用趋势平均法计算，结果见表 3-3。

表 3-3　计算结果

年　限	旅客运输量	移动平均值	趋　势　值	趋势值移动平均值
1	3 164	—	—	—
2	3 308			
3	3 753	3 027		
4	2 671	2 938	−89	
5	2 241	2 762	−176	（−89−176−239）÷3 =−168
6	2 715	2 523	−239	（−176−239+9）÷3 =−135.33
7	2 431	2 532	9	（−239+9+69）÷3 =−56.67
8	2 559	2 601	69	（9+69−68）÷3 =3.33
9	2 718	2 533	−68	（69−68−16）÷3 =−5
10	2 786	2 517	−16	
11	2 374	—	—	—
12	2 353			

基期序数值 $=12-(5+3-2)\div2=9$（期）

基期客运量移动平均值 $=2\,533$（百万人公里）

趋势移动平均值 $=-5$

基期与预测期的时间间隔 $=(5+3)\div2=4$（期）

所以，预测第 13 年客运量 $=2\,533+(-5)\times4=2\,513$（百万人公里）。

3.1.5　运输需求预测中需注意的问题

1. 运输需求量分类

为便于计算运输项目的费用与效益，运输需求量一般分为正常、转移和诱发三种形式。

（1）正常运输量，也称基本负荷交通量或基础运输量，这是指无项目情况下在现有运输系统上利用现有设施同样会发生的运输量（包括正常增长的运输量）。

（2）转移运输量。这是指运输项目实施后由于其独特的技术经济特性及其竞争优势，从原运输方式的其他线路或其他运输方式转移过来的运输量。如从铁路转移的卡车运输，或者从现有道路转移到新建道路的交通量。

（3）诱发运输量。这是指纯粹由本项目建设运营后所派生或刺激而新增的运输量，或者因运输费用降低而产生的新增交通量，假如没有该项目便不会发生这些运输量。诱发运输量可根据经验或统计资料按总运量的一定比例计算。

上述三种运输量在一个运输项目中往往同时出现，正常运输量的预测一般说来比较容易，但是转移运输量和诱发运输量的预测较为困难，尤其是它们相互影响时，更难预计其各有多少，关键是要选择正确科学的预测方法。

2. 运输需求量预测原则

由于存在着几种不易区分的运量形式和多种影响因素，因此在进行运输需求量预测时，一方面要结合不同运输方式的特点与服务要求，合理采用相应的预测技术方法，另一方面也要注意遵循以下原则。

（1）应用 80～20 规则。从经验来看，大多数运输方式的货运量的 80% 是由少数几种货物（不超过 20%）构成的，而其他 80% 以上的运输货物的运量却不足总货运量的 20%。因此，只要认真做好大宗运输货物的运输需求量预测，就基本能确保预测的正确性。

（2）运输需求量预测不必拘泥于求取某个特定精确数字。首先是因为预测本身具有一定的误差范围，其次是因为运输供给量相对于需求量而言往往具有较大的余地。因为运输供给量是跳跃式增长的，而运输需求量一般是渐增的。

（3）运输需求量预测。必须选用有经验、观察力强的分析人员，搜集可靠的有代表性的典型资料数据，另外还要运用适当的预测方法。

（4）由于运输业是联结社会再生产各过程、国民经济诸部门的纽带，因而对运输的需求都是由其他部门派生而来。这就要求我们在进行运输需求量预测时，必须掌握国家和地区的经济政策和经济发展状况，熟悉国内各经济部门的分布及其业务概况，发展规划和趋势。另外由于运输项目的系统性和整体性，我们不仅要考虑该项目的建立对本系统的整体影响，而且还应该充分考虑由于该项目的建立有可能对其他运输方式产生的影响以及对整个运输需求量变动的影响。

3. 主要运输方式运输需求量预测应注意的问题

1）铁路运量预测

铁路运量预测包括客运量预测和货运量预测，是铁路设计的基础依据。铁路设计规范中规定设计年度分近期、远期。近期为交付运营后的10年，远期为交付运营后的第20年。

铁路客、货运量预测主要根据我国国民经济和社会发展规划、各种交通运输方式的实际情况和发展趋势、市场配置调节运力资源情况下各种运输方式运力的合理运用，并借鉴国外的经验进行。考虑的主要因素有：国家交通运输产业技术政策、经济发展水平、各种交通运输方式的技术经济特点、各种交通运输方式新增运输能力、运输客户选择、运输服务质量等。

（1）铁路客运量预测。铁路客运量一般按城际（短途）和中长途分别预测。城际（短途）一般按不大于500千米（500～1000千米有时也可按短途考虑），中长途一般大于1000千米。铁路客运量一般以"万人次/年"为单位，按上下行分别计算。

城际（短途）客运量预测的主要根据是区域经济发展水平、人口及收入消费水平、交通条件、交通服务状况等，通过数学模型计算、客流分析调查等方法，预测出吸引范围的客流总量，再根据旅客成分、出行目的以及价格、时间、安全性、方便性、舒适性、运营组织方法等因素，预测铁路近、远期客运量。

中长途客运量预测的主要根据是旅客构成、出行目的、各种交通服务状况及旅行时间、方便性、舒适性、运营组织方法等因素，通过数学模型计算、客流分析调查等方法，直接预测出吸引范围近、远期客流总量。

汇总吸引范围内各省（自治区、直辖）、市（地）、县（市）的城际（短途）和中长途客流量，计算出全线近期、远期客流量。根据旅客列车编组情况，计算出旅客列车对数等。

（2）铁路货运量预测。铁路货运量预测多采用OD调查的方式。通过对尽可能多的OD点"有多少（运量）、是什么（品名）、从哪来（发站）、到哪去（到站）"的调查，采用成熟的预测方法，根据我国国民经济和社会发展规划情况进行平衡并征求当地政府的意见，预测出本线各种始发运量，按照合理的车流径路与通过运量进行汇总，预测出本线近期、远期分品类、分区域运量和总运量。铁路货运量一般以"万吨/年"为单位，按上下行分别计算。根据铁路运量大的特点，铁路货运量预测的重点是煤炭、矿石、石油、冶炼物质、建材、粮食及农用物资等。

2）公路交通量预测

（1）交通量的调查和分析。对已有线路的交通量观测站资料进行核实与补充调查。对车辆出行起讫点（OD）的交通量调查包括来往车辆、车辆构成、货类和汽车运输指标（如平均吨位、实载率、车速、运输成本等）。

（2）对公路运输和交通量测算时应按照现行公路技术标准规定，根据交通量、使用任务和性质，把公路分为两类五个等级。以不同等级的公路，按技术标准规定有不同的年平均昼夜交通量数值，结合地区的社会经济发展状况来预测交通量及所需公路等级。

（3）新建（改建）公路的交通量测算。基年交通量可根据邻近公路能够转移到新路的交通量来确定。改建公路应根据原有公路的交通量来确定。交通量预测年限原则上暂按项目建成通车后20年计算（对收费公路做财务分析时，其计算可适当延长，一般公路的远景设计年限为10～15年）。预测年的交通量由三部分组成：正常运量按基年交通量乘以年增长率（这是一个重要参数，应采用多种途径反复求证获得，对于不同经济前景的增长率，可按不同时期采用不同增长率）；转移运量可按其他转移交通量乘以相应的增长率；诱发运量应按公路交通量变化情况分段预测，亦可用先综合预测后再重分布等方法。

3）港口吞吐量发展预测

（1）港口运输需求预测表现为港口吞吐量的预测。它是计算港口项目效益的依据，一般是根据泊位设计的吞吐能力来确定。港口根据审批的项目建设书，进一步调查分析运输形势发展变化和吞吐量的发展水平，说明不同发展阶段的港口吞吐量的货种、流量、流向以及内、外贸和集疏运比例。

（2）根据与港口相关地区的工农业总产值增长趋势、港区历年吞吐量增长率、港口的压船现象，以及有关地区对工农业生产的发展规划、对港口吞吐能力的要求等资料，加以综合分析，测算出港口吞吐量的发展趋势，规划建设规模（包括需新建泊位承担的货种、数量、泊位等级和能力等）。

4）航空运输业务量的预测

（1）机场年旅客吞吐量预测的要求。对该地区的航空客运量近期按 10 年，远期按 30 年预测。前 10 年要测出每年的预测量，后 20 年要测出每 5 年的预测量，重点应为本期建设目标年的预测；预测的方法应不少于三种，并列出预测模型、检验参数；并绘制相应的预测图表（如机场预测年旅客吞吐量增长曲线图）。

（2）航空客运量预测的内容，主要包括以下内容。

①年度客运量预测，应分国内和国外的正常客运量、转移客运量和诱发客运量。

②年度高峰小时客运量预测（分国内和国外），需编制高峰小时旅客人数和航站楼面积预测表。

③年度高峰小时飞行架次预测（分机型），需编制年度与高峰小时飞机起降架次与站坪机位数预测表。

④高峰小时停车场旅客及迎送人数、车辆预测（分车型），需编制高峰小时进出停车场旅客及迎送人员和进出机场车辆及所需停车场面积预测表。

⑤航空行李包裹运量预测。

（3）机场货运量预测。

①机场货运量预测要求。对该地区的近（本）期按 10 年，远期按 30 年做机场货运量预测，重点是对本期建设目标的预测，并需编制预测图表，包括：各种方法预测表、各种方法结果比较表、货运量预测结果表，并绘制出该机场预测年货运吞吐量增长曲线图。依据预测值计算出货运库建筑面积及货机位数，并说明货运库建设指标确定的依据。

②机场货运量预测的内容应包括：年度货运量预测应分货物种类的正常货运量、转移货运量和诱发货运量；预测年度、高峰小时货运量；预测年度、高峰小时的飞行架次（分机型）；高峰小时的地面货运车辆等，并编制各类预测图表。

案例 3-1

青岛胶州湾隧道交通需求弹性分析 [①]

1. 背景描述

青岛胶州湾海底隧道于 2011 年 6 月 30 日正式开通运营，是连接青岛市主城区和西海岸

---

① 孙彦明，等.青岛胶州湾隧道交通需求弹性分析 [J].山东交通科技，2014（5）。有改动。

新区的重要通道，但该项目运营初期整体利用率较低，通行车辆较少。提高隧道利用率，适当扩大交通需求，对促进西海岸新区经济社会发展、提高隧道运营企业经济效益均有显著意义。基于此考虑，运用交通需求弹性理论和方法，初步分析胶州湾海底隧道交通需求主要影响因素，如通行价格、市民收入与消费水平及其他通行方式等，并测算交通需求弹性，进而提出相应的对策和建议，即在研究期间内青岛胶州湾海底隧道交通需求价格弹性 E_{dp} 为逆向弹性，$0.66 \leqslant E \leqslant 1$，如将隧道现行通行费下调 25%（如小轿车通行费由目前 20 元下调至 15 元），则隧道交通需求量将提升 16.5% ~ 25%，可以实现大幅提高隧道经济效益和社会效益双重目标。

2. 理论依据

交通需求弹性用于衡量交通方式影响因素的变动引起的交通需求量变动的程度，弹性分析时，需要先建立经济变量之间的函数关系，分析比较它们的相对变化，然后探讨各种经济变量变化的规律性，并利用它进行量化研究。

根据经济学原理，某交通设施的交通需求是指出于各种目的的交通设施使用者，在一定时期内在各种可能的价格水平下，愿意而且能够支付的使用该设施进行空间位移服务的需要。有效的需求必须具备两个条件：一是有购买该种服务的欲望，二是具有支付能力。因而，需求的实质是建立需求与价格之间的关系，这个关系体现了市场对价格变化条件下产生的需求量，这两者之间构成函数关系。其函数式表示为：

$$Q = f(P)$$

商品（服务）价格可以分为商品（服务）本身的价格和相对价格，相对价格外延较广，包括商品（服务）与替代品、互补品之间的价格关系、收入水平变化引起的价格的相对变化、消费者偏好不同产生的价格认同上的差异等。

弹性是一个相对变化的概念，它表示因变量对自变量变动的反映程度。交通需求 Q 对某自变量 Z 的弹性 E 可用如下公式表示：

$$E = \frac{Q\ 的变动率}{Z\ 的变动率} = \frac{\Delta Q/Q}{\Delta Z/Z}$$

式中：E 表示弹性系数，是一个相对数值，当 $|E| > 1$ 时，为富有弹性，$|E| < 1$ 时，为缺乏弹性，$|E| = 1$ 时，为单位弹性；自变量 Z 可以为价格、收入水平、其他替代品或互补品的价格等。

弹性分析在商品经济各领域中应用广泛，常用于经济分析、经济预测、定价及有关经济活动和决策过程。

3. 实证分析

胶州湾海底隧道设计能力为日均通行量 10 万辆，运营 3 年日均通行量仅为 2.28 万辆，占设计通行能力的 23%，整体利用率比较低。胶州湾隧道作为经营性城市道路，隧道运营企业的经营收入水平由通行费价格水平及交通量规模来决定。确定合理的价格标准，维持一定规模的交通量，能使企业获得理想的收益，也能使隧道发挥更大的效用。这需要分析隧道交通需求主要影响因素和交通需求弹性，为相关决策奠定基础。影响胶州湾隧道交通需求的主要因素如下。

3.1 通行价格

隧道通行费影响通行量，一般两者呈反向关系。通行价格对通行量的影响，主要通过以下两个方面。

（1）价格弹性。隧道通行量受通行价格弹性影响较大，具体而言，不同类型的车辆价格弹性不同，小型车辆的价格弹性比大中型车辆要高，私家车的价格弹性比公务车要高；不同时期价格弹性不同，一般短期内价格弹性较低，长期的价格弹性较高；不同的通行频率价格弹性不同，一般通行频率高的比通行频率低的价格弹性大。

假定其他条件不变，根据表 3-4 数据，可以分时间段测算出价格弹性，见表 3-5。

表 3-4　2011—2014 年胶州湾隧道日均通行量及价格
（Tab 3-4　Traffic per day and price of Jiaozhou bay tunnel in 2011–2014）

时　　期	日均通行量（万辆）	一类车辆（7 座及以下）通行费（元）	其他类型车辆通行费
2011.7—12 月	1.6	30	二类客车（8 ~ 19 座客车）为 55 元 / 车次；三类客车（20 ~ 39 座客车）为 65 元 / 车次；四类客车（40 座及 40 座以上客车）为 100 元 / 车次
2012.1—8 月	1.85	30	不变
2012.9—10 月	1.95	30	不变
2012.11—12 月	2.38	20	不变
2013.1—12 月	2.61	20	不变
2014.1—4 月	2.42	20	不变
2013、2014 年免费日	4.4	0	不变

资料来源：作者整理

表 3-5　交通需求价格弹性测算结果
（Tab 3-5　Price elasticity of traffic demand calculated）

时期	需求价格弹性（E_{dp}）
2012.11—12 月	−0.66
2013.1—12 月	−1.0

根据弹性系数测算，在其他因素保持不变的前提下，短期（1 ~ 3 月）价格弹性系数 E_{dp} 约为 −0.66，长期（1 ~ 3 年）价格弹性 E_{dp} 约为 −1.0。以目前的一类车辆通行费 20 元为基准，①当价格下调 25%（定价 15 元）时，短期通行量将增加 16.5%（以 2013 年日均通行量 2.61 万辆为基数，增加后的日均通行量约 3.04 万辆），隧道运营企业总收入将降低 0.98%；长期通行量将增加 25%（以 2013 年日均通行量 2.61 万辆为基数，增加后的日均通行量约 3.26 万辆），总收入将增加 6.3%。②当价格下调 50%（定价 10 元）时，短期通行量将增加 33%（以 2013 年日均通行量 2.61 万辆为基数，增加后的日均通行量约 3.47 万辆），企业总收入将降低 33.5%；长期通行量将增加 50%（以 2013 年日均通行量 2.61 万辆为基数，增加后的日均通行量约 3.92 万辆），总收入将降低 25%。

（2）通行费占通行效益的比例。通行效益是指用户通行海底隧道可以获得的直接或间接效益，它由用户减少其他绕行带来的效益（缩短行程带来的时间节省、费用节省）、增加的收益（工资等收入的增量部分）等构成。当用户效益一定时，通行费越低，比例越小，通行隧道的需求越大，反之亦然。

3.2 市民收入与消费水平

市民收入与消费水平是城市发展水平的综合体现，是城市经济社会发展水平、城市化水平、城市人口数量及市民收入和消费水平等因素综合作用的结果。市民收入与消费水平的变化一般通过城市居民人均可支配收入和城市居民人均消费性支出的变动来衡量。一般市民收入与消费水平高，交通需求支出就大。根据 2011—2013 年青岛市民收入与消费水平（见表 3-6），可以对交通需求收入弹性和消费弹性进行测算（见表 3-7）。

表3-6　2011—2013 年青岛市民收入与消费水平

（Tab 3-6　The level of income and consumption of Qingdao residents in 2011–2013）

年份	青岛城市居民人均可支配收入（元）	青岛城市居民人均消费性支出（元）
2011	28 567	19 297
2012	32 145	20 391
2013	35 227	22 060

资料来源：青岛市统计局

表3-7　交通需求收入弹性与消费弹性测算结果

（Tab 3-7　Income and consumption elasticity of traffic demand calculated）

年份	需求收入弹性 E_{di}	需求消费弹性 E_{dc}
2011	—	—
2012	1.33	2.8
2013	3.45	4

由上可见，胶州湾隧道交通需求收入弹性 E_{di} 和需求消费弹性 E_{dc} 均大于 1，为"富有弹性"。这表明居民可支配收入和消费性支出的提高对海底隧道交通需求量的拉动较大，随着青岛城市经济发展，市民收入和生活水平提升，青黄两地之间交流联系更加密切，跨海交通需求将快速增长。

3.3 其他通行方式

从青岛老市区到西海岸新区目前有 4 种路径选择，分别为海底隧道、跨海大桥、海上轮渡及环湾高速，相互之间替代性较强。各种通行方式存在技术经济差异，分别如下。

（1）环胶州湾高速公路，从市北区海泊桥收费站至黄岛区管家楼，全程约 67 公里，双向四车道，此路段与疏港路相连，路况较为拥堵，货运车辆较多，行程大约 1 小时，一类车辆通行费为 25 元。

（2）海上轮渡，从市南区团岛轮渡站起航，快船 15 分钟到黄岛轮渡码头，大轮渡 30 分钟到薛家岛轮渡码头。

（3）胶州湾跨海大桥，从市北区至黄岛红石崖，双向六车道，全程约 41 公里，行程约 30 分钟，一类车辆通行费为 50 元。

（4）胶州湾隧道，从团岛到达薛家岛，双向六车道，全长约 8 公里，通行时间为 6～8 分钟，一类车辆通行费为 20 元。

各种通行方式的价格、里程、通行时间、起讫点等方面存在差异，具有相互替代性。其中某一通行方式的价格或其他条件发生变化，交通需求将会发生转移。比如在台风、风暴潮、冰雪天等恶劣天气影响下，环湾高速、海上轮渡及胶州湾大桥将停运，交通需求将转向具有全天候通行优势的海底隧道。

未来青黄两地之间地铁线将实现贯通，这将进一步分流胶州湾隧道的交通需求，各种通行方式之间竞争性将进一步加剧。

3.4　其他影响因素

除了以上主要影响因素之外，通行目的的差异也会影响通行方式的选择，从而影响交通需求。通行目的的差异主要体现在通行效率、成本及心理偏好等方面。通行者在上下班日常通勤、公务活动、快速运送物品、附带海上游览观光或附带交通工程考察时，往往会选择适合自己目的的通行方式。

4. 主要结论

（1）胶州湾隧道交通需求主要影响因素有隧道通行费、市民收入与消费水平、其他通行方式等。隧道交通需求与价格、收入及消费水平存在弹性关系，其中收入弹性 E_{di} 和消费弹性 E_{dc} 为正向影响因素，其系数 $E>1$，为"富有弹性"；价格弹性 E_{dp} 为逆向影响因素，其系数 $0.66 \leqslant E \leqslant 1$，接近单位弹性，对价格变化较敏感。由于隧道运营企业对市民收入与消费水平无法掌控，可暂不考虑此因素，而多从价格上采取措施，吸引交通需求。

（2）利用价格杠杆适度调节交通需求，以实现经济效益和社会效益的理想目标，实际交通量不能超过隧道最大设计能力。根据价格弹性系数测算结果，在其他条件不变的前提下，建议在现阶段，可将隧道现行通行费下调 25%，尽管企业短期（1～3 月）总收入将略有下降，但长期（1～3 年）总收入将会增长，随着通行量扩大，隧道通行能力进一步提升，企业将获得更加持续、稳定、可观的收益。另外，根据不同车型、不同通行频率的价格弹性上的差异特征，实行差异化或弹性收费标准，如推出优惠的年卡、按通行频率定价等，可以更好的满足不同层次的需求，不仅提高市民社会福利水平，也能给企业带来更加全面、稳定的收益。

（3）胶州湾隧道与其他通行方式存在现有或潜在的竞争关系，从经营的角度讲，强化营销观念，采取人性化、个性化的服务。比如，定价充分考虑市民承受能力，多体现"性价比"；收费采取一卡通等便捷方式，提高通行效率；倡导贴近客户心理的文化理念，如"安全、便捷、秩序、速度"等元素，以进一步提高隧道交通吸引力。

（4）交通需求与区域发展存在良性互动的关系，胶州湾海底隧道是连接青黄两地的重要通道，适度扩大隧道交通需求，合理发挥隧道通行能力，对于促进青黄同城一体化，加快西海岸新区经济发展具有重要的现实意义。

3.2　运输项目可行性研究与论证

在以上对运输项目市场需求及经济社会状况进行调查分析与合理预测的基础上，判断市场机会和存在的风险因素，结合运输项目所具备的资源能力优势，进一步开展项目可行性研究与论证，为项目评估与决策奠定基础。

3.2.1 运输项目需求分析和初步评价

项目需求分析也称机会研究，是对运输项目市场需求及经济社会状况进行调查分析与合理预测的基础上做出客观的初步评价。运输项目的提出，通常始于某一概念，其产生有着各种各样的原因。项目在独特性、重要性、成本、进度、技术、人员以及工期等方面都有自身的特殊要求。因此，对于潜在的项目，为了不低估其商业价值或错过时机，就要进行项目的需求分析及初步评价。

1. 运输项目需求分析和初步评价过程

许多项目小组在创建的时候并没有考虑对项目的需求及其可行性，因此为了确认项目本身的价值就要使用评价过程和相关评价标准进行分析，评价过程包括以下基本步骤。

1）筛选

一般情况下，筛选步骤主要是收集确定项目是否与某一特定组织或者机构有关联的信息，例如，运输项目市场需求量、经济社会发展状况、经济效益预测、项目所需资源、工期、风险、成本等因素，以及评估步骤的输入内容所需的各种信息。把想法或概念转化为项目的紧迫性决定了用于审查的各种数据的准备时机，本步骤应在较短的时间内完成，成本支出也会比较低。

2）评价

评估步骤是建立在筛选步骤所提供的信息数据基础之上的，在筛选阶段可以提供详细的项目潜在信息或数据，然后利用这些信息回答以下问题：是否需要将概念转化为项目？概念想法是否与组织的战略相融合？是否与当前的预算相匹配？是否与正在进行的其他项目有冲突？需要何种资源条件及能力要求？本过程可以确定将概念转化为一个项目的价值，同时评价该项目的优劣所在。

3）排序

如果在组织机构内有多个项目或者同正在进行的其他项目相比较，对该项目的相对优势、劣势以及面临的外部机会和威胁（SWOT）进行权衡、评价，并进行排序。

4）分析

如果评价的结果表明评价中的项目应当投资或取代另一个正在进行的项目，就有必要分析如何为新项目重新分配资源，或将正在进行的项目暂停或者终止。分析步骤只有在不同项目竞争资源的情况下才应用。所以项目管理中有一个项目的优先级问题。优先级越高的项目，在分配资源时就越优先供应。

2. 运输项目需求分析和初步评价矩阵

项目需求分析及初步评价矩阵是从关键因素及其收益等方面，对各备选方案做出决策。当必须在两个或者多个方案中做出选择时，这种权衡评价工具就提供了一种更为直接、量化的方式支持决策，使用时要与评价标准相结合来确定各备选项目的相对价值。评价矩阵见表3-8。

表 3-8　项目需求分析初步评价矩阵

新项目	效益	资源	工期	风险	成本	总分评定
项目 1						
项目 2						
项目 3						
项目 4						
…						

3. 运输项目需求分析和初步评价结论

通过以上分析，从市场、资金、技术、经济、财务和风险等方面，判断可行性，得出初步评价结论。从而为项目发起人、项目小组以及其他利益相关者提供信息，判断该项目能够带来的利益以及进入时机，判断面临的机会和威胁因素，确定是否建设或开发该项目。

3.2.2　运输项目建议书

1. 项目建设书的概念及意义

项目建议书又称立项申请报告，是指项目建设单位或项目法人根据国民经济发展、国家和地方中长期规划、产业政策、生产力布局、国内外市场、所在地的内外部条件而提出的某一具体项目的建议文件，是对拟建项目提出的框架性的总体设想。

项目建议书是项目开发周期的初始阶段，是国家选择和批准项目的依据，也是可行性研究的依据。在政府监管部门批准项目建议书后，方可开展对外工作。对于大中型项目或者工艺技术复杂、涉及面广、协调量大的项目，还要根据相关标准编制可行性研究报告，作为项目建议书的主要附件之一。通常提交运输工程类项目项目建议书时，必须同时附上可行性研究报告。

2. 运输项目建议书的内容

项目建议书的研究内容包括进行市场调研、对项目建设的必要性和可行性进行研究、对项目产品的市场、项目建设内容、生产技术和设备及重要技术经济指标等分析，并对主要原材料的需求量、投资估算、投资方式、资金来源、经济效益等进行初步估算。

运输项目建议书的主要内容如下。

（1）项目的背景和概况。

（2）项目提出的必要性和依据。

（3）市场状况。

（4）建设方案。拟建规模和建设地点的初步设想。

（5）资源情况、建设条件、协作关系和设备技术引进国别、厂商的初步分析。

（6）投资估算、资金筹措及还贷方案设想。

（7）项目的进度安排。

（8）经济效果和社会效益的初步估计，包括初步的财务评价和国民经济评价。

（9）环境影响的初步评价，包括生态环境影响分析及防范措施。

（10）结论。

（11）附件。

3.2.3 运输项目可行性研究报告

1. 可行性研究报告的概念及重要性

可行性研究是指在投资项目拟建之前，通过对与项目有关的市场、资源、工程技术、经济和社会等方面的问题进行分析、论证和评价，从而确定项目是否可行或选择最佳实施方案的一项工作。

项目管理的重要环节是前期管理，而前期管理的关键环节是可行性研究。对于大中型项目或者工艺技术复杂、涉及面广、协调量大的项目，一般项目投资规模较大，项目影响时效长，其建设具有不可逆性，一旦建成，很难更改，如果决策失误造成的损失较大，因此需要科学分析论证，做好可行性研究。

项目可行性研究是项目启动阶段的关键环节，是项目决策的重要依据，是政府相关部门审查项目并做出批复的重要参照，也是取得金融机构贷款的重要条件，同时用于编制设计任务书。可行性研究在项目决策程序中的地位，如图 3-1 所示。

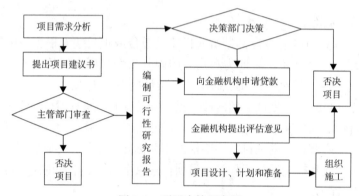

图 3-1 项目决策程序图

可行性研究报告按用途可以分为以下几种。

（1）用于政府发展和改革部门立项的可行性研究报告。依据《行政许可法》和《国务院令》相关规定编写，是大型基础设施项目立项的基础文件，发改委根据可行性研究报告进行核准、备案或批复，决定某个项目是否实施。

（2）用于银行贷款的可行性研究报告。商业银行在前期进行风险评估时，需要项目方出具详细的可行性研究报告，对于国家开发银行等国内银行，该报告由甲级资格单位出具，通常不需要再组织专家评审。其他银行的贷款可行性研究报告不需要资格，但要求融资方案合理，分析正确，信息全面。

（3）对于申请进口设备免税、申请办理中外合资企业、内资企业项目确认书的项目需要提供项目可行性研究报告。

（4）用于境外投资项目核准的可行性研究报告。企业在实施走出去战略，对国外矿产资源和其他产业投资时，需要申请中国进出口银行境外投资重点项目信贷支持时，需要编写可行性研究报告报给国家发改委或省发改委。

（5）用于企业融资、对外招商合作的可行性研究报告。通常要求市场分析准确、投资方案合理，并提供竞争分析、营销计划、管理方案、技术研发等实际运作方案。

在上述五种可研报告中，前三种准入门槛最高，需要编写单位拥有工程咨询资格。

2. 可行性研究报告的主要内容

项目可行性研究的关键点是对拟实施项目在技术上是否先进、经济上是否有利、社会效益是否明显，进行综合分析和全面科学的评价。各类可行性研究内容侧重点差异较大，但一般应包括以下内容。

（1）投资必要性，主要根据市场调查及预测的结果，以及有关的产业政策等因素，论证项目投资建设的必要性。

（2）技术的可行性，主要从项目实施的技术角度，合理设计技术方案，并进行比选和评价。

（3）财务可行性，主要从项目及投资者的角度，设计合理的财务方案，从企业理财的角度进行资本预算，评价项目的财务盈利能力，进行投资决策，并从融资主体的角度评价股东投资收益、现金流量计划及债务清偿能力。

（4）组织可行性，制定合理的项目实施进度计划、设计合理组织机构、选择经验丰富的管理人员、建立良好的协作关系、制定合适的培训计划等，保证项目顺利执行。

（5）经济可行性，主要是从资源配置的角度衡量项目的价值，评价项目在实现区域经济发展目标、有效配置经济资源、增加供应、创造就业、改善环境、提高人民生活等方面的效益。

（6）社会可行性，主要分析项目对社会的影响，包括政治体制、方针政策、经济结构、法律道德、宗教民族、妇女儿童及社会稳定性等。

（7）风险因素及对策，主要是对项目的市场风险、技术风险、财务风险、组织风险、法律风险、经济及社会风险等因素进行评价，制定规避风险的对策，为项目全过程的风险管理提供依据。

3. 初步可行性研究与详细可行性研究

（1）初步可行性研究。初步可行性研究，是在机会研究的基础上，对项目建设方案做进一步市场、目标、效益的论证，对项目的可行性进行初步判断。主要用于一些大型或特大项目的论证与决策。

初步项目可行性研究的目的在于考察投资机会是否有前途，值不值得进一步做详细项目可行性研究；确定的项目概念是否正确，有无必要通过项目可行性研究进一步详细分析；项目中有哪些关键性问题，是否需要通过市场调查、实验室试验、工业性试验等功能研究做深入研究；是否有充分的资料足以说明该项目的设想可行，同时对某一具体投资者有无足够的吸引力；是否符合国家或地区的产业政策和规划。初步项目可行性研究中，投资额的误差要求控制在 20% 之内。

（2）详细项目可行性研究。详细项目可行性研究（简称项目可行性研究）是在项目决策前对项目有关的工程、技术、经济等各方面条件和情况进行详尽、系统、全面的调查、研究和分析，对各种可能的建设方案和技术方案进行详细的比较论证，并对项目建成后的经济效益、国民经济和社会效益进行预测和评价的一种科学分析过程和方法，是项目进行评估和决策的依据。详细项目可行性研究中，投资额的误差要求控制在 10% 之内。

4. 编制可行性研究报告的原则

（1）科学性原则。要求采用科学的方法，按客观经济规律办事。项目可行性研究中分析和评判应该是建立在客观基础上的科学结论，所以科学性是可行性研究报告的第一特点。在分析中用正确的理论依据和相关政策来研究问题;在对可行性研究报告的审批过程中,确保科学决策。

（2）客观性原则。坚持从客观实际出发、实事求是。报告中采用的试验数据、论证材料、计算图表、附图等必须客观、清楚,围绕影响项目的各种因素,运用大量的数据资料论证拟建项目是否可行,以增强可行性报告的说服力。

（3）系统性原则。以全面、系统的分析为主要方法,严格按照可行性研究报告编制的要求编写,做到全面、系统、准确。当项目的可行性研究完成了所有系统的分析之后,应对整个可行性研究提出综合评价结论。

5. 可行性研究的依据

可行性研究的主要依据如下。

（1）国民经济和社会发展的长期规划,经济建设的指导方针、政策以及地方法规。

（2）经过批准的项目建议书和项目意向性协议。

（3）由国家批准的资源报告、国土开发整治规划、区域规划和工业基地规划。

（4）国家进出口贸易政策和关税政策。

（5）当地的自然、经济、社会等基础资料。

（6）有关国家、地区和行业的工程技术、经济方面的法规、标准等资料。

（7）国家颁布实施的建设项目经济评价方法和经济评价参数。

（8）市场信息调查报告。

6. 可行性研究的程序与步骤

可行性研究的程序与步骤如下。

（1）签订委托协议。

（2）组建项目可行性研究工作小组。

（3）制定工作计划。

（4）资料搜集与分析。

（5）建立各种可行的技术方案。

（6）方案分析和比照研究阶段。

（7）确定技术方案和项目实施方案。

（8）编制项目可行性研究报告。

（9）与委托单位交换意见及定稿。

7. 项目建议书与可行性研究报告的区别

（1）含义不同。项目建议书,又称立项申请书,是项目单位就新建、扩建事项向政府发展改革部门申报的书面申请材料。决策部门对项目建议书中的内容进行综合评估后,做出对项目批准与否的决定。可行性研究报告是对拟建项目进行全面技术经济分析的科学论证,是对拟建项目有关自然、社会、经济、技术等进行调研、分析比较及预测基础上,综合论证项目建设的必要性、财务的盈利性、经济上的合理性、技术上的先进性和适应性以及建设条件的可能性和可行性,从而为投资决策提供科学依据的书面材料。

（2）研究的内容不同。项目建议书是初步选择项目,其决定是否需要进行下一步工作,主要考察建议的必要性和可行性。可行性研究报告则需进行全面深入的技术经济分析论证,做多方案比较,推荐最佳方案,或者否定该项目并提出充分理由,为最终决策提供可靠依据。

（3）基础资料依据不同。项目建议书是依据国家的长远规划和行业、地区规划以及产业政策，拟建项目的有关的自然资源条件和生产布局状况，以及项目主管部门的相关批文。可行性研究报告除把已批准的项目建议书作为研究依据外，还需把文件详细的设计资料和其他数据资料作为编制依据。

（4）内容繁简和深度不同。项目建议书要求略简单，属于定性性质。可行性研究报告在项目建议书的基础上进行充实，更完善，具有更多的定量论证。

（5）投资估算的精度要求不同。项目建议书的投资估算一般根据国内外类似已建工程进行测算或对比推算，误差准许控制在 20% 以上，可行性研究报告必须对项目所需的各项费用进行比较详尽精确的计算，误差要求不应超过 10%。

案例 3-2　某运输工程可行性研究报告的内容

第一部分　总论
- 项目背景
- 可行性研究的结论
- 主要经济指标
- 存在的问题及建议

第二部分　项目背景和发展概况
- 项目提出的背景
- 项目发展概况

第三部分　市场分析
- 市场调查
- 市场预测
- 市场促销方案
- 产品方案、建设规模和投资规模

第四部分　建设条件与线路选择
- 资源和原材料
- 建设地区的选择
- 线路选择

第五部分　技术方案
- 项目组成
- 施工技术方案
- 总平面布置和运输条件
- 土建工程
- 其他工程

第六部分　环境保护与劳动安全
- 建设地区的环境现状
- 项目主要污染物
- 项目拟采用的环境保护标准
- 环境保护投资估算
- 环境影响评价

· 劳动保护与安全卫生

第七部分　企业组织与劳动定员

· 企业组织

· 劳动定员

· 人员培训

第八部分　项目实施进度安排

· 项目实施的各阶段

· 项目实施进度表

· 项目实施费用

第九部分　投资估算与资金筹措

· 项目总投资估算

· 资金筹措

· 投资使用计划

第十部分　财务效益、经济和社会效益评价

· 生产成本和销售收入的估算

· 财务评价

· 国民经济评价

· 不确定性分析

· 社会效益和社会影响分析

第十一部分　可行性研究结论与建议

· 结论和建议

· 附件

· 附图

案例3-3　某交通运输项目可行性研究报告

（一）总论

（二）交通量预测

（三）线路方案

（四）建设规模与技术标准

（五）工程方案

（六）环境影响评价

（七）劳动安全设施

（八）组织机构与人力资源配置

（九）项目实施进度

（十）投资估算

（十一）融资方案

（十二）财务分析

（十三）国民经济评价

（十四）社会评价

（十五）风险分析

（十六）研究结论与建议

3.2.4 运输项目经济评价

项目经济评价是项目可行性研究工作的一项重要内容，也是可行性研究报告的一个重要组成部分。在作出项目决策之前，要进行项目可行性研究，并对运输项目的经济效益进行分析，对项目方案进行比较，这种分析论证过程称为项目经济评价。项目的经济评价包括企业经济评价和国民经济评价，前者是从企业的角度进行财务盈利分析，后者是从整个国民经济的角度进行经济分析。根据项目对企业和对国家的贡献情况，确定项目的经济可行性。对影响国民经济的重大项目、影响国计民生的项目、资源开发和利用的项目、涉及产品或原料、燃料进出口的项目，以及产品和原料价格明显不合理的项目等，除进行企业经济评价外，必须进行详细的国民经济评价，当两者有矛盾时，项目的取舍将取决于国民经济评价。

运输项目经济评价是项目可行性分析和项目评估中的重要内容之一，科学、客观、合理地评价运输项目直接关系到项目决策和实施。分析评价运输项目的投资经济效果，企业经济评价的指标选取上一般采用企业内部收益率、投资回收期、产出效率指标、运营效率、盈利能力、偿债能力、发展能力等主要评价指标；项目的国民经济评价方面主要采取经济内部收益率、经济净现值（ENPV）、经济净现值率（ENPVR）、社会贡献指标等。运输项目经济评价的基本方法是费用—效益分析法。

费用—效益分析法是国际上通用的一种经济评价方法，该方法主要以福利经济理论为基础，在运输项目经济评价中占主导地位。运用该方法时，需要分析某项经济行为对社会福利带来的全部影响和效果，这既包括直接影响，也包括间接影响和无形的影响，对各项指标如费用和效益尽量做到定量化，并且尽量以货币表示。对无法用定量或货币计量的指标，可以进行客观合理的定性描述，综合以上分析，对各方案产生的费用与实现的效益加以比较，从而评价和选择经济效果最好的方案，作为优选方案。在对运输项目经济评价过程中，考虑到运输项目实施及未来影响的长期性以及运输项目外部性，特别是运输项目占用资源所付出的代价，通常采用体现资金时间价值（TVM）的经济动态评价指标，即净现值（NPV）、内部收益率（IRR）、效益成本比（BCR）及其投资回收期（P_t），作为运输项目经济分析评价的重要依据之一。运输项目经济评价的主要指标如下。

1. 净现值

1）项目净现值

净现值（Net Present Value，NPV）是指一个项目预期实现的现金流入的现值（以资金成本为贴现率折现）与实施该项计划的现金支出的现值的差额。现金流入现值是指项目按行业的基准收益率或设定的目标收益率，将项目计算期内各年的净现金流量折算到开发活动起始点的现值之和。净现值是开发项目经济或财务评价中的一个重要指标，是反映技术方案在计算期内盈利能力的动态评价指标。其计算公式为

$$\text{NPV} = \sum_{t=0}^{n} (C_I - C_O)_t (1 + i_c)^{-t} \tag{3-8}$$

式中：C_I 为现金流入；C_O 为现金流出；$(C_I-C_O)_t$ 为第 t 年净现金流量；i_c 为基准收益率。首期投入计算时 $t=0$，投入后的第一年 $t=1$。

净现值法按净现值大小来评价方案优劣。通常净现值为正值则方案可行，且净现值越大，方案越优，投资效益越好；净现值为负值则会损害投资价值，方案不可行。

净现值的优点是考虑了资金的时间价值，并全面考虑了整个计算期内的现金流量的时间分布的状况。

2）资金的时间价值

资金的时间价值（Time Value of Money，TVM）通常是指资金随着时间的推移而发生的价值增值，一般是资金周转使用后的增值额。资金的时间价值反映出同样数额的资金在不同的时间点上具有不同的价值，体现了资金的增值特性。通常认为，当前所持有的一定量资金比未来获得的等量资金具有更高的价值。从经济学的角度而言，现在的一单位资金与未来的一单位资金的购买力之所以不同，是因为节省现在的一单位资金用于未来消费，则在未来消费时必须有大于原先一单位的资金作为弥补延迟消费的贴水。

资金时间价值可以用绝对数表示，也可以用相对数表示，即以利息额或利息率来表示。但是在实际工作中对这两种表示方法并不做严格的区别，通常以利息率进行计量。利息率的实际内容是社会资金利润率。各种形式的利息率（贷款利率、债券利率等）水平，通常根据社会资金利润率来确定。但是，一般的利息率除了包括资金时间价值因素以外，还要包括风险价值和通货膨胀因素。资金时间价值通常被认为是没有风险和没有通货膨胀条件下的社会平均利润率，这是利润平均化规律作用的结果。作为资金时间价值表现形态的利息率，应以社会平均资金利润率为基础，而又不应高于这种资金利润率。

现在拥有的一定数量的资金，等价于若干年后更大数量的一笔资金。资金 P 在第一年初开始使用，如年利率为 i，在使用期中不取出利息，则到 n 年末所一次整付的本利之和 F 值为：

$$F=P(1+i)^n \tag{3-9}$$

式中：P 为现值；F 为终值；$(1+i)^n$ 为一次整付终值因子，可用符号 $(F/P, i, n)$ 表示。亦可理解为现在的 P 元，可折算为 n 年末的 $P(1+i)^n$ 元。

同理，若干年后的一笔资金，折算为现值时要打一定折扣。一年后的资金折算为现在的资金时所打的折扣，称为折现率。由于规模较大的投资项目的生命周期较长，根据分析的需要，在生命期内还要确定一个为期 10～30 年的经济分析期。在此期中每年都可能投入或回收一定的资金。为了比较各方案的经济效益，需要将不同年份的资金按其时间价值折算为同一时间的资金值。

2. 内部收益率

内部收益率（Internal Rate of Return，FIRR）指一个项目的资金流入现值总额与资金流出现值总额相等、净现值等于零时的折现率。内部收益率是项目投资期望达到的报酬率，是反映项目实际收益率及盈利能力的一个动态指标，也表示项目操作过程中的抗风险能力。内部收益率计算公式为

$$\sum_{t=0}^{n}(C_I-C_O)_t(1+FIRR)^{-t}=0 \tag{3-10}$$

式中：FIRR 为内部收益率；C_I 为现金流入量；C_O 为现金流出量；$(C_I-C_O)_t$ 为第 t 期的净现金流量；n 为项目计算期。

一般情况下，该指标越大越好，内部收益率大于等于基准收益率时，表示该项目是可行的，否则不可行。

3. 效益成本比

效益成本比（Benefit Cost Ratio，BCR）是测算投资项目在计算期内效益流量的现值与成本流量的现值的比率，为项目收益现金流入总量与现金流出总量之比。如果效益成本比等于或大于 1，表明项目资源配置经济效益达到了可以被接受的水平。

4. 投资回收期

投资回收期（P_t）是项目投产后在正常生产经营条件下，收回项目总投资所需的时间，一般以年为单位。投资回收期是衡量收回初始投资速度快慢的指标。投资回收期分为静态投资回收期与动态投资回收期两种。静态投资回收期是在不考虑资金时间价值的条件下，以项目的净收益回收其全部投资所需要的时间。动态投资回收期是把投资项目各年的净现金流量按基准收益率折成现值之后，再来推算投资回收期，这就是它与静态投资回收期的根本区别。动态投资回收期就是净现金流量累计现值等于零时的年份。

投资回收期是以项目的净收益回收项目投资所需要的时间，其表达式为：

$$\sum_{t=1}^{p_t} (C_I - C_O)_t = 0$$

项目投资回收期可借助项目现金流量表计算，项目现金流量表中累计净现金流量由负值变为零时的时点，即为项目的投资回收期，它实际上是一个静态指标。

P_t=累计净现金流量开始出现正值的年份－1＋（上年累计净现金流量的绝对值/当年净现金流量）

投资回收期越短，表明项目的盈利能力和抗风险能力越好，投资回收期的判别标准是基准投资回收期，其取值可根据行业水平或投资者的要求确定。

5. 债务清偿能力分析

债务清偿能力分析重点是分析银行贷款的偿还能力，由于银行贷款是贷给企业法人而不是贷给项目的，因此，债务清偿能力评价一定要分析债务资金的融资主体的清偿能力，而不仅仅是项目的清偿能力。债务清偿能力可以通过计算利息备付率、偿债备付率和借款偿还期等指标进行分析评价。各指标的含义和计算公式如下。

1）利息备付率

利息备付率是指项目在借款偿还期内可用于支付利息的息税前利润（EBIT）与当前期应付利息的比值。

利息备付率 = 息税前利润/当期应付利息
息税前利润 = 利润总额 + 当期应付利息

其中，当期应付利息是计入总成本费用的全部利息。

对于正常经营的企业，利息备付率至少应当大于 2。利息备付率越高，说明利息偿付的保证度大，偿债风险小；利息备付率低于 1，说明没有足够资金支付利息，偿债风险很大。

2）偿债备付率

$$偿债备付率 = 可用于还本付息的资金 / 当期应还本付息金额$$

可用于还本付息的资金包括折旧、摊销、税后利润和其他用于还款的收益；当期还本付息金额包括还本金额及计入总成本费用的全部利息。

正常情况应当大于 1，且越高越好。当这一指标小于 1 时，说明当年可用于还本付息的资金不足以偿付当期债务。

3）借款偿还期

$$借款偿还期 = 借款偿还后开始出现盈余的年份 -1+ \frac{当年应还借款额}{当年可用于还款的收益额}$$

对于可以预先给定还款期限的项目，应采用利息备付率和偿债备付率指标评价企业的偿债能力。

6. 财务可持续性评价

项目生命期内企业的财务可持续性评价，是对整个企业的财务质量及其持续能力的整体评价，不仅要分析企业借款的还本付息能力，而且还要分析企业的整个财务计划现金流量状况、资产负债结构及流动状况，这是财务评价的重要内容。

1）财务计划现金流量的分析与评价

财务计划现金流量是在融资方案分析的基础上，在考虑所采用的折旧政策、具体的融资方案、执行的税收政策、还本付息计划、股利支付计划等因素的基础上，编制反映企业未来将要发生的财务计划现金流量，计算现金流量比率等评价指标，分析其财务可持续性及出现现金支付风险的可能性。

财务计划现金流量的分析与评价应编制财务计划现金流量表，同时也可以编制一些辅助报表，如资金来源与运用表、借款偿还计划表、股利分配计划表、外汇流量表等。

编制财务计划现金流量表，要分析债务资金的融资成本及还本付息计划。债务资金融资成本由资金筹集费和资金占用费组成。资金筹集费是指资金筹集过程中支付的一次性费用，如承诺费、手续费、担保费、代理费等；资金占用费是指使用资金发生的经常性费用，如利息。

2）财务计划资产负债的分析和评价

财务计划资产负债的分析和评价一般通过编制资产负债表来进行，该表是分析企业未来实际可能发生的财务状况质量的重要报表。根据企业资产负债表的数据可以计算资产负债率、流动比率、速动比率等比率指标。这些指标可以用于评价资产负债结构，现金收支风险及债务清偿能力，因而是评价财务可持续性的重要指标。

（1）资产负债率。

$$资产负债率 = （负债总额 / 资产总额）\times 100\%$$

国际上公认的较好的资产负债率指标是 60%，但是难以简单地用资产负债率的高或低来进行判断，过高的资产负债率表明企业财务风险太大；过低的资产负债率则表明企业对财务杠杆利用不够。实践表明，行业间资产负债率差异也较大。实际分析时应结合国家总体经济运行状况、行业发展趋势、企业所处竞争环境等具体条件进行判定。

（2）流动比率。

$$流动比率 = （流动资产/流动负债）\times 100\%$$

该指标越高，说明偿还流动负债的能力越强；但若过高，说明企业资金利用效率低，对企业的运营也不利。国际公认的标准比率是 200%。但行业间流动比率会有很大差异，一般说来，若行业生产周期较长，流动比率就应相应提高；反之，就可以相对降低。

（3）速动比率。

$$速动比率 = （速动资产/流动负债）\times 100\%$$
$$速动资产 = 流动资产 - 存货$$

速动比率较流动比率更能反映企业的资产变现能力。该指标越高，说明偿还流动负债的能力越强。与流动比率一样，该指标过高说明企业资金利用效率低，对企业的运营也不利。国际公认的标准比率为 100%。实践中应结合行业特点分析判断。

7. 盈亏平衡分析

盈亏平衡分析是指通过核算运输项目盈亏平衡点（Break Even Point，BEP）来确定项目可收回投资成本边界的一种方法。盈亏平衡点又称零利润点、保本点，通常是指运输项目全部营业收入等于全部成本时（销售收入线与总成本线的交点）的产量。以盈亏平衡点为界限，当营业收入高于盈亏平衡点时项目盈利，反之，项目亏损。盈亏平衡点可以用运输项目销售量、销售额或利用率来表示。以生产能力利用率表示盈亏平衡点的公式如下。

$$盈亏平衡点 = \frac{年固定总成本}{年销售收入 - 年可变成本 - 年税金及附加} \times 100\%$$

假设求得项目盈亏平衡点为 65%，则意味着当生产能力达到 65% 时，项目可收回成本。

8. 敏感性分析

敏感性分析是指从众多不确定性因素中找出对投资项目经济效益指标有重要影响的敏感性因素，并分析、测算其对项目经济效益指标的影响程度和敏感性程度，进而判断项目承受风险能力的一种不确定性分析技术。

敏感性分析从定量分析的角度研究有关因素发生某种变化对某一个或一组关键指标的影响程度，其实质是通过逐一改变相关变量数值的方法来解释关键指标受这些因素变动影响大小的规律。敏感性因素一般可选择主要参数（如销售收入、经营成本、生产能力、初始投资、寿命期、建设期、达产期等）进行分析，来评价项目的持续性。若某参数的小幅度变化能导致经济效果指标的较大变化，则称此参数为敏感性因素，反之则称其为非敏感性因素。

利润敏感度指标的计算公式为

$$任意第 i 个因素的利润灵敏度指标 = 该因素的中间变量基数/利润基数 \times 100\%$$

通过找出敏感性因素，进行分析并及时采取措施，可以提高项目技术方案的抗风险的能力。

运用费用效益分析法在评价社会经济效益时，能定量计算的社会经济效益主要包括降低营运成本的效益、旅客时间节约效益、降低交通事故率等，对于运输项目的实施在改善区域性经济社会状况和自然环境、创造就业机会、提高人民的生活水平以及促进运输项目沿线地区经济社会发展方面的效益，则以定性分析为主。不论区域或城市处于何种发展阶段，难以计量的无形效益都远大于降低营运成本的效益、旅客时间节约效益、降低交通事故率等有形效益。因此，运用费用效益分析法难以在效益估算范围方面做到全面，如果运输项目决策者把使用传统的费用效益分析法得到的结果作为最终决策依据，可能会影响决策的科学性。

3.2.5 运输项目社会评价

运输项目的社会评价是运用社会学的一些基本理论和方法，系统地调查和收集与运输项目有关的社会因素和社会数据，了解项目实施过程中可能出现的社会问题，研究、分析对项目成功有影响的社会因素，提出保证项目顺利实施和效果持续发挥的建议和措施的一种项目评价方法。它与财务评价、经济评价、环境评价相互补充，共同构成项目评价的方法体系。

运输项目社会评价的主要目的是判断运输项目的社会可行性，评价运输项目的投资建设和运营活动对社会发展目标所做出的贡献。在宏观层面上，投资项目社会评价的目的主要包括实现经济和社会的稳定、持续和协调发展；满足人们出行及客货运输基本需求；保证不同地区之间的公平协调发展；充分利用地方资源、人力、技术和知识，增强地方的参与；减少或避免项目建设和运行可能引发的社会问题。在项目层面上，投资项目社会评价的目的主要包括制定一个能够切实完成项目目标的机制和组织模式；保证项目收益在项目所在地区不同利益相关者之间的公平分配；预测潜在风险，分析减小不可预见的不良社会后果和影响的对策、措施；提出为实现各种社会目标而需要对项目设计方案进行改进的建议；通过采用参与式途径来增强项目所在地区民众有效参与项目建议和管理，以维持项目效果可持续性的途径；防止或尽量减少项目对地区文物古迹造成的损毁。

运输项目的社会评价体现出运输项目的公共属性和特定使命。运输项目通常作为公共或准公共产品，对经济、社会、文化、教育、民生、国防和自然生态环境等诸多方面，甚至政治领域，产生一定的影响，它使物质生产、经济和生活服务、思想交流的范围不断扩大，它对节约运输费用或时间、缓解拥挤程度、提高运输效率、沿线土地升值产生了外部效益，这些都是难以用财务数据进行衡量的。运输项目社会分析为我们提供了全面认识运输项目成本和价值的另一个重要角度。同时，运输项目也具有公益性和基础性的服务职能，它为国民经济和千家万户服务，与社会大生产和人民生活息息相关，其产品或服务价格不能太高，否则会由于货物运输及人员出行成本的提高而引起其他行业物价的普遍上涨。在有些地区，即使达不到一定规模的运输需求，仍然需要政府配置一些运输项目，以满足部分居民的生活需要。

开展社会评价的主要方法如下。

1. 有无对比分析法

有无项目对比法是指在计算运输项目的效益时，采用"有项目情况"与"无项目情况"对比的方法（简称"有无对比法"）。"有项目情况"是实施拟建项目后，交通路网、动态流量、经济社会等方面将要发生的变化情况；"无项目情况"是不实施拟建项目，以上要素要发生的情况。有项目情况减去同一时刻的无项目情况，就是由于项目建设引起的社会影响。由于运输项目具有显著的正向外部效应，要创造和维持良好的经济社会发展环境，快速启动和拓展经济发展的首要条件之一是建设较完善的运输基础设施，并持续保障交通运输系统具有良好的运行服务水平。

通过定量分析，分别评估运输项目使用者在有项目情况和无项目情况下的费用，取两者差值得到运输项目使用者的费用节约，以此作为该项目的有形效益。在计算运输项目使用者费用时，最基本的计算依据是利用交通量预测模型得到的不同条件下该运输项目的交通量（使用量），要保证交通量预测数据的真实性，要求在运输项目计算期内，采用的交通量预测模型能在可接受的误差范围内，基本正确地模拟相关因素的发展态势。否则，费用计算的结果是不可信的。

有无对比法克服了无形效益难以量化的困难，通过考虑"项目情况"下项目使用者的费用，并将这部分费用与项目中发生的其他费用合并，综合比较费用与效果来选择满意度最大的方案。这种对比项目费用和实施效果的评价方法也被称为"费用效果分析法"，可以广泛应用于各种项目的经济评估。

2. 利益相关者分析法

项目利益相关者一般划分为项目受益人、项目受害人、项目受影响人及其他利益相关者。利益相关者分析的主要内容包括：根据项目单位的要求和项目的主要目标，确定项目所包括的主要利益相关者；明确各利益相关者的利益所在以及与项目的关系；分析各个利益相关者之间的相互关系；分析各利益相关者参与项目的设计、实施的各种可能方式。

项目相关者分析一般按下列步骤进行。

（1）构造项目各相关者列表，主要分为项目受益人、项目受害人及项目受影响人等几种类型，项目开发建设给项目利益相关者带来的不同影响。

（2）评价各利益相关者对项目成功与否所起作用的重要程度。

（3）根据项目目标，对项目各利益相关者的重要性做出评价。

（4）根据以上各步的分析结果，提出在项目实施过程中对各利益相关者应采取的措施。

3. 排序打分法

应用排序和打分法可以分析运输项目外部影响因素，通过社会调查、专家调查、关键影响人员调查、项目目标群体调查等方式对项目影响进行打分，分析运输项目实施的影响。

4. 参与式观察法

参与式观察法是一种高效的、直接的调查方法。优点在于：能够获得比访谈法和问卷调查法更真实、准确的社会信息；参与者可以观察或亲身体验社区某种社会变化或某个现象的全部过程；参与者可以了解社区中那些不能或不愿明确反映自己困境问题的人的需求和生活方式。但要花费比较长的时间、较多的费用，且只适用于社会分析评价范围较小的信息收集。

5. 现场观察法

现场观察法属于直接调查法，最大的优点是直观性和可靠性，缺点是获得的信息都带有一定的偶然性和表面性，且受到时空等条件的限制。

6. 文献调查法

通常最有用的文献包括：社会学、经济学、人文学理论研究资料；县、地区、省和国家级的年度经济与社会发展报告和年度财政执行报告以及统计年鉴；人口调查资料；地方志；研究机构的研究报告；地图；当地报刊；当地电话号码簿；有关当地的书籍。

7. 逻辑框架法

1）逻辑框架法的概念

逻辑框架法（Logical Framework Approach，LFA）是一种概念化地论述项目的方法，即用一张简单的框架图来分析一个复杂项目的内涵和各种逻辑关系。为项目策划和评价者提供一

种分析框架，用以确定工作的范围和任务，并对项目目的和达到目标所需的手段进行逻辑关系分析。目前已有三分之二的国际组织把逻辑框架作为援助项目的计划、管理和评价的主要方法。

LFA 的核心是项目的各种要素之间的因果关系，即"如果"提供了某种条件，"那么"就会产生某种结果。这些条件包括事物内在的因素及其所需要的各种外部条件。

2）逻辑框架法的基本模式

LFA 的模式是一张 4×4 的矩阵，基本模式见表3-9。

表 3-9　逻辑框架法基本模式

目标层次	客观验证指标	客观验证方法	重要假设及外部条件
宏观目标	宏观目标验证指标	评价及监测手段和方法	实现宏观目标的条件
具体目标	具体目标验证指标	评价及监测手段和方法	实现具体目标的条件
产出成果	产出成果衡量指标	评价及监测手段和方法	实现项目产出的条件

3）逻辑框架法的目标层次及逻辑关系

（1）逻辑框架法的目标层次主要包括：宏观目标、具体目标、产出、投入和活动 4 个层次。

①宏观目标（Goal）。宏观目标即宏观计划、规划、政策和方针等指向的目标。宏观目标一般超越了项目的范畴，这个层次目标的确定和指标的选择一般由国家或行业部门决定，一般要与国家发展相联系，并符合国家产业政策、行业规划等的要求。

②具体目标（Objectives or Purposes）。具体目标也称直接目标，是指项目的直接效果，一般应考虑项目为受益目标群体带来的效果，由项目实施机构和独立的评价机构来确定，目标的实现由项目本身的因素来确定。

③产出（Outputs）。产出即项目的建设内容或投入的产出物，一般要提供可计量的直接成果或改善机构制度、政策法规等。在产出项目中可能会提供的一些服务和就业机会，往往不是产出而是项目的目的或目标。

④投入和活动（Inputs and Activities）。该层次是指项目的实施过程及内容，主要包括资源和时间等的投入。

（2）逻辑框架法的逻辑关系包括垂直逻辑关系和水平逻辑关系两种基本类型。

①垂直逻辑关系。项目宏观目标的实现往往由多个项目的具体目标所构成，而一个具体目标的取得往往需要该项目完成多项具体的投入和产出活动。这样，4 个层次的要素就自下而上构成了以下 3 个相互连接的逻辑关系。

第 1 级：如果保证一定的资源投入，并加以很好的管理，则预计有怎样的产出。

第 2 级：如果项目的产出活动能顺利进行，并确保外部条件能够落实，则预计能取得怎样的具体目标。

第 3 级：项目的具体目标对整个地区乃至整个国家更高层次的宏观目标的贡献关联性。

这种逻辑关系在 LAF 中称为"垂直逻辑（Vertical Logic）"，可用来阐述各层次的目标内容及其上下层次间的因果关系。

②水平逻辑关系。水平逻辑分析的目的是通过主要验证指标和验证方法来衡量一个项目的资源和成果。与垂直逻辑中的每个层次目标对应，水平逻辑对各层次的结果加以具体分析说明，由验证指标、验证方法和重要的假设条件构成。水平逻辑验证指标和验证方法的内容

及逻辑关系见表 3-10。

表 3-10　水平逻辑验证指标和验证方法

目标层次	验 证 指 标	验 证 方 法	重要假设条件
宏观目标	对宏观目标影响程度的评价指标（包括预测值、实际值）	资料来源：项目文件、统计资料、项目受益者提供的资料等 采用方法：调查研究、统计分析等	
具体目标	验证项目直接目标的实现程度	资料来源：项目受益者提供 采用方法：调查研究等	
产出成果	不同阶段项目定性和定量的产出指标	资料来源：项目记录、监测报告、受益者提供的资料等 采用方法：资料分析、调查研究等	

　　在项目的水平逻辑关系中，还有一个重要的逻辑关系就是重要假设条件与不同目标层次之间的关系，如图 3-2 所示。

　　对于一个理想的项目策划方案，以因果关系为核心，很容易推导出项目实施的必要和充分条件。项目不同目标层次间的因果关系可以推导出实现目标所需要的必要条件，这就是项目的内部逻辑关系。而充分条件则是各目标层次的外部条件，这是项目的外部逻辑。把项目的层次目标（必要条件）和项目的外部制约（充分条件）结合起来，就可以得出清晰的项目概念和设计思路。总之，逻辑框架分析方法不仅仅是一个分析程序，更重要的是一种帮助思维的模式。

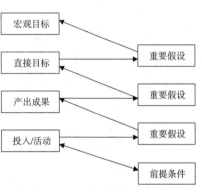

图 3-2　水平逻辑关系重要假设条件与
不同目标层次关系图

　　4）逻辑框架矩阵的编制

　　（1）逻辑框架的编制步骤。

　　①确定项目具体目标。

　　②为实现项目具体目标所要实现的产出成果。

　　③确定为达到每项产出成果需要投入的活动。

　　④确定项目的宏观目标。

　　⑤用"如果……那么"的逻辑关系自下而上检验纵向逻辑关系。

　　⑥确定每一层次目标的实现所需要的重要假设和外部条件。

　　⑦依次确定项目的直接目标、产出成果和宏观目标的可验证的指标。

　　⑧确定指标的客观验证方法。

　　⑨确定各项活动的预算成本和验证指标及方法。

　　⑩对整个逻辑框架的设计进行对照检查和核对。

　　（2）目标层次的逻辑关系表述。目标层次的逻辑关系表述的目的是要确定各层次的目标关系，分析项目的宏观目标、具体目标和产出成果及其逻辑关系。

　　①宏观目标构成项目逻辑框架的最高层次。

　　②项目具体目标是达到宏观目标的分目标之一。

　　③各项产出成果是为实现项目具体目标所必须达到的结果。它们从效果上来看应是最合

适的、必要的、足够的。

④项目必要的投入活动的表述应简洁明了。

⑤将各项目投入活动和产出成果逐一编号，表示时间顺序或优先顺序。

⑥项目概述应有严密的逻辑性。

（3）重要假设的表述。目标层次的逻辑关系表述中的"重要假设"，是由外部条件即项目之外的影响因素转化而来的。项目之外的影响因素指在项目的控制范围以外但对项目的成功有影响的因素。列入逻辑框架矩阵表的重要假设要具备三个条件：对项目的成功与否很重要；项目本身无法对之进行控制；有可能发生。

（4）验证指标和验证方法的表述。逻辑框架法要求，项目的每一个要素都是可以预测的，包括投入、产出、具体目标和宏观目标，以及重要假设和外部条件。因此，项目的评价指标及其检验方法在逻辑框架分析中占有重要位置。

①客观验证指标。逻辑框架采用的验证指标应具备下列条件。

A. 清晰的量化指标，以测定项目目标的实现程度。

B. 必须针对项目主要目的，突出重点指标。

C. 验证指标与对应目标的关系明确合理。

D. 验证指标与层次目标一一对应，是唯一的、单独的。

E. 验证指标必须是完整的、充分的、定义准确的。

F. 验证指标必须是客观的。

G. 采用间接指标时，必须保证间接指标与验证对象的关系是明确的。

H. 验证指标的准确性。

②验证方法。主要资料来源（监测和监督）和验证指标可以按照数据收集的类型、信息的来源渠道和收集方法进行划分。

A. 数据收集类型。数据收集必须有针对性，简明扼要。

B. 资料信息来源。一般的信息来自建设单位、当地群众和官方文件等三个方面。

C. 数据收集技巧。如果采用抽样调查的方法，应对取样规模、内容、统计标准等进行充分考虑和安排。简单的抽样调查或案例分析是不够的，验证指标一般都有一些较常用的数据收集和处理技巧，可根据要求和条件加以选择。

（5）确定项目的投入形式和产出量

确定项目的投入形式和产出量的具体做法包括以下方面。

①根据逻辑框架内所列出的每项投入活动，确定所需要的人、财、物的数量。

②明确投资者和受益者。

③人员投入以人/月为计算单位。

④对所投入的设备、物资应登记清楚，并要注明所指的具体投入活动。

⑤计算总投入量。

⑥计算每个产出成果的投入总量。

⑦在效益风险分析的基础上估计可能附加的投入量以及逻辑框架内反映不出来的隐性投入并通过讨论加以落实。

⑧当资金提供单位限定了资金数额时，项目设计必须从量化方面考虑，计划要说明多少投入量能够取得什么结果。

（6）最后复查。最后复查应包括如下的内容。

①垂直逻辑关系是否完善、准确。

②客观验证指标和验证方法是否可靠，所需信息是否可以获得。

③前提是否真实、符合实际。

④重要假设是否合理。

⑤项目的风险是否可以接受。

⑥成功的把握是否很大。

⑦是否考虑了持续性问题。

⑧效益是否远远高于成本。

⑨是否需要辅助性研究。

3.2.6　运输项目环境影响评价

1. 运输项目环境影响与环境影响评价

运输项目环境影响是指运输项目活动（包括项目建设和项目运营活动）对环境的作用和因此导致的环境变化，以及由此引起的对社会和经济发展的影响。运输项目环境影响评价独立于项目建议书和可行性研究报告等的编制而自成体系，是投资项目决策分析和评价阶段中非常重要的一个环节。

2. 运输项目环境影响评价工作要求

运输项目环境影响评价工作要求主要如下。

（1）环境影响评价要符合政策。政策性是建设项目环境评价工作的灵魂，评价工作必须符合国家环境保护法律法规和环境功能规划的要求。

①对于项目的选址要根据产业政策，并结合总体规划去评价其布局的合理性。

②对于项目用地要结合国家的土地政策和生态环境条件去评价其节约用地的必要性。

③对于所选工艺和污染物排放状况要结合能源和资源利用政策去评价其技术经济指标的先进性。

④对于环境保护措施和装备水平要结合现行技术政策去评价其"三效益"的统一。

⑤对于环境质量要结合环境功能规划和质量指标去评价其保证性。要坚持污染物排放总量控制，达到国家或当地有关部门颁发的排放标准的要求。

⑥注重资源的综合利用，对项目产生的废水、废气、固体废弃物，应尽可能提出回收利用方案，提高资源的利用价值。

（2）环境影响评价工作要有针对性。

（3）环境评价应具有科学性。

3. 运输项目环境影响评价的程序

运输项目的环境影响评价工作必须在项目前期开始进行。这一评价的技术依据是已经被有关部门批准并纳入前期工作计划的项目建议书。环境影响评价应与可行性研究分别进行，但作为建设项目决策的主要依据之一，它应该与工程项目的可行性研究同时完成。在工作过程中两者常有交叉，环境影响评价的工程分析基于项目的方案设计，同时项目方案设计的治理措施方案又必须落实环境影响评价所提出的要求（见表3-11）。

表 3-11　环境影响评价与项目建设程序对照表

项目建设程序	相应的环境影响评价工作
1. 项目建议书批准	1. 编制环境影响大纲
2. 编制工程项目的可行性研究	2. 进行环境影响评价（EIA）
3. 工程实施	3. 监督设计，落实评价结论
4. 施工	4. 监督环保设施在施工中实施
5. 运行	5. 进行环境监测

运输项目环境影响评价的工作程序主要分 3 个阶段：第 1 阶段为准备阶段，其主要内容是研究有关部门文件，进行初步的工程分析和环境状况调查，筛选重点评价项目，确定建设项目环境影响的工作等级，编制评价工作大纲；第 2 阶段为正式工作阶段，其主要工作是进一步做工程分析和环境现状调查，并进行环境影响预测和评价环境影响；第 3 阶段为报告书编制阶段。

4. 运输项目环境影响评价的工作内容

运输项目环境影响评价的基本内容主要包括以下几个方面。

（1）项目环境条件调查。项目环境条件调查包括以下方面。

①大气环境，包括风（方向和速度）、沉降物（包括雪、雾和冰雹）、温度（平均温度和极限温度，热顶盖，逆温层等）、大气质量（周围的大气质量，包括现有的污染物的负荷，例如，颗粒物、硫和氮氧化物、一氧化碳、碳氢化合物、光化学氧化剂）等。

②水环境。

③土壤。

④生态环境。

⑤噪声环境。

⑥视觉影响环境。

⑦社会经济环境。

（2）评价适用标准。环境影响评价，必须按照规定的标准进行。因此明确适用的标准应为环境影响评价的工作内容之一。适用的标准主要包括环境质量标准、污染物排放标准和总量控制指标三类。

（3）工程分析。工程分析是环境影响预测和评价的基础，并且贯穿于整个评价工作的全过程，其主要任务是对工程的一般特征、污染特征以及宏观上掌握建设项目与区域乃至国家环境保护全局的关系，并且从微观上为环境影响预测、评价和提出消减负面影响的措施提供基础数据。

（4）环境影响因素的确定及环境影响程度分析。环境影响因素的确定及环境影响程度分析就是在全面分析了项目所在地的环境信息后，根据工程项目类型、性质和规模来分析和预测该工程对环境的影响，进行环境影响程度分析。

（5）环境影响因素分析，即对导致环境质量恶化的主要因素进行分析。

（6）环境保护措施。

3.2.7　运输项目综合评价

综合评价有两层含义：一是在各部分、各阶段、各层次评价的基础上，谋求建设项目方案整体功能的优化；二是将不同观察角度，各种不同的价值观所得出的结论进行综合。运输项目方案综合评价就是在运输项目各方案的各个部分、各阶段、各层次评价的基础上，谋求建设方案的整体优化，而不是谋求某一项指标或几项指标的最优值，为决策者提供各种决策所需的信息。方案综合评价的一般方法通常有以下几种。

1. 多目标综合评价法

多目标综合评价法一般都要组织若干专家学者，对确定下来的各个分项指标视其对项目的重要程度给以一定的权重，并对每个指标进行分析和打分，最后计算出项目的综合评价效果，得出评价的结论。综合分析评价法不能单独使用，必须与项目社会适应性分析结合起来进行考虑。常用的方法是列出项目的各项技术经济指标，以及反映其他效果的非数量指标，由专家进行讨论后由决策者决定或不经论证直接由决策者决定建设项目的优劣。由决策者直接决定项目的优劣，受决策者经验、水平、对建设项目了解的透彻程度等因素影响，容易造成失误。

采用专家论证会的方法的缺点：容易受少数声望或地位高的专家或权威意见的左右，影响对建设项目的客观评价；受与会专家表达能力的影响。为避免上述缺点，能够较好地听取各方面意见，可采取以下程序进行综合评价。

（1）确定目标。

（2）确定评价范围。

（3）确定评价指标和标准。评价指标是目标的具体化，根据目标设立相应的评价指标。站在不同的角度，评价的侧重点不同，设置的指标也应有所不同。评价指标的设立应遵循以下原则。

①系统性原则。

②指标的可测性原则。

③定量指标与定性指标综合使用的原则。

④绝对指标与相对指标结合使用的原则。

⑤指标之间应尽可能避免显见的关联和重叠关系。对隐含的相关关系，要在模型中用适当的方法消除。

⑥指标的选择要尽可能保持同趋势。

⑦指标的设置要有重点。

⑧指标要有层次性。

（4）确定指标的权重。重要的指标赋予较大的权重，相对次要的指标赋予较小的权重。

（5）确定综合评价的判断。综合评价的单一判据多为定性与定量相结合的评价值，如某一指数、某一百分比。对综合评价值高低、优劣的判别有两种处理方法：一是预先规定某一数值 N，大于 N 的为可行方案，小于 N 的为不可行方案；另一种是预先不规定一个临界值，而是以综合评价价值的大小排列优先次序。

（6）选择评价方法。评价的不同阶段，采用的评价方法不同。应根据所评价的内容、类型和具体情况，选择合适的评价方法，通常是多种方法综合使用，并在实践中不断探索、改进。工程项目的综合评价是一个复杂的过程，从确定目标、评价范围、确定评价指标体系、指标权重、选择综合评价方法直至做出评价结论，包括预测、分析、评定、协调、计算、模拟、综合等工作，而且是交叉和反复进行的。

2. 层次分析法

层次分析法（Analytic Hierarchy Process，AHP）是将一个复杂的多目标决策问题作为一个系统，将与项目决策有关的因素分解成目标、准则、方案等若干层次，通过定性指标模糊量化方法算出层次单排序（权数）和总排序，以作为目标（多指标）、多方案优化决策的系统方法。层次分析法是目前使用最多的一种目标决策分析法，其基本过程是：把复杂问题分解成各个组成元素，按支配关系将这些元素分组、分层，形成有序的递阶层次结构，在此基础上通过两两比较判断各层次中诸元素的重要性，然后综合这些判断计算单准则排序和层次总排序，从而确定诸元素在决策中的权重。鉴于项目评价指标中既有定量指标又有定性指标，且各指标具有明显的层次性，可以采用层次分析法对此类复杂问题进行评价。使用该方法的步骤通常如下。

（1）建立层次结构模型。在深入分析实际问题的基础上，将有关的各个因素按照不同属性自上而下地分解成若干层次，同一层的诸因素从属于上一层的因素或对上层因素有影响，同时又支配下一层的因素或受到下层因素的作用。最上层为目标层，通常只有1个因素，最下层通常为方案或对象层，中间可以有一个或几个层次，通常为准则或指标层。

运用层次分析法，合理有效的层次结构模型对成功进行评价有决定性作用。在构造层次结构模型时，将包含的因素分组，每组作为一个层次，从上至下依次分为目标层（最高层）、准则层（中间层）和方案层（底层），上一层次对相邻的狭义层次的全部或部分元素起着支配作用，形成自上而下的逐层支配关系（递阶层次关系）。例如，对某运输项目影响因素进行细致研究，结合项目具体情况建立一个层次结构模型（见表3-12）。

表 3-12　运输项目综合评价模型

目　标　层	准　则　层	指　标　层	子指标层
目标 A	效果 B1（0.5）	促进经济发展 C1（0.75）	促进交通运输产业的发展 D1（0.55）
			促进相关产业的发展 D2（0.3）
			提高区域经济的发展 D3（0.15）
		提高生活质量 C2（0.15）	提高出行者的便利性和舒适性 D4（0.65）
			避免交通因素对居民生活区的影响 D5（0.1）
			改善城市公共形象 D6（0.25）
		促进科技进步 C3（0.1）	促进人才的培养 D7（0.4）
			促进技术的应用和开发 D8（0.6）
	效果 B2（0.5）	建设投资费用 C4（0.45）	固定资产投资 D9（0.6）
			其他建设费用 D10（0.4）
		运营费用 C5（0.1）	日常养护费用 D11（0.5）
			大、中维修费用 D12（0.2）
			运营管理费用 D14（0.3）
		道路使用者费用 C6（0.25）	运输成本 D15（0.4）
			行程时间 D16（0.35）
			交通安全 D17（0.25）
		环境污染费用 C7（0.2）	空气污染 D18（0.65）
			水污染 D19（0.1）
			噪声污染 D20（0.25）

（2）构造成对比较矩阵。从层次结构模型的第 2 层开始，对于从属于（或影响）上一层每个因素的同一层诸因素，用成对比较法和 1 ~ 9 比较尺度构造成对比较矩阵，直到最下层。每层中各因素相对重要性判断数值列表而成，判断矩阵表示针对上一层某因素，本层与之有关因素之间相对重要性的比较。实际操作中可通过专家评价法（或德尔菲法）对项目各层次因素间相互重要程度给出判定。

（3）计算权重向量并做一致性检验。对于每一个成对比较矩阵计算最大特征根及对应特征向量，利用一致性指标、随机一致性指标和一致性比率做一致性检验。若检验通过，特征向量（归一化后）即为权重向量；若未通过，需重新构造成对比较矩阵。

（4）计算组合权重向量并做组合一致性检验。计算最下层对目标的组合权重向量，并根据公式做组合一致性检验，若检验通过，则可按照组合权重向量表示的结果进行决策，否则需要重新考虑模型或重新构造那些一致性比率较大的成对比较矩阵。

运用层次分析法的优点是比较简单明了，系统性较强，所需定量数据信息较少，是一种简洁实用的决策方法，适用于存在不确定性因素和主观信息较多的情况。其缺点是指标过多时数据统计量较大，而且指标权重设定带有主观成分，由于决策群体对各个准则所判断的权重值不同，而且判断矩阵的构造需要凭借人们的经验，具有一定的主观性，从而使评价结果的客观性受到一定影响，有时难以令人信服。

3. 项目综合评价模型

综合评价法（Comprehensive Evaluation Method）是运用多个指标对多个参评单位进行评价的方法。对运输项目经济分析通过多元化评价，可以力求全面，从而综合判断项目决策及规划目标。综合评价法主要包括主成分分析法、数据包络分析法、模糊评价法等方法。

（1）主成分分析法。主成分分析是多元统计分析的一个分支，是将其分量相关的原随机向量，借助于一个正交变换，转化成其分量不相关的新随机向量，并以方差作为信息量的测度，对新随机向量进行降维处理，再通过构造适当的价值函数，进一步做系统转化。

（2）数据包络分析法，也称 DEA 模型、CR 模型。DEA 法不仅可对同一类型各决策单元的相对有效性做出评价与排序，而且还可进一步分析各决策单元非 DE 有效的原因及其改进方向，从而为决策者提供重要的管理决策信息。

（3）模糊评价法。模糊评价法基于模糊数学，它不仅可对评价对象按综合分值的大小进行评价和排序，而且还可根据模糊评价集上的值按最大隶属度原则去评定对象的等级。

综合评价法的特点表现为，评价过程不是逐个指标顺次完成的，而是通过一些特殊方法将多个指标的评价同时完成的；在综合评价过程中，一般要根据指标的重要性进行加权处理；评价结果不再是具有具体含义的统计指标，而是以指数或分值表示参评单位"综合状况"的排序。

3.3　运输项目评估与决策

在前期调查分析的基础上，编制完成运输项目可行性研究报告后，政府监管部门需组织评估力量对运输项目进行综合评估。其主要分析评估项目是否符合国家法律法规、宏观调控政策、发展规划、产业政策、外商投资政策要求和准入标准，分析评估方案合理性以及对行

业发展、经济安全以及社会稳定等方面的影响，并对项目方案、产业布局、市场前景等方面提出建设性意见。在此基础上，对是否同意该项目做出决策。

3.3.1 运输项目评估

1.运输项目评估的内容

运输项目评估主要是受政府主管部门、投资者或银行委托，对运输项目进行一项专门的调查研究与论证工作。其主要工作内容一般是研究运输项目的技术可行性和经济合理性，但不同的利益主体可能会有不同的要求，比如，政府可能会更加侧重国民经济效益和社会影响；而贷款的商业银行更注重项目的财务效益和还贷能力；投资者或企业等机构往往更关心项目的长期盈利能力和资金流动性（现金流），总体来说，项目的评估工作内容主要包括以下几个方面。

（1）投资或建设项目必要性评估。其主要评估内容包括：项目是否符合国家法律法规和宏观调控政策，以及发展规划、产业政策、技术政策和准入标准情况；项目市场分析，对项目的国内和国际市场进行需求分析与预测；通过市场调查和预测，对产品市场供需情况及产品竞争力进行分析比较；对投资项目功能作用进行评估；拟投资项目规模经济性分析。还要考虑项目合理开发并有效利用资源情况；对国家安全、经济安全、生态安全的影响情况；对公众利益，特别是项目建设当地的公众利益影响情况；结合近远期保障和发展需要，评估确定项目合理的建设内容、规模和投资。

（2）技术评估。根据国家有关技术政策，对运输项目选用的工艺技术和技术装备的先进性、适用性和经济性进行评估。其主要内容包括：项目采用的工艺、技术、设备在经济合理条件下是否先进、适用，是否符合国家相关的技术发展政策，是否注意节约能源和原材料以获得最大效益；项目采用的新工艺、新技术、新设备、新材料是否经过科学试验和鉴定，以确定其安全可靠性，并通过多方案的比较进行优选；检验原材料和测试产品质量的各种手段是否完备；购进的技术和设备是否符合投资实际，是否配套并进行多方案比较；审查项目规模、布局和地理位置是否合理；审查工艺路线、设备选择、技术选择是否符合一般公认的有关标准；产品方案和资源利用是否合理，产品生产纲领和工艺、设备选择是否协调；审查项目设计能力能否达到预期的生产水平；技术方案的综合评价。

（3）建设条件评估。其主要评估项目的资源是否可靠，工程、水文地质情况是否调查清楚，原材料是否满足需要以及稳定程度如何，能源、动力、交通运输条件、协作配套条件是否配备，安全及环境保护措施是否做到同步落实，项目选址是否合理适宜。

（4）投资和财务基础数据评估。主要针对项目可行性研究报告中的投资和财务基础数据进行审查和评估，包括项目投资估算、资金来源渠道、投资构成、流动资金、产品成本、企业税收与利润进行分析和估算。对项目的贷款条件、贷款利率等进行认真审查，以保证项目决策所需基础信息数据的可靠性。

（5）财务效益评估。财务效益评估是项目评估中最主要的部分，它是根据项目财务与建设基础数据，对整个生命期内的财务成本与收益情况进行评估，从而论证项目是否具有经济上的可行性。一般而言，财务效益评估是决定项目可行与否、银行是否提供贷款的基本依据。其主要评估内容包括：项目财务盈利能力分析；计算分析全部投资回收期、投资利润率、投资利税率、资本金利率、财务净现值、财务净现值率、财务内部收益率等评价指标；项目清

偿能力分析；计算分析借款偿还期、资产负债率、流动比率、速动比率等评价指标；财务外汇效果分析；计算分析财务外汇净现值、财务换汇成本等评价指标。

（6）国民经济效益评估。国民经济效益评估又称经济评估，是根据国民经济长远发展目标和社会需要，采用费用与效益分析的方法，运用影子价格、影子汇率、影子工资和社会折现率等经济参数，计算分析项目需要国民经济为其付出的代价和它对国民经济的贡献，评估项目投资行为在宏观经济上的合理性。其主要评估内容包括：国民经济盈利能力分析，即对经济内部收益率、经济净现值等指标进行计算分析；经济外汇效果分析，即对经济外汇净现值、经济换汇成本等指标进行分析；辅助经济效益分析，主要计算分析投资项目的就业效果和节能效果以及相关项目的经济效益；对环境保护做一般评估。

（7）社会效益及环境影响评估。社会效益评估反映项目对于社会环境和社会利益相关者的贡献和影响；环境影响评价反映项目对生态环境层面的贡献和影响。

（8）不确定性分析。项目实际情况会与当初预测的结果有一定的偏差，从而使得项目的实际运营效果与评估的结果不相一致，通常将实际中发生变动的因素称为不确定性因素，将这种实际与预测的偏差的分析称为不确定性分析。其主要内容包括：分别从企业财务效益评估和国民经济评估两个方面进行盈亏平衡点分析、敏感性分析和风险概率分析。当两个项目的各项效益指标都相差不大时，就应该通过不确定性分析，选择风险较小的项目。

（9）总评估。在全面调查、预测、分析和评估上述各方面内容的基础上，对拟建运输项目进行总结性评估。即汇总各方面的分析论证结果，进行综合研究、总体评价，提出关于可否批准项目可行性研究报告和能否予以贷款等结论性意见和建议，为项目决策提供科学依据。

2. 运输项目评估的工作程序

运输项目评估工作通常由各级项目审批单位委托有资格的工程咨询机构或项目贷款机构进行，运输项目评估工作的内容和基本程序主要如下。

（1）了解评估项目，做好准备工作。咨询机构或项目贷款机构在确定项目评估任务后，应及时组织力量参与待评估项目的有关调查、考察、文件编制和预审等工作，为开展评估工作做好准备。及时了解和分析项目业主（建设单位）或项目主管部门对项目产品方案、拟建规模、建设地点及资金来源等方面的初步设想，以及对项目投资和效益等方面的希望和要求，确定在评估过程中需要着重解决的问题，明确评估目标，有针对性地开展评估工作，提高评估的质量和效率。

（2）组织评估小组，制定工作计划。工程咨询公司、第三方评估咨询机构或银行评估机构，根据有关部门下达的委托评估项目特点及其复杂程度，采取不同的评估方式，成立项目评估小组（专家组），确定负责人。评估小组应包括经济、技术、工程与市场分析等专业人员，并明确分工。评估小组应制定评估工作计划，进行工作安排，提出具体实施意见，确保评估质量。

（3）调查研究，收集资料，核查整理。首先，评估单位应认真审阅委托单位提供的待评估项目可行性研究报告和主管部门审查意见等文件资料。检查文件资料是否齐全，文件手续是否完备合法，内容是否有效；检查资金、资源、原材料的供应是否落实可靠。其次，根据具体项目评估内容和分析要求，进行项目调查，进一步收集必要的数据和资料，核实和补充评估工作中所需的情况、数据和资料。

（4）审查分析、综合判断。按项目评估的内容对项目可行性研究报告进行审查分析，具体内容包括：项目概况审查；市场和规模分析；技术和设计分析；财务预测；财务效益分析；

国民经济效益分析；建设规划方案的合理性、可行性分析，包括客流预测、近期项目选择、建设规模、建设方案、系统制式、综合交通衔接、资金平衡和社会稳定风险分析等方面。通过分析论证，归纳分析结果，说明评估项目建设的必要性、技术的可行性和经济上的合理性，提出项目投资建设的总结性意见和建议。

（5）编写评估报告。评估单位应根据调查和审查分析结果，编写拟建项目评估报告。评估报告要对可行性研究中提出的多种方案，加以比较评估，推荐一种最佳（或次优）的投资建设方案，按国家政策对拟建项目的投资结构及技术、经济等因素进行综合分析，做出综合评估结论，并针对相关政策制度和其他有关问题提出合理的建议。

银行对贷款项目评估报告内容的要求，应在全面评估的基础上，侧重评估贷款项目的投资估算与资金来源、财务经济效益和偿还能力、银行效益与风险防范能力，并对拟建项目的借款人进行资信评估。

3.3.2 运输项目决策

1.运输项目决策的概念

根据基本建设程序规定，项目决策必须以设计任务书为依据。运输项目决策（Transport Project Decision）是指对拟建运输项目的设计任务书进行审批的过程，项目设计任务书经相关审批单位批准后，项目才能成立。

2.运输项目决策遵循的原则

由于运输项目的重要性及独特性，运输项目决策需要考虑诸多因素，通常运输项目决策需要遵循以下主要原则。

（1）坚持先论证后决策的程序。由于运输项目特别是工程类运输项目具有很强的不可逆性，一旦决策实施后，若出现失误则难以挽回。因此，在做出运输项目决策之前，必须进行科学全面客观的可行性研究与项目评估，以确保决策的科学性和准确性。

（2）微观效益与宏观效益相结合，以国家利益为最高标准。由于社会资源的稀缺性，运输项目决策必须充分考虑微观效益与宏观效益，微观效益是从企业的角度进行经济分析，宏观效益是从整个国民经济的角度进行经济分析，当两者有矛盾时，项目的取舍将取决于是否符合国家利益。

（3）与相关配套同步建设的原则。运输项目具有较强的系统性，运输基础设施、线网、场站布局、不同运输方式之间的衔接，必须成为一个有机的整体，其中任何一个环节缺失或出现问题，都会影响整体功能的发挥。运输项目建设，需要有一系列相关的配套项目与之同步建设，只有相互之间平衡和衔接，才能发挥整体的投资效益。

（4）决策者要承担决策责任。项目决策者要对项目进行严格审查，并承担法定的决策责任。赋予项目决策和投资主体严格的责任制，明确"谁决策谁负责""谁投资谁收益""谁收益谁担当"。

3.运输项目决策的基本程序

不同类别的项目、不同国家的项目决策程序差异较大。通常在西方发达国家项目决策会持续比较长的时间，用于分析论证和权衡，以免给投资人造成损失、给利益相关者带来损害。我国运输项目决策必须适合我国国情，遵循法定的项目决策程序和标准，体现科学方法和民主原则。这一程序通常包括以下几个步骤。

（1）根据国家经济社会中长期发展规划，行业、地区发展规划，在调查研究和综合比较的基础上，提出需要进行可行性研究的运输项目建议书。

（2）政府决策部门按照规定权限，对提出的项目建议书进行审查和平衡，若审查通过则纳入前期工作计划。

（3）列入前期工作计划的项目需要进行可行性研究，研究评价运输项目在建设上的可能性、技术上的可行性和经济财务的收益水平等方面。在充分研究和分析论证的基础上，提出项目是否可行的结论，以及最适合的建设方案，并编制项目可行性研究报告和设计任务书。

（4）政府决策部门邀请相关技术、经济专家和承办投资贷款的银行，共同参加项目预审，对于重大项目要组织专业化第三方评估机构进行评估，对项目可行性研究报告和编制的设计任务书进行全面详尽的核实和分析，编写项目评估报告。

（5）项目评估完成以后，如果项目利益相关方无其他异议，有关决策部门则通过项目设计任务书，完成项目决策。

3.3.3　运输项目启动

1. 运输项目启动的概念

运输项目决策完成，项目才能启动（Project Initiation），项目启动的主要目的是为了获得项目授权。运输项目启动是指对运输项目需求分析、问题和机会识别、论证评估及项目决策完成之后，运输项目获得授权并正式开始的环节。由于国家经济社会中长期发展规划及行业地区发展规划的要求，社会资源的稀缺性以及投资资金的限制等因素，运输项目的提出，有一个选择的过程。一旦项目选择完毕，将通过项目章程获得正式授权。

运输项目启动表示运输项目生命周期的第一个阶段结束，意味着开始定义一个项目规划设计的所有参数，项目经理会被委任，并带领早期项目团队开展项目的计划工作，运输项目管理将进入下一个阶段。

2. 运输项目启动的标志

运输项目正式开始有两个明确的标志。

（1）项目管理组织正式组建，任命项目经理，建立项目管理团队。项目经理的选择和核心项目组的组建是项目启动的关键环节，强有力的领导是优秀项目管理的必要组成部分。项目经理必须领导项目成员，处理好与关键项目干系人的关系，理解项目的商业需求，准备可行的项目计划。

（2）下达项目授权或许可命令，运输项目将正式进入规划设计阶段。

3. 运输项目启动的主要内容

项目启动过程是由项目团队和项目利益相关者共同参与的一个过程，在这个阶段的主要任务如下。

（1）运输项目整体目标和理念的传达。明确投资方及其他项目干系人对运输项目的期望和要求，通过总结提炼进一步形成项目的总体目标。阐释该项目的需求状况，说明为什么开展本项目是解决某些问题或者是满足某种需求的最佳方案。整体项目的前景、目标的说明和传达要清晰明确。

（2）明确项目各方遵守的一些行为准则和规定的信息。这些关键规则的表述形式要简明扼要，规定明确的运作限制条件、行为准则，以及非正式行为准则。

（3）运输项目范围的初步说明，包括运输项目范围、工作范围，要把项目运作计划传达到各个方面，目的是让项目所有相关人员都清楚地了解项目各项任务的关系。

（4）确定运输项目预期可交付的成果以及预计运输项目的持续时间及所需要的资源。

（5）与项目团队成员和合作方签约。合同必须清晰地列出各方所提供的价值以及任何能够提高工作绩效的激励措施。

（6）确定项目管理主体和各个方面在项目中的角色与义务。让项目成员都清楚地了解各自的角色定位与相应的责任。

本章小结

运输项目生命周期第一阶段的主要工作是对运输项目需求进行识别和分析，在对运输项目市场需求及经济社会状况进行调查分析及合理预测的基础上，判断市场机会和存在的风险因素，结合运输项目所在企业具备的资源能力优势，编制运输项目可行性研究报告进行论证。通过进一步的项目评估，做出项目决策。这一阶段也是项目选择的过程，一旦项目选择完毕，将通过项目章程正式授权。

政府监管部门需组织评估力量对运输项目进行综合评估，主要分析评估项目是否符合国家法律法规、宏观调控政策、发展规划、产业政策、外商投资政策要求和准入标准，分析评估方案合理性以及对行业发展、经济安全以及社会稳定的影响等方面，并对项目方案、产业布局、市场前景等方面提出建设性意见。在此基础上，对是否同意该项目做出决策。

思考与练习

1. 简述如何进行交通调查与分析。
2. 运输项目可行性研究报告的主要内容有哪些？
3. 分析运输项目建议书与可行性研究报告的区别。
4. 为什么要进行运输项目评估？
5. 分析运输项目评估与可行性分析的差异。
6. 简述运输项目评估的内容和工作程序。

运输项目计划与范围管理

 本章导入

　　美国阿波罗计划（Apollo Project）是美国从 1961 年到 1972 年从事的一系列载人登月飞行任务，它是世界航天史上具有划时代意义的一项成就。该项目于 1972 年 12 月以第 6 次登月成功结束，历时约 11 年，耗资 255 亿美元。在项目高峰时期，参加项目的主体有 2 万家企业、200 多所大学和 80 多个科研机构，总人数超过 30 万[①]。这一巨大规模的工程项目，面临技术和管理上的双重挑战，其复杂性难以想象，仅土星 5 号火箭就有上百万个零部件，涉及上千种复杂工序。对于类似这种世界瞩目的大项目组织管理，如何将比较笼统的初始目标要求逐步转化为成千上万个工程任务参加者的具体工作，如何使众多的部门和机构在短时间内迅速实现相互配合、协同作战，如何将千头万绪的工作整合成一个经济上合理、技术上可行、分工精确、协作有效、工期适度、运转高效的工程系统，最终达成项目目标的实现，是一个值得深入思考的问题。

学习目标

1. 掌握运输项目计划的原则和内容。
2. 熟悉运输项目计划编制的依据、过程。
3. 掌握运输项目范围、工作分解结构的概念和内容。
4. 熟悉运输项目合同及合同管理的概念与内容。
5. 了解运输项目合同的订立与履行。
6. 了解运输工程项目责任划分。

4.1　运输项目计划管理

　　"凡事预则立，不预则废。"运输项目启动之后，进入规划设计阶段，在这个阶段必须做

---

① 张义芳. 美国阿波罗计划组织管理经验及对我国的启示 [J]. 世界科技研究与发展，2012，34（6）：1046—1050.

x

好项目计划工作，包括运输项目范围计划、运输项目工作计划、运输项目进度报告计划、运输项目资源需求计划、运输项目成本计划、运输项目质量计划、运输项目风险管理计划、运输项目集成变更控制计划、运输项目文件控制计划和运输项目支持计划等，这些计划几乎涵盖了运输项目的整个过程，也是运输项目执行和控制工作的重要依据。

4.1.1　运输项目计划与计划管理

1. 运输项目计划的概念

运输项目计划（Transportation Project Plan）是为完成特定的运输项目目标，对运输项目实施工作所需进行的各项活动做出的系统性的任务或活动安排。运输项目计划管理是指为完成运输项目目标，对运输项目各项活动安排进行方案编制并确保实施的过程。要将运输项目目标落到实处，运输项目计划管理必须回答 3W1H 基本问题。

（1）做什么（What），指为了得到运输项目的结果应当完成哪些具体工作。解决这一问题可利用工作分解结构（Work Breakdown Structure，WBS），WBS 是运输项目必须完成的各项工作的清单。

（2）谁去做（Who），确定承担运输项目的主要负责人及工作分解结构中各项工作的具体人员。

（3）何时做（When），确定运输项目各项活动于何时开始，需要多长时间，以及具体的时间安排等。

（4）怎么做（How），确定运输项目计划中每项工作所需的资源条件、成本预算、经费保障、技术方案、质量要求等操作条款。

2. 运输项目计划的作用

运输项目计划作为运输项目管理的重要阶段，在运输项目中起承上启下的作用。运输项目计划围绕着运输项目目标，系统地确定运输项目的工作任务、安排项目进度、编制资源预算等，从而保证项目能够在合理的工期内，用尽可能少的成本和尽可能高的质量完成。

（1）运输项目计划将有关已选定方案的项目决策、计划时间、成本分布、质量要求、相关人员责任权限等内容编写成具体的、操作性强的书面文件，指导项目实施，协调各方工作。

（2）运输项目计划在编制和实施过程中，需要各方积极参与，促进项目有关各方之间密切沟通，使每个人都增加了对项目情况的了解，有助于减少混乱和误解。

（3）对运输项目内容、范围和时间安排等关键性问题进行审查，为进度测量和项目控制提供基准计划。

（4）运输项目计划和进度计划能够防止工作的延迟，还能防止由于缺乏指导所造成的项目人员士气低落和生产能力下降等问题。

3. 运输项目计划的原则

在运输项目计划制订过程中，要按照项目总目标进行详细计划，计划文件经批准后将作为项目的工作指南，因此，运输项目计划的制订需要遵循一些原则。

（1）目标性原则。运输项目计划是项目规划设计的体现，通过运输项目计划确立项目目标体系，作为以后项目工作的指导。运输项目计划具有很强的目标性，通过项目各项工作、任务和活动进行人员、资源、时间安排，为运输项目执行、控制和验收提供重要依据，以促进运输项目目标的实现。

（2）系统性原则。运输项目计划是一个由一系列子计划组成的系统，各个子计划之间既相互独立，又密切相关，而且具备显著的层次性、适应性、整体性特征。构成项目计划的任何一个子计划的变化可能会影响到其他子计划的制订和执行。运输项目计划内部要形成有机协调的运行机制，而且要统筹协调项目范围、成本、进度、质量及风险之间的关系，以确保项目的生命力。

（3）动态性原则。运输项目生命周期及运输项目环境变化决定了项目计划具有动态性原则，运输项目计划要随着政策、规划、运输行业及其他环境条件的变化而不断调整和完善，以保证完成项目目标。

（4）经济性原则。运输项目计划工作要讲究效率，要考虑投入和产出的比例。运输项目计划的效率不仅体现在成本控制上，还包括项目进度、质量等方面的评价标准。由于运输业基础性和宏观性特征，运输项目计划应遵循宏观经济性的价值导向。

4. 运输项目计划的内容

在运输计划编制过程中，输出文件也很多，几乎涵盖了运输项目的整个过程，包括运输项目范围计划、运输项目工作计划、运输项目进度报告计划、运输项目资源需求计划、运输项目成本计划、运输项目质量计划、运输项目风险管理计划、运输项目集成变更控制计划、运输项目文件控制计划和运输项目支持计划等，这些都是运输项目执行和控制工作的重要依据，这些计划文件具体如下。

（1）运输项目范围计划。其确定了运输项目所有必要的工作和活动的范围，在明确了项目的制约因素和假设条件的基础上，进一步明确了项目目标和主要可交付成果。具体包括客户需求、项目范围、工作范围、工作分解结构、项目预交付成果等方面。项目的范围计划是将来项目执行的重要文件基础。

（2）运输项目工作计划。其说明了应如何组织实施运输项目，研究怎样用尽可能少的资源获得最佳的效益。具体包括工作细则、工作检查及控制措施。项目工作计划中，需要对运输项目工作进行分解和排序，分析各项活动之间相互关系和逻辑顺序，制定出项目工作分解结构网络图。

（3）运输项目进度报告计划。其主要包括项目进度计划和状态报告计划。进度计划是表明运输项目中各项工作的开展顺序、开始及完成时间以及相互关系的计划，此计划需要在明确项目工作分解结构网络图中各项任务和活动的依赖关系后，对每项任务和活动的延时做出合理估计，并安排项目执行日程，确定项目执行进度的衡量标准和调整措施。状态报告计划规定了运输项目当前进展情况的状态报告的内容、形式以及报告时间等，以便让项目组及项目干系人及时掌握项目进展状态。

（4）运输项目资源需求计划。其明确了运输项目实施所需要的各种资源配备状况，具体包括人力资源、机器设备、能源燃料、原材料、土地及资金等方面。此计划要确定所需资源的名称、类型、质量技术标准、数量、投入时间、供应渠道等。

（5）运输项目成本计划。其确定了完成项目所需要的成本和费用，并结合运输项目进度安排，获得描述成本—时间关系的项目费用基准，并以费用基准作为度量和监控项目执行过程费用支出的主要依据和标准，从而以最低的成本达到项目目标。

（6）运输项目质量计划。其确定了达到客户期望的项目质量目标、质量标准和质量方针，以及实现该目标的实施和管理过程。具体包括项目质量目标、技术和质量标准、质量计划、质量监督控制措施等方面。

（7）运输项目风险管理计划。其主要是对项目中可能发生的各种不确定因素进行充分的估计，并为某些意外情况制定应急的行动方案。主要包括运输项目风险识别、风险评估、风险应对及控制等方面。

（8）运输项目集成变更控制计划，其规定了当项目发生偏差时，处理项目变更的步骤、程序，确定了实施变更的具体准则。但是项目发生的偏差在一定的程度内，处于可接受的范围时，只需采取一定的纠偏措施；若超出一定的范围，则需要按照项目集成变更控制计划规定的标准、步骤、准则对计划进行变更。

（9）运输项目文件控制计划，是指对运输项目文件进行管理和维护的计划，它保证了项目成员能够及时、准确地获得所需文件。

（10）运输项目支持计划，即对运输项目管理的一些支持手段，包括软件支持计划、培训支持计划和行政支持计划。软件支持计划是指使用运输项目管理软件工具处理项目资料的计划；培训支持计划是对项目团队成员进行业务培训的计划；行政支持计划是为项目团队配备行政后勤支持的计划。

4.1.2 运输项目计划编制

在运输项目管理中，不论是交通运输工程项目还是运输物流项目，计划编制是最复杂的阶段，编制出科学合理的项目计划才能够有效促进项目的实际行动。

1. 编制运输项目计划的注意事项

为了编制一个具有现实性和实用性的运输项目计划，在编制运输项目计划过程中，应注意如下事项。

（1）运输项目计划编制的时间应该在项目工作开始之前，而不是在开始工作之后才开始计划。计划应该能够在开始工作之前对要求的工作进行清楚的描述，避免带来混乱和误解，妨碍工作的有效开展。

（2）注重发挥专业技术人员等项目工作人员的积极性、主动性。由于项目专业人员了解整个项目的总体框架和具体细节，项目计划编制过程中应该使工作人员积极参与，集思广益。计划应做到责任明确，规定好每个事项或任务的责任人，明确每个人需要做的工作，界定不同工作之间的界面。

（3）项目经理在计划编制过程中承担总体协调作用，需要与业主及其他项目干系人进行深入的交流和沟通，充分了解业主及其他项目干系人的有关要求，确保项目计划满足客户需求。

（4）运输项目计划应具备一定的弹性。项目是创造性的过程，项目早期的不确定性很大，项目计划应具有动态调整的功能。项目计划编制是一项贯穿整个项目周期的持续的工作。

（5）运输项目计划编制包括的过程相对较多，项目计划工作的多少应当与运输项目的内容、规模和计划所提供资料的用途大小相适宜。运输项目计划内容应该包括项目范围、项目预算、项目进度、项目质量和项目风险等基本要素。

2. 运输项目计划编制的依据

（1）项目批准文件。一般是项目立项文件，待项目批准后，才能进行项目计划编制工作。

（2）各种专项计划及其他相关计划的结果。项目中的各种专项计划要综合到一起以建立完整、统一、协调的项目计划。其他相关计划的结果，包括各种控制基准和次级计划都是项目计划的依据。另外，这些计划的更新也会引起项目计划的更新。

图 4-1 为编制运输项目计划的数据流[①]。

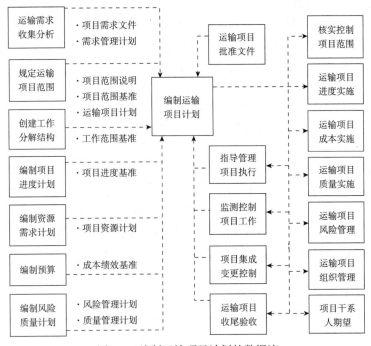

图 4-1　编制运输项目计划的数据流

（3）环境因素。影响运输项目计划编制的环境因素主要指影响项目绩效的制约因素和因项目存在未知因素而建立的假设条件。具体包括运输企业外部环境因素和内部环境因素，外部环境因素包括政府政策、法律法规、行业标准、技术手段、社会状况和自然环境等方面；内部因素包括运输企业拥有的运输基础设施、工程设备、运载工具、组织结构和文化、财务及人员状况、运输项目管理信息系统等方面。

（4）组织过程资源，指与项目相关的正式和非正式的组织方法、工作程序和技术资源，影响运输项目计划编制的组织过程资源包括以下方面。

①标准化的指导原则、工作指南、项目建议书评价标准以及绩效测量标准。

②项目计划模板，包括：为满足项目特定需要调整组织成套标准过程的原则和准则；类似于产品确认和验收标准的项目完工原则或要求。

③包括所有步骤的变更控制程序，根据它修改正式的公司标准、政策、计划、程序或项目文件，以及批准和确认变更。

④来自过去项目的项目档案（例如，范围、成本、进度和绩效测量基准、项目日历、项目进度计划网络图、风险名单、计划的应对行动以及确定的风险后果）。

⑤历史信息与经验教训知识库。

---

① 毕星 . 项目管理 [M]. 北京：清华大学出版社，2011.

⑥配置管理知识库，包括公司所有正式标准、方针、程序和项目文件的各种版本与基准。

3.运输项目计划编制的过程

编制运输项目计划和进度计划的步骤如下。

（1）界定项目范围。根据项目的应交付成果，围绕项目目标，编制工作分解结构（WBS），规定具体的工作项（活动或任务）。

①考虑项目的应交付成果。

②界定项目范围和工作范围，编制工作分解结构。

③考虑要进行安排的活动或任务，进行规划设计。

④考虑要进行监测的活动。

（2）绘制项目网络图。在资源独立的假设前提下确定各个活动或任务之间的逻辑关系，确定各个任务的开始时间、结束时间及先后顺序，描绘出各工作任务之间的动态工作流程。

①检查WBS的工作包。

②考虑每项活动的紧前活动与紧后活动。

③活动之间的逻辑关系取决于工作必须怎样做（约束）和项目组要怎样做两个方面。

（3）计算项目进度。确定各项活动或任务的开始时间、结束时间和时差，对任务的持续时间、开始时间、结束时间、任务分配不断优化调整，保持各项任务之间的合理关系。

①采用顺推法确定最早开始和最早完成时间。

②采用逆推法确定最迟开始和最迟完成时间。

③确定时差和关键活动。

（4）确定完成每项活动所需的时间、资源和成本，编制项目的进度计划和成本基准计划。确定每项活动或任务所需的时间、资源及成本基准，确定各项活动或任务所需人力资源分工及技能、知识、经验、能力等方面的要求。就活动或任务对资源进行分配并动态平衡，调整资源的供需状况。

①计算每项活动和整个项目的每日成本。

②计算完成项目每日所需要的工时和其他资源。

③分配并优化每项活动所需的时间、资源和成本。

（5）确定项目质量及风险防控计划。制订项目质量目标、质量标准和质量计划。分析评估项目中可能发生的各种不确定因素，做好项目风险识别及防控计划。

①确定每项活动和整个项目的质量标准和质量计划。

②确定每项活动和整个项目的风险识别及防控计划。

（6）沟通项目计划的成果。

①显示项目范围和工作范围。

②显示项目及活动的时间进度。

③显示项目及活动的成本进度。

④显示资源需求计划及进度。

⑤显示项目质量及风险防控计划。

⑥准备计划汇总。

4.运输项目计划编制的方法

运输项目计划编制时，通常采用专家评价法、综合平衡集成法、项目目标分解法、经验法等方法，有时综合运用多种方法。

1）专家评价法

专家评价法是出现较早且应用较广的一种评价方法。在缺乏足够统计数据和原始资料的情况下，通过专家打分、专家咨询等方式做出定量和定性评价，通过加权评分法或综合专家意见，确定评价对象的评价结果。此方法具有较高的权威性和专业性。在运输项目计划编制中，若出现如下情形，可采用专家评价法进行解决。

①运输项目规划设计方案、项目过程变更调整。

②将运输项目开发技术和管理的细节编入项目计划。

③确定完成运输项目工作所需要的重要资源（人员）。

④确定受正式变更控制过程约束的项目文件。

2）综合平衡集成法

综合平衡集成法是指对项目的各种专项计划过程所生成的结果进行综合分析，根据项目目标整体上进行优化平衡后集成项目计划方案的一种方法。此方法自下而上与自上而下相结合编制项目计划，具有较强的集成性、综合性、全局性和协调性。运用此方法主要包括以下步骤。

①综合分析各种专项计划之间的相互关系，分析项目工期、成本与项目质量的相互关系。

②项目集成计划初步方案的编制。

③项目集成计划的全面综合平衡。

④项目集成计划最终方案的编制与评估。

3）项目目标分解法

项目目标分解法是指将项目总体目标在纵向、横向或项目进程时序上分解到各层次、各部门以至具体人员，形成一系列子项目目标体系，进而形成项目计划体系的方法。项目目标分解法有总分法和渐进法，总分法直接把项目目标拆分成若干个子项目目标，这些子项目目标计划是使项目总体目标得以实现的基础，组合起来就可得到总项目计划；渐进法则按照项目活动或任务之间的逻辑递进关系，逐次获得各项活动或任务计划，最后得出项目计划。

4）经验法

根据项目人员以往相关工作经验、早期的项目开发计划编制中的规范或同类项目计划编制过程中较成功的经验方法，编制项目计划。经验法通常自上而下地进行编制，然后再自下而上地进行修改，由项目经理与项目团队成员商讨并确定。

5. 运输项目计划编制的成果

运输项目计划编制的成果主要是运输项目计划文件。运输项目计划是一份指导运输项目执行和控制的文件。运输项目计划要以特定项目需要为主，不同规模、不同类型的运输项目，其计划详略程度不同，组织和表示运输项目计划的方法可能不同。运输项目计划通常包括以下内容。

（1）运输项目计划（设计）批准文件。项目计划（设计）批准文件表示正式承认或准许项目计划，并对项目实施提供概览。

（2）运输项目管理方法和策略，包括项目管理目标、项目控制措施等内容。

（3）运输项目范围说明，包括项目可交付成果、项目目标、主要里程碑及项目工作分解结构。作为一个基准范围文件，明确了每个可交付成果的成本估算、所列计划的开始和结束时间及职责分配，为项目执行与控制提供依据。

（4）运输项目技术范围、精度和成本的绩效测量基准计划。形成项目进度基准计划、项

目成本基准计划和质量标准，确定项目所需的人员、预期成本和工作量。

（5）运输项目风险管理计划，包括项目主要风险、约束条件和假定，针对各个主要风险所计划的应对措施和应急费用。

（6）运输项目辅助管理计划，包括运输项目范围管理计划、进度管理计划、成本管理计划、质量管理计划、采购管理计划、人员管理计划、沟通管理计划、组织管理计划、风险应对计划等。这些计划的详细程度根据每个具体项目的要求而定。

4.2　运输项目范围管理

运输项目范围包括两个层面的含义，一是运输项目产出范围，即需要未来交付的项目成果，二是运输项目工作范围，即为了完成交付成果需要从事的所有工作。运输项目范围管理可以确保完整地交付项目成果，而且不会漏掉任何必要的工作。

4.2.1　运输项目范围与范围管理

运输项目范围（Transportation Project Scope）是指为了完成运输项目目标，规定要完成的工作内容。有两个与项目范围密切联系的概念，即项目产出范围和项目工作范围。项目产出范围指项目最终要交付的成果范围，项目产出范围可以把这些产品的数量和边界确定下来。项目工作范围指为了交付具有特定特征和功能的产品、服务或结果需要完成的所有工作。例如，运输项目产出范围可以是完成运输设施工程、实现旅客或货物空间位移服务等内容，为了完成这些任务，需要科学合理地界定项目工作范围，做好各项工作分工和任务安排。

运输项目范围管理是对运输项目所要完成的工作范围进行的管理和控制的活动，确保运输项目从立项到结束过程中包含的所有工作得到有效完成，以便使客户接受项目交付结果。

运输项目范围管理为运输项目实施提供了任务范围和框架，使项目组与项目干系人就达成项目工作目标、需要完成的工作内容建立共识，确保运输项目包含所有需要完成的工作，确认项目内相关人员的分工和责任，明确职责与权限，提高工作效率。运输项目范围管理可以提高估算运输项目成本、进度、所需资源的准确度，提高项目的经济效益。还可以为运输项目过程跟踪、控制、绩效度量以及项目验收与交付提供基准。

4.2.2　界定运输项目范围

界定运输项目范围是指编制一份详细的运输项目产出说明文件的过程。编制一份详细的运输项目产出范围说明文件对于项目成功非常关键，它为运输项目实施提供了任务范围、任务框架及工作标准，使项目进程得到有序推进。运输项目范围界定要依据项目启动时确定的主要交付成果、假设和约束条件进行编制。项目范围规划应从项目产出描述、项目章程，以及制约因素和假设的初步定义开始。注意产品描述中应包括反映所商定的客户需要的产品要求，以及满足产品要求的产品设计。在运输项目计划阶段，往往积累了更多的关于项目的信

息，要全面地分析现有的风险、假设和约束条件，以便有针对性地规定和说明项目产出范围。界定运输项目范围的依据、方法和成果，如图 4-2 所示。

图 4-2　界定项目范围的依据、方法和成果

1.界定运输项目范围的依据

1）运输项目需求文件

界定运输项目范围的先决条件是收集项目需求。项目需求反映出运输项目用户以及项目干系人对运输项目的需要和期望。运输项目需求包括市场需求、技术需求、安全需求、性能需求等方面的信息，还包括项目管理需求、交付需求等方面。

项目需求文件可以包括以下方面。

①要掌握的市场机会，说明开发这个项目的缘由。

②运输项目的目标及预期交付成果。

③运输项目功能需求,恰当地说明运输项目产品的功能作用、业务流程、经济及社会价值。

④运输项目非功能需求，包括工程或服务的质量、性能、安全、安防、符合规定、支持能力等。

⑤运输项目验收标准。

⑥运输项目需求假设和约束条件。

对运输项目需求的管理应该是动态持续的，需要制订需求管理计划，规定如何在整个项目管理中分析、记录和管理需求。运输项目需求管理计划可以包括以下几个方面。

①如何计划、跟踪和报告与运输项目需求有关的活动。

②配置管理活动，能及时响应项目产出、服务或结果的变更意见，能够分析评估、追踪报告、批准变更。

③运输项目需求优先权确定方法。

④有效跟踪项目需求属性，例如，有关的商业需求、项目目标需求、交付成果需求、设计开发需求等。

2）运输项目批准文件

运输项目批准文件主要指项目立项文件、批复文件等。

3）组织过程资源

组织过程资源指可以用于界定项目范围的组织过程资源，包括用于编写项目范围说明的政策、程序和模板，以往项目的项目档案和来自以往项目的经验教训。

2.界定运输项目范围的方法

界定运输项目范围的方法有以下几种。

1）专家咨询法

通过向专家征询意见可获得编制项目范围说明文件所需要的信息。专家一般指在某特定领域具有一定专业权威的人士，专家可能来自组织内部，也可以是外部专业技术学会或行业团体的咨询顾问、项目利害关系人及专题事务专家。

2）产品分析法

对于运输项目产品，可以通过运输需求分析、产品功能定位、系统分析、系统工程、价值分析等方法界定项目范围。

3）公开研讨

一般采用管理技术中的头脑风暴、横向思维、成对比较等方法进行研讨，通过促进研讨会、中心小组、问卷调查、访谈、观察和原型法等形式广泛征询意见。

3. 界定运输项目范围的成果

界定运输项目范围的成果主要是编制出项目范围说明书和更新项目范围文件。

1）运输项目范围说明书

项目范围说明书（Scope Statement）详细地描述了项目目标、项目可交付成果以及创造这些成果所需要的工作，它还确立项目利害关系人对项目范围的统一理解，它能够确切地表明哪些内容属于项目范围之内，哪些不属于项目范围之内。项目范围说明有助于使项目团队更详细地制订项目计划，为项目实施阶段评估变更申请或额外工作是否超出项目边界建立基准。项目范围说明还有助于在项目组与客户及项目其他利害关系人之间达成共识，划清工作界面，为今后的项目决策及减少相关争议提供了重要依据。

详细的项目范围说明书通常包括以下内容。

（1）项目产出范围说明，进一步详细地说明项目批准文件和需求文件中描述的项目产品、服务或结果的特征。一般形成项目未来要满足期望或要解决问题的目标，成为评估项目未来效益平衡的基础。

（2）产品描述和验收标准，将项目要创造的产品或服务的要求和特征描述出来，并将必须满足的可量化标准（定量标准），形成文档，为验收已完成的产品、服务或结果规定相关的流程和标准。产品或服务的描述在项目早期一般都不太详细，而在后续阶段随着产品或服务特性的逐步详尽而细化。

（3）项目交付成果（Deliverable）。项目交付成果是项目在执行过程中及完成后的子产品的总和，既包括项目产出范围之内的产品，也包括其他附属结果，如项目管理报告或文件。项目交付成果可以粗略或很详细地描述。它们各自完成后，才标志着项目的完成。

（4）项目除外事项。一般确定排除在项目之外的事项，明确地表明什么是在项目范围之外有助于管理利害关系人的期望。

（5）项目约束条件。列出并说明限制项目范围的特定约束条件，例如，项目需求、合同条款，地形、地质、气候、水文等自然条件的变化，项目干系人在预算、进度、技术、里程碑等方面的额外要求，都可能成为项目的制约因素。

（6）项目假设条件。列出并说明与项目范围有关的特定假设，以及如果这些假设条件缺失对项目可能产生的影响。通常对那些暂时无法确定或以后极有可能变化的因素做出某些假设。假设条件往往包含一定程度的风险。项目团队在计划过程中要经常识别、记载和核实项目假设。

（7）项目范围说明书的核实。当项目小组制定出项目范围说明书后，若有些工作必须依靠客户的参与才能完成，在项目实施之前还必须就项目范围、任务界面划分、双方接口等方面与客户进行沟通，书面核实确认（见表4-1）。

表 4-1 运输项目范围说明书

项目名称		项目编号	
客户名称		项目经理	
开始时间		结束时间	
1. 业务分析（项目描述.资源需求.对其他业务的影响）			
2. 商务分析（项目投资.需求量.报价.担保.服务要求）			
3. 技术分析（设计要求.制造要求.运行环境）			
4. 质量要求及移交（质量性能特性.验收标准）			
5. 生产.施工要求（地点.批量.安全.环保的要求）			
6. 约束条件（时间.成本.资源）			
7. 假设条件（现场.人员.设备.材料等）			
8. 里程碑事件			
项目经理签字：		日期	
客户签字：		日期	

2）项目范围文件更新

项目范围文件更新通常发生在更换项目利害关系人、变更项目需求文件等情形时，当项目需求、约束条件、假设条件等环境因素发生变化后，要及时调整并更新项目范围文件，同时需要及时与项目干系人进行沟通和确认。

由于在制订项目计划时掌握的信息和资料有限，或者客户的需求不确定，在执行项目时客观条件的变化，或者客户需求的变更，可能会导致项目的范围发生改变。项目范围变更通常会涉及项目的成本目标、工期目标和质量目标的调整与变化。项目范围的变更及控制措施一旦确定，就要更新相关文件，以文件的形式加以确认，同时要及时通知项目利益相关者。

案例 4-1

B 城市交通立交桥改扩建工程项目范围描述

B 城市交通立交桥改扩建工程。该项目地处地上交通、地下铁路枢纽区，交通密集，地下综合管线纵横交错，工期紧张。为了保证项目按时、保质保量完成，市政施工单位在项目动工之前对项目范围进行了明确界定。

一、改扩建工程的工作范围

1. 拆除现有旧桥。

2. 新建上层三座匝道桥。

3. 新建中层东西向跨线主桥和南北辅桥。

4. 拓宽下层二环主路。

5. 新建 ×× 桥立交。

6. 完善辅路系统，交通设施、照明及绿化等配套工程。

7. 完善周边路网。

8. 完成新建桥区的地下管线和地下构筑物的改扩建。

二、改建工程主要工程量

桥梁面积 16 083 平方米，道路面积 50 174 平方米，方砖步道 8 519 平方米，挡墙长度 2 650 米，管道工程长 3 629 米，工作量强度 60 万元/天。

三、工程总体目标

本工程是解决 ××× 立交、×× 桥路口及周边路网的拥堵，改善和提高该地区交通通行能力的市重点工程。计划开工期 211 天。

四、工程质量目标

合格率 100%，优级品率 90%，单项检验合格率 100%，杜绝重大质量事故。

五、工程主要假设前提

1. 周边房屋及其他设施按时拆迁。

2. 施工之前路网改造完成。

六、工程主要制约因素

1. 施工期间确保二环路上下行各三车道畅通、××× 内外大街公交及慢行车和行人通行。

2. 确保超前桥过程的安全、××× 地铁枢纽绝对安全。

3. 在该工程合同金额之内完成全部工程。

4. 地区文明施工和环境保护要求：执行市建委"文明施工"条例，施工现场设立围挡，文明施工，不扬尘、不遗洒、低噪声、排水设施完善、周边路况良好。

4.2.3 创建工作分解结构

界定运输项目范围之后，为了进一步落实工作，需要创建工作分解结构。工作分解结构（Work Breakdown Structures，WBS）是指将项目交付成果和项目工作逐层分解为相对独立、内容单一、更易于管理的组成部分，并将其在项目中的地位与构成直观地表示出来。在项目管理过程中，把项目一下子分解到最细致和具体的工作是困难的甚至是不可能的，也是不可取的，应该分层次进行分解，每深入一层，详细程度会更具体一些。一般需要从项目产品开始分解，把最终产品分解成若干个中间产品或子产品的组合，即为产品分解结构（PWS），然后再需要确定做哪些工作（工作包或工作单元）才能够实现这些中间产品，即为项目的工作分解结构（WBS）。

WBS 是项目管理中最有价值的工具之一，它给予人们解决复杂问题的清晰思路，将需要做的所有工作都展现出来，不至于漏掉任何重要的事情。明确了项目具体的任务及关联关系，让项目人员更加清楚和理解工作的方向，便于对每项活动制订进度、成本、技术、质量及组织等方面的计划，便于跟踪、控制和反馈。

创建工作分解结构时应遵循以下原则。

（1）全面性原则。工作分解结构代表项目的所有产品和工作组成，包括项目管理工作，不能出现漏项。应确保最底层的工作没有遗漏和多余，这称全面性原则或百分百法则。

（2）完整性原则。要确保 WBS 的所有下级组成项对于完成上一级交付成果是充分必要的，随着工作逐层分解细化，计划、组织、执行和控制工作的能力应不断加强，每项任务的资源分配、工期估算、成本与绩效衡量标准应该清楚明了。

（3）适度性原则。工作分解的层级和规模应该适度，要充分考虑项目所拥有的资源和组织调配能力，以项目实施和管理控制为目标，过度分解可能导致管理无功而返、资源使用无效、降低工作效率。

1. 工作分解结构的依据

创建工作分解结构的依据主要包括项目范围说明、项目需求文件和组织过程资源。

1）项目范围说明

项目范围说明为创建工作分解结构提供了基本框架和概要。

2）项目需求文件

项目需求文件为创建工作分解结构和功能完善提供了要求和期望。

3）组织过程资源

可以用于创建工作分解结构的组织过程资源，包括组织政策、程序、模板、以往项目的项目档案和来自以往项目的经验教训。

创建工作分解结构的逻辑图，如图 4-3 所示。

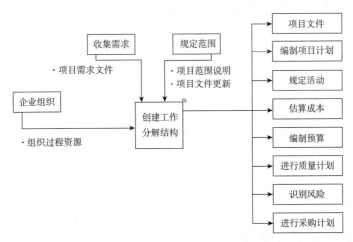

图 4-3　创建工作分解结构的逻辑图

2. 工作分解结构的方法

工作分解结构是项目开发、管理和控制的重要工具，创建工作分解结构是对项目进行细分和再细分的过程，其方法通常采用基于成果或功能的分解法和基于流程的分解法。

1）基于项目成果或功能的分解法

以完成运输项目最终交付的成果或内在功能结构为导向，逐层分解确定相关的任务、工作、活动和要素。首先，识别并分析项目最终交付成果和与之相关的工作，初步分解成几个中间产品或子项目；其次，将中间产品或子项目分解为更详细的下一级工作包或工作单元；直到将工作定义得足够详细，足以支持项目各项活动，并便于管理控制；最后，核实工作分解结构的正确性，并配备各项活动的资源需求计划、工期估计、成本估计、人员安排及跟踪控制措施。

如图 4-4 所示，基于项目交付成果的某国际机场 WBS。

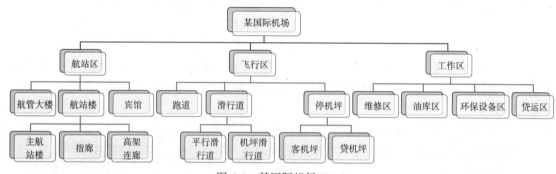

图 4-4　某国际机场 WBS

2）基于项目流程的分解法

以完成运输项目所要经过的流程或实施顺序为导向，逐层分解确定相关的任务、工作、活动和要素。首先，识别项目进度流程和与之相关的工作，初步分解成几个项目阶段性工作；然后，将项目阶段性工作分解为更详细的下一级工作包或工作单元；直到将工作定义得足够详细，足以支持项目各项活动，并便于管理控制。最后，核实工作分解结构的正确性，并配备各项活动的资源需求计划、工期估计、成本估计、人员安排及跟踪控制措施。

如图 4-5 所示，基于项目流程的某铁路运输工程 WBS。

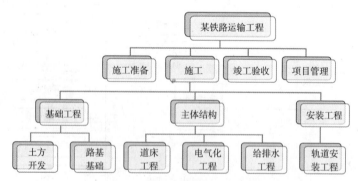

图 4-5　某铁路运输工程 WBS

3. 工作分解结构的成果

1）工作分解结构（WBS）文件

工作分解结构（WBS）文件包括工作描述和工作分解结构图表。工作描述的目的是更明确翔实地描述项目包含的各项工作的具体内容和要求，规定工作名称、工作内容、主要目标、

工作量、所需资源条件、成本估算、质量要求、所存在的风险、验收标准等方面，以此作为编制项目计划的依据，见表4-2。

表 4–2　项目任务工作描述

项　　目	具 体 描 述
任务编号	项目管理系统中识别的代码
任务名称	工作名称
输出	完成该项任务的交付物及对物的规范定义
输入	完成本任务的前提条件
内容	定义本任务要完成的具体内容和流程
负责单位	本任务的责任单位
协作单位	完成本任务的协作单位
紧前工作	本任务开始前的一项工作
紧后工作	本任务结束后的一项工作
子工作	WBS 中与本任务相关的下属工作

工作分解结构图表的表达方式可视化强，比较直观地反映出项目工作细分后的地位和相互关系。其主要的形式除了如图 4-4、4-5 树形结构形式的之外，还有以下几种。

分解较高级别的 WBS 组成项要将每个交付成果或子项目的工作再分成基本的组成项，这些基本组成项代表可检验的产品、服务或结果。可以采用大纲、组织结构图、鱼刺图或其他方法建立 WBS 结构，举例如下。

（1）任务清单式的直线排列方式。从上往下排，上面一层是大任务，下面一层是完成大任务的具体活动，见表4-3。

表 4–3　综合运输枢纽站项目 WBS

```
1.0 主体工程设计
1.1 方案设计
    1.1.1 主要方案设计
    1.1.2 方案模型设计
1.2 初步设计
    1.2.1 平立剖平面初步设计
    1.2.2 投资估算
    1.2.3 初步设计说明书
    1.2.4 初步设计文件出版
1.3 施工图设计
    1.3.1 平立剖平面详细设计
    1.3.2 枢纽站建筑物详细设计
    1.3.3 装修设计
    1.3.4 水电气系统设计
    1.3.5 通信系统设计
    1.3.6 消防系统设计
    1.3.7 环保设计
    1.3.8 施工设计说明书
    1.3.9 施工图设计文件出版
```

（2）责任分配矩阵，也称项目行动计划，将所分解的工作任务按内在的层次关系落实到项目有关部门或个人，并明确表示出任务持续时间、紧前任务和所需资源，见表4-4。

表 4-4　综合运输枢纽站项目 WBS

任务编号	任务名称	责任人	时间（周）	紧前工作	所需资源
1000	主体工程设计				
1100	方案设计				
1110	主要方案设计				
1120	方案模型设计				
1200	初步设计				
1210	平立剖平面初步设计				
1220	投资估算				
1230	初步设计说明书				
1240	初步设计文件出版				
1300	施工图设计				
1310	平立剖平面详细设计				
1320	枢纽站建筑物详细设计				
1330	装修设计				
1340	水电气系统设计				
1350	通信系统设计				
1360	消防系统设计				
1370	环保设计				
1380	施工设计说明书				
1390	施工图设计文件出版				

2）工作分解结构文件更新

如果在创建工作分解结构过程中项目需求文件发生变更或者批准了某些变更申请，则要把批准的变更反映在工作分解结构文件中。

4.3　运输项目合同管理

运输项目合同管理（Transport Project Contract Management）是将运输项目范围和工作要求以合同要约形式确定下来，有助于规范合同双方行为，明确权责关系，减少合同失误，提高经济效益，确保达成运输项目目标。不同类型的运输项目，项目范围和工作要求不同，其合同管理内容有所差异。运输项目合同管理通常包括运输工程项目合同管理和运输服务项目合同管理两种类型。

4.3.1 运输项目合同与合同管理

运输项目合同管理涵盖了工程法、合同策划、招投标、发承包模式、国际工程、实务合同等方面的工程活动。有效的合同管理是促进参与运输项目各方全面履行合同约定的义务，确保项目目标（质量、投资、工期）的重要手段。

1. 运输项目合同的概念及分类

1）运输项目合同的概念和类型

运输项目合同是指为达成运输项目特定目标，依法确定运输项目发承包双方之间权利义务关系的协议。运输项目合同主要分为运输工程项目合同和运输服务项目合同两种基本类型。

运输工程项目合同是指为完成运输基建工程项目，按照某种发承包模式，发包方（建设单位）和承包方（设计单位、施工单位、监理单位等）为完成商定的工程项目，依法明确相互权利和义务关系的协议。

建设工程施工合同是依照施工合同，施工单位应完成建设单位交给的施工任务，建设单位应按照规定提供必要条件并支付工程价款。建设工程施工合同是承包人进行工程建设施工、发包人支付价款的合同，是建设工程的主要合同，同时也是工程建设质量控制、进度控制、投资控制的主要依据。施工合同的当事人是发包方和承包方，双方是平等的民事主体。

运输服务项目合同是指承运人开展货物运送业务的法律形式，是承运人将货物从起运地点运输到约定地点，托运人或者收货人支付票款或运输费用的劳务合同，是承运人和托运人双方签订的、明确双方权利义务关系、确保货物有效位移的、具有法律约束力的合同文件。运输服务合同的主体主要包括货方（指托运人、收货人等）、承运人、货运代理人。

2）运输工程项目合同的分类

核心建设工程合同通常有勘察、设计、施工合同 3 类，具体如下。

（1）按承发包方式分类，可以分为：勘察设计或施工总承包合同、单位工程承包合同、工程项目总承包合同、BOT 合同（特许权协议）。

（2）按承包工程计价方式分类，可分为：总价合同（包括固定总价合同和调价总价合同）、单位合同（包括估计工程量单价合同、纯单价合同、单位与包干混合合同等）、成本加酬金合同。

（3）按工程建设阶段分类，可分为：工程勘察合同（指发包人与勘察人就完成建设工程地理、地质状况的调查研究工作而达成的协议）、工程设计合同（包括初步设计合同和施工设计合同）、工程施工合同（指发包方和承包方为完成商定的施工工程，明确相互权利、义务的协议）。

（4）与建设工程有关的其他合同，可以分为：建设工程委托监理合同、建设工程物资采购合同、建设工程保险合同、建设工程担保合同等合同类型。

3）运输服务项目合同的分类

运输服务项目合同主要分为货物承运合同、货运代理服务合同等类型。

2. 运输项目合同管理的概念与内容

1）运输项目合同管理的概念

运输项目合同管理是对运输项目涉及的一切经济、技术、工程和劳务业务，进行合同签订、履行、变更、索赔、解除、解决争议、终止与评价的管理过程。运输项目合同管理将运输项目范围和工作要求以合同要约形式确定下来，规范合同双方法律行为，在履约过程中，减少合同失误、提高经济效益，确保达成运输项目目标。这里的合同管理主要是对运输项目推进过程中涉及的外部合同关系进行的管理，不包括对项目组织内部人员的劳动合同管理。

运输项目合同管理的任务是根据法律法规、政策的要求，运用指导、组织、检查、考核、监督等手段，促使当事人依法签订合同，全面实际地履行合同，及时妥善地处理合同争议和纠纷，不失时机地进行合理索赔，预防发生违约行为，避免造成经济损失，保证合同目标顺利实现，从而提高企业的信誉和竞争能力。

运输项目合同管理主要包括合同订立阶段的管理和合同履行阶段的管理两个方面。

2）运输项目合同管理的内容

（1）建立健全运输项目合同管理制度，包括合同归口管理制度、考核制度、合同用章管理制度、合同台账、统计及归档制度等。

（2）经常对合同管理人员、项目经理及有关人员进行合同法律知识教育，提高合同业务人员法律意识和专业素质。

（3）在谈判签约阶段，重点是了解对方的信誉，核实其法人资格及其他有关情况和资料；监督双方依照法律程序签订合同，避免出现无效合同、不完善合同，预防合同纠纷发生；组织配合有关部门做好施工项目合同的鉴证、公证工作，并在规定时间内送交合同管理机关等有关部门备案。

（4）合同履约阶段，主要的日常工作是经常检查合同以及有关法规的执行情况，并进行统计分析，如统计合同份数、合同金额、纠纷次数，分析违约原因、变更和索赔情况、合同履约率等，以便及时发现问题、解决问题；做好有关合同履行中的调解、诉讼、仲裁等工作，协调好项目与各方面、各有关单位的经济协作关系。

（5）专人整理保管合同、附件、工程洽商资料、补充协议、变更记录及与业主及其委托的监理工程师之间的来往函件等文件，随时备查；合同期满，工程竣工结算后，将全部合同文件整理归档。

3. 运输项目合同的订立与履行

1）运输项目合同订立的原则

运输项目合同的订立是指运输项目合同双方（运输工程项目是发包方与承包方，运输服务项目是承运方和托运方）在自愿、平等、互利的基础上经过协商后以书面形式签订的有效合同。订立运输项目合同必须遵循的原则包括：

（1）自愿平等互利的原则；

（2）合法规范的原则；

（3）等价有偿的原则；

（4）协商一致的原则。

2）运输项目合同订立的程序

运输项目合同订立的程序主要包括以下步骤。

（1）要约。要约是希望和他人订立合同的意思表示，该意思表示应符合两个规定，一是内容具体确定，二是表明经受要约人承诺，要约人即受该意思表示约束。

（2）承诺。承诺是受要约人同意要约的意思表示。

3）运输项目合同的内容

（1）运输工程项目合同的主要内容。根据《中华人民共和国合同法》及运输工程行业有关规定，勘察、设计合同包括提交有关基础资料和文件（包括概预算）的期限、质量要求、费用以及其他协作条件等条款；施工合同的内容包括工程范围、建设工期、中间交工工程的开工和竣工时间、工程质量、工程造价、技术资料交付时间、材料和设备供应责任、拨款和结算、竣工验收、质量保修范围和质量保证期、双方相互协作等条款。运输工程项目合同的主要内容如下。

①工程范围。运输工程承包合同的标的就是工程承包内容和范围。因此，在签订运输工程合同前的谈判中，必须首先共同确认合同规定的工程内容和范围。

②建设工期。运输工程项目中构成固定资产的单项工程、单位工程从正式破土动工到按设计文件全部建成到竣工验收交付使用所需的全部时间。

③中间交工工程的开工和竣工时间。运输工程建设项目，往往由许多的中间工程组成，中间工程的完工时间，影响着后续工程的开工，制约着整个工程的顺利完成，在施工合同中需对中间工程的开工和竣工时间做明确约定。

④工程质量。运输工程质量是指反映运输工程实体满足明确或隐含需要能力的特性之总和。从功能和使用价值来看，运输工程项目质量体现在适用性、可靠性、经济性、外观质量与环境协调等方面。工程项目是由分项工程、分部工程、单位工程组成的，工序是工程的基础。工程项目实体质量包含工序质量、分项工程质量、分部工程质量和单位工程质量。

⑤工程造价。工程造价因采用不同的定额计算方法，会产生巨大的价款差额。在以招标投标方式签订的合同中，应以中标时确定的金额为准；如按初步设计总概算投资包干时，应以经审批的概算投资中与承包内容相应部分的投资（包括相应的不可预见费）为工程价款；如按施工图预算包干，则应以审查后的施工图总预算或综合预算为准。如在合同签订当时尚不能准确计算出工程价款的，尤其是按施工图预算加现场签证和按时结算的工程，在合同中需明确规定工程价款的计算原则，约定执行的定额、计算标准，以及工程价款的审定方式等。

⑥技术资料交付时间。工程的技术资料，如勘察、设计资料等，是进行施工的依据和基础，发包方必须将工程的有关技术资料全面、客观、及时地交付给施工方，才能保证工程的顺利进行。

⑦材料和设备的供应责任。如果发包人负责供应材料设备，材料设备供应一览表应经承发包双方商定、工程师检查，交货时应由承发包双方检查验收，未经检查验收造成损失由发包人负责，供应的材料设备质量不符合要求应由发包人承担责任。如果由承包人负责供应材料设备，供应的材料设备质量不符合要求应由承包人承担责任。如果双方联合采购供货，双方共同承担采购责任。

⑧安全施工。在运输项目实施过程中，落实安全生产责任制，明确安全生产职责，并认真严格执行，确保运输工程建设实现安全生产目标。

⑨工程变更。发包人提出增减的工程项目或要求调整的工程量和工程内容时，需要在技术和经济等方面重新核实，确有把握方可应允。同时以书面文件、工程量表或图纸予以确认，其价格也应通过谈判确认并填入工程量清单。

⑩竣工验收。对建设工程的验收方法、程序和标准，国家制定了相应的行政法规予以规范。

⑪拨款和结算。施工合同中，工程价款的结算方式和付款方式因采用不同的合同形式而有所不同。在工程合同中，采用何种方式进行结算，需双方根据具体情况进行协商，并在合同中明确约定。对于工程款的拨付，需根据付款内容由当事人双方确定，具体有如下 4 项：预付款、工程进度款、竣工结算款、保修扣留金。

⑫质量保修范围和质量保证期。施工工程在办理移交验收手续后，在规定的期限内，因施工、材料等原因造成的工程质量缺陷，要由施工单位负责维修、更换。国家对工程的质量保证期限一般都有明确要求。

⑬违约、索赔和争议。因各种情形造成的违约、索赔和争议，应通过合同规定相应的争议解决办法。

⑭相互协作条款。施工合同与勘察、设计合同一样，不仅需要当事人各自积极履行义务，还需要当事人相互协作，协助对方履行义务，如在施工过程中及时提交相关技术资料、通报工程情况，在完工时，及时检查验收等。

（2）运输服务项目合同的主要内容如下。

①货物的名称、性质、重量、数量、收货地点等有关货物运输的必要情况。

②货物的包装要求。

③货物的运输时间和地点，包括货物起运及到达的时间、地点等。

④运输质量和安全要求。

⑤货物装卸方法和责任划分。

⑥收货人领取货物和点验、查收货物的标准。

⑦运杂费的组成、计算标准和结算方法。

⑧变更、解除合同的期限和条件。

⑨双方的权利义务。

⑩违约责任。

4）运输项目合同履约管理

（1）运输工程项目合同履约管理。运输工程项目推进过程中，涉及多个不同的参与主体，应分别对运输工程项目不同参与主体展开合同履约管理。

①对设计单位履约检查。设计单位须按合同要求的时间和深度完成初步设计、施工图设计工作，提供报审文件、报批文件，并按合同要求为业主提供设计文件。对设计单位人员、办公设备、办公环境等进行审查，不满足工作需要的责令其更换或增加；对设计单位提供设计文件的时间、数量、类型、设计文件深度是否足够、论证是否全面、资料是否齐全、方案是否存在缺陷，按合同要求定期审查，不符合要求要责令改正，在施工过程中因设计问题造成质量事故、重大变更或给业主造成重大经济损失的，追究设计单位的经济和法律责任。

②对监理单位履约管理。监理单位承担监理业务，应与业主签订监理服务合同。根据工程规模、难易程度、合同工期、现场条件等因素，建立现场监理机构，配备相应的人员和设备；按照施工合同文件，独立、公正、有效地开展施工监理业务。对监理人员、设备、试验仪器进场情况及办公环境、办公条件定期进行审查，不符合项目规定和实际需要的责令更换或增加。

③对施工单位的履约检查。施工单位应严格按照合同规定实施，使工程质量、进度和费用达到合同文件约定的预期要求。按合同对施工单位主要管理人员、机械设备、测量试验仪器等施工条件进行定期审查，对运输工程项目进度、质量、成本进行定期审查，有不符合合同要求的，责令限期改正。

④对其他参建单位的履约检查。对第三方检测及咨询服务机构等其他参建单位配备的人员、试验检测设备、办公条件及合同标的完成情况进行审查，达不到合同要求的责令其整改。

（2）运输服务合同履约管理。

①托运人应按约定的时间和要求提供托运货物；按照合同约定的方法包装货物，并做好储运标志；办理货物运输的相关手续，如填写托运单等；将有关审批、检验的文件提交承运人；及时发货、收货，并提供装卸条件。

②承运人应按照合同约定配备交通运输工具；按合同约定的运输期限将约定数量的货物安全送达目的地，保证运输质量；在货物装卸和运输过程中，承托双方应办理货物交接手续，做到责任明确，并分别在发货单和运费结算凭证上签字；货物运达后，承运人应及时通知收货人，并核查货物，在货物运达后至交付收货人之前的这段时间负有妥善保管货物的义务。

③收货人收到提货通知后，应及时提货并清点验收。收货人请求交付货物时，应将提单或者其他提货凭证交还承运人，逾期提货应向承运人交付保管费用。收到货物清点验收时，如果发现货物有毁损、灭失、变质的，收货人应当在接受货物之日起在规定时间内通知承运人，以便明晰事故责任。

4.运输项目合同的变更与解除

变更和解除是指在合同尚未履行或没有完全履行时，遇到了特定情况致使合同不能正常履行，或者需要变更时，经双方协商同意，并在合同规定的变更、解除期限内办理变更或解除。变更合同是指合同部分内容和条款的修改补充。解除合同是指解除由合同规定双方的法律关系，提前终止合同的履行。

任何一方无权擅自变更、解除双方签订的项目合同。当事人协商一致，可以解除合同。依据《合同法》规定，有下列情形之一的，当事人可以不协商而解除合同。

（1）因不可抗力致使不能实现合同目的。

（2）在履行期届满之前，当事人一方明确表示或以自己的行为表明不履行主要债务。

（3）当事人一方延迟履行主要债务，经催告后在合理期限内仍未履行。

（4）当事人一方延迟履行债务或其他违约行为致使不能实现合同目的。

（5）法律规定的其他情形。

4.3.2 运输项目责任划分

运输项目责任划分主要是指合同双方权利和责任的界定，在工程承包合同纠纷中违反有效合同的责任认定。

1.运输工程项目责任划分

1）承包方的责任认定和承担

（1）施工准备责任。施工场地的平整，施工界区以内的用水、用电、道路和临时设施的施工；编制施工组织设计（或施工方案），做好各项施工准备工作。

（2）物资准备责任。按双方商定的分工范围，做好材料和设备的采购、供应和管理。

（3）及时告知责任。及时向发包方提出开工通知书、施工进度计划表、施工平面布置图、隐蔽工程验收通知、竣工验收报告；提供月份施工作业计划、月份施工统计报表、工程事故报告以及提出应由发包方供应的材料、设备的供应计划。

（4）工程质量责任。由于承包方的原因造成工程质量不符合合同规定的，承包方应负责无偿修理或返工，由此造成工程逾期交付的，应支付逾期违约金。

（5）工程保管责任。已完工的工程、构筑物和安装的设备，承包方在交工前应负责保管，并清理好场地。

（6）工程交付责任。承包方应按合同规定的时间如期完工和交付，由于承包方的原因造成工程逾期交付的，承包方应承担相应的违约责任。

（7）竣工验收责任。承包方应按照有关规定提出竣工验收技术资料，办理竣工结算，参加竣工验收。

（8）工程保修责任。在合同规定的保修期内，对属于承包方责任的工程质量问题，负责无偿修理。

（9）防止损失扩大责任。因发包人的原因致使工程中途停建、缓建的，发包人应及时通知对方采取适当的措施防止损失扩大；承包人没有采取适当措施致使损失扩大的，不得就扩大的损失要求赔偿。

（10）共同责任。共同承包单位、总分包单位、工程监理单位与承包方的连带责任。共同承包的各方对承包合同的履行承担连带责任。两个以上不同资质等级的单位实行联合共同承包的，应当按照资质等级低的单位的业务许可范围承揽工程。工程总承包单位按照总承包合同的约定对建设单位负责；分包单位按照分包合同的约定对总承包单位负责。总承包单位和分包单位就分包工程对建设单位承担连带责任。工程监理单位与承包单位串通，为承包单位牟取非法利益，给建设单位造成损失的，应当与承包单位承担连带赔偿责任。

2）发包方的责任认定和承担

（1）办证责任。办理正式工程和临时设施范围内的土地征用、租用、申请施工许可执照和占道、爆破以及临时铁道专用线接岔等的许可证。

（2）工程定点责任。确定建筑物、道路、线路、上下水道的定位标桩、水准点和坐标控制点。

（3）"三通一平"责任。开工前接通施工现场水源、电源和运输道路，拆迁现场内民房和障碍物（委托承包方承担的除外）。

（4）物资保证责任。按双方协定的分工范围和要求，供应材料和设备。

（5）经费保证责任。向经办银行提交拨款所需的文件，实行贷款或自筹的工程要保证资金供应人按时办理拨款和结算，不按合同规定时间拨付工程款，应支付逾期付款违约金。

（6）技术保证责任。发包方应组织有关单位对施工图等技术资料进行审定，按照合同规定的时间和份数交付给承包方。

（7）施工监督责任。发包方应派驻工地代表，对工程进度、工程质量进行监督，检查隐蔽工程，办理中间交工工程验收手续，负责签证、解决应由发包方解决的问题，以及其他事宜。

（8）误工赔偿责任。发包方由于中途停建、缓建或由于设计变更以及设计错误给承包方造成停工、窝工、返工、倒运、机械设备调迁、材料和构件积压等损失和实际费用的，应承担赔偿责任。

（9）发包人未按建设工程合同约定支付工程进度款致使停工、窝工的，承包人可顺延工程日期，并有权要求赔偿停工、窝工损失。

（10）验收结算责任。发包方负责组织施工单位共同商定工程价款和竣工结算，负责组织工程竣工验收。逾期组织验收和办理竣工结算，应承担相应的违约责任。

（11）隐蔽工程经双方验收认可后，承包人继续施工而发现隐蔽工程存在质量问题造成损失的，发包人应承担相应的过错责任；若设计单位和监理单位也有过错的，应按过错大小各自承担相应的责任。

（12）工程竣工后，合同约定的验收期限届满，发包人拒绝验收的，承包人可单方与有关部门组织验收，验收费用由双方对半承担。因发包人拒绝提供验收资料、文件，导致无法进行验收的，视为发包人对工程已验收合格。

（13）发包人知道或应当知道承包人挂靠其他建筑企业仍与其签订建筑工程承包合同的，应对无效合同承担相应的过错责任。

（14）发包人与承包人签订建筑工程承包合同后又毁约的，应赔偿承包人由此而造成的损失，该损失应当包括承包人履行建筑工程承包合同后可以获得的利益。

（15）工程未经验收，发包人提前使用或擅自动用，因此而发生的质量或其他问题，质量承包人除对工程的主体结构和地基基础工程的质量承担责任外，由发包方承担责任。

2. 运输服务项目的责任划分

1）承运人责任与免责

（1）承运人的责任期间。承运人的责任期间一般是从货物由托运人交付承运人时起，至货物由承运人交付收货人为止，法律有特别规定或当事人有特别约定的除外。在这段责任期间内，承运人应承担货物损失的责任。具体来看，各种不同运输方式的货运合同都对责任期间做了相关规定，如下。

不同运输方式货运合同对责任期间的规定

Ⅰ. 公路运输承运人的责任期间

★我国《汽车货物运输规则》中规定，承运人的责任期间是指货物处于承运人掌管之下的全部时间，即承运人自接受货物时起至将货物交付收货人（包括按照国家有关规定移交给有关部门）时止的一段时间。

★我国《集装箱汽车运输规则》中规定承运人集装箱整箱货物运输责任期间，是指从收到整箱货物时起，到运达目的地将整箱货物交付收货人时止；集装箱拼箱货物运输责任期间，是指从收到拼箱货物时起，到运达目的地将拼箱货物交付收货人时止。

Ⅱ. 铁路运输承运人的责任期间

（针对不同承运任务的承运人，铁路运输承运人的责任期间有具体的规定）

★参加国际货协运单承运货物的铁路，其责任期间是指货物运送的全过程即从承运货物时起至到站交付货物时止。

★参加运送国际联运货物的铁路，责任期间是指承运货物时起至到站交付货物时止。

Ⅲ. 海运运输承运人的责任期间

★集装箱运送货物的责任期间是货物处于承运人掌管之下的全部时间，即从装货港接受货物起至卸货港交付货物时止；

★非集装箱运送货物的责任期间是从货物装上船时起至卸下船时止，货物处于承运人掌管之下的全部时间。

Ⅳ. 航空运输承运人的责任期间

★航空运输承运人的责任期间是指货物交由承运人保管的全部期间。

（2）承运人的责任。承运人的责任是指承运人应按约定的时间和要求将货物运达目的地，交付给指定的收货人。由于承运人的错误致使运输合同不能履行或不能完全履行时，承运人应承担的违约责任主要有4种情况。①逾期运送责任。如承运人不按合同规定的时间和要求运送，造成货物逾期送达，承运人应承担损失赔偿责任，承担损失赔偿的金额不得超过货物全部灭失情况下可请求的赔偿额。②货损货差责任。货物的毁损、灭失的赔偿额，当事人有约定的，按照其约定。没有约定或约定不明确的，依照《合同法》规定可以协议补充。不能达成补充协议的，按照合同有关条款或交易习惯确定。如果依据《合同法》仍不能确定的，按照交付或者应当交付时货物到达地的市场价格计算。法律、行政法规对其赔偿额的计算方法和赔偿限额另有规定的，依照其规定。③错运错交责任。货物错运至到达地点或错交给收货人，由此造成的时间延误和对托运人的损失，按照货物逾期送达处理。④故意行为责任。由承运人的故意行为造成的事故，即使法律规定有赔偿限额的，也不适用赔偿限额规定。承运人除按合同规定赔偿直接损失外，交通主管部门或者合同管理机关应对承运人处以惩罚，并追究肇事者个人责任。

具体来看，各种不同运输方式的货运合同对承运人责任做了相关规定，如下。

不同运输方式承运人责任

Ⅰ.公路运输承运人责任

①货损责任。公路运输承运人未按运输条件或特约事项将货物运达至目的地，应承担违约责任。因承运人过错致使货物错送或错交，托运人可以要求承运人将货物无偿运送到指定地点，交付给指定的收货人。货物在承运责任期间内，发生毁损或灭失，承运人应负赔偿责任。承运人和托运人可以就货物在装车前和卸车后各自承担的责任进行协商共同确定。

②延迟交付责任。公路运输承运人未按约定的运输期限将货物运达目的地，应承担违约责任。运输期限由双方协议决定，未约定运输期限的，从起运日起，按200千米为1日运距，用运输里程除以每日运距计算运输期限。

Ⅱ.铁路运输承运人责任

①货损责任。在承运责任期间，致使货物发生灭失、短少、变质、污染或毁损的，应承担赔偿责任。具体赔偿方式依据货物是否办理保价运输而有所区别：如果该货物办理了保价运输，则按照实际损失进行赔偿，最高赔偿额不能超过保价额；如果该货物没有办理保价运输，则按照实际损失进行赔偿，最高不能超过我国铁路部门规定的赔偿限额；如果损失是由于承运人的故意或重大过失造成的，则不适用于赔偿限额的规定，应按照实际损失赔偿。

②延迟交付责任。承运人应在合同约定的期限或我国国务院铁路主管部门规定的期限，将货物运送到目的地，逾期运达的，承运人应当承担违约责任并支付违约金。违约金的计算以运费为基础，按比例退还。

Ⅲ.水路运输承运人责任

①货损责任。在承运责任期间，致使货物发生灭失、短少、变质、污染或迟延交付的，应承担损害赔偿责任。如果物流企业在托运货物时办理了保价运输，货物发生毁损、灭失，承运人应当按照货物声明损失进行赔偿。但如果货物的实际价值低于声明价值，则按照货物的实际价值赔偿。

②延迟交付责任。承运人未能将货物在约定或者合理期间内运送到交付地点，

为延迟交付。由此造成的损失，承运人应当承担赔偿责任。承运人在迟延60日仍未交货，可以认定货物已经灭失，承运人应负赔偿责任。

Ⅳ.航空运输承运人责任

①货损责任。在航空运输责任期间，致使货物灭失、短少、变质、污染或迟延交付的，承运人应当承担赔偿责任。航空运输责任期间，经承运人证明，该种损失是其他行为人的过错造成或者促成的，应当根据造成或促成此种损失的过错程度，相应免除或者减轻承运人的责任。

②延误责任。货物在航空运输责任期间因延误造成的损失，承运人应承担责任。但是，如果承运人能够证明本人或者其受雇人、代理人为了避免损失的发生已经采取了一切必要措施或者不可能采取任何措施，可不承担责任。

（3）承运人的免责。具体来看，各种不同运输方式的货运合同对承运人免责事项做了相关规定，如下。

不同运输方式承运人免责事项

Ⅰ.公路运输承运人的免责事项

①不可抗力。

②货物本身的自然性质变化或合理损耗。

③托运人、收货人的过错造成货物毁损或灭失。

④包装的缺陷造成货物毁损或灭失。

⑤托运人违反国家的有关法令，致使货物被有关部门查扣、弃置或做其他处理。

⑥押运人员责任造成的货物毁损或灭失。

Ⅱ.铁路运输承运人的免责事项

①不可抗力。

②货物质量不符合要求或货物的特殊自然属性导致的不良后果。

③发货人或收货人的过失造成货物毁损或灭失。

④发货人或收货人的装车或装卸造成的后果。

⑤利用铁路规章允许使用的敞车类货车运送货物而造成的后果。

⑥容器或包装缺陷致使承运人无法从外表发现问题所造成的后果。

⑦发货人用不正确、不确切或不完全的名称托运、限运或禁运货物所造成的后果。

Ⅲ.水路运输承运人的免责事项

①不可抗力，包括天灾、海难、其他可航水域的危险或意外事故，战争或武装冲突，政府或主管部门的行为、检疫限制或司法扣押，停工、罢工或劳动受到限制。

②包装的缺陷造成货物毁损或灭失。

③船长、船员、引航员或承运人的其他受雇人在驾驶船舶或者管理船舶中的过失，包括驾驶过失和管船过失。

④托运人、货物所有人或他们代理人的过失。

⑤经谨慎处理仍未发现的船舶潜在缺陷。

Ⅳ.航空运输承运人的免责事项

①货物的自然属性变化或质量等缺陷。

②承运人或者其受雇人、代理人以外的人包装货物导致货物包装不良。

③不可抗力，如自然灾害、战争或者武装冲突。

④政府有关部门实施的与货物入境、出境或者过境有关的行为。

⑤如果承运人证明为了避免损失的发生已经采取了一切必要措施，或者不可能采取这种措施时，承运人可以免责。

2）托运人责任

托运人责任是指托运人应按合同约定的时间和要求提供托运货物和装卸条件，保证收货人及时提货。各种不同运输方式的货运合同对托运人事项做了相关规定，如下。

不同运输方式的货运合同对托运人责任的规定

Ⅰ.公路运输托运人的责任

★托运货物的名称、性质、数量、体积、包装应与运单记载的内容相符，清除标志货物唛头，正确使用运输标志和包装储运标志，办理准运和审批等手续。

★托运人未按合同规定的时间和要求备好货物和提供装卸条件，以及货物运达后无人收货或拒绝收货，而造成承运人车辆放空、延滞及其损失，托运人应负赔偿责任。

★因托运人下列过错，造成承运人、站场经营人、搬运装卸经营人的车辆、机具、设备等损坏、污染或人身伤亡，以及因此而引起的第三方的损失，由托运人负责赔偿：

（1）在托运的货物中有故意夹带危险货物和其他易腐蚀、易污染货物，以及禁、限运货物等行为；

（2）错报、匿报货物的重量、规格、性质；

（3）货物包装不符合标准，包装、容器不良，而无法从外部发现；

（4）错用包装、储运图示标志。

★托运人不如实填写运单，误填货物名称或装卸地点，造成承运人错送、装货落空，以及由此引起的其他损失，托运人应负赔偿责任。

Ⅱ.铁路运输托运人的责任

★托运货物的名称、数量、性质、包装应与运输合同约定的一致。

★在货物运单和物品清单内所填记事项必须真实。如果托运人、发货人伪报、捏造、错报货物品名、重量，应负违约责任，如果因此造成铁路运输设备的损坏或第三者财产损失的，还应赔偿损失。

★妥善包装货物。

★及时支付运费。

Ⅲ.水路运输托运人责任

★由于办理各项手续的有关单证送交不及时、不完备或者不正确，使承运人的利益受到损害的，托运人应负赔偿责任。

★妥善包装货物，保证货物包装符合国家统一规定的货物包装标准。没有统一规定的货物包装标准时，应以保证运输安全和运输质量为准进行包装。

★因托运货物的名称、件数、重量、体积、包装方式、识别标志与运输合同的约定不相符，造成承运人损失的，应承担赔偿责任。

★托运人托运危险货物，应按有关危险货物运输的规定，妥善包装，做出标识和标签，并将正式名称和性质，以及应当采取的措施书面通知承运人。由于托运人过失造成承运人损失的，应承担赔偿责任。

Ⅳ.航空运输托运人的责任

★托运货物的名称、数量、性质、包装等应与合同约定的相符。

★在托运物中夹带、匿报危险物品、禁止运输和限制运输物品，错报笨重货物重量，或违反包装标准规定，而造成承运人或第三人损失，应负赔偿责任。

★因没有提供必须资料、文件或提供资料、文件不充足或不符合规定而使其他任何有关方造成损失的，托运人应承担赔偿责任。

★运输途中货物因包装问题散失、渗漏、损坏或污染其他物品，托运人应承担责任。

本章小结

运输项目启动之后，进入规划设计阶段，在这个阶段首先要做好项目计划工作，包括范围计划、进度计划、资源需求计划、成本计划、质量计划、风险管理计划等方面，这些计划几乎涵盖了运输项目的整个过程，也是运输项目执行和控制工作的重要依据。

运输项目范围界定了运输项目产出范围和运输项目工作范围，明确了需要交付的项目成果和完成交付成果所需从事的所有工作。规范运输项目范围管理，可以确保完整的交付运输项目成果，而且不会漏掉任何必要的工作。

运输项目合同管理是将运输项目范围和工作要求以合同要约形式确定下来，规范合同双方行为、明确权责关系、减少合同失误、提高经济效益、确保达成运输项目目标的过程。运输项目合同管理通常包括运输工程项目合同管理和运输服务项目合同管理两种类型。针对运输项目推进中所发生的或所涉及的一切经济、技术和工程业务，进行合同签订、履行、变更、索赔等全过程的管理工作。

思考与练习

1. 阐述运输项目计划的原则和内容。

2. 分析运输项目计划编制方法。

3. 说明运输项目范围与工作范围的区别和联系。

4. 工作分解结构的方法和步骤。

5. 讨论运输项目合同管理的概念与内容。

运输项目过程与进度管理

本章导入

运输项目过程是在工作分解结构的基础上，对运输项目的各项任务活动按照一定的原则设计的一系列连续有规律的业务流程或工作程序。其中需要进行两种工作，一种是对运输项目预交付成果进行设计、开发或空间位移的工作，这是一个技术过程，运输项目是否能够完成交付成果主要取决于这一类工作；另一种是对运输项目进度的管理，它是针对上述技术性工作而展开的协调服务活动，其目标是确保上述过程高效优质地完成，达到或超出项目干系人的预期和要求，是一个管理过程。

项目业主都期望按时或高效地完成项目。完成运输项目需要的时间主要由项目技术工作的时间决定。项目进度管理与运输项目技术工作同时进行，一般不需要额外的时间，但项目进度中对启动和收尾两端的管理工作，与项目技术工作可能不同时进行，因而需要额外的时间。因此，运输项目需要的总时间是由全部技术工作的时间和部分管理工作的时间共同决定的。所以，运输项目过程管理的对象范围既包括运输项目所有的技术工作，也包括单独占用项目时间并影响项目过程的那些管理工作。

学习目标

1. 熟悉运输项目作业过程的特征、类型及内容。
2. 熟悉运输项目进度计划系统的概念及特点。
3. 了解运输工程项目作业过程。
4. 掌握编制运输项目进度计划的依据、步骤。
5. 掌握甘特图计划和里程碑计划编制方法。
6. 掌握网络计划技术应用方法。
7. 掌握关键路径法（CPM）和计划评审技术（PERT）。
8. 熟悉运输项目进度优化和进度控制的常用方法。

5.1　运输项目作业过程

运输项目作业过程是在运输项目工作分解结构的基础上，对运输项目的各项任务活动按照一定的原则设计的一系列连续有规律的业务流程或工作程序。运输项目作业过程体现项目目标导向，业务流程和工作程序设计要遵循一定的规律和原则，对外面向客户提高业务流程的效率，对内面向项目目标提高项目管理的效率与绩效。

5.1.1　运输项目作业过程概念

1. 运输项目作业过程的概念

运输项目作业过程（Transportation Project Process）是指在运输项目工作分解结构的基础上，对运输项目的各项任务活动按照一定的原则设计的一系列连续有规律的业务流程或工作程序。运输项目作业过程可以分为运输工程项目作业过程和运输服务项目作业过程两种基本类型。

2. 运输项目作业过程的特征

运输项目作业过程的特征主要表现在以下六个方面。

（1）目标性。作业过程有明确的输出目标或任务要求，这个目的可以是一次满意的客户服务，也可以是一次及时的产品送达。运输项目作业过程应以运输项目目标为根本依据，设计业务流程和工作程序，对外面向客户提高业务流程的效率，对内面向项目目标提高项目管理流程的效率，平衡各方资源，实现项目总体绩效。

（2）系统性。作业过程至少有两个活动，才能建立结构或者关系，才能进行流转。合理有效的作业过程反映项目系统的内在规律性，能够有效地回答"输入的是什么资源，输出了什么结果，中间的一系列活动是怎样的，流程为谁创造了怎样的价值"。

（3）动态性。作业过程是从一个活动到另一个活动，不是一个静态的概念，它按照一定的时序关系步步展开，这体现出作业过程的进度状态。

（4）结构性。作业过程的内在结构可以有串联、并联、反馈等多种表现形式。这些表现形式的不同，往往给作业过程的输出效果带来很大的影响。

（5）层次性。组成作业过程的若干活动本身也可以是一个流程（低一层次的作业过程），也可以继续分解为若干活动。这就形成了一个层层相扣的嵌套的概念，这也是一个具有多层次、多主体的空间概念。

（6）价值性。作业过程具有直接产生价值增值的功能。运输项目作业过程应着重控制风险、降低成本、提高工作质量和效率、提高对市场的反应速度，最终提高顾客满意度和项目核心竞争能力，高效有序、保质保量地达成项目目标。

5.1.2　运输工程项目作业过程

运输工程项目作业过程主要是指工程类运输项目实体工程建设施工的过程。以公路运输建设项目为例，其施工作业过程主要分为前期准备工作、清表及基础处理、道路路基施工等内容[①]。

1. 前期准备工作

1）施工现场准备

（1）确保项目立项及施工手续完备。

（2）组织先遣人员进行项目部及工程处的驻地建设。

（3）布置好临时工棚作为设备、材料堆放场地。

（4）对照工程设计图纸进行水系调查，或发现设计遗漏或不合理的排水或用水处理方案，并提出适当的处理办法或变更设计。

（5）搭设外电及布置供电线路。

（6）接入水源，布置供水线路。

（7）对现场的地质、地形进行调整核实。

（8）修通运输便道。

（9）混凝土搅拌站、料场的场地处理及设备安装。

（10）配备好计算机、复印机等办公设备。

2）施工技术准备

（1）校核测量仪器，对全线导线点、水准点进行复核并根据需要进行加密、放线。

（2）复核纵、横面，计算土方量，根据实际情况进行土方调配。

（3）绘制与实际情况相符的施工图，编制实施施工组织设计。

（4）对技术人员及操作工人进行岗前培训及技术交底。

（5）对借土区按规范要求进行取土样试验，测定其最大干容量、最佳含水量等。

（6）对所使用的砂、石进行试验。

（7）对水泥、钢材等原材料进行试验。

（8）对混凝土、砂浆配合比进行试配。

2. 清表及基础处理

（1）修建雨水排水系统。确保施工区雨水、地下水有组织排至雨水交汇井渠内，确保不影响道路施工。

（2）清表。清理施工范围内的表土、草皮、树木、树根、建筑垃圾等不适材料，以达到施工路基所要求的场地标准。

（3）对不良土质进行处理。对低注、长期积水路段重新进行软基调查，了解软基的深度、范围、土质及周围的地质情况，同时进行地下水位的调查，了解水源。在软基现场调查的基础上，根据设计要求、现场调查、试验等，拟订软基处理施工方案与措施。根据处理方案，确定软基处理的施工机械设备及材料等。

（4）原路基碾压，检验是否合格。清淤干净彻底后，用压路机进行基底碾压，满足设计和规范要求。若出现软基，按设计或监理要求进行处理，如开挖换填、抛石等。清淤验收后迅速进行回填施工，回填用土采用渗水性较好的填料，同时路基两侧做好地下水渗透排水沟，防止地下水反渗入路基而造成碾压时的翻浆现象产生。软基地段填筑时，分层及接茬宜做成

---

① 朱峰.公路工程施工 [M]. 北京：机械工业出版社，2010.

错台形状。压实完成后即进行压实质量的检验，测定压实，达到规范要求时，再进行下一层填料的回填施工。若不合格，则重新翻松再充分压实，在施工过程严格控制填料的含水量及地下水准的变化。

3. 道路路基施工

（1）路基填筑。路基是道路的主体和路面的基础，必须有足够的强度和整体稳定性，满足设计和使用要求。填土前，必须将原地面上的杂草、树根、农作物残根、腐殖土、垃圾杂物全部清除，并将路基填筑范围内清理留下的坑、洞填平，用原地的土或砂性土回填，分层压实。

（2）压实。路基压实是保证路基质量的重要环节，是提高填料的密实度、减少空隙率、增强填料颗粒之间的接触面、增大凝聚力、提高内摩擦阻力、减少形变的重要保证。路基压实时除对填料选用、含水量进行控制外，压实机具的选用及施工工艺是其最关键的环节。

（3）路基开挖。在路基开挖前做好场地清理及排水工作，并做好测量放样工作，在开挖坡顶处有明显标志。取土沿其工作面有计划地均匀进行，不得局部地段取土而造成坑洼积水，同一个工作面宜采用多机联合作业方法。开挖时不论工程量及开挖深度大小，均自上而下进行，避免超挖或乱挖，开挖段根据排水需要挖好截水沟，根据土质情况做好防渗处理。高切方段要及时做好边坡修整工作，并防止边坡塌方现象发生。对房屋拆迁渣土尽可能利用，比较好的砖渣、砼渣可用于铺筑施工临时便道，处理淤泥软土地段。地上、地下附属物如石头、杂物等能利用的就近堆放，不能利用的运至弃土场。

（4）路基整修和边坡整形。路基表面的整修采用机械配合人工切土或补土，并配合压实机压实，避免有松散、软弹、翻浆及表面不平整现象。整修边坡时路堑土质边坡按设计要求坡度，自上而下进行边坡修整，不得在边坡上贴补。边坡需要加固地段，预留加固位置和厚度，使其完工后的坡面与设计边坡一致。当路堑边坡受雨水冲刷形成小沟时，将原边坡挖成台阶，分层填补，仔细夯实。

（5）试验路段。路基填筑大面积施工前，在高填方区取长度为100米的地段作为试验路段，试验路段施工时，严格按施工技术规范施工，通过试验路段施工提出标准的施工方法和优化施工工艺来指导大面积的路基填筑施工，并掌握路基施工时的各技术指标和保证路基质量的控制手续和有效方法。

4. 排水工程施工

排水工程施工的主要流程：地下管线探明→测量放线→沟槽开挖→砼平基→安管→砼管接缝处理→砌检查井→闭水实验→回填砂砾。

（1）地下管线探明。在进行图纸查阅、实地踏勘等调查后，对开挖区域中有管线但不明朗的地段，采用人工挖探槽的办法进行处理，并且在开挖时采用专人指挥，以免破坏管线。

（2）测量放线。做好沟槽中心及开挖边线的定位、中心标高的测定，并加密方便施工的导线点和水准点，使施工中随时测量各工序位置和高程。

（3）沟槽开挖。各施工段土方先深后浅，机械挖至路槽底20厘米左右人工清槽，这样可防止超挖对基底土的扰动。

（4）砼平基及安管。砼施工前做好详细的工艺设计、模块方案，模块支撑要有足够的强度、刚度和稳定性，模块接缝要严密。其主要施工程序：预制垫块→安垫块→下管→在垫块上安管→支模→浇筑混凝土→接口→养护。

（5）砼管接缝处理。接口为钢丝水泥砂浆抹带接口，抹带前将已凿毛的管口洗刷干净，并刷水泥浆一遍，在抹带的两侧安装弧型边模，然后分层进行压抹砂浆和安装钢丝网，抹带砂浆外光内实，钢丝网平整，抹带宽度偏差在 ±5 毫米内。

（6）砌检查井。施工流程：放出井中心线→按半径摆砖→按检查井半径摆出井壁砖墙大样→井壁砌筑→井盖安装→内壁抹灰分层压实。

（7）闭水实验。在检查井砌、粉后，分段进行闭水试验，闭水试验时间，为管道试验段（一般 4 个井段）灌满水后浸泡 1 ～ 2 昼夜进行。

（8）回填砂砾，以防管道位移，明沟集水井底从相邻水井的分岭处开始向集水井延伸回填。

5. 水泥稳定砂砾（碎石）施工

水泥稳定砂砾施工的主要流程：施工放样→准备下承层→拌和→运输→摊铺→初压→标高复测→补整→终压→养生。

6. 沥青混凝土路面的施工

沥青混凝土路面的施工方法：沥青路面采用沥青砼自动拌和站拌和，摊铺机摊铺的方法施工，摊铺机动车道时两台摊铺机联合作业，全幅路面一次摊铺成型。

7. 侧平石施工方案

侧平石施工必须挂通线进行施工，按侧平面顶面示高标线绷紧，按线码砌侧平石，侧平石要安正，切忌前仰后合，侧面顶线顺直圆滑平顺，无高低错牙现象，平面无上下错台、内外错牙现象。

8. 人行道施工方案

基槽开挖压实后即可铺设混凝土垫层，人行道板下砼基层应夯实平整、压实紧密。人行道板铺砌应纵横两向挂线进行，保证板缝均匀、流畅，板面平整。

9. 管线配套施工方法

在新建路幅范围内，有自来水、电力、电信、煤气等管线穿插安装，涉及与相关单位的专业队伍施工协调。施工时组织上做到由项目部、各管线单位各派出代表组成协调小组，对各管线的图纸、施工方案进行现场交叉作业交底，做到尽量减少对其他施工方的干扰和影响。

（1）当路基土方填筑到位后，管线开始施工，管线施工与路基基层同步进行。

（2）各管线施工同步平行施工，遵循先深后浅、交叉部位同步施工的原则。

（3）各管线施工单位按项目部进度安排作出自己的施工安排，时间与下水渠道及路床施工同步，并由专业技术人员进行跟班作业，及时处理施工过程中可能出现的紧急情况，不得占用总工期。

5.1.3 运输服务项目作业过程

以货物运输项目为例，其作业过程可以分为发送托运、途中运输、到达交付、物流配送等内容[1]。

1. 运输服务项目发送托运环节

货物在始发站的各项货运作业统称为发送托运环节，该环节主要由受理托运、组织装车

---

① 方芳.运输作业实务[M].北京：中国人民大学出版社，2016.

和核算制票等具体工作组成。

1）受理托运

（1）发货人向承运人（运输公司）或代理人提出货物运输计划，承运人办理承运手续，填写货运单。对于整车要求分卸的货物，每一分卸站应另增加分卸货物运单两份（分卸站、收货人各一份）。对同一批托运的货物因货物种类较多，发货人不能在运单内逐一填记，或托运集装箱货物以及同一包装内有两种以上的货物，发货人应提供物品清单。

（2）零担和集装箱货物由发运站接收完毕、整车货物装车完结，发运站在货物运单上加盖承运日期戳时，即为承运。受理托运必须做好货物包装、确定重量和办理单据等环节的工作。

（3）货物包装。为了保证货物在运输过程中的完好和便于装载，发货人在托运货物之前，应按国家标准（代号 GB）以及有关规定进行包装，凡在"标准"内没被列入的货物，发货人应根据托运货物的质量、性质、运距、道路、气候等条件，按照运输工作的需要做好货物包装。车站对发货人托运的货物，应认真检查其包装质量，发现货物包装不合要求时，应建议并督促发货人将其货物按有关规定改变包装，然后再行承运。凡在搬运、装却、运送或保管过程中，需要加以特别注意的货物，托运方除必须改善包装外，还应在每件货物包装物外表明显处，贴上货物运输指示标志。

（4）确定重量。货物重量不仅是统计运输工作量和核算货物运费的依据，而且确保车辆车载量能够被充分利用，保证行车安全和货物完好。货物运输承运有标准质量的整车实重货物，一般由发货人提出质量或件数，经车站认可后承运。货物质量应包括其包装质量。

（5）办理单据。发货人托运货物时，应向起运地车站办理托运手续，并填写货物托运单（或称运单）作为书面申请。

2）组织装车

（1）发货人应在规定的日期将货物运至车站，车站在接受货物时，应对货名、件数、运输包装、标记等进行检查。货物装车前，必须对车辆进行技术检查和货运检查，以确保其运输安全和货物完好。

（2）由托运人装车或收货人卸车的货车，车站应在货车调动前，将时间通知托运人或收货人。托运人或收货人在装卸作业完成后，应将装车或卸车结束的时间通知车站。

（3）由托运人、收货人负责组织装卸的货车，超过规定的装卸车时间标准或规定的停留时间标准时，承运人向托运人或收货人核收规定的货车使用费。

（4）装车时要注意码放货物，努力改进装载技术，在严格执行货物装载规定的前提下，充分利用车辆的车载质量和容积。

（5）货物装车完成后，应严格检查货物的装载情况是否符合规定的技术条件。

3）核算制票

（1）发货人办理货物托运时，应按规定向车站交纳运杂费，并领取承运凭证。

（2）货票根据货物托运单填记，在发站它是向发货人核收运费的依据，在到站它是与收货人办理货物交付的凭证之一。货票也是企业统计完成货运量、核算营运收入及计算有关货运工作指标的原始凭证。

（3）始发站在货物托运单和货票上加盖承运日期之时起即算承运，承运标志着企业对发货人托运的货物开始承担运送义务和责任。

2.运输服务项目途中运输环节

途中运输环节是货物在运送途中发生的各项货运作业，主要包括途中货物交接、货物整理或换装等。

1）途中货物交接

（1）货物在运输途中发生的装卸、换装、保管等作业，驾驶员之间、驾驶员与站务人员之间应认真办理交接检查手续，这样可以保证货物运输的安全与完好，便于划清运输责任。

（2）一般情况下交接双方可按货车现状及货物装载状态进行交接，必要时可按货物件数和质量交接，如接收方发现有异状，由交出方编制记录备案。

2）途中货物整理或换装

（1）货物在运输途中如发现有装载偏重、超重、货物撒漏，车辆技术状况不良而影响运行安全，货物装载状态有异状，加固材料折断或损坏，货车篷布遮盖不严或捆绑不牢等情况出现，且有可能危及行车安全和货物完好时，应采取及时措施，对货物加以及时整理或换装，必要时调换车辆，同时登记备案。

（2）为了方便货主，还可允许中途拼装或分卸作业，考虑到车辆周转的及时性，应严密组织整车拼装或分卸。

3.运输服务项目到达交付环节

到达交付环节是指货物在到达站发生的各项货运作业，主要包括货运票据的交接、货物卸车、保管和交付等。

（1）车辆装运货物抵达卸车地点后，收货人或车站货运员应组织卸车。卸车时，对卸下货物的品名、件数、包装和货物状态等应做必要的检查。

（2）整车运输货物一般直接卸在收货人仓库或指定的货场内，并由收货人自理。收货人确认卸下货物无误并在货票上签收后，货物交付即完毕。货物在到达地向收货人办完交付手续后，才完成该批货物的全部运输过程。

（3）零担货运收货人在领取货物时，应出示提货凭证，并在货票上签字或盖章。收货人在到达站办妥提货手续和支付相关费用后，方可提货。

4.运输服务项目物流配送环节

物流配送的作用在于化零为整和化整为零，使产品通过它迅速流转。无论是以人工作业为主的物流系统还是机械化的物流系统，或者是自动化、智能化的物流系统，如果没有正确有效的作业方法相配合，则不论多么先进的系统和设备，都未必能取得最佳的经济效益。

不同模式的物流配送，其作业内容有所不同。总体来说，物流配送的基本作业流程可归纳为客户及订单管理、入库作业、理货作业、装卸搬运作业、流通加工作业、出库作业和配送作业等作业活动。

1）客户及订单管理

物流管理的最终目标是满足客户需求，因此客户服务应该成为全局性的战略目标。订单处理涉及物流配送作业的全过程，其中包括有关客户和订单的资料确认、存货查询和单据处理等内容。

（1）在多个订单同时到达时，可以选择以下作业处理策略：先收到先处理先服务，优先处理作业量较小、相对简单的订单，优先处理承诺交货期最早的订单，优先处理距约定交货期最近的订单等。

（2）订单处理与其他作业环节密切相关，需要协调处理。例如，在接到订单后并不立即履行订单发运货物，而是压后一段时间以集中货物的运量，降低单位运输成本。这种决策需要制定周详的订单处理程序，只有与送货计划妥善协调，才能全面提高订单处理和交货作业的效率。

2）入库作业

入库作业是指货物到达仓储区，经过接运、验收、码放至相应的货位，并完成入库手续的过程。进货入库作业主要包括收货、检验和入库三个流程。

（1）收货是指在用户的进货指令向供货厂商发出以后，物流配送对运送的货物进行接收。收货检验工作一定要慎重，因为一旦商品入库，物流配送就要担负起商品完整的责任。物流配送收货员应及时掌握计划中或在途的进货量、可用的库房存储仓位、装卸人力等情况，并及时与有关部门、人员进行沟通，做好接货计划。接货计划包括：使所有货物直线移动，避免出现反方向移动；使所有货物移动距离尽可能短，动作尽可能减少；使机器操作最大化、手工操作最小化；将某些特定的重复动作标准化；准备必要的辅助设备。

（2）检验活动包括核对采购订单与供货商发货单是否相符，开包检查商品有无损坏，检查商品的分类、所购商品的品质与数量等。数量的检查包括：直接检查，即将运输单据与供货商发货单对比；盲查，即直接列出所收到商品的种类与数量，待发货单到达后再做检查；半盲查，即事先收到有关列明商品种类的单据，待货物到达时再列出商品数量；联合检查，即将直接检查与盲查结合起来使用，如果发货单及时到达就采用直接检查法，未到达就采用盲查法。

（3）经检查准确无误后方可在发货单上签字将商品入库，并及时录入有关入库信息，开具收货单，从而使已入库的商品及时进入可配送状态。

3）理货作业

理货作业是物流配送的基本作业活动，主要完成货物的储存保管、库存控制、盘点、拣选、补货和再包装等工作。

（1）商品在库保管的主要目的是加强商品养护，确保商品质量安全，同时还要加强储位合理化工作和储存商品的数量管理工作。商品储位可根据商品属性、周转率和理货单位等因素来确定。储存商品的数量管理则需依靠健全的商品账务制度和盘点作业制度。商品储位合理与否以及商品数量管理精确与否，将直接影响商品配送的作业效率。

（2）拣选是配货作业最主要的前置工作，即物流配送接到配送指示后，及时组织理货作业人员，按照出货优先顺序、储位区域、配送车辆趟次、先进先出等方法和原则把配货商品整理出来，经复核人员确认无误后，放置到暂存区，准备装货上车。

（3）补货作业是从保管区把货物运到另一个拣选区的工作。补货作业的目的是确保货物能保质保量按时送到指定的拣选区。补货的单位一般是托盘。拣选区存货量的多少是决定补货的重要因素。补货策略一般有三种形式：第一种是批次补货，即每天由计算机系统计算出所需货物的总拣取量，在查看拣选区存货量后，在拣选之前一次性补足，从而满足全天拣货量；第二种是定时补货，即把每天分成几个时点，当拣选区存货量小于设定标准时，立即补货；第三种是随即补货，即巡检员发现拣选区存货量小于设定标准时，立即补货。

4）装卸搬运作业

装卸搬运作业是指装货、卸货、实现货物在物流配送不同地点之间的转移等活动。装卸搬运是物流各环节连接成一体的接口，是配送运输、保管和包装等物流作业得以顺利实现的

根本保证。

（1）装卸搬运作业活动的基本动作包括装车（船）、卸车（船）、堆垛、入库、出库以及连接上述各项动作的短程输送，是随运输和保管活动而产生的必要活动。

（2）作业流程中，从进货入库开始，储存保管、拣货、流通加工、出库、货车装载直到配送到客户手上，装卸搬运活动是不断出现和反复进行的，它出现的频率高，每次装卸搬运活动都要花费一定的时间，因此往往成为决定物流速度的关键。

（3）装卸搬运活动所消耗的人力也很多，所以装卸搬运费用在物流成本中所占的比重也较高。此外，进行装卸搬运操作时，往往需要接触货物，因此装卸搬运是在物流过程中造成货物破损、散失、损耗和混合等损失的主要环节。

（4）装卸搬运活动是影响物流效率、决定物流技术经济效果的重要环节。物流配送的合理化必须先从装卸搬运系统着手，在装卸搬运作业过程中应采用有效的设施设备。使用的搬运机械大致可分为起重机类、输送机类、升降机类、提升绞车类、工业车辆类，以及其他机器。

5）流通加工作业

流通加工作业主要是指对即将配送的产品或半成品按销售要求进行再加工，是物流配送过程中一个比较特殊的环节，通过流通加工解决了产品标准化与消费个性化之间的矛盾以及供需矛盾。流通加工通过改变包装可使商品档次提升进而充分实现其价值。流通加工在物流配送中的地位是必不可少的，属于增值服务范围。流通加工作业的类型包括以下几种。

（1）分割加工，如对大尺寸产品按不同用途进行切割；分装加工，如将散装或大包装的产品按零售要求进行重新包装。

（2）分选加工，如对农副产品按质量、规格进行分选，并分别包装；促销包装，如促销赠品搭配。

（3）贴标加工，如粘贴价格标签，打制条形码。加工作业完成以后，商品即进入可配送状态。

6）出库作业

出库是指货物离开货位，经过备货、包装和复核，装载至发货准备区，同时办理完交接手续的过程。

（1）货物出库要根据"先进先出、推陈储新"的发货原则，做到先进的先出、保管条件差的先出、包装简易的先出、容易变质的先出以及对有保管期限的货物要在限期内发出。

（2）货物发运质量直接影响到货物流通的速度和货物的安全运输。按照及时、准确、安全、经济的货物发运原则，做到出库的货物包装牢固，符合运输要求，包装标志和发货标志鲜明清楚；要单证齐全，单货同行，单货相符；要手续清楚，货物交接责任明确，确保货物配送的顺利进行。

7）配送作业

配送作业就是利用车辆把客户订购的货物用物流配送送到客户手中的工作，包括计划、实施和评价三个阶段。

（1）制订配送计划。制订配送计划是指根据配送的要求，事先做好全局筹划及具体配送任务安排。全局筹划主要包括制订物流配送计划、规划配送区域和规定配送服务水平等。制订具体的配送计划时应考虑：客户的远近及订货要求，如品种、规格、数量及送货时间、地点等；配送的性质和特点以及由此决定的运输方式、车辆种类；现有库存的保证能力；现时的交通条件。这样才能决定配送时间，选定配送车辆，规定装车货物的比例和最佳配送路线、

配送频率。

（2）配送计划的实施。配送计划制订后，需要进一步组织落实，完成配送任务。首先，应做好准备工作，配送计划确定后，将到货时间、到货品种、规格、数量以及车辆型号通知各客户做好接车准备，同时下达配送任务，做好配送准备。其次，组织配送发运，理货部门按要求将各客户所需的各种货物进行分货及配货，然后进行适当的包装并详细标明客户名称、地址、送达时间及货物明细，按计划将各客户货物组合、装车，运输部门按指定的路线运送给各个客户，完成配送工作。

（3）交货是配送活动最后的作业，它是把运送到客户的货物，按客户要求，在指定地点进行卸车、办理核查、移交手续等作业活动。如果客户有退货、调货的要求，则应将退、调商品随车带回，并完成有关单证手续。

5.2　运输项目进度计划

制订运输项目进度计划的目的，是为了有效地掌控项目进展，以便使项目的各项活动都能在计划的时间内开始和结束，并且在基线日期内完成项目的所有任务。没有计划，根本谈不上控制。有了计划，才能确保项目有序推进。

5.2.1　运输项目进度计划概念

1. 运输项目进度计划的概念

运输项目进度计划（Transportation Project Schedule）也称运输项目工期计划或项目时间计划，是指确定运输项目中的各项活动先后顺序及时间安排的工作方案。由于运输项目中的工作任务、活动时间及成本之间存在一定的关系，因此，运输项目进度管理往往涉及运输工作任务、活动时间及成本等参数。

2. 运输项目进度计划系统

运输项目进度计划由不同层次、多个相互关联的进度子计划组成，根据项目进度控制的需要，可以对同一个项目构建多个不同的进度计划系统。

（1）按照项目生命周期制订项目进度计划系统，包括启动阶段计划、设计阶段计划、实施阶段计划、收尾阶段计划。

（2）按照项目层次或深度不同制订项目进度计划系统，包括项目总进度计划、项目子系统进度计划、项目子系统中的单项任务进度计划。

（4）按照计划功能不同制订项目进度计划系统，包括指导性进度计划、操作性进度计划、控制性进度计划等。

3. 运输项目进度计划的特点

（1）动态性。由于运输项目的外部性和宏观性特征显著，与国民经济、社会发展及自然环境关系密切，运输项目的建设环境、约束条件和资源投入等因素通常是动态变化的，因此，运输项目进度计划、执行和控制是一个动态的过程，需要随着环境和条件的变化进行相应的调整。

（2）创造性。由于项目具有独特性的特点，项目进度计划的编制、管理和控制，既要沿用通用的项目管理原理，又要借鉴同类项目的进度管理经验和技术成果，结合项目实际进行创造性的管理。

（3）阶段性。在运输项目周期内的各阶段要进行有效的阶段性控制，要有明确的项目进度计划表，确定各项活动时间，对其进度进行评价，以便确定或调整下一阶段的进度安排。

（4）系统性。运输项目的进度计划具有系统性，在这个系统内，各个子项目间、各个不同功能进度计划间、不同深度的进度计划间，都要十分注意其相互的内在联系和协调。

4. 编制运输项目进度计划的步骤

编制运输项目进度计划需要在合理界定运输项目范围及工作分解结构（WBS）的基础上，经过任务分解界定、规定活动、排定活动顺序、测算活动资源、估计活动持续时间和编制进度计划等一系列步骤。在运输项目进度计划实施过程中，要根据进度控制的需要，依照事先设计的项目进度计划编制流程，及时对项目计划进行变更，如图 5-1 所示。

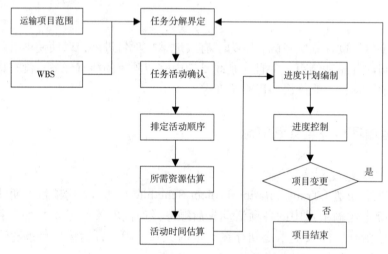

图 5-1　运输项目进度计划及实施流程图

（1）任务分解界定。在确定运输项目范围及工作分解结构（WBS）的基础上，对项目中的任务进行分解界定。任务分解界定的依据是运输项目范围基准、运输项目环境因素和组织过程资源，结果是运输项目任务清单、任务活动属性和里程碑事件清单。

（2）任务活动确认。规定活动要确定得到项目交付成果需要采取的具体行动。任务活动确认的依据是运输项目任务清单、任务活动属性等文件及专家、项目管理者等有关方面的意见，结果是运输任务活动清单及确认书。

（3）排定活动顺序。排定活动顺序是指确定和记录项目活动之间的逻辑关系。排定活动顺序的依据是项目范围说明书、WBS、活动清单、活动属性、里程碑事件清单和组织过程资源，结果是项目网络图。

（4）测算活动资源。测算活动资源是指测算完成各项活动需要的材料、人员、设备和用品的品种和数量。测算活动资源的依据是活动清单、活动属性、资源日历、企业环境因素和组织过程资源，结果是活动资源需要、资源分解结构。

（5）估算活动持续时间。估算活动持续时间是指估算用测算的资源完成各项活动需要的工作时间单位的个数。

（6）编制进度计划。编制进度计划要分析活动顺序、持续时间、资源需要和约束条件，综合各种影响因素，编制项目进度计划。

（7）进度计划控制及变更。运输项目进度计划实施过程中，当项目内外条件发生变化时，要及时采取措施做好项目进度控制，依照事先设计的项目进度计划编制流程，及时对项目计划进行变更。

5.2.2　运输项目进度计划依据

编制运输项目进度计划的依据主要包括运输项目立项文件、运输项目范围说明书、运输项目工作分解结构、运输项目作业程序、项目活动清单及任务工作描述、运输项目资源需求与供应情况、组织过程资源等文件资料。其中要注意以下几个方面。

（1）资源平衡。计算项目进度时，必须考虑各种限制因素，其中资源限制是最常见的。如果所有的资源需求是已知的，那么就可以较容易地制订出项目的资源计划、项目的进度计划和确定出项目的基线日期。资源计划通常以资源柱状图的方式表达，或者以清单的方式列成表单，并且包含日期信息。资源计划与每种资源的可获得性进行比较，如果所需资源数量超出了可利用资源的限度，则需要调整计划以降低需求，也可以通过消耗掉在非关键路径上活动的浮动时间来解决资源协调问题。

（2）竞争因素或客户要求变化。由于竞争的存在、客户的要求或者其他条件限制，导致某些工作必须在某些时刻完成，这就存在所谓的强制日期或时限。此外，项目的执行过程中总会存在一些关键事件或者一些里程碑事件，这些都是项目执行过程中所必须考虑的限制因素。

（3）任务活动的时间安排。项目中一些任务活动仅在正常工作时间进行，而另一些可能以三班倒的方式连续执行，还有些活动需要依靠外部协作。这些情况都会影响到项目进度。

（4）外部环境因素。运输项目进度明显地受到外部环境因素影响制约，例如，地质条件、建设条件、线路选择、城市交通状况、环境影响及潜在风险因素等方面，可能会影响项目进度。

5.2.3　运输项目进度计划方法

编制运输项目进度计划过程中，通常使用逻辑关系图、甘特图、网络计划技术等方法，确定运输项目活动之间的逻辑关系和时间进度安排。

1.逻辑关系图编制方法

确定项目活动之间的先后顺序首先需要对组成项目的各活动之间的逻辑关系进行识别和说明。项目活动由于受到工艺或技术规律的制约，或者资源条件、外部制约方面的限制，有的活动必须待另一种活动结束后才能开始，有的活动开始或结束后才安排另一种活动，这便是活动之间的先后依赖关系。项目活动之间的先后顺序通常有以下 4 种依赖关系。

1）结束后才开始（Finish to Start，FS）

一种活动结束了，另一种活动才能开始，它们之间是按先后顺序进行的。例如，活动 A 结束 10 天以后，活动 B 才能开始，活动 A 未结束之前，活动 B 不能开始，即活动 A 结束是活动

B开始的前提，如图5-2所示。活动A是以活动B的起点事件为终点事件的工作，称活动A为活动B的紧前工作，反之，活动B是以活动A的终点事件为起点事件的工作，称活动B为活动A的紧后工作。

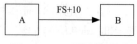

A
FS+10
B
图5-2　FS逻辑关系图

2）开始后才开始（Start to Start，SS）

一种活动开始了，另一种活动才能开始，它们之间是并列进行的。例如，活动A开始10天以后，活动B才能开始，即活动A开始是活动B开始的前提，如图5-3所示。以同一个事件为起点事件的工作，称为平行工作。紧前工作开始一段时间以后，虽然尚未完成但已经提供了紧后工作开始的条件，紧后工作就可以在这种条件下与紧前工作平行进行，因此，活动A和活动B为平行工作，这种关系称为搭接关系。

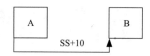

A
B
SS+10
图5-3　SS逻辑关系图

3）结束后才结束（Finish to Finish，FF）

一种活动结束了，另一种活动才能结束。例如，活动A结束10天以后活动B才能结束，即A结束是B结束的前提，如图5-4所示。

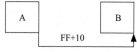

A
B
FF+10
图5-4　FF逻辑关系图

4）开始后才结束（Start to Finish，SF）

一种活动开始了，另一种活动才能结束。例如，活动A开始10天以后活动B才能结束，即活动A开始是活动B结束的前提，如图5-5所示。

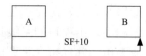

A
B
SF+10
图5-5　SF逻辑关系图

2. 甘特图计划编制方法

甘特图，又称为条线图、横道图，是一种直观、简单、容易操作的进度计划表示方法，受到广泛应用。横道图是一个二维的平面图，图中的横向道线表示进度，与时间相对应，显示每项工作的开始和结束时间，每一横道的长度表示该项工作的持续时间；纵向表示工作内容。度量项目进度的时间单位根据项目计划的需要，可以用月、旬、周或天表示，如图5-6所示。

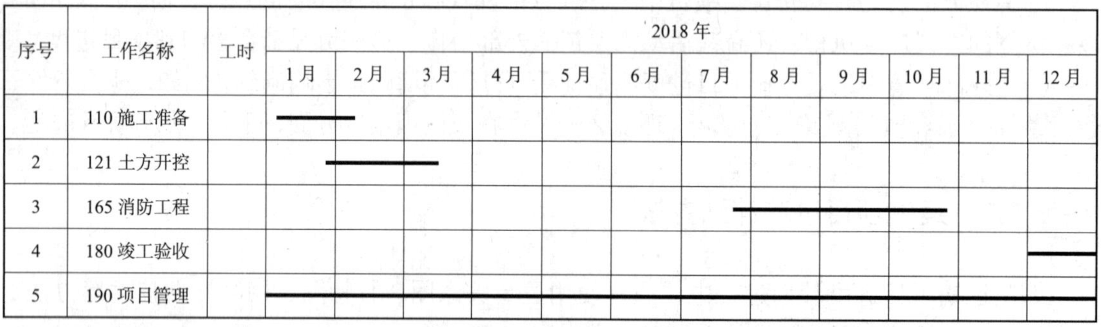

序号
工作名称
工时
2018年
1月
2月
3月
4月
5月
6月
7月
8月
9月
10月
11月
12月
1
110 施工准备
2
121 土方开控
3
165 消防工程
4
180 竣工验收
5
190 项目管理
图5-6　某运输项目甘特图计划

甘特图计划编制的基本步骤：

（1）项目工作分解；

（2）排定各项工作之间的先后顺序；

（3）确定工作时间；

（4）编制工作关系表；

（5）绘制甘特图。

甘特图进度计划中项目活动之间的逻辑关系较为简单，在大型或复杂项目中，由于工作任务很多，就显得有所不足，难以严谨地计算进度计划时间参数，难以确定计划的关键工作、关键路径与时差，难以明确表达项目进度与资源、成本之间的内在联系和相互作用，因而就不能对进度计划进行优化和控制。然而，计算机项目管理系统软件克服了此类问题，它可以做到只需人工输入数据，就能不断地、定期地进行修改。

3. 里程碑计划编制方法

项目里程碑（Milestone）是围绕项目重大事件（Event）、项目活动（Activity）、检查点（Checkpoint）或决策点，以及可交付成果（Deliverable）这些概念来展开确定的。在项目过程中代表一个时间点，或者一个标志性的项目事件，或者一个可支付成果的完成。里程碑计划编制的基本步骤包括：

（1）确定里程碑事件；

（2）确定里程碑事件发生的时间；

（3）形成里程碑计划。图 5-7 是某运输项目的里程碑计划。

任务名称	2018 年						2019 年					
	1 月	3 月	5 月	7 月	9 月	11 月	1 月	3 月	5 月	7 月	9 月	11 月
项目启动仪式	◆ 3 月 1 日											
道路工程完工								◆ 3 月 1 日				
建筑物封顶										◆ 7 月 1 日		
试车运行												◆ 11 月 9 日

图 5-7　某运输项目里程碑计划

4. 网络计划技术

网络计划技术（Network Planning Technology，NPT）是在 20 世纪 50 年代发展起来的一种科学的计划方法，其起源于关键路径法（Critical Path Method，CPM）与计划评审技术（Program Evaluation and Review Technique，PERT）这两种方法。网络计划技术适应了对复杂系统进行管理的需要，并很快渗透到各个行业、各个领域。利用网络计划技术可以对各项任务的工作进度进行安排和控制，保证实现预定的项目目标。

网络计划技术利用网络图的形式，加上工作时间等参数表达项目进度计划。也就是说，网络计划技术主要由网络图和网络参数两大部分构成。网络图是由箭线和节点组成的，用来表示工作流程的有向、有序的网状图形，其最直接的作用是表达项目中各项工作之间的关系。活动、节点和线路构成了网络图的三要素，见表 5-1。

表 5-1　网络图的三要素结构

要　素	解　释
活动	活动是网络计划的基础组成部分，可以是一项简单的工序操作，也可以是一个复杂的施工过程。活动用实箭线（双代号网络图）或用方框（单代号网络图）来表示
节点	在双代号网络图中，节点用"○"表示，表示活动的开始和结束，在时间上表示指向节点的工作全部完成后，该节点后面的工作才能开始。在单代号网络图中，节点便代表活动
线路	线路是指网络图中从初始节点开始，沿箭线的方向连续通过一系列箭线和节点，最后到达终点所经过的通路。在网络图中有一条或一条以上线路，但至少有一条关键路径，关键路径和非关键路径可以相互转化，项目计划的完成时间由关键路径确定

网络参数是项目中各项工作的延续时间和网络图所计算的工作、节点、线路等要素的各种时间参数。根据项目列表，按绘图规则绘制能正确表达工作的逻辑关系的网络图仅完成了网络计划编制的第一步，更重要的任务是网络计划时间参数的计算，这是网络计划实施、优化、调整的基础。网络计划主要包括以下时间参数，见表5-2。

表5-2　网络计划主要时间参数

时 间 参 数	含　义
D	工作的持续时间
ES	工作的最早开始时间
EF	工作的最早完成时间
LF	工作的最迟完成时间
LS	工作的最迟开始时间
TF	工作的总时差
FF	工作的自由时差

按照网络结构的不同，可以把网络计划分为双代号网络计划和单代号网络计划。我国《工程网络计划技术规程》（JGJ/T121—99）推荐的常用工程网络计划类型包括双代号网络计划、单代号网络计划、双代号时标网络计划、单代号搭接网络计划。

绘制网络图时应遵循以下规则。

（1）网络图中的所有节点都要编号，应保证所有的箭尾号小于箭头号。

（2）网络图中不允许出现回路。

（3）网络图中的箭线应保持自左向右的方向。

（4）网络图中严禁出现双箭头和无箭头的连线。

（5）严禁在箭线上引入或引出箭线。

（6）绘制网络图时，应避免箭线交叉，当交叉不可避免时，可用过桥法表示。

（7）一个网络图中应只有一个初始节点和一个结束节点。

（8）网络图中工作关系无法处理时可以引用虚箭线。

绘制网络计划图一般按以下步骤进行。

（1）项目分解。首先要根据需要将一个项目分解为一定数量的独立工作和活动，其粗细程度可以根据网络计划的作用加以确定。项目分解的结果是要明确工作的名称、工作的范围和内容。

（2）工作关系的分析。确定工作之间的逻辑关系，其结果是明确工作的紧前和紧后的关系，形成项目工作列表。

（3）先绘制没有紧前工作的活动，再依照逻辑关系依次绘制各项工作。

（4）当各项工作箭线都绘制出来后，应合并那些没有紧后工作的活动，作为最终节点。

（5）当确认所绘制的网络图正确无误后，即可进行节点的编号。

1）双代号网络计划技术

双代号网络计划图（Activity On Arrow，AOA）也称箭线图法（Arrow Diagram Method，

ADM），是由箭线代表活动，节点表示活动顺序的项目网络图。如图 5-8 所示，在图中每一条箭线表示一项工作。箭线的箭尾节点表示该工作的开始，箭线的箭头节点表示该工作的结束。图 5-9 所示是双代号网络图工作的表示法，节点用圆圈表示，并在圆圈内编号，一项工作应只有唯一的一条箭线和相应的一对节点编号，双代号网络每一个工作都由一对数字（表示活动开始／结束）来定义。

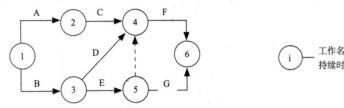

图 5-8　双代号网络图　　　　图 5-9　双代号网络图工作的表示方法

图 5-8 中所示的----▶箭线，是虚线，表示一项虚工作。虚工作的含义为：在双代号网络计划中，只表示前后相邻工作之间的逻辑关系，既不占用时间，也不消耗资源的虚拟工作。在双代号网络图中，一端带箭头的虚线就表示一项虚拟的工作，以使逻辑关系得到正确表达，由于虚拟的工作不需要时间，所以虚工作的持续时间为零。

2）单代号网络计划技术

单代号网络图（Activity On Node，AON）又称节点式网络图、前导图法（PDM），是由节点代表活动，箭线代表活动顺序，并连接节点的项目网络图。如图 5-10 所示，这是大多数项目管理软件包所使用的方法，它体现了 FS、SS、FF、SF 四种类型的逻辑关系。

图 5-11 所示是单代号网络图工作的表示法，每个节点表示一项工作，用圆圈或矩形表示，节点所表示的工作名称、持续时间和工作代号等应标注在节点内。一项工作必须有唯一的一个节点及相应的一个工作代号，由于工作代号只有一个，所以称为"单代号"。单代号网络图中的箭线表示相邻工作之间的逻辑关系。箭线可以是直线、折线，箭线的水平投影方向应自左向右，表示工作的进展方向。单代号网络图中不设虚箭线。单代号网络计划技术无须用到虚活动，所以相对比较易画易读，便于检查修改等，在项目管理中受到广泛采用。单代号网络图也很容易与甘特图进行转换，在甘特图中，横道表示节点，竖线表示逻辑关系。

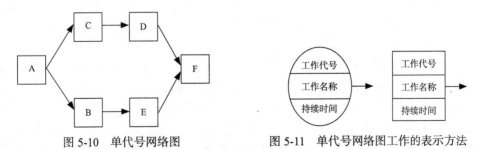

图 5-10　单代号网络图　　　　图 5-11　单代号网络图工作的表示方法

3）双代号时间坐标网络计划

双代号时间坐标网络计划简称双代号时标网络计划，是以时间坐标为尺度编制的网络计划。这种网络计划图可简称为时标图，如图 5-12 所示。

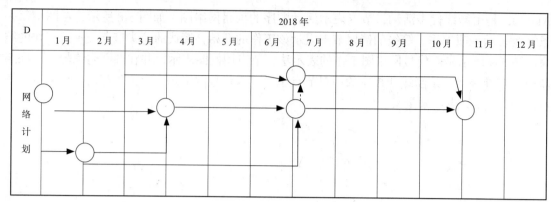

图 5-12　双代号时标网络计划

时标图兼有横道图的直观性和网络图的逻辑性，在实践中应用比较普遍，在实施网络计划时，其应用面甚至大于无时标网络计划。时标圈中的工作以实箭线表示，节点中心必须对准相应的时标位置。虚工作必须以垂直方向的虚箭线表示，有自由时差时加波形线表示。

编制双代号时标网络计划应注意以下几点。

（1）在编制时标图之前，应先按已确定的时间单位绘制时标计划表。表 5-3 所示为标准格式的时标表。

表 5-3　时标网络计划表

日　历（时间单位）	1	2	3	4	5	6	7	8	9
网络计划									
（时间单位）	1	2	3	4	5	6	7	8	9

（2）时标图宜按最早时间编制。

（3）无论采用何种方法编制时标图，均应首先绘制无时标网络计划草图。

（4）编制时标图的方法有两种：一种是在无时标网络计划草图的基础上，计算工作时间参数后，再按草图在时标计划表上绘制。这种方法的优点是，可以与草图的计算结果进行对比校核。另一种方法是，在无时标网络计划草图的基础上，不计算工作时间参数，直接按草图在时标计划表上绘制。这种方法的优点是节省计算时间。

4）单代号搭接网络计划

上述三种网络计划，其工作之间的逻辑关系都是一种衔接关系，即紧前工作完成之后紧后工作就可以开始，紧前工作的完成为紧后工作的开始创造条件。但实际上，可能会出现另外一种情况，即紧后工作的开始并不以紧前工作的完成为前提，只要紧前工作开始一段时间以后，紧前工作虽然尚未完成但已经提供了紧后工作开始的条件，紧后工作就可以在这种条件下与紧前工作平行进行。这种关系就称为搭接关系。

在搭接网络计划中，工作间的逻辑关系是由相邻两工作之间的不同时距决定的。时距就是相邻工作的时间差距。在单代号搭接网络计划中，箭线上面的符号仅表示相关工作之间的时距。其中起点 St 和终点 Fin 为虚拟节点。节点的标注应与单代号网络图相同。图 5-13 所示为单代号搭接网络计划图。

在单代号搭接网络计划中，由于搭接网络具有几种不同形式的搭接关系，所以其工作参数的计算和表达要复杂一些。图 5-14 所示为相关参数在图中的标示情况。

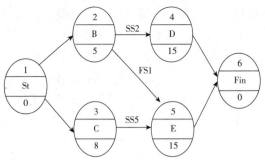

图 5-13　单代号搭接网络计划图

5. 关键路径法（CPM）

网络计划的两种基本形式是关键路径法（CPM）与计划评审技术（PERT）。PERT 技术难以准确确定项目工作持续时间，只能以概率论为基础加以估计，而 CPM 可以较准确地确定各项工作的持续时间。

使用关键路径法时，先确定出项目各活动最早开始、最早结束时间，最晚开始、最晚结束时间，然后通过最早和最晚时间的差额分析出每一活动相对时间的紧迫程度以及工作的重要程度。这种最早和最晚的差额被称为浮动时间。浮动时间为零的路径被称为关键路径。关

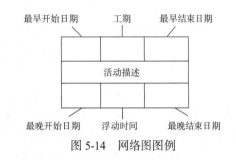

图 5-14　网络图图例

键路径法的主要目的就是确定项目中的关键工作，以保证实施过程中能重点关照，保证项目能按时完成。

当确定了活动之间的先后逻辑关系，并且画出了项目的优先网络图，又估计出了活动的工期，就能比较容易地计算出完成该项目所需的最短工期。在项目网络图中，从左到右把时间相加，时间最长的那条路径就是关键路径，它表明了采用此线路可以使整个项目完成所需的时间最短。关键路径是在实施项目的不同线路上通过顺推和逆推两种方式来确定的，利用项目管理软件，也能自动产生出项目的关键路径。但是，必须给定活动的开始或结束日期。关键路径法中常用的名词术语如下。

（1）最早开始时间（Earliest start times，ES）：指某项活动能够开始的最早时间，它可以在项目的预计开始时间和它前面活动的工期的基础上计算出来。

（2）最早结束时间（Earliest finish times，EF）：指某项活动能够完成的最早时间，它可以用该活动的最早开始时间加上该活动的工期计算出来。

（3）最晚结束时间（Latest finish times，LF）：指为了使项目在规定的时限内完成，某活动必须完成的最迟时间，它可以在项目的完成时间和后续活动工期的基础上计算出来。

（4）最晚开始时间（Latest start times，LS）：指为了使项目在规定的时限内完成，某活动必须开始的最迟时间，它可以用该活动的最晚结束时间减去它的工期计算出来。

（5）浮动时间（Float time，FT）：如果最晚开始时间大于最早开始时间，说明该活动在什么时间开始有一定的灵活性，它在最早开始时间与最晚开始时间之间开始可以不影响其本身的按时完成，也不会影响其后续活动的展开。浮动时间 = 最晚开始时间 – 最早开始时间；或者，浮动时间 = 最晚结束时间 – 最早结束时间。

（6）计划日期：在最早开始和最晚结束之间选择执行活动的日期。

（7）基线（基准）日期：如果把项目的计划日期作为原始计划，用来监测以后的项目进

度情况，则称为基线日期，它是我们控制进度的基准。要是某项活动的基线开始日期晚于最早开始日期，那么它可用的浮动时间比原来的就要短。同样，随着项目的进展，要是一个活动的开始日期或结束日期被拖延了，那么它剩余的浮动时间相应地就会减少。

（8）领先时间（Lead time）：即在活动的逻辑关系中允许提前后续活动的时间。例如，在一个有10天领先时间的FS关系中，后续活动可以在前导活动结束前10天就开始进行。显然，领先时间已经改变了活动之间的逻辑关系，将FS变为SS。

（9）滞后时间（Lag time）：即在活动的逻辑关系中表示推迟后续活动的时间。例如，在一个有10天滞后时间的FS关系中，后续活动只能在前导活动结束10天后才能开始。很显然，滞后时间的存在，拉长了项目的持续时间。

使用关键路径法通常有以下4个步骤。

（1）画出网络图，以节点标明事件、箭头代表活动，从左向右画出。这样可以对整个项目有一个整体概观。标出每项活动的持续时间（D）。

（2）用顺推法确定每项活动的最早开始时间和最早结束时间。从左面开始，计算每项活动的最早结束时间（EF），该时间等于最早可能的开始时间（ES）加上该活动的持续时间。当所有的计算都完成时，最后算出的时间就是完成整个项目所需要的时间。

（3）用逆推法确定活动的最晚结束时间和最晚开始时间。从右边开始，根据整个项目的持续时间计算每项活动的最迟结束时间（LF）。最迟结束时间减去作业的持续时间得到最迟开始时间（LS）。

（4）确定浮动时间和关键路径。每项作业的最迟结束时间与最早结束时间，或者最迟开始时间与最早开始时间的差额就是该活动的时差，即浮动时间（FT）。如果某活动的时差为零，那么该活动就在关键路径上。项目的关键路径就是所有活动的时差为零的路线。

下面结合一个国际货物运输的实例来讨论确定项目关键路径的方法。该项目的任务是对海外的一批订单组织工厂进行生产，并将货物运输至海外消费地。

第1步，绘制项目的网络图。

具体方法是，将工作分解结构中主要任务写在及时贴上，然后由项目小组成员根据这些活动的FS、SS、FF和SF四种逻辑关系，来确定、摆放它们的顺序，注意在摆放时要确保项目小组对这种先后顺序的意见是一致的。这是在没有软件的情况下人们常用的方法，虽然现在有软件来自动完成这项工作，但是，运用这种方法有利于我们更深刻地理解网络图背后隐藏的逻辑含义，把握项目任务之间的先后关系，按时高效推进项目的执行。

图5-15是某国际货运项目的网络图，图上的数字是每项活动估计的工期，单位为天。根据以上节点式网络图及每项活动的工期估计，可以看出完成该项目的最长时间为25天，此即为该项目的总工期。但是，网络图中哪一条线路为关键路径呢？

第2步，用顺推法确定每项活动的最早开始时间和最早结束时间。所谓顺推法，又称顺排工期法，就是从项目的开始往结束的方向推导，来计算网络图中每项活动的最早开始时间和最早结束时间。具体方法是，从网络图的左边开始，只需要把该活动的最早开始时间加上其工期，就可以方便地得到它的最早结束时间。而前一个活动的最早结束时间，也就是后一个活动的最早开始时间。当然如果后一个活动有超前或滞后时间，还需相应地减去或者加上这个时间，再把结果作为它的最早开始时间。以此类推，就可以很快地确定出每项活动的最早开始和最早结束日期，直至项目的最后一个活动为止。注意，在不同路径

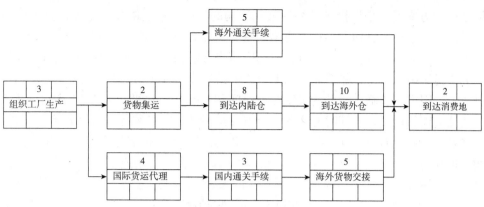

图 5-15　某国际货运项目的节点式网络图

的交会点，应取它前面较大的那个时间数值，作为后面活动的最早开始时间，也就是说，某项活动的最早开始时间必须相同或晚于直接指向这项活动的所有活动最早结束时间中的最晚时间，如图 5-16 所示的最后一项活动的最早开始时间，取决于它前面三个活动最早结束时间的最晚时间。

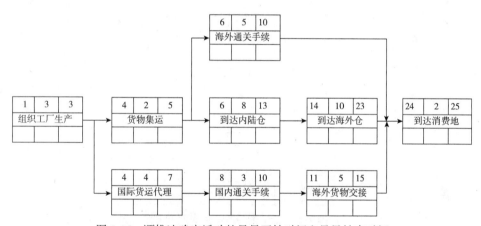

图 5-16　顺推法确定活动的最早开始时间和最早结束时间

　　通过上面简单的计算，我们可以看出，在活动的先后顺序和工期给定的情况下，这个项目从开始到结束需要 25 天的时间。如果我们计划的时间比这个时间长，那不见得第 1 天就要开始工作，可以推迟开始；但是，如果计划比这个时间短，比如按照客户交货期倒排序，我们只有 20 天的时间来做这个项目，计划就无法实现，这时，我们就要想办法或者需要缩短关键路径上某些任务的工期,或者对网络图进行某些修改。或者,我们也可以提前开始工作，以便有充足的时间完成项目任务。但在很多情况下，如果客户的订单下得很晚，或者有些资源不能提前到位，那么很难提前工作。

　　在不能改变项目的最后期限的情况下，实际工作中通常采用快速跟进（Fasttracking）和赶工期（Crashing）两种办法来压缩工期。快速跟进需要调整活动之间的逻辑关系，变 FS 为 SS。例如，通常按顺序进行的活动——设计和施工，由于压缩项目的进度，现将其重叠进行，这种方法又被称为交叉作业或并行工程。由于快速跟进打破了项目活动之间的逻辑关系，必然导致一定的风险，如很可能要返工等。赶工期是指分析如何以最少的成本，最大限度地压缩项目工期的方案后，采取措施，缩短某些活动的工期，进而缩短整个项目总工期的方法。赶工期通常需要采取加班加点、投入更多的资源、提高效率、任务外包等方式，可能会大幅增加成本，因而需要对进度与成本进行权衡。值得注意的是，上面的两种办法必须集中在关键路径上才起作用。否则，并不能达到缩短整个项目持续时间的目的。

第 3 步，用逆推法确定活动的最晚结束时间和最晚开始时间。所谓逆推法，又称倒排工期法，就是从项目提交结果的时间算起，看看每项活动最晚必须什么时间开始，或者必须什么时间结束的方法。通过顺推法的简单计算，我们确定了每项活动的最早开始时间和最早结束时间，也知道了完成此项目总共需要 25 天的时间。我们再用逆推法来确定每项活动的最晚结束时间和最晚开始时间。从最后一个活动"到达消费地"开始，假设它的最晚结束时间是第 25 天，减去它的工期 2 天，就得到这个活动的最晚开始时间，是第 24 天。这个时间也必须是"到达消费地"之前所有活动的最晚结束时间。依次从后往前进行计算，从该数字中减去活动的持续时间，结果就代表了每个活动必须完成的最晚结束时间。注意，在不同路径的交会点，应取它后面较小的那个时间数值，作为前面活动的最晚结束时间。也就是说，某项活动的最迟结束时间必须相同或早于该活动的直接指向的活动最迟开始时间的最早时间，如图 5-17 所示。

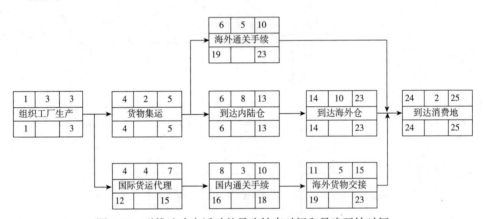

图 5-17 逆推法确定活动的最晚结束时间和最晚开始时间

第 4 步，确定浮动时间和关键路径。在确定出每项活动的最早开始、最早结束，最晚开始、最晚结束时间的基础上，很容易确定出它们的浮动时间，用最晚结束时间减去最早结束时间，或者用最晚开始时间减去最早开始时间，它们之间的差即为浮动时间，也就是该活动能够推迟的时间，推迟以后不影响它后面的活动最早开始，也不增加整个项目的持续时间，如图 5-18 所示。

在图 5-18 中的活动，它们都有相同的最早开始、最早结束时间和相同的最晚开始、最晚结束时间，因而，这些活动的浮动时间为零，也就是没有浮动时间，我们称这些活动为关键活动，包含这些关键活动的路径即为关键路径。用顺推和逆推的方法就是为了找出这条路径。从图中可以看出，它是最长的路径。当然也可以从项目的开始到结束，将每项活动的工期进行累加，就可以得到一条时间最长的路径，同样可以得到关键路径，这条线路虽然最长，但表明了完成该项目的时间最短。图 5-18 中粗线连起来的路径即关键路径，总工期为 25 天。

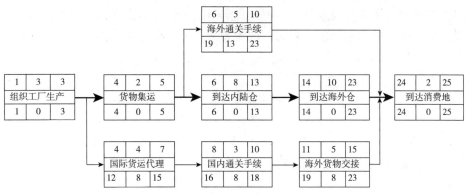

图 5-18　确定浮动时间和关键路径

　　显而易见，在项目的进度管理中，关键路径尤为重要，尤其在给关键路径的活动分配资源时，更应该受到项目管理者的高度关注。关键路径上的活动必须在最晚开始之前开始，在持续时间之内结束，否则，需要用赶工期的方法将滞后的时间赶回来。对关键路径上活动的进展情况需要定期跟踪、考评，因为在项目的生命期中，关键路径可能会发生变化，任何一个活动都可能成为关键活动，只要它超过了交付的期限仍然没有完成。

　　浮动时间有时又称时差，时差总是对某项活动而言的。在节点式网络图中，某项活动的时差等于它的最晚开始时间减去最早开始时间，或者最晚结束时间减去最早结束时间。即

时差 = LS − ES；或者，时差 = LF − EF

　　而总时差是对某条路径而言的，总时差等于这条路径上所有活动的时差中的最大值，即

总时差 = MAX [该线路各活动时差]

　　在图 5-16 中，有三类活动的时差均为 8 天，而这三类活动所在路径的总时差为它们中间的最大值，为 8 天。

　　自由时差则是多个紧前活动对同一个紧后活动而言的，它是指某项活动不影响其紧后活动最早开始时间的情况下，可以延迟的时间。

自由时差 = 后续活动的 ES − 该活动的 ES − 该活动的持续时间

　　既然自由时差是多个紧前活动对同一个紧后活动而言的，那么，只有在两项或更多项的活动指向同一活动时才存在自由时差。一般而言，自由时差总为正值。

6. 计划评审技术（PERT）

　　计划评审技术（Program/Project Evaluation and Review Technique，PERT）是利用网络分析制订计划以及对计划予以评价的技术。PERT 建立在网络计划基础之上的，对于项目中各个活动由于受到客观条件制约导致工作时间不确定的情况，在 PERT 中引入概率计算方法，假设各项工作的持续时间服从 β 分布，近似地用三时估计法估算出三个时间值，即最短时间 a（乐观估计）、最长时间 b（悲观估计）和最可能的时间 m，再加权平均算出一个期望值作为工作的持续时间。其计算公式为

$$t = \frac{a + 4m + b}{6}$$

三时估算法用概率论的观点分析，把非肯定型问题转化为肯定型问题来计算，其偏差仍不可避免，但有明显的参考价值。对时间的偏差分析（即分布的离散程度），可用方差 σ^2 进行估算。

$$\sigma^2 = \left(\frac{b-a}{6}\right)^2$$

5.2.4　运输项目进度计划成果

1）运输项目进度计划文件

运输项目进度计划书，可以用甘特图、里程碑图、日历网络图、时间坐标网络图、项目计划行动表等方法表现出来。此外，还需要有运输项目进度计划书的支持细节，至少应该说明有关的假设和约束条件，还应包括各种应用方面的详细说明，例如，资源计划直方图、成本费用流预测，以及订货和交货计划等。

2）运输项目进度计划文件更新

当更新后的项目资源要求、项目的时间进度调整等变更情况发生时，要及时更新运输项目进度计划文件。

5.3　运输项目进度优化

运输项目进度通常受到项目的时间、资源、费用等因素的影响和制约，为了综合、有效地平衡项目进度与资源、费用等要素之间的关系，通常对运输项目进度进行优化，保证项目的时间与成本要求，体现运输项目过程整体效益和综合效益最优的目标。

5.3.1　运输项目进度优化概念

运输项目进度优化就是根据资源优化配置原则和项目进度总目标，对运输项目实施过程各阶段的内容、程序、持续时间和搭接关系进行协调，对项目进度、资源与成本之间关系进行调整的过程。

5.3.2　运输项目进度优化依据

运输项目进度优化的依据主要包括以下方面。

（1）运输项目进度计划文件，包括运输项目进度计划书、网络计划图、项目计划行动表、资源计划直方图、成本费用预测等文件。

（2）项目资源供给、项目时间进度调整等变更文件。

（3）组织过程资源，主要是指运输项目优化方法、工作程序和过去的经验。

5.3.3　运输项目进度优化方法

1. 项目工期/时间优化法

初始网络计划图的关键路径长度，如果小于或大于规定的完工期限，应对网络图进行调整，即对网络图进行时间优化。

当关键路径的长度小于规定的工期时，意味着各工序的机动时间还可以增加，它可用来增加某些关键工序的延续时间，从而可使资源需要量的峰值降低，并减少单位时间资源需要的强度，以降低工程费用。

当关键路径的长度大于规定的期限时，应该缩短处于关键路径上各工序的完工时间，对活动时间进行优化，通常可以采取以下措施。

（1）强制缩短法。采取措施使网络计划中的某些关键工作的持续时间尽可能缩短，可以采取顺序法（按关键工作开始时间确定，先开始的工作先压缩）、加权平均法（按关键工作持续时间长短的百分比进行压缩）和选择法（有目的地选择那些容易压缩的某些关键工作进行持续时间的压缩）等方法。

（2）提高效率。采取组织措施增加关键工序的人力、物力投入，如改一班作业为二班或三班作业，改单机作业为多机作业。采取适当的技术组织措施，采用新设备、新工艺，提高效率。

（3）调整工作关系。根据项目的可能性，将某些串联的关键工作调整为平行作业或交替作业。

（4）支援关键路径。利用非关键工作的时差，用其中的部分资源加强关键工作，以缩短关键工作的持续时间。在非关键路径的一些有机动时间的工序中挖潜，从中抽调部分人力、物力支援关键工序，这样既可使关键工序提前完工，又不会影响本工序的按时完工。在缩短关键路径的总工期时，非关键路径可能上升为关键路径。所以在调整时也要注意非关键路径的时差，注意是否有新的关键路径出现。

在采取各种措施缩短工期的过程中，可能出现几种都满足规定工期的不同方案，这时应通过技术经济比较来选优。如果采取各种措施后，新得到的工期仍然大于规定的期限，则应报请上级有关机构，要求合理地改动规定的期限，并根据实际情况提出关于合理工期的建议。

2. 项目时间—资源优化法

在进行初始网络图的时间优化时，往往是从完成项目所需要的资源不受限制这一条件出发的，但实践中的项目很多都不能满足这一条件。很多情况下，由于人力、设备、动力、材料、资金等条件限制或者难以满足项目"峰值"的需要，一些工序不得不延期推迟。各种资源在时间上的分布往往极不均匀，这会给项目的进行造成困难，并增加成本，所以要对网络图进行时间—资源优化。

以某运输项目中人力资源平衡为例，来说明进行时间—资源优化的方法。如图 5-19 所示，某运输项目的网络图中各工序所需要的工人数标在箭线上方的括号内，箭线下方的数字表示完成该工序所需

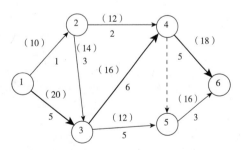

图 5-19　某运输工程项目网络图

要的时间，该网络图的关键路径①—③—④—⑥的总工期是 16 天。

对该运输项目网络图进行时间—资源优化的主要步骤如下。

（1）首先编制线条日历图（甘特图）。根据该运输工程项目网络图（见图 5-19）中的信息，将原计划网络图中完成各项工序的所需时间按最早可能开工时间用线条绘于项目日历坐标图上，线条上方所标的数字为该工序每日所需的劳动力数（见图 5-20）。

（2）将劳动力资源需求线条日历图转化为劳动力日需量直方图。从图中（见图 5-21）可以看出，初始方案每天所需的工人人数有很大波动，最多时达 46 人，最少时仅为 16 人。从均衡使用劳动力的观点看，是不能令人满意的，因此需要对网络图进行时间—资源优化。

（3）制定时间—资源优化具体方案。优化时的劳动力需要量可通过网络图中提供的资料预先进行估计，本工程所需要的日均劳动力估计为 30 人，并根据这 30 名工人的工作要连续、均衡，对前述初始网络图进行优化。优化的方法是利用非关键工序上的单时差，延长某些工序的操作时间，或在其单时差范围内前后移动其开工和完工时间，使其劳动力的需要量连续、均衡。具体优化调整过程如下所示。

①工序②→③的时差为 1 天，可将其工作时间延长 1 天，改为 4 天完工，则每天所需的工人人数可以由 14 人降低到：$14 \times 3/4 = 10$ 人。

工 序	T (i, j)	T' (i, j)	日历日数															
			1	2	3	4	5	6	7	8	9	10	11	12	13	14	15	16
①→②	1	0	10															
①→③	5	0	20	20	20	20	20											
②→③	3	1		14	14	14												
②→④	2	8		12	12													
③→④	6	0						16	16	16	16	16	16					
③→⑤	5	1						12	12	12	12	12						
④→⑤	0	0																
④→⑥	5	0												18	18	18	18	18
⑤→⑥	3	2												16	16	16		
所需人数			30	46	46	34	20	28	28	28	28	28	16	34	34	34	18	18

━━━ 调整前的关键工序　　━━ 调整前非关键工序

图 5-20　劳动力资源需求线条日历图

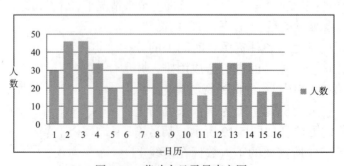

图 5-21　劳动力日需量直方图

②工序②→④的时差为 8 天，可将工作时间从 2 天延长为 6 天，则每天所需的工人数可以从 12 人降低为 4 人。为避免前期用人过于集中，将其开工时间向后推迟 4 天。

③工序③→⑤的时差为 1 天，将其工作时间从 5 天延长为 6 天，工人的人数可以从 12 人减至 10 人。

④工序⑤→⑥的时差为 2 天，将其工作时间从 3 天延长到 4 天，工人的人数可以从 16 人减到 12 人。

经上述调整，该项目每日所需工人数均衡地稳定在 30 人以上，只有最后一天减为 18 人（见图 5-22）。

（4）重新绘制优化后的网络图，并对新网络图进行时间参数计算。计算表明经优化后的网络图有两条关键路径（见图 5-23），即①—②—③—④—⑥和①—③—④—⑥，其总工期为 16 天，保证了按原定工期完工，同时也平衡了劳动力的需要量。初始网络图关键路径上工序②→③的工作为 3×14=42 人班，优化后改为 4×10=40 人班完成。所以，对这一工序需要采取措施，使劳动生产率提高 5%（2/40）才能完成任务。

另外，也可采用横道网络图方法经"削峰补谷"法平衡资源。

工　序	T (i, j)	T' (I, j)	日历日数															
			1	2	3	4	5	6	7	8	9	10	11	12	13	14	15	16
①→②	1	0	10															
①→③	5	0	20	20	20	20	20											
②→③	3	1		10	10	10	10											
②→④	2	8						4	4	4	4	4	4					
③→④	6	0						16	16	16	16	16	16					
③→⑤	5	1						10	10	10	10	10	10					
④→⑤	0	0																
④→⑥	5	0												18	18	18	18	18
⑤→⑥	3	2												12	12	12	12	
调整前人数			30	46	46	34	20	28	28	28	28	28	16	34	34	34	18	18
调整后人数			30	30	30	30	30	30	30	30	30	30	30	30	30	30	30	18

━━━ 调整前的关键工序　　━━ 调整前非关键工序　　┈┈┈ 调整后工序

图 5-22　时间—资源优化图

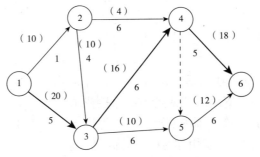

图 5-23　优化后的网络图

3. 项目时间—费用优化法

实施任何一个项目都要注意经济效果，既要使项目在规定的期限内完成，又要使其成本最低，这就是时间—成本优化问题。工作时间的压缩是项目进度计划管理中经常遇到的一种情况。工期压缩通常会遇到一些特别的限制或者对其他项目目标产生影响。

项目时间—费用优化法是一种用最低的相关成本的增加来缩短项目工期的方法。通过建立进度和费用之间存在的转换关系，寻求压缩进度所需追加的最小费用，或者在最佳费用限额确定下如何保证压缩的工期最大，寻求工期和费用最佳的结合点。

项目时间—费用优化法基于以下假设。

（1）每项活动有两组工期和成本估计，即正常时间（Normal Time）指在正常条件下完成某项活动需要的估计时间。应急时间（Crash Time）指完成某项活动的最短估计时间。正常成本（Normal Cost）指在正常时间内完成某项活动的预计成本。应急成本（Crash Cost）指在应急时间内完成某项活动的预计成本。

（2）一项活动的工期可以被大大地缩短，从正常时间减至应急时间，这要靠投入更多的资源来实现。

（3）无论对一项活动投入多少额外的资源，也不可能在比应急时间更短的时间内完成这项活动。

（4）在活动的正常点和应急点之间，时间和成本的关系是线性的。

一般来说，完成整个项目的总费用是由直接费用（指直接为生产产品而发生的各项费用，包括直接材料费、直接人工费和其他直接支出等）和间接费用（指不能直接计入产品生产成本的费用，包括项目相关规费和管理费等）两部分组成的。通常为了使工期比正常工期缩短，总要采取一些技术上或组织上的措施，如采用新技术、新工艺、增加设备和人员等。所以当工期比正常工期缩短时，其直接费用是要增加的，而间接费用却随着工期的缩短而减少（见图5-24）。总费用曲线（c）是由直接费用曲线（a）和间接费用曲线（b）叠加而成的，它上边的最低点（B点）是完成整个工程的最优工期。

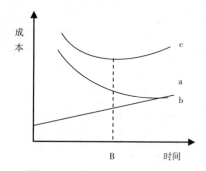

图 5-24 项目时间—费用曲线

通常的间接费用同工期呈线性关系，因此要得到总费用曲线（c），主要是要得到直接费用与工程完工期之间的关系曲线（a）。要得到整个项目直接费用与完工期的关系曲线，首先得从每道工序谈起，对于每道工序也应有一条直接费用与完工期的关系曲线。某工序直接费用与完工期的关系曲线（见图5-25），为计算方便，假定这条曲线在一定的范围内是线性关系（即直线关系）并用"$t_{n(i,j)}$"表示工序 i–j 的正常工期；用符号 $S_{n(i,j)}$ 表示此时的直接费用。

把（i, j）工序时间在允许范围内缩至最短称为特急工期，用 $t_{H(i,j)}$ 表示；其相应的直接费用称为特急费用，用 $S_{H(i,j)}$ 表示。工期每缩短一个单位时间的费用（直接费用的增长值）e 可按下式计算：

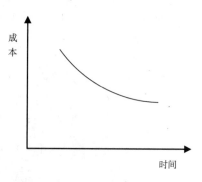

图 5-25 工序时间—费用变化曲线

$$e = \frac{S_{H(i,j)} - S_{n(i,j)}}{t_{n(i,j)} - t_{H(i,j)}}$$

e 称为线性增长系数,其含义是比正常工期每缩短一天多支付多少直接费用。在图 5-25 中,e 等于 12 元/天。显然不同工序的线性增长系数是不同的。

图 5-26 是一个标有时间和费用的网络图,箭线左上方标的数字是该工序的正常费用(单位:千元),左下方是正常工期,右上方括号内是特急费用,右下方括号内是特急工期。现以该网络图为例简述时间—成本的优化过程。

第 1 步,用表格法计算正常工期和特急工期时整个网络图的时间参数,其结果列入表 5-4 和表 5-5。从表 5-4 中看出,正常工作时完成整个工程的工期为 96 天,费用为 54 000 元;特急工作时,完成整个工程的工期为 58 天,

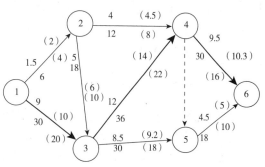

图 5-26　某运输项目网络图

费用为 61 000 元。根据所给条件,若各工序的工期在正常工期和特急工期之间变化,那么其费用也在正常费用和特急费用之间变化。要想使整个工程的完工期从 96 天缩短到 58 天,显然没必要一定要将各工序都缩短到特急期限,因为在非关键路径上有时差可以利用。处于非关键路径上的工序有些可以缩短一些(当时差较小时),有的可以不缩短工期(当时差较大时),同样可以达到把总工期缩短到 58 天的目标,减少特急费用。

表 5–4　正常工期的时间参数表

工　序	工序时间 T(it)	最早可能开工时间 Tes	最早可能完工时间 Tef	最迟必须开工时间 Tls	最迟必须完工时间 Tbf	总时差 R	关键工序
①→②	6	0	6	6	12	6	
①→③	30	0	30	0	30	0	①→③
②→③	18	6	24	12	30	6	
②→④	12	6	18	54	66	48	
③→④	36	30	66	30	66	0	③→④
③→⑤	30	30	60	48	78	18	
④→⑤	0	66	66	78	78	12	
④→⑥	30	66	96	66	96	0	④→⑥
⑤→⑥	18	66	84	78	96	12	

表 5–5　特急工期的时间参数表

工　序	工序时间 T(it)	最早可能开工时间 Tes	最早可能完工时间 Tef	最迟必须开工时间 Tls	最迟必须完工时间 Tbf	总时差 R	关键工序
①→②	4	0	4	6	10	6	
①→③	20	0	20	0	20	0	①→③
②→③	10	4	14	10	20	6	

工　序	工序时间 T（it）	最早可能开工时间 Tes	最早可能完工时间 Tef	最迟必须开工时间 Tls	最迟必须完工时间 Tbf	总时差 R	关 键 工 序
②→④	8	4	12	34	42	30	
③→④	22	20	42	20	42	0	③→④
③→⑤	18	20	38	30	48	10	
④→⑤	0	42	42	48	48	6	
④→⑥	16	42	58	42	58	0	④→⑥
⑤→⑥	10	42	52	48	58	6	

在研究缩短运输项目中哪些工序的工期最有利时，应选择那些既能缩短项目总工期又不使直接费用增加太多的工序，因此，所选择的最有利工序首先是关键工序（关键路径上的工序），其次是选择那些线性增长系数 e 值最小的工序，这样可使直接费用增加最少。

第2步，计算各工序线性增长系数 e，其计算结果如下（见表5-6）。

表5-6　各工序线性增长系数 e

工　序	正　常		特　急		差　数		工序线性增长系数 e（元/天）
	时间（天）	费用（千元）	时间（天）	费用（千元）	时间（天）	费用（千元）	
①→②	6	1.5	4	2	2	0.5	260
①→③	30	9	20	10	10	1	100
②→③	18	5	10	6	8	1	125
②→④	12	4	8	4.5	4	0.5	125
③→④	36	12	22	14	14	2	113
③→⑤	30	8.5	18	9.2	12	0.7	58
④→⑤	0	0	0	0	0	0	0
④→⑥	30	9.5	16	10.3	14	0.8	57
⑤→⑥	18	4.6	10	5	8	0.5	62
共计	106	34	68	61	38	7	

第3步，根据要求首先选择关键路径上最有利的工序缩短其工期，并计算所需要的直接费用。这是一个多次迭代的过程，每迭代一次就得出向右下方倾斜的曲线上的一个点（见图5-33）。经多次迭代，得到一系列的点，把这些点连成一条曲线，就是我们所要求的直接费用与工期的关系曲线。在本例的项目时间—成本优化过程中，需要经过6次迭代。

第1次迭代，从正常工作的网络图开始，其关键路径上的工序是①→③、③→④、④→⑥（见图5-27）。

由表5-6可知，①→③、③→④、④→⑥工序中④→⑥的 e 值最小（$e=57$ 元/天），所以以④→⑥工序

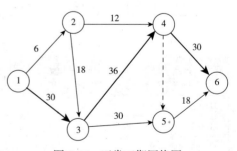

图5-27　正常工期网络图

为有利工序，把它的工期缩短到特急工期 16 天，其网络图如下（见图 5-28）。

网络图（见图 5-28）中的关键工序是①→③、③→④、④→⑤、⑤→⑥，总工期为 84 天。④→⑥转化为非关键工序，其总工期并没有因为工序④→⑥缩短 14 天而也减少 14 天，由于⑤→⑥工序的限制，实际总工期只缩短了 96–84=12（天）；因此工序④→⑥只缩短 12 天就可以了，则该工序时间 $t_{4-6}=30-12=18$（天），这样就得到第 1 次迭代后的网络图（见图 5-29）和它的时间参数表（见表 5-7）。

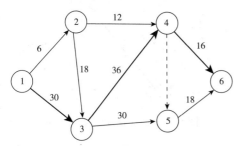

图 5-28　第 1 次迭代网络图上关键路径的
　　　　　特急工期处理图

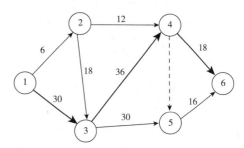

图 5-29　第 1 次迭代网络图

表 5-7　第 1 次迭代时间参数表

工　序	工序时间 T（it）	最早可能开工时间 Tes	最早可能完工时间 Tef	最迟必须开工时间 Tls	最迟必须完工时间 Tbf	总时差 R	关键工序
①→②	6	0	6	6	12	6	
①→③	30	0	30	0	30	0	①→③
②→③	18	6	24	12	30	8	
②→④	12	6	18	54	66	48	
③→④	36	30	66	30	66	0	③→④
③→⑤	30	30	60	36	66	6	
④→⑤	0	66	66	66	66	0	④→⑤
④→⑥	18	66	84	66	84	0	④→⑥
⑤→⑥	18	66	84	66	84	0	⑤→⑥

第 2 次迭代，网络图（见图 5-29）中的两条关键路径是①→③→④→⑥和①→③→④→⑤→⑥。尽管工序④→⑥的 e 值最小，但仅缩短工序④→⑥的工期并不能使总工期缩短，而要同时缩短工序④→⑥和另一关键路径上 e 值最小的⑤→⑥两道工序才能使总工期缩短，这样 $e=e_{4-6}+e_{5-6}=57+62=119$（元 / 天）。若缩短工序①→③的时间，有 $e_{1-3}=100$（元 / 天）<

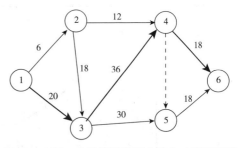

图 5-30　第 2 次迭代网络图中特急工期处理图

$e_{4-6}+e_{5-6}$，在经济上更为合理，因此把工序①→③的时间缩短到特急工期 20 天，得到如下新网络图（见图 5-30）。

网络图 5-31 比网络图 5-30 的总工期只缩短 6 天，因此①→③工序只缩短 6 天就可以了（多缩短工期只会出现新的关键路径，对总工期不起作用）。所以工序①→③的延续时间 t_{1-3} 应为 30–6=24 天，这样就得到网络图 5-32。

在第 2 次迭代基础上进行第 3 次迭代，其方法与第 1、2 次迭代相似，如此进行下去直到总工期缩短到 58 天为止。本例需迭代 6 次方可完成，下面的网络计划图（见图 5-32）就是第 6 次迭代的结果，图中箭线上方带圈的数字表示该工序的工期已达到特急工期。

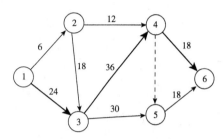

图 5-31　第 2 次迭代网络图

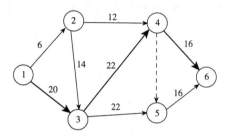

图 5-32　最终迭代结果网络图

把 6 次迭代所用的参数及结果列于下表（见表 5-8）中，然后根据这些结果绘制直接费用与时间的关系曲线图（见图 5-33）。

表 5-8　网络图 6 次迭代后各种参数表

迭代次数	e 最小的工序（或工序组合）	工序可能缩短的时间（天）	工序所采用的缩短时间（天）	e（元/天）	直接费用增加数（千元）	完成整个工程的直接费用（千元）	完成整个工程的总时间（天）	完成整个工程的间接费用（千元）	完成整个工程的总费用（千元）
0						54.000	96	19.200	73.200
1	④→⑥	14	12	57	0.684	54.684	84	16.800	71.484
2	①→③	10	6	100	0.600	55.284	78	15.600	70.884
3	④→⑥；⑤→⑥	2；8	2	119	0.238	55.522	76	15.200	70.722
4	③→④	14	6	143	0.858	56.380	70	14.000	70.380
5	③→④；③→⑤	8；12	8	201	1.608	57.988	62	12.400	70.388
6	①→③；②→③	4；10	4	225	0.900	58.888	58	11.600	70.488

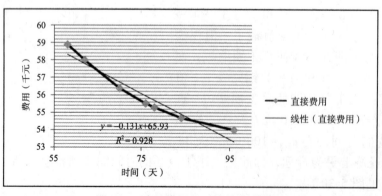

图 5-33　直接费用与时间的关系曲线

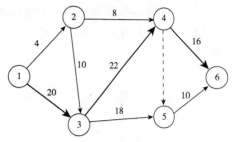

如果仅从缩短时间来考虑，把各工序均缩至特急工期，即采用如图 5-34 所示的网络图，可以把总工期缩至 58 天，但其直接费用为 61 000 元（见表 5-6），显然不是最优方案。而经上述优化后的方案其直接费用为 58 888 元，节约了 2 122 元。所以经 6 次迭代所得的网络图，才是按时间—成本优化了的网络图。

图 5-34　各工序均缩至特急工序的网络图

项目的总费用是由直接费用和间接费用两个部分组成的，因此要求最优工期，还必须考虑间接费用，通常间接费用和工期成正比增加，即呈线性关系。若该项目每天的间接费用为 200 元，把间接费用线及图 5-33 的直接费用—时间关系曲线绘制在图 5-35 上（两者的时间坐标与费用坐标相同）。把直接费用、间接费用在时间轴上的对应点叠加起来，填入表 5-8，并在图 5-35 上显示，则得出项目总费用与总工期的关系曲线，即时间—成本曲线。在该曲线上可求得按时间—成本优化的最优工期（对应于总费用最低点的时间），本例中最优工期为 70 天。

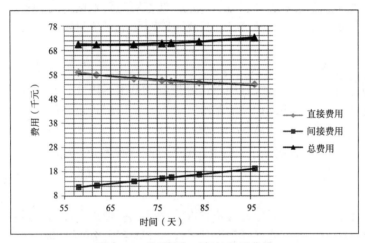

图 5-35　总费用与时间的关系曲线

5.3.4　运输项目进度优化结果

运输项目进度优化的结果即输出运输项目进度优化文件，包括更新后的运输项目进度计划、时间—资源优化后的网络图、时间—成本优化后的网络图、应用方面的详细说明以及相关支持文件等。

5.4　运输项目进度控制

运输项目进度控制的目的，是为了确保运输项目的各项活动不偏离运输进度计划，有效

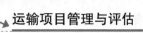

推进项目进展，在基准日期内完成运输项目的所有任务。做好运输项目控制，需要把握项目应该所处的位置和项目现在的位置，运输项目进度计划就是项目应该所在的位置，至于项目现在的位置，则可以通过运输项目进度跟踪得到。

5.4.1 运输项目进度控制概念

1.运输项目进度控制的概念

运输项目进度控制是指对运输项目进度实施及变更进行的管理控制工作，通过对运输项目进度进行监督，对那些出现进度"偏差"的工作采取必要措施，以保证项目按照原定进度执行，使运输项目预定目标按时和在预算范围内实现。

运输项目进度控制就是监控项目在时间上的变化，并将其与进度计划相比较，一旦实际进度落后于计划进度，就必须采取纠正措施，以维持项目进度的正常进行。

2.运输项目进度控制的步骤

项目进度控制就是要时刻对每项工作进度进行监督，然后，对那些出现偏差的工作采取必要措施，以保证项目按照原定计划进度执行，使预定目标按时和在预算范围内实现。项目进度控制的过程包括4个步骤：建立进度基线、跟踪和记录项目实际进展、计算偏差、采取补救措施纠正偏差。

1）建立进度基线

项目的进度计划或者进度基线是项目进度控制的基准，因此，必须锁定一个可以对项目进展进行测量的基线。如果缺乏比较的基准，或者总是以最近更新的计划为基准来衡量项目的进展，极有可能失去对进度的控制。因为在对项目进行阶段性评审的时候可能需要对进度进行更新，大家都知道进度被更新了，但更新的程度究竟有多大，可能并不会引起人们的关注，而且，更新过的计划与当前进展的差别可能不大，结果导致实际结果与进度计划相差甚远，而项目管理人员却自我感觉良好。

项目的进度计划一旦被管理层或客户批准或确认，就形成了项目的进度基线，此基线必须受控而不能随意更改，以便为测量实际进展提供比较和衡量的基准。

2）跟踪和记录项目的实际进展

在项目实施过程中，由于各种因素的影响，有的任务可能按时完成，有的可能提前，有的则可能拖延，某项任务的实际进度，无论是快是慢，必定会对其后续任务的按时开始或结束造成影响，甚至影响到整个项目完成的快慢。因此，项目一开始即必须监控项目的进度，确保每项工作都能按计划进行。引起项目进度变更的原因很多，例如，客户要求的变化、项目成员工作效率下降或工作出错、意外情况的发生等。

3）计算偏差

进度偏差可以用关键路径上的活动或者非关键路径上的活动的延误时间计算出来，也可以通过估算后续活动的剩余浮动时间推算出来。过去了的事情已经成为过眼烟云，应该更加关注和考虑未来，因此，最好还是研究后续活动的剩余浮动时间，或者研究关键路径以及次关键路径活动开始日期的延误。当后续活动的剩余浮动的间为负，或者关键路径上的活动开始日期推迟，项目计划完成的日期就会拖期。

如果有较多浮动时间的活动被延误，对于后续活动的剩余浮动时间可能影响不大，但是，

如果它延误太多，以至于它自己变成关键活动，必然会对后续活动造成影响。

为了确定活动的延误对项目的进度是否有影响，必须研究某个工作包延误的影响以及对整个项目进度的影响。如果项目简单，可以人工进行分析；如果涉及复杂的相互关系和多重资源共享时，则需要运用网络图进行分析，以便清楚地描述出各个延误对项目进度的影响。

4）采取补救措施纠正偏差

当项目的进度将要或者已经拖期，可以采取一些补救措施将项目的工期赶回来，或者减少拖期的影响。这些补救措施如下。

（1）快速跟进。这种方法也就是我们平常所说的交叉作业，即通过调整活动之间的逻辑关系，变 FS 为 SS 来缩短项目的工期。例如，通常按顺序进行的活动——设计和施工，由于需要赶时间，现将同步交叉进行，因此这种方法又称并行工程。由于快速跟进打破了项目活动之间的逻辑关系，必然导致一定的风险，如很可能要返工等。

（2）赶工期。这是一种采取措施，缩短关键路径上某些活动的历时，进而缩短整个项目总工期的方法。赶工期几乎总会增加成本，因而需要对进度与成本进行权衡。赶工期的具体实现方式又包括加班加点、投入更多的资源、提高效率、工程外包等。

（3）支持关键路径工作。利用非关键工作的时差，用其中的部分资源加强关键工作，以缩短关键工作的持续时间，使工期缩短。

（4）重新谈判。重新谈判即与项目利益相关者讨论，看看能否缩小项目范围，以便减少费用、节省时间；看看能否先接受部分交付结果，使项目能继续进行或者接受替补方案，看看能否制定一个更省钱、更现实的方案，或者寻求其他资源，提供奖金，看看能否依靠提供奖金或其他激励措施，促使任务的按时完成。

5.4.2　运输项目进度控制依据

（1）运输项目进度计划及其支持细节。
（2）运输项目进度计划实施情况报告。
（3）获准的运输项目进度变更请求。
（4）运输项目进度管理计划书。

5.4.3　运输项目进度控制方法

1.运输项目进度实施情况的度量方法

运输项目控制包括对当时情况的衡量、对未来情况的预测、预测情况和当时情况的比较以及及时制定实现目标、进度或预算的修正方案。

（1）项目作业控制。作业控制的内容就是要采取一定措施，保证每一项作业本身按计划完成。作业控制是以工作分解结构的具体目标为基础的，针对具体的活动进行。通过对每项作业的进度检查以及对其进展情况进行监控，以期发现作业是正在按计划进行还是存在缺陷，然后由项目管理部门下达指令，调整或重新安排存在缺陷的作业，以保证其不致影响整个项目工作的正常进行。

（2）项目进度控制。项目进度控制是一种循环的例行性活动。其活动分为四个阶段：编制计划、实施计划、检查与调整计划、分析与总结，如图 5-36 所示。

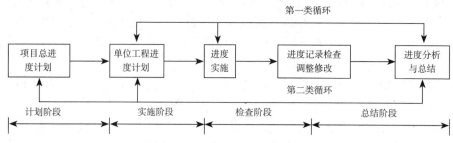

图 5-36　运输项目进度控制过程

（3）项目进展报告。项目进展报告的主要内容包括项目进展状况、有关重要事项、近期工作成绩、完成的里程碑以及其他一些对项目有重大影响的事件（如采购、人事、业主等）、项目近期趋势、困难与危机、提出建议等方面。

项目进展报告的形式包括日常报告、例外报告、特别分析报告等类型。

2. 运输项目进度控制的主要手段

运输项目进度计划只是根据估计和预测而对未来做出的安排，由于在编制进度计划时事先难以预见的问题很多，在计划执行过程中往往会发生或大或小的偏差，这就要求对项目进度计划做出调整，消除与计划不符的偏差，以使预定目标按时和在预算范围内得以实现。运输项目进度控制的主要手段如下。

（1）建立工作核准制度。确保项目进度遵循预定安排和程序，通过核准可以保证时间和顺序不出问题。使用运输项目管理信息系统可以确保运输项目按照预定计划执行。

（2）建立项目管理信息制度，做好项目执行信息的收集。在整个报告期内，需要收集两种数据或信息：一是运输项目实际执行的数据，包括活动开始或结束的实际时间，使用或投入的实际资源和成本等；二是有关运输项目范围、进度计划和预算变更的信息。

（3）加强来自各方面的综合、协调和督促。在项目进度实施的整个过程中，及时编写项目日历和进展报告，将信息及时传递给项目干系人，并反馈相关意见。加强对项目进展的监督、协调和督促。

（4）加强沟通协调。项目有关人员之间要保持顺畅的沟通，项目主管应及时向领导汇报工作执行情况，也应定期向客户报告，并随时向各职能部门介绍整个项目的进程。项目团队必须对项目各种技术和组织界面进行管理，协调项目内外的各种关系，确保项目进度。

（5）必要时进行调整。必要时对运输项目进度计划、人力、财力、物力等资源配备情况进行调整。

5.4.4　运输项目进度控制结果

（1）更新运输项目进度。根据各项制约因素改变运输项目进度基线，与项目利益相关者讨论增加预算或者延长时间基线，基线的改变必须得到项目双方的协商和认可。

（2）制定和完善运输项目进度控制纠偏措施。

（3）总结运输项目进度控制的相关经验教训。

本章小结

　　运输项目作业过程是在运输项目工作分解结构的基础上，对运输项目各项任务活动按照一定的原则设计的一系列连续有规律的业务流程或工作程序。运输项目作业过程体现出项目目标导向，遵循客观规律和原则，对外面向客户提高业务流程的效率，对内面向项目目标提高项目管理的效率与绩效。运输项目作业过程涉及运输项目进度计划、运输项目进度优化和运输项目进度控制三个基本的管理环节。

　　运输项目进度计划可以有效地掌控项目进展，便于监测和控制项目的各项活动按进度计划有序推进。运输项目进度通常受到项目的时间、资源、费用等因素的影响和制约，为了综合、有效地平衡项目进度与资源、费用等要素之间的关系，通常对运输项目进度进行优化，保证项目的时间与成本要求，体现运输项目过程整体效益和综合效益最优的目标。运输项目进度控制就是确保运输项目的各项活动不偏离运输进度计划基准，做好运输项目控制，需要确定进度控制标准，做好进度跟踪监测，及时纠正进度偏差。

思考与练习

　　1. 如何设计运输项目作业过程进度控制计划？
　　2. 运输项目进度计划与进度优化的异同点有哪些？
　　3. 说明甘特图与里程碑计划的区别与联系。
　　4. 网络计划技术应用方法包括哪些分析工具？
　　5. 如何确定运输项目的关键路径？
　　6. 运输项目进度优化常用方法有哪些？

运输项目成本与效益管理

本章导入

在运输项目管理实践中，运输项目成本与资源要素投入、项目进度、项目质量等多种变量之间存在相互作用关系。一般而言，投入资源要素的优劣、多寡、价格、流动状态会直接影响到项目成本，如果资源均衡配置，则能实现成本优化；否则，可能导致成本超支、进度延期、质量问题、增加成本。工期延长会导致直接成本的减少、间接成本的增加，反之亦然。质量水平与质量控制成本（包括预防成本和鉴定成本，属于质量保证费用）成正比，与故障成本（包括内部故障成本和外部故障成本，属于损失性费用）成反比关系。因此，运输项目成本管理不仅是一个会计意义上的统计概念，而且是一个涉及多种变量关系的综合概念。运输项目成本管理贯穿项目整个生命周期的各个阶段和各个方面，对项目成本优化管理的过程也是提升项目综合效益的过程。

学习目标

1. 了解运输项目成本的概念及构成。
2. 熟悉运输项目成本管理的概念与内容。
3. 了解运输项目成本估算方法。
4. 掌握运输项目成本预算的概念、特性及方法。
5. 了解运输项目成本优化的概念及方法。
6. 掌握运输项目成本控制的概念及原则，挣值法的内容。
7. 熟悉运输项目综合效益管理的概念及方法。

6.1 运输项目成本估算与预算

运输项目成本预算是一种将运输项目规划—计划—预算结合在一起的系统控制方法，根据运输项目规划设计和资源需求计划，在对运输项目成本进行分析和估算的基础上，编制出完成运输项目必需的费用预算，其目的是确定运输项目成本基准，作为项目融资和项目成本

进度控制的重要依据。

6.1.1　运输项目成本与成本管理

1. 运输项目成本的概念与构成

狭义的运输项目成本（Transportation Project Cost）是指在为实现运输项目目标而开展的各种项目活动中所消耗资源而形成的各种费用。广义的成本是指实现项目目标所耗用资源的成本费用，以及项目中所涉及的税金与承包商利润等的总和。广义的成本涉及项目整个生命周期，其构成包括项目决策和定义成本、项目设计成本、项目获取成本、项目实施成本、项目收尾及交付成本、项目的售后服务成本等方面。

从价值功能的角度看，运输项目成本的内涵并不只是花费，而是能够买到一定"功能"或"价值"的"花费"，因此运输项目成本的内涵可以做如下描述：

$$V = \frac{F}{C} \qquad\qquad (6\text{-}1)$$

式中：V 为价值；F 为功能；C 为成本。

通过公式可以看出项目价值是项目成本的内涵所在，追求价值最大化应该是项目成本的真正目标。

运输项目成本的构成，按经济学上的标准通常分为以下几种类型。

（1）变动成本（直接成本）。变动成本是指与运输项目工作量直接相关的费用，包括：人工费用，如工资、福利费、奖金、津贴和补贴等；生产或营运费用，如技术咨询设计费、材料费、运输费、营运设备的燃料费、轮胎费、维修费、租赁费、过路费等；管理费用及其他费用，如差旅费、事故损失、相关税金等。

（2）固定成本（间接成本）。固定成本是指在短期内不发生变化，与运输项目工作量没有直接关系的费用，包括道路的投入和维护、端点设施成本、运输设备，以及信息系统投入等成本。

（3）联合成本。运输项目投产运营后，除了管道运输以外，承运人都面临着一个返程运输的问题。装载物资到达目的地后，返程时可能是空车，空车行驶发生的费用就称为"联合成本"。显然，联合成本可以核算到往程运输费用当中，也可以通过寻求返程物资运输分摊。联合成本对降低成本有很大影响，往返运输业务的合理准确组织可以大大提高运输效益。

在项目成本构成中，应针对不同的运输项目科学合理地确定不同成本所占的比重，在维持与可能降低固定成本的情况下，把变动成本降低，厘清影响这几个成本的因素，做出科学的成本优化调整方案。

2. 运输项目成本管理的概念与内容

狭义的运输项目成本管理是指为保障运输项目实际发生的成本不超过项目预算而开展的项目成本估算、项目成本预算和项目成本控制等方面的管理活动。广义的运输项目成本管理是指为实现运输项目价值的最大化目标所开展的一系列影响项目成本的规划、计划、组织和控制活动。

成本管理不单纯是项目财务方面的工作，也不单纯是项目经济方面的工作，而是包括项目组织、管理、经济、合同、技术等多方面工作的综合。运输项目成本管理内涵主要表现在两个方面：一是运输项目成本管理包括运输项目全过程的成本管理，从交通运输工程建设项目造价管理到日常运营维护成本，从资源和技术使用到项目进度组织管理，从项目财务管理到项目经济管理都应该涵盖其中。二是现代运输项目成本管理的主要内涵是运输项目价值的管理，目标是实现项目价值最大化。

运输项目成本管理是以最低成本去完成运输项目全部活动，同时强调必须努力实现项目价值的最大化，以及努力避免项目成本问题对于项目产出物的质量和项目工期的影响。运输项目管理的具体内容包括以下方面。

（1）运输项目成本估算。运输项目成本估算是指根据运输项目活动资源估算以及各种资源的市场价格或预期价格等信息，估算和确定运输项目各种活动的成本和整个运输项目全部成本的工作。

（2）运输项目成本预算。运输项目成本预算是一项制订运输项目成本控制基线或项目成本计划的管理工作。

（3）运输项目成本优化。运输项目成本优化是在保证运输项目安全和质量的前提下，把握运输项目成本与进度、资源配置之间的相互关系，确定运输项目成本各项主要费用的合理比例，以便使运输项目总成本达到最低的管理工作。

（4）运输项目成本控制。运输项目成本控制是在项目实施过程中依据项目成本预算，努力将项目实际成本控制在项目预算范围之内的管理工作。

6.1.2 运输项目资源需求计划

资源对项目而言具有成本和价值的双重属性，是获取项目开发的必要条件。运输项目资源需求计划是指根据运输项目的需要，确定获得哪些资源、从哪里获得、何时得到并如何配置使用的过程。项目资源计划主要是关于权衡的分析，这些权衡是在两个方面进行的：一是在为了适应资源短缺所设计的各个活动进度方案的成本之间权衡；二是在使用各种资源方案的成本之间权衡。例如，加班以实现进度计划或分包以适应进度计划变更。这种分析会受到资源可得性、预算分配和任务截止期限等约束条件的限制。

1. 运输项目所需资源的分类

在运输项目管理中，对所使用的资源进行分类的方法很多，常见的有以下几种。

1）根据会计原理对运输项目资源进行分类

通常将运输项目所需要的资源分为人力资源、材料、设备、土地、管理及资金等要素，其应对的成本分别为生产成本、管理成本和财务成本。这是一种最常见的划分项目资源的方法，对项目预算和会计工作非常适用，其优点是通用性强，操作简便，易于被人们接受；缺点是没有明确地说明诸如信息之类无形资源的成本，没有体现项目资源管理方面的内容。

2）根据项目所需资源的使用性质进行分类

（1）可持续使用的资源，如劳动力、通用设备，可以用于相同范围的项目的各个阶段。

（2）消耗性的资源，如各种材料，这类资源随着时间的推移而被消耗掉。

（3）双重限制的资源，如资金，这类资源在项目各个阶段的使用数量是有限制的。

2. 运输项目资源计划考虑的因素

一般情况下，在制订项目资源计划的过程中，主要考虑的因素有以下几个方面。

（1）项目资源的使用性质。在制订项目计划时，既要保证对没有约束资源的有效使用，又要强调对有约束资源的使用进行严格的控制。在选择资源时，要尽可能使资源具有最大的适应性。这样，一旦某种资源不能适应某个项目的需要，还可以及时地将其用于其他的项目，例如，可以通过选择通用设备和广泛地培训员工来达到这种适应性。

（2）项目资源的配置模式。当人们以各不相同的形式来实施项目的活动时，各个活动的资源组合形式影响着项目的成本和进度，资源的组合形式构成了成本的不同"模式"。如果某个单项工程需要单一的某种资源，那么，这个项目的资源计划的制订工作相对来说是比较容易的；如果某个项目同时需要使用多种资源，那么编制计划和安排进度的工作就变得比较复杂。

（3）项目资源的规模成本。如果某类特殊资源的使用数量达到一个确定的值以后，那么，对这类特殊资源的使用越多，单位时间区段的成本反而会逐渐减小。这主要是因为规模经济的特点，节省了大量的前期工作成本和学习成本。

（4）某种资源的边际贡献，会随着投入的增加而逐渐减小。如果不断增加分配给某个活动的某类资源的数量，那么，当该资源的数量达到某一数值时，再增加该类资源，常常不会使该项活动的工期缩短。也就是说，超过这一数值时，再增加资源对于该项活动来说不仅是无效的，而且会逐渐减少收益。

（5）资源生产能力。资源的生产能力，可以通过它的生产效能来衡量，一般情况下，用下列两种方法来确定。

①额定能力（Nominal Capacity），是指在理想的条件下，所获得的资源的最大产出量。例如，设备的额定功率通常在有关的技术说明书中注明。

②有效能力（Effective Capacity），是指在综合考虑活动分配计划编制和进度安排的约束、维修状况、工作环境以及使用的其他资源的条件下，获得的资源的最大产出量。

（6）项目生命周期。在实际工作中，项目的生命周期也影响着项目对资源的需求。在项目的初始阶段，工作重点是工程设计，这项工作需要受过高等培训的人员，如系统分析师、财务计划员和设计工程师来承担。在接下来的阶段中，实施工作逐渐成为工作重点，而且对各种设备和材料的需求也在不断增加。

3. 运输项目资源计划的制订

（1）项目资源计划的制订应该是一个连续不断的过程，它贯穿于项目的整个生命周期。在项目的开始阶段，把项目所需要的各种资源，准确地分配到各个活动中去，常常是不可能做到的事情。这是因为在最初的阶段，潜在的不确定性掩盖了项目的各个活动对资源的需求。在项目资源计划制订过程中，需确定项目需要哪些资源、从哪里得到这些资源、什么时候需要资源以及如何使用资源等方面的问题。

（2）在制订资源计划时，先假设将以最低成本的资源方案来完成每一个活动。

（3）在编制项目活动的工序时，假设各个活动之间的先后关系和成本预算是项目唯一的约束因素。当某个活动的全部紧前活动已经完成时，如果活动之间的逻辑关系是结束到开始并且有充分的预算，该项活动就可以开始实施了。当项目出现资金约束时，管理人员可以利用非关键活动的时差，制订一个可行的方案。

（4）项目资源计划的制订充分考虑和解决资源使用、预算分配以及某项任务活动完工期等方面的约束问题，一是为适应资源的短缺而设计的变更方案的成本；二是使用变更资源的成本，例如，为了适应某个方案的变更，利用加班制订新的计划，或者实行分包。对资源的有效利用，可以减少项目生命周期中各个阶段的成本和工期。

（5）对资源的使用进行监督和控制。一旦出现专业人员不足或者某类材料和设备供应短缺等情况，项目经理优先考虑的管理问题就是重新安排计划。

6.1.3 运输项目成本估算

1. 运输项目成本估算的概念

运输项目成本估算是指根据运输项目的规划设计、资源需求计划以及各种资源的价格信息，粗略预算运输项目各种活动成本和项目总成本的工作。

运输项目成本估算是对未完成项目的各项工作所必需的资源费用、管理费用及其他各项费用做出估计。这里所说的资源费用主要包括所需人力资源、原材料、能源、设备及配件等方面的费用，管理费用主要包括项目管理费、办公费、差旅费及各种规费等，其他费用主要是指财务费用等。

运输项目成本估算可以根据估算精确度的不同划分为多种项目估算。例如，工程类运输项目成本估算就可分为初步成本估算、项目设计概算和详细成本估算（施工图预算）三种不同精确度的项目成本估算。服务类运输项目成本估算可分为初步成本估算和详细成本估算两种基本类型。

2. 运输项目成本估算的依据

运输项目成本估算的依据主要包括运输项目范围、工作分解结构（WBS）、资源需求、资源单价、活动时间、历史资料、会计科目表等内容。

1）运输项目范围和工作分解结构

运输项目范围大小和工作分解结构（WBS）直接决定活动时间、项目持续时间、责任人员和资源需求计划，是估算项目成本的基本依据。

2）资源需求计划和资源单价

资源需求是项目成本估算的基础，项目成本估算取决于项目资源的需求量和资源单价两个因素。项目资源总需求是在基于项目的 WBS，在项目的基本工作单元资源需求估计的基础上逐层汇总得到。在估算项目的基本工作单元资源需求时要充分利用项目团队、专家和历史统计数据资料来准确估计各项活动的资源消耗及费用。资源利用的均衡度对项目的资源占用和项目成本影响很大（消耗相同，但单位资源的成本却不同）。

各类资源消耗量乘以相应的单价就可以得到相应的费用。以最低的价格获得符合质量要求的资源，要充分考虑到时间、地域对项目成本的影响，在充分分析历史数据和经济形势的前提下，对资源价格的趋势进行预测和判断。

3）活动时间和项目进度

人工、设备、原材料和资金的使用都与活动的时间和项目进度有关。项目的人工费用等于项目某工作单元的需求人数乘以该工作单元的持续时间。项目的设备使用费等于设备的使用时间乘以相应的设备使用费率。资金的使用成本是利息，决定利息的两个因素是本金和时间。

4）项目质量要求

项目质量要求影响完成项目所需资源的主要成本，质量与成本之间通常呈现同向关系，项目质量要求也是估计项目成本的依据。

5）历史信息

项目团队和其所在企业或其他组织已完成的类似项目的历史记录，以及资源市场价格的历史数据，都可以作为费用估算的历史信息。资源市场价格的历史数据，为分析判断当前项目所需资源的市场价格及其走势提供参考依据。

6）会计科目表

会计科目表反映了项目的费用构成框架，也是反映项目执行过程中费用记录并提供控制依据的重要保证。项目成本估算包括识别各种项目成本的构成科目，同时包括估计和确定各种项目成本科目的数额大小。例如，在大多数项目中，人工费、设备费、管理费、咨询费、物料费、开办费等都属于项目成本的构成科目，甚至在这些科目下面还可以进一步细分出二级科目甚至三级科目。

7）其他影响因素

在进行费用估计时要充分考虑经济环境（如通货膨胀、税率、利息率和汇率）的影响，考虑各种决策对项目最终产品成本的影响程度，考虑不同项目干系人对项目成本的影响，考虑人力资源工作效率与高收入对成本的影响，还应考虑到一些重大的不确定因素，应考虑适当的应急备用金。

3. 运输项目成本估算的方法

1）类比估算法

类比估算法是指利用以前已完成的类似项目的实际费用估算当前项目费用的方法，它是一种经常使用的进行粗略估计的方法，其精度取决于被估算的项目与以前项目的相似程度、距离时间和地点的远近，对现有项目通过调整系数进行调整和修正。类比估计需要较为详细的同类项目历史信息。

2）参数模型估算法

参数模型估算法就是指根据项目可交付成果的特征计量参数，通过估算模型来估算费用的方法。参数模型可以是简单模型，也可以是复杂的理论模型和经验模型。参数模型法估算费用的精度取决于参数的计量精度、历史数据的精确程度以及估算模型的科学程度。

3）工料清单法

工料清单法是指给出项目工作所需的工料清单，再用项目工料清单进行项目活动成本的估算，最后向上滚动加总得到项目总成本。其主要步骤为：

（1）识别构成要素（资源组成）；

（2）估算每个工作单元成本构成要素的单价和数量；

（3）分析成本估算的结果，识别各种可以相互代替的成本，协调各种成本的比例关系；

（4）从下到上进行成本费用汇总，最后得到总成本的估算。

该方法的优点是使用工料清单成本估算更为精确，缺点是要求有详细的工料消耗和占用量信息，这种信息本身就需要大量的时间和经费的支持。

4）标准定额法

使用相关的"标准定额"去估算项目成本也是比较常用的方法，易于操作。该方法被苏

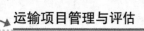
联、美国等很多国家广泛采用，我国也是在计划经济体制下从苏联引进的。但是该种项目成本的估算方法存在标准确定是否精确、成本定额依据是否科学等方面的问题。

5）统计资料法

统计资料法是最接近实际情况和最适合市场经济使用的项目成本估算方法，也是国际上使用最多的项目成本估算的方法。

6）详细估算法

详细估算法是指依据国家的定额和标准，通过严格的活动定义和实验测定而得到的数据进行计算，从而对项目的活动成本费用进行估算的方法。该方法的优点是科学性强，数据真实、准确；缺点是工作量较大，花费成本高。

7）专家估算法

专家估算法主要是利用行业内相关领域专家的权威和经验进行成本费用估计。具体常用的方法有德尔菲法、专家讨论法和专家意见法等。

4. 运输项目成本估算的结果

1）运输项目成本估算文件

运输项目成本估算文件主要包括：对每个 WBS 要素的详细费用估算，各项分工作、分任务的费用汇总表，以及项目和整个计划的累积报表。

每个阶段的计划工时曲线，如果阶段工时曲线含有"峰"和"谷"，应考虑对进度表做若干改变，以得到工时的均衡性。

逐月的工时费用总结，以便项目费用必须削减时，项目负责人能够利用此表和工时曲线做权衡性研究。

逐年费用分配表，此表以 WBS 要素来划分，表明每年所需费用。此表实质上是每项活动的项目现金流量的总结。

2）运输项目成本管理计划

运输项目成本管理计划主要包括：运输项目成本管理的目标、运输项目成本费用管理的方法与流程、运输项目成本费用管理的分工与责任、运输项目成本费用管理的制度、运输项目成本管理的措施等。

6.1.4 运输项目成本预算

1. 运输项目成本预算的概念与特性

运输项目成本预算是指在运输项目成本估算的基础上对项目成本进行精度确定，并将预测结果在运输项目的具体活动、时间进度和资源计划上进行分配的过程。

运输项目成本预算过程其实可以分成估算和预算两大部分，估算的目的是估计项目的总成本和误差范围，而预算则是对项目总成本加以确定并将项目的总成本分配到各工作项中去。

运输项目成本分解主要是做两个方面的工作：一是按工作包分摊成本，这样可以对照检查每项工作的成本，出现偏差时可以确定是哪项工作出了问题；二是按工期时段分摊成本，将预算成本分摊到工期的各个时段，可以确定在未来某个时点累计应该花费的成本。

运输项目成本预算的特性主要包括以下方面。

（1）计划性。运输项目成本预算是一种资源分配的计划，它不仅包括项目成本金额方面

的反映，也包括资源计划数量的说明。

（2）约束性。运输项目成本预算不仅包括实现项目计划目标的各种活动投入成本的约束，也包括在一定成本条件下各项活动投入时间的约束。

（3）控制性。运输项目成本预算是一种项目成本控制机制，是衡量各种工作资源使用、成本及施工进度的尺度。编制预算实际上就是项目控制过程的第一步，以数量化的方式确定项目成本控制标准，为项目实施过程中衡量工作绩效、找出偏差和纠正偏差奠定基础。

2. 运输项目成本预算依据

1）运输项目成本估算文件

运输项目成本估算文件是项目成本估算后所形成的结果文件，运输项目成本的各项活动及各阶段和总任务的预算定额，主要依据此文件来确定。另外，项目合同造价、项目资源需求日历及其他项目计划文件也是运输项目成本预算的依据。

2）运输项目工作分解结构（WBS）

运输项目工作分解结构是项目范围界定生成的项目工作分解结构文件，在项目成本预算中，项目工作分解结构和项目活动清单主要用于分析和确定项目各项工作与活动在成本预算中的合理性，以及用于项目各项活动预算定额的分配。

3）运输项目进度计划

运输项目进度计划是有关运输项目各项工作起始与终结时间及反映各项活动逻辑关系的文件，主要包括运输项目网络计划图、里程碑进度表、甘特图、日历图、运输活动时间管理计划等。在运输项目成本预算工作中，主要用于确定项目阶段成本、关键节点成本和项目总成本，主要用于制订项目的投资计划和项目的资金使用计划。

3. 运输项目成本预算的方法

项目成本预算的方法包括财务成本预算法及各种项目成本预算专用方法，甚至可以直接使用项目成本估算的方法。

1）财务成本预算法

财务成本预算法适合于有承发包业务的项目预算，使用企业财务预算的科目作为运输项目成本预算的科目，使用项目成本估算的信息作为基本信息，按照项目预算成本科目汇总项目估算信息和项目不可预见费用以后，编制出项目成本预算书。该方法以运输项目的实际资源消耗分析测算的数据作为项目成本预算的依据。该方法工作量大，计算依据强，计算复杂，主要用于招投标、项目合同制定及施工成本的计划与控制。

2）项目成本预算专用法

项目成本预算专用法是运用项目进度管理工具形成的项目成本预算方法。项目成本预算的不同方法适用于不同的项目和项目情况。常用的有项目成本计划甘特图、成本负荷分布直方图及成本负荷累积曲线等形式。

（1）项目成本计划甘特图。甘特图具有简单明了、直观和易编制的优点，甘特图原本是一种项目进度计划的方法，但是它也可以用来编制项目预算，常用它作综合性的项目成本和进度计划方法。下面是利用甘特图进行项目预算计划编制的方法，将项目工作包及各活动成本预算出来，标示在甘特图下方，便于直观控制，这种方法也叫项目成本计划甘特图（见图 6-1）。

序号	工作名称	2018 年											
		1月	2月	3月	4月	5月	6月	7月	8月	9月	10月	11月	12月
1	110 施工准备												
2	121 土方开挖												
3	165 消防工程												
4	180 竣工验收												
5	190 项目管理												
	项目预算（百万）	12	25	36	58	78	100	110	140	180	210	220	240

图 6-1　某运输项目甘特图成本计划

（2）成本负荷分布直方图。将项目成本计划甘特图转化为按月份成本符合分布直方图的形式，从图中可以看出项目所需成本随时间的波动情况（见图 6-2）。使用该方法可以进行项目时间—成本优化平衡。

（3）项目成本负荷累积曲线（预算基准线）。项目成本负荷累积曲线也叫预算基准线，按照运输项目成本与进度的对应关系绘出。根据运输项目预算的风险储备，确定运输项目总预算、运输项目工作包预算及各活动预算，结合各项活动预算投入时间，编制出项目预算随进度变化的曲线，该曲线的结果一般是呈"S"状的，从而作为项目成本基线，该曲线也叫累积费用曲线（见图 6-3）。预算获得批准后，该曲线就可以成为运输项目成本控制的基准。

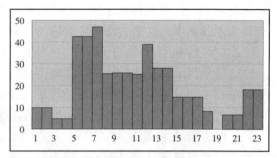

图 6-2　成本负荷分布直方图

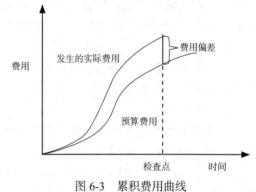

图 6-3　累积费用曲线

3）目标利润法

按照销售收入减去目标利润等于目标成本的思路，将目标成本作为成本预算的依据。项目成本预算总额确定后，可以在 WBS 的基础上，采用自上而下的方法分解项目成本。分解的方法主要有：按项目成本要素分解项目成本；按项目组成（工作单元）分解项目成本；按项目进度分解项目成本。

4）技术进步法

技术进步法充分考虑先进的技术措施和节约措施，采用积极的、先进的成本控制指标作为成本预算的依据。

5）历史资料法

历史资料法就是根据过去项目或类似项目的成本预算及决算的数据作为参考并加以修正，从而确定项目的成本预算。该方法主要用于项目的投资决策。

4. 运输项目成本预算的结果

1）运输项目成本预算文件

运输项目成本预算文件是为项目各项具体工作分配和确定预算、成本定额的文本。

2）运输项目成本基准计划

根据运输项目预算的风险储备，确定运输项目总预算、运输项目工作包预算及各活动预算后，结合各项活动预算投入时间，编制出项目预算，预算获得批准后，该曲线就可以成为运输项目成本控制的基准。

6.2　运输项目成本优化

在一定的安全和质量水平下，运输项目成本优化对提高运输项目的经济效益有着重要作用。由于构成运输项目成本的基础主要是资源结构，而且运输项目进度和成本之间存在着一定的作用关系，因此，可以运用一些方法，调整以上相关变量之间的数量关系，达到运输项目成本进度优化的目标，从而对运输项目的成本、进度计划与控制提供一定的参照。

6.2.1　运输项目成本优化概念

1. 运输项目成本优化的概念

运输项目成本优化（Transport Project Cost Optimization）是指在保证运输项目安全和质量的前提下，把握运输项目成本与项目进度、资源使用之间的相互关系，确定运输项目成本各项主要费用的合理比例，以便使运输项目总成本达到最低的管理过程。

运输项目成本优化不仅仅是要控制并降低传统意义上的成本和费用，更重要的是有效把握运输项目成本与进度、质量之间的相互关系，通过实施成本优化，提高运输项目的经济效益及核心竞争力。

2. 运输项目成本优化的内在关系

运输项目成本优化的内在关系主要体现在运输项目成本与进度的关系、运输项目成本与资源投入的关系、运输项目成本与质量的关系等方面。

1）运输项目成本与进度的关系

项目进度与成本相互影响、相互制约，有着不可分割的密切关系。运输项目的成本包括直接成本（指直接为生产产品而发生的各项成本，如直接材料费、直接人工费等）和间接成本（指不能直接计入产品生产成本的费用，如规费和项目管理费）两部分。如图 6-4 所示，直接成本（a）与工期呈负相关关系，工期延长会导致直接成本的减少。然而，间接成本（b）与工期呈正相关关系，工期延长会使间接成本增加。项目的总成本（c）是直接和间接成本这两者之和，与工期呈凹形关系，过度压缩和延长工期都会导致项目成本的增加。

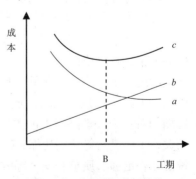

图 6-4　项目时间费用曲线

运输项目成本优化就是要找到项目成本所在的合理区间，即图中总成本曲线（c）的最低点（B 点）附近的区域。

2）运输项目成本与资源投入的关系

任何项目的成功在很大程度上都取决于如何适当并有效地管理项目资源流动。从使用的角度看，只有对项目所需的各种各样的资源进行均衡配置，才能实现成本最优，否则，资源不到位可能导致成本超支、进度延期、质量问题。进度延期可能会增加成本，导致资源的调度不善；压缩进度（赶工和快速跟进）可能导致质量问题，增加资源和成本，这些都是不经济的。

资源短缺和不确定会严重影响项目计划。在运输项目实施期间，应该监督和控制资源的使用和效果。如果技术人员供不应求，或材料和设备短缺，则更新资源和进度计划就是头等管理工作。资源优化利用对在项目生命周期的各个阶段降低项目成本和加快项目进度都有很大的意义。

3）运输项目成本与质量的关系

运输项目成本优化和控制必须以质量保障为前提，不能以牺牲项目的质量成本为代价。项目质量成本是指项目为保证和提高产品质量而支出的一切费用，以及未达到质量标准而产生的一切损失费用之和，项目质量成本包括两个主要方面：控制成本和故障成本。如图 6-5 所示，控制成本（b）包括预防成本和鉴定成本，属于质量保证费用，与质量水平成正比关系；故障成本（a）包括内部故障成本和外部故障成本，属于损失性费用，与质量水平成反比关系。合理的项目质量成本处于以上两种成本曲线相加后总成本曲线（c）上的合理区间（B）。

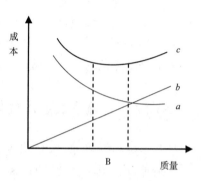

图 6-5　项目成本质量曲线

6.2.2　运输项目成本优化方法

1. 运输项目成本进度优化法

通过对运输项目进度和成本关系的分析，我们可以得出成本进度优化的关键点就是寻求在进行进度优化时，直接成本增加幅度最小时的工序或活动，再压缩其持续时间。常用的进度成本优化方法有网络计划优化方法、基于遗传算法的优化方法、挣值分析法。

1）网络计划成本进度优化方法

在工期正常的前提下，通过压缩关键路线上的工序时间，进而降低成本。具体采用试压缩的方法，在网络图中先找到关键路线，进行关键工序的成本分析，对压缩工期带来成本增加最少的关键工序进行压缩。检查是否对整体计划的逻辑关系产生了影响，然后再次选择关键路线上的工序进行压缩。通过逐步试压缩最后得到较为满意的进度方案。使用该方法时，压缩的对象为关键路线上的关键工作；如果关键路线不止一条，应同时对所有的关键路线上的关键工序进行等量的压缩；对关键路线上关键工序优化前后顺序要根据直接费用的增长率、资源是否足够、质量和安全等方面综合考虑（具体参考 5.3.3 节的项目时间—费用优化法）。

网络计划成本进度优化方法简单易懂，由于采用试压缩的方法，在实际项目成本管理中具有一定的盲目性和不确定性。不能确定具体的压缩连续时间，使得优化的过程较长，优化效率较低，特别是当工期较长、工序较多且复杂时，这一缺点更为突出。对于一些规模大、工期长、工序多的项目而言，用该方法优化的计算量会特别大。

2）基于遗传算法的优化方法

使用该方法的前提条件是：直接成本和间接成本可以单独计算；直接成本随着工期的缩短线性增加；间接费用率不会随着工期的压缩而变化；工序的逻辑关系按单代号网络图描述。

基于遗传算法的优化方法解决了网络计划优化方法的计算量大、优化效率低的问题，具有自组织、自适应、自学习和并行性特点，在实际工程项目中被广泛应用。但是，该方法有一个前提条件是直接成本和工期是线性负相关，这就忽略了很多影响因素，在实际的工程项目中，两者关系未必是线性的。使用遗传算法在优化的过程中可能会改变原来的关键路线和整个工序的逻辑关系。

3）挣值分析法

通过计算已完成工作的预算费用（BCWP）、实际费用（ACWP）以及计划工作的预算费用（BCWS）求得计划实施的费用偏差和进度偏差，进而对项目成本进度进行优化。费用偏差（CV = BCWP–ACWP）、费用执行指标（CPI = BCWP/ACWP），进度偏差（SV = BCWP–BCWS）、进度执行指标（SPI = BCWP/BCWS）是挣值法的四个评价指标。当 CV 为负值时表示实际费用大于预算费用；当 SV 为负值时表示项目进度延期；当 CPI>1 时表示实际费用小于预算费用；当 SPI>1 时表示项目进度提前；反之亦然。根据评价结果可以找出实际工程项目执行过程中的进度和成本方面的不足，然后根据实际情况做出调整，以此达到优化目的（具体参考 6.3.1 中的挣值法）。

挣值法具有广泛的应用范围，但是其局限性主要体现在，在制订项目计划时可能由于获取信息的不充分导致制订的计划不合理，从而影响对实际进度和成本的评价分析。它对项目的控制主要是从整体层面考虑，没有考虑到项目的阶段性，在项目实施过程中，处于不同阶段时项目的进度和成本也不同。

以上优化方法在实施时还要考虑资金的时间价值、运营期收益影响等因素，结合项目全生命周期，动态测算并对运输项目成本进行优化。

2. 资源均衡分配法

资源均衡分配法是指通过调整项目资源需求计划、延迟某些非关键活动进度、调整总时差或自由时差等措施，优化项目资源分配方案，使资源需求的波动最小，进而降低项目总成本的方法。其假设前提是认为比较稳定的资源使用率能够导致比较低的资源成本。

资源均衡分配法的作用主要体现在：及时调整项目所需的人力和物质资源，避免资源不够、资源冗余或资源不均衡等现象的发生，降低资源使用成本；减少某种或某些资源的过度分配或分配不均，避免资源的浪费，提高资源的使用效率；充分利用非关键路径上的浮动时间来灵活安排项目资源，确保资源分配平衡及项目进度计划的有效实现；在进度延误的情况下，及时调整资源的投入水平，加快项目进度；根据现有的资源情况，优化和合理调整项目进度计划，提高项目管理的效率和效益。

资源均衡分配法通常包括工期约束下的资源均衡分配和资源约束下的资源均衡分配两种类型。

1）时间约束下的资源均衡分配法（时间约束平衡）

使用该方法时，通过可利用的浮动时间来努力避免资源超负荷情况的发生，并且不影响由关键路径法直接计算所确定的项目工期。或者说，如果一项任务有浮动时间，并且可以推迟某项资源完成其并列任务中的工作，那么有浮动时间的那项任务将会被拖延，直到另一项任务得以完成。这种方法可以使浮动时间最少的任务首先得到资源，而浮动时间较多的任务将被推迟，这就意味着任何关键路径上的任务将会比那些有浮动时间的任务优先得到资源（具体参考 5.3.3 中的项目时间—资源优化法）。

2）资源约束条件下的资源分配法（资源约束平衡）

该方法是在不增加资源的情况下，通过对现有资源的优化配置和充分利用，从而保证项目进度计划得以实现的方法。很多项目都受到来自资源的约束条件的制约，特别是当某类资源有限，而又没有找到好的替代品时，这种现象更为普遍。如果出现资金周转方面的困难，各种资源的使用就会受到限制。有时资源使用可能没有数量上的限制，但是资金周转问题将迫使这些资源在某个特定项目中的使用量被减少或者超过特定的时间。

在资源使用的约束条件下，可以采取以下几种措施。

（1）用较少的资源投入量完成活动。这种技术只对那些工期可以延长、用较少的资源就能完成的活动有效。

（2）分解活动。对于项目中，活动原有的逻辑关系影响不太大的情况，可以把某些活动分解成一些子活动。优先完成某些子活动，整体完成不对原有的逻辑关系产生影响。

（3）调整活动的逻辑关系。当网络只是以结束到开始的逻辑关系为基础时，引入其他类型的逻辑关系，将有助于对有约束的资源进行管理。例如，如果用开始到开始的逻辑关系代替结束到开始的逻辑关系，就有可能消除由于资源的缺乏而造成的延误。项目管理人员通过认真分析活动之间的真正的逻辑约束并且运用各种类型的逻辑关系来模拟这些约束，就可以解决项目中存在的一些矛盾。

（4）使用可以替代的资源。例如，分包商和劳动力机构都是额外的劳动力来源。当然，这样做的成本可能相应高一些，最合适的方法就是把成本超支与进度拖延相比较，加以协调考虑。

（5）合理匹配互补的资源。这样可以使互补的资源充分利用，而且总成本降低。例如，在工程建设项目中，通常要租借多台起重机，如果租借来的每台起重机每天需要工作 14 个小时，每个操作工每天工作 8 ~ 10 个小时，那么，比较合理的做法是雇用两个操作工，共同使用一台起重机，实行两班轮换制。这样可以充分发挥设备和人力这两种互补资源的最大潜力。

（6）盘活利用闲置的资源。资源闲置预示着效率低下，可以考虑是否能将闲置的资源变为他用，这样可以提高资源使用率。资源使用率与成本和准时完成项目同样是项目评估期间的关键因素。在制订计划和检查的过程中，应该突出并优化这些因素。

6.3 运输项目成本控制

运输项目成本控制要依据项目成本控制基准，监测并控制引起实际成本与成本基准计划发生偏差的因素，并对其进行纠正。运输项目成本控制有助于提高项目的成本管理水平，提高项目的经济效益。

6.3.1　运输项目成本控制概念

1. 运输项目成本控制的概念

运输项目成本控制（Transport Project Cost Minimization/Control）是指按照事先确定的运输项目成本预算基准计划，运用各种恰当的办法，对项目实施过程中所消耗的成本进行管理控制，使项目的实际成本限定在成本预算范围内的过程。

运输项目成本控制的主要目的是控制引起实际成本与成本基准计划发生偏差的因素，并对其进行纠正。运输项目成本控制有助于提高项目的成本管理水平，降低项目的成本，提高项目的经济效益。

2. 运输项目成本控制的原则

运输项目成本控制应该遵循以下基本原则。

（1）成本最小化原则。项目成本控制的根本目的，在于通过成本管理的各种手段，以达到成本最小化、利润最大化的目的。应注意降低成本的可能性和合理的成本最小化，一方面挖掘各种降低成本的潜力，使可能性变为现实；另一方面要从实际出发，通过主观努力，合理地降低成本。

（2）全面成本控制原则。全面成本管理是项目全员和全过程的管理。全员成本控制指建立各部门、各单位的责任网络和班组、员工经济核算体系；全过程控制要求成本控制工作贯穿于项目生命周期的各个阶段。

（3）动态控制原则。成本控制应强调项目的中间控制，即动态控制，因为准备阶段的成本控制只是确定成本目标、编制成本计划、制订成本控制的方案，为今后的成本控制做好准备；而收尾阶段的成本盈亏已基本定局，即使发生了偏差，也已来不及纠正。因此，必须强调项目中间过程的成本动态控制。

（4）目标管理原则。运输项目成本控制要按照成本目标的设定和分解、目标的责任到位和执行、检查目标的执行结果、评价目标和修正目标等步骤展开，形成成本目标管理的计划、实施、检查、处理循环，即运输项目成本控制的 PDCA 循环。

（5）责权利相统一的原则。在项目成本控制过程中，项目经理、各部门、各班组在肩负成本控制责任的同时，享有成本控制的权力，实行有奖有罚，确保责、权、利相统一的成本控制体系，才能收到预期的效果。

（6）厉行节约原则。对各项成本费用的支出加强监督控制，预防和制止可能发生的浪费。

3. 运输项目成本控制的工作要点

运输项目成本控制的主要内容包括以下几个方面。

（1）确定成本控制标准。成本控制就是要保证各项工作在它们各自的预算范围内进行，控制的基础是事先就对项目进行费用预算。

（2）检查成本实际执行情况。成本管理不能脱离技术管理和进度管理独立存在，相反，要在成本、技术、进度三者之间做综合平衡。及时、准确的成本、进度和技术跟踪报告，是项目经费管理和费用控制的依据。

（3）发现实际成本与计划成本的偏差。成本控制的基本方法是规定各部门定期上报其费用报告，再由控制部门对其进行费用审核，以保证各种支出的合法性，然后再将已经发生的费用与预算相比较，分析其是否超支，并采取相应的措施加以弥补。

（4）确定纠偏措施。成本控制主要关心的是影响改变费用线的各种因素、确定费用线是否改变以及管理和调整实际的改变。

（5）将变更后的项目成本基准计划通知相关项目干系人。

（6）评价成本控制效果。监控费用执行情况以确定与计划的偏差；确保所有发生的变化被准确记录在费用线上；避免不正确的、不合适的或者无效的变更反映在费用线上。

6.3.2 运输项目成本控制依据

运输项目成本控制依据主要包括以下内容。

1）运输项目成本基准计划

运输项目成本基准计划是最基础的项目成本控制依据。

2）运输项目成本管理计划

运输项目成本管理计划是运输项目成本控制和管理的指导性文件。

3）运输项目执行情况报告

项目执行过程中，定期报告各项活动是超出预算还是在预算之内的文件。

4）运输项目成本变更申请

根据项目情况变化，要求增加预算或减少预算的请求。

5）运输项目成本变更的原因分析

根据运输项目成本变更原因分析，采取恰当的控制措施。例如，运输项目成本变更的原因通常可参考以下角度（见表6-1）。

表6-1 运输项目成本变更的原因分析

类　型	常见的表现
宏观原因	气候环境变化；经济政策调整；物价上涨；总工期拖延；政治因素；等等
微观原因	出现重大的技术难题工作效率低下；返工增多；管理协调不好；等等
内部原因	沟通不佳；员工素质不高；直接成本增加；突发事故；等等
外部原因	上级或业主的干扰；国家相关产业政策的变动；所在社区的反对；其他风险

6.3.3 运输项目成本控制方法

1.项目成本变更控制体系的方法

项目成本变更控制体系的方法是指通过建立和使用项目变更控制体系对项目成本进行有效控制的方法，这包括从提出项目变更请求到变更请求获得批准，一直到最终修订项目成本预算的项目变更全过程控制体系。

2.项目实际成本完成情况的度量方法

通常在现代项目成本管理中引入"挣值"度量方法，对项目成本和工期绩效进行偏差分析和集成控制。该方法的基本思想是运用统计学的原理，通过引进一个中间变量"挣值"来帮助项目管理者分析项目成本的变动情况，并给出项目成本与工期相关变化的信息，对项成本发展趋势做出预测与决策[①]。

"挣值"是一个表示已完成作业量的计划价值变量，是一个使用计划价格或预算成本表示在给定时间内已完成实际作业量的一个变量。挣值计算公式为

$$EV = WP \times BC$$

式中：EV 为挣值；WP 为实际完成的作业量；BC 为已完成作业的预算成本。

挣值法的基本原理是借用统计学中指数分析或因素分析的中间变量（$P0 \times Q1$）就可以分别对由于项目作业量（Q）和成本（P）的变动所造成的项目成本的相对与绝对差异进行分析。挣值法是通过分析项目目标实施与项目目标期望之间的差异，从而判断项目实施的费用、进度绩效的一种方法，又称偏差分析法。它的独特之处在于将费用和进度统一起来考虑，用预算和费用来衡量项目的控制状态，是项目费用进度控制系统的重要组成部分。

项目挣值分析方法的内涵主要包括项目的三个关键变量、三个绝对差异分析和两个相对差异分析。

1）项目挣值的三个关键变量

（1）项目计划价值（Budgeted Cost of Work Scheduled，BCWS），也叫计划完成工作预算费用（BCWS），即根据进度计划，在某一时刻应当完成的工作（或部分工作），以预算为标准所需要的资金总额，又称"计划投资额"。这个值对衡量项目进度和项目费用都是一个标尺或基准。一般来说，除非合同有变更，BCWS 在工作实施过程中应保持不变。如果合同变更影响了工作的进度和费用，经过批准认可，相应的 BCWS 基线也应做相应的更改。项目计划价值的计算公式为：BCWS ＝计划工作量 × 预算定额。

（2）项目的挣值（Budgeted Cost of Work Performed，BCWP），也称为已完成工作预算费用（BCWP），即在某一时刻已经完成的工作（或部分工作），以批准认可的预算为标准所需要的资金总额，又称"已完成投资额"。由于业主正是根据这个值为承包商完成的工作量支付相应的费用，也就是承包商获得（挣得）的金额，故称"挣值"。这种方法之所以叫"挣值法"就是因为它使用到这个关键要素——挣值。当然，已完成工作必须经过验收，符合质量要求。项目挣值的计算公式为：BCWP ＝已完成工作量 × 预算定额。

（3）项目实际成本（Actual Cost of Work Performed，ACWP），又称已完成工作实际费用（ACWP），即到某一时刻为止，已完成的工作（或部分工作）所实际花费的总金额或"消耗投资额"。项目实际成本的计算公式为：ACWP ＝实际工作量 × 实际费用。

以上指标都是项目挣值分析方法中根据不同的项目成本与工期（作业量）指标计算获得的数值，这些指标数值分别反映了项目成本和工期的计划和实际水平。这三个费用值实际上是三个关于时间（进度）的函数，即

$$BCWS(t), (0 \leqslant t \leqslant T)$$

$$BCWP(t), (0 \leqslant t \leqslant T)$$

$$ACWP(t), (0 \leqslant t \leqslant T)$$

式中：T 为项目完成时点；t 为项目进展中的监控时点。

---

① 戚安邦 . 项目管理学 [M]. 天津：南开大学出版社，2003.

理想状态下，上述三条函数曲线应该重合于 BCWS（ t ）。

2）项目挣值的三个绝对差异分析

根据项目挣值中的三个关键变量，可以导出项目挣值的三个差异分析变量指标。

（1）项目成本进度绝对差异（Cost Schedule Variance，CSV）。其计算公式为

$$CSV = PV - AC = BCWS - ACWP$$

式中：PV 为预算成本；AC 为实际成本。

该指标值为正表示项目提前完成，反之则表明项目进度延误。

（2）项目成本绝对差异（Cost Variance，CV），或称费用偏差（CV）。CV 是指在某个检查点上 BCWP 与 ACWP 之间的差异，其计算公式为

$$CV = EV - AC = BCWP - ACWP$$

当 CV > 0 时，表示完成某工作量时，实际费用低于预算费用，项目运行节支（见图 6-6）。

当 CV < 0 时，表示完成某工作量时，实际费用超出预算费用，项目运行超支（见图 6-7）。

当 CV = 0 时，表示完成某工作量时，实际费用等于预算费用。

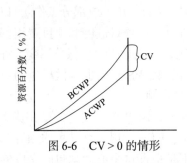
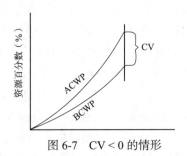

图 6-6 CV > 0 的情形   图 6-7 CV < 0 的情形

（3）项目进度绝对差异（Schedule Variance，SV），也叫进度偏差。SV 是指在某个检查点上 BCWP 与 BCWS 之间的差异，其计算公式为

$$SV = EV - PV = BCWP - BCWS$$

当 SV > 0 时，表示实际完成工作量超过计划预算值，即实际进度快于计划进度，说明进度提前（见图 6-8）。

当 SV < 0 时，表示实际完成工作量小于计划预算值，即实际进度落后计划进度，说明进度延误（见图 6-9）。

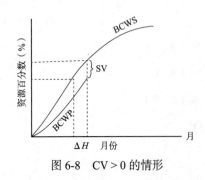
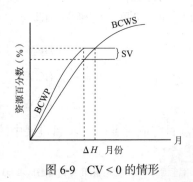

图 6-8 CV > 0 的情形   图 6-9 CV < 0 的情形

当 SV=0 时，表示实际完成工作量等于计划预算值，即实际进度符合计划进度。

3）项目挣值的两个相对差异分析

（1）项目成本绩效指数（Cost Performance Index，CPI），也称费用绩效指数。CPI 是指 BCWP 与 ACWP 的比值，其计算公式如下：

$$CPI = EV / AC = BCWP / ACWP$$

当 CPI > 1 时，实际费用低于预算费用，表示节支。

当 CPI < 1 时，实际费用高于预算费用，表示超支。

当 CPI = 1 时，实际费用等于预算费用。

（2）项目计划完工指数（Schedule Completion Index，SCI），也称进度绩效指数（Schedule Performed Index）。其计算公式如下：

$$SCI = EV / PV = BCWP / BCWS$$

当 SPI > 1 时，实际进度快于计划进度，表示进度提前。

当 SPI < 1 时，实际进度拖后计划进度，表示进度延误。

当 SPI = 1 时，实际进度等于计划进度。

项目挣值与项目计划作业的预算成本（或造价）的相对数，该指标排除了项目成本变动因素的影响，反映的是项目实际作业量变动对项目成本的相对影响程度，它是前面项目进度差异指标的相对数形态。

4）挣值法的一般步骤

应用挣值法时，通常采用的步骤如下。

（1）根据费用基线确定检查点上的 BCWS。

（2）记录到检查点为止项目费用使用的实际情况，确定 ACWP。

（3）度量到检查点为止项目任务的完成情况，确定 BCWP。

（4）计算 CV 和 SV（或者 CPI 和 SPI），判断项目执行情况。

（5）如果偏差超出允许范围，则需要找出原因，并提出改正措施。

由于对整个项目使用了累计数据，当整个项目的成本和进度没有出现偏差时，不等于没有问题。各个工作包之间的数据可能存在相互抵消的问题，导致难以发现问题的真正所在。因此，挣值分析通常用于偏差大的、预算成本高的、关键的工作包以及整个项目。

3.运输项目成本控制的措施

降低运输项目成本的途径，应该既开源又节流，既增收又节支。控制运输项目成本的措施归纳起来有以下 3 个方面。

（1）组织措施。建立运输项目成本控制责任制度，明确项目经理是项目成本管理的第一责任人，明确各部门、各人员的成本管理责任，全面组织执行项目成本管理工作，定期监测并分析盈亏状况，及时采取成本控制的有效措施。

（2）技术措施。制订先进的、经济合理的项目实施方案，以达到缩短工期、提高质量、降低成本的目的；在项目实施过程中努力寻求各种降低消耗、提高工效的新工艺、新技术、新材料等降低成本的技术措施；严把质量关，杜绝返工现象。

（3）经济措施。主要包括以下方面。

①人工费控制管理，包括：改善劳动组织，减少窝工浪费；实行合理的奖惩制度；加强教育和培训；加强劳动纪律，严格控制非生产人员比例。

②材料费控制管理，包括：改进材料的采购、运输、收发、保管等工作，减少各环节的损耗，节约采购费用；合理堆置现场材料，避免和减少二次搬运；严格材料进场验收和限额领料制度；制定并贯彻节约材料的技术措施，合理使用材料，综合利用一切资源。

③机械费控制管理，包括：正确选配和合理利用机械设备；做好机械设备保养修理，提高机械的完好率、利用率和使用效率，从而加快施工进度、增加产量、降低机械使用费。

④间接费及其他直接费控制，包括：精减管理机构，合理设置管理幅度与管理层次；选配一专多能的复合型人才，规范各项支出，降低管理费用。

6.3.4 运输项目成本控制结果

（1）运输项目成本预算修正文件。根据影响运输成本变化的因素和条件变化，及时修正、更新各个环节的成本预算，完善相关纠正措施，形成运输项目成本预算修正文件。

（2）运输项目成本偏差纠正措施。正确分析运输项目成本偏差的原因，采取相关纠正措施。

（3）运输项目成本控制的有关经验教训。

[例6-1] 某运输项目进展到11周时，对前10周的工作进行统计，有关情况见表6-2。

表6-2 某运输项目前10周的工作统计　　　　　　　　　　　　　　单位：万元

工 作	计划完成工作预算费用	已完成工作量（%）	完成工作实际发生费用
A	400	100	400
B	450	100	460
C	700	80	720
D	150	100	150
E	500	100	520
F	800	50	400
G	1000	60	700
H	300	100	300
I	120	100	120
J	1200	40	600
合计			

问题：（1）求出10周末的 BCWP、ACWP、BCWS；（2）计算10周末的 CV、SV、CPI、SPI，并进行分析。

解：（1）某运输项目进展到11周时，根据相关统计，计算前10周每项工作的挣值及10周末的 BCWP、BCWS 和 ACWP，见表6-3。

表 6-2　前 10 周每项工作的挣值及 10 周末的 BCWP、BCWS 和 ACWP　　　　单位：万元

工　作	计划完成工作预算费用	已完成工作量（%）	完成工作实际发生费用	挣　值
A	400	100	400	400
B	450	100	460	450
C	700	80	720	560
D	150	100	150	150
E	500	100	520	500
F	800	50	400	400
G	1 000	60	700	600
H	300	100	300	300
I	120	100	120	120
J	1 200	40	600	480
合计	5 620（BCWS）		4 370（ACWP）	3 960（BCWP）

（2）计算 10 周末的 CV、SV、CPI、SPI。

CV = BCWP − ACWP = 3 960 − 4 370 = −410

该数据说明实际运行成本超支。

SV = BCWP − BCWS = 3 960 − 5 620 = −1 660

该数据说明实际运行进度拖后。

CPI = 3 960 / 4 370 = 0.906

该数据说明实际费用高于预算费用，表示超支。

SPI = 3 960 / 5 620 = 0.704

该数据说明实际进度拖后计划进度，表示进度延误。

以上说明实际发生费用高于预算费用，工作进度拖后，项目运行状况不好，须加快进度并控制费用。

6.4　运输项目综合效益管理

运输项目综合效益是指运输项目的有效产出与投入之间的一种比例关系，它反映了项目投入与项目所带来的利益之间的关系。科学合理地推进运输项目综合效益管理，对提高运输项目的经济效益和社会效益，充分发挥运输项目潜能，提高运输项目的效率水平，满足国民经济发展需要，具有重要的意义。

6.4.1　运输项目综合效益管理概念

1. 运输项目综合效益与综合效益管理

运输项目综合效益（Transportation Project Comprehensive Benefits）是指运输项目的有

效产出与投入之间的一种比例关系，它反映了项目投入与项目所带来的利益之间的关系。运输项目综合效益包括企业层面的经济效益和宏观层面的社会效益两种基本类型。

运输项目综合效益管理是指为获得运输项目利益最大化的产出投入比例，对项目投入各种要素进行有效协调和充分挖潜的过程。例如，在运输项目投资总额一定的前提下合理降低项目成本，组织合理化运输，都属于运输项目效益管理的内容。

科学合理地推进运输项目综合效益管理，对提高运输项目的经济效益和社会效益，充分发挥运输项目潜能，提高运输项目的效率水平，满足国民经济发展需要，具有重要的意义。

2. 运输项目的收益产出

不管是运输工程项目还是运输服务项目，其最终产出不是项目本身，而是项目的功能所在，即项目为客货运输需求提供了空间位移的服务。因此，运输项目的产出可以做如下几个方面的划分，它们构成了运输项目产出的内容。

（1）空间价值。运输项目产出为客货运输需求提供空间位移服务，首先可以满足人类衣食住行中对行的基本需求，为工农业原料及产品的流通提供运输服务。因此，从某种意义上讲，运输项目产出最大的成果就是其空间价值，这是现代社会经济活动中不可缺少的重要内容，是人类社会的基本需要。

（2）时间价值。运输项目产出为客货运输需求提供空间位移服务的同时，为旅客和货主创造了无可限量的时间价值。这主要体现在，一是任何时间的节约都会产生重要的效益；二是时间节约价值更多地反映在对快速服务需求和消费者愿意支付的价格上，如航空服务。时间价值主要包括以下类型。

①工作时间价值。节约的时间价值可以由工资率加上与就业有关的其他费用决定，或者说，工作时间节约可以按雇主成本计算。工作时间价值随人均 GDP 成比例地提高。工作时间价值也是解释城市中人们更愿意选择在交通枢纽和地铁站点附近居住的重要原因。

②非工作时间价值。按个人支付意愿确定，随出行目的和时间选择而变化，非工作时间价值在一天中不同时刻可能会有不同，出行活动也可能会产生某些正效用。

③步行和等待时间。减少等待时间和步行的运输项目可能产生更多的效益。根据经验估算，步行、等待和换乘时间价值要高于乘车旅行时间价值。

（3）车辆营运成本节约。车辆营运成本依次决定于道路的几何形状（坡度、曲线、超高）、路面条件（凹凸性或粗糙度）、司机行为和交通管制。运输项目改善可能会节约车辆营运成本，例如，节约燃料、润滑材料、维修、轮胎、车辆磨损费用等折旧。

（4）货运成本节约。对时间节约的支付意愿等于节约资源的边际成本，包括工资、使用资金与车载货物等。

（5）减少事故频率和严重性。运输项目通过交通量或交通条件发生的变化，可能会改善基础设施的交通安全水平，降低事故率，减少事故发生的损失。

（6）提高运输服务的舒适性、方便性和可靠性。

（7）促进经济社会发展。满足积极社会发展的运输需求。

（8）改善环境。运输项目通过所提供的改善性措施或功能可能产生对环境的积极影响。

3. 运输项目的费用投入

运输项目对社会资源消耗形成的费用范围往往能从直观上进行判断，其费用通常包括项目直接或间接的社会投资及经营费用。

（1）运输项目社会投资。运输项目的社会投资，是指将项目建成达到预定运行状态所需消耗的各种社会资源和劳务的货币表现以及项目在运行状态中所需用社会资金的总和。其中，既包括建设运输项目直接和间接消耗社会资源产生的固定投资，也包括运输项目运行和管理时直接与间接占用的社会流动资金。

（2）运输项目社会经营费用。运输项目的社会经营费用是指运输项目建成后在运行期间，每年项目运行及管理实际发生的社会资源和劳务消耗费用，同样，其中包括由项目运行直接消耗的费用和为保证项目运行社会发生的间接消耗费用。

（3）运输项目外部费用。运输项目沿线可能产生的环境影响，这些道路将促进森林砍伐，导致肥沃土地的流失和野生动物的减少，交通量的提高也会增加大气污染、噪声、震动等环境影响，增加交通事故发生的概率以及建设美学上令人不快的构筑物。

6.4.2　运输项目综合效益管理依据

1. 运输项目综合效益管理的主要依据

1）运输项目财务效益、经济效益和社会效益分析

对运输项目财务效益、经济效益和社会效益进行监测、分析和评估。

2）运输项目外部性分析

运输项目外部性分析包括运输项目产生的正向和负向的外部性影响。

3）运输项目成本文件

运输项目成本文件包括投资和运营运输项目的各类成本文件。

4）运输项目规划设计文件

运输是产品生产流通中极为重要的环节，对运输项目进行科学、合理的规划，确保运输流程便捷、高效，有利于提高项目的经济效益与社会效益。

2. 运输项目综合效益管理的主要考虑因素

运输项目效益是由各种经济的、技术的和社会的因素相互作用的结果。影响运输项目效益的因素，可以考虑以下几个方面。

1）运输距离

首先，运输距离是影响运输成本的主要因素，因为它直接对劳动、燃料和维修保养等变动成本发生作用。尽管随着运输距离的延长，单位运输成本会降低，但总的来看，一般运输距离与运输成本成正比，距离越长运输成本越高，反之亦然。当今的运输已不再像以前是短距离运输，随着交通运输工具越来越便利和区域物流的发展，长距离运输越来越成为运输的主旋律。其次，在整个运输过程中，运输时间、货损货差、运费、车辆利用率等若干技术经济指标，都与运输距离有一定比例关系，运输距离的延长，必然会导致运输时间的增加，使得货损货差的概率增大，造成车辆周转时间的延长。因此，运输项目设计时，要考虑运输距离，尽可能实现运输路径优化。

2）运输时间

如果运输项目的时间价值难以保证，将会使承运商品的价值降低，影响货物销售机会，造成商品积压和脱销，甚至影响到货物的国际贸易。

3）运输环节

运输过程中，必然会伴随产生装卸、搬运、包装等工作，多一道环节，就会增加一部分

费用,从而导致整个运输费用的增加。因此,减少运输环节,尤其是同类运输工具的运输环节,对提升运输效益有促进作用。

4)运输方式和运输工具

不同运输工具和方式的选择对降低运输成本起着不可忽视的作用,好的运输工具和方式的选择能够大大降低运输成本。各种运输工具都有其独特的技术经济特征和使用的优势领域,对运输工具进行优化选择,要根据不同的运输对象的特点,选择合适的运输方式,宜铁则铁,宜水则水,选择最佳的运输线路,合理使用运力,以最大限度地发挥所用运输工具的作用。在经济全球化和区域物流不断发展的浪潮下,单一的运输工具和方式已不再独占鳌头,不能完成区域范围大的运输业务,随之而来的是各种运输工具和方式的最佳组合。

5)运输对象的种类

不同的运输对象在运输时的要求不同,有些物资易损、易腐、易燃、易爆,容易造成损坏风险导致索赔。运输过程中需要特殊的工具或方式,并且需要一定的保险措施,这就会引起运输成本的增加。

6)装载能力

装载能力包括两方面的因素:一是运输工具的装载量,二是积载能力因素。运输工具装载量越大,越能减少运输的次数,从而降低运输费用。积载能力因素是指由于物资的具体尺寸、形状等因素对运输工具的空间利用程度的影响。如有些货物由于尺寸、密度、形状等比较特殊,以及超重超长等特征,使运输工具不能很好地积载,浪费了运输工具的空间,从而增加了运输成本;另外,装载能力受到装运规模的影响,大批量装运往往能够相互嵌套,有利积载,而小批量装运相互嵌套的机会较少,难以积载;此外,装载能力受到不同装载方案的影响,在货物装载中,要充分满足装载条件的要求,做到大件打底,小件装高;大不压小,合理利用装载工具的容积,不超重、不偏重、不偏载、不集重,从而实现巧装满载。

上述因素既相互联系,又相互影响,有的还相互矛盾。比如,运输一批货物,原本选择铁路运输方式,为了减少运输时间,选择了高速度的航空运输方式,时间大大缩短了,而运输费用也必然会增加。所以合理运输方式的选择,要根据货物性质、市场需求的缓急等要求进行综合分析,寻找最佳方案。在一般情况下,运输时间快,运输费用省,是考虑合理运输的关键,因为这两项因素集中体现了运输过程中的经济效益。

6.4.3 运输项目综合效益管理方法

加强运输项目综合效益管理,需要从整体上筹划设计运输项目,尽可能地降低运输项目整体上的建设和运行成本,体现综合效益。具体管理方法包括:规划设计上体现多功能合一、通道建设上促进多方式衔接、运营组织上实行合理化运输、运输服务上提高顾客让渡价值。

1.多功能规划设计

确保运输项目综合效益,必须首先从源头上确保运输项目规划设计科学合理,遵循科学的设计原则,体现多功能合一的规划思路,实现项目经济效益与社会公共服务相统一,体现出项目可持续发展、资源可持续利用的原则。例如,我国南方一些内河水运项目可以同时规划水运与防洪发电的功能,发挥出综合效益。

2. 多方式有效衔接

城际运输项目应构建综合运输通道，整合铁路、公路、水路、航空和管道等各种运输方式的技术经济优势，形成技术先进、网路布局合理和运输结构优化的综合运输体系。综合运输体系内铁路运输、公路运输、水路运输、航空运输和管道运输等各种运输方式之间合理分工，有效衔接，适应不同的自然地理条件和运输需要，既要满足社会化运输需要，又要体现出整体效率高、劳动消耗少的优势。例如，发展各种联运体系和综合运输方式，实现不同运输主体之间的密切分工和有效衔接。联运方式主要有陆海联运、陆陆联运、国际多式联运等，联运方式充分利用面向社会的各种运输系统，通过协议进行一票到底的"一条龙"运输，有效打破了一家一户的分散运输，提升了整体运输效率，有效保证了工农业产品的稳定运输。

城市运输项目也应做到不同运输方式之间有效衔接，不同功能的物流方式之间有效衔接，为顾客节省中间换乘或倒货的时间，以充分发挥多种运输方式的技术经济优势，从而畅通运输通道，提升整体运输效率。

3. 合理化运输组织

合理化运输就是在整个运输中，通过选择合适的运输工具、最少的运输环节、最佳的运输线路和最低的运输费用，使物资运送至目的地的活动。合理地组织运输，可以充分发挥运输能力，提高运输效率，促进各种运输方式的合理分工，以最小的社会运输劳动消耗，满足国民经济的运输需要，为国民经济发展创造最大的效益；加速货物流通，既可及时供应市场，又可降低物资部门的流通费用，加速资金周转，减少货损货差，取得良好的社会效益和经济效益；通过消除运输中的种种浪费现象，提高商品运输质量，充分发挥运输工具的效能，节约运力和劳动力，在保证产品价值不变的情况下，降低产品的价格，为消费者节约，乃至为整个社会节约。

1）优化运输流程管理，遏制不合理运输

合理化运输是对运输流程管理的优化，在保证运输安全、高效、合理且不过分增加其他环节成本（如库存成本）的前提下，尽可能地降低运输的各项成本（包括经济成本与时间成本），保证采用最适宜的运输工具、经过最佳的运输路径、以最少的运输环节和运输成本，实现商品的空间转移。在物流运输中，要遏制对流运输、倒流运输、迂回运输、重复运输、过远运输、运力选择不当、托运方式选择不当等不合理运输行为的发生，以有效降低运输成本。

2）合理安排运输排程，设计最优运输路线

运输排程问题主要涉及运输距离、运输时间、运输环节等方面。运输距离是影响运输成本的主要因素，因为它直接对劳动力、燃料和维修保养等变动成本发生作用。合理安排运输排程，也可以减少运输成本。针对不同情况安排好运输时间，然后再根据不同的位置和订货量，构建相应的模型，利用最大流、最短路径等运筹学原理或选用相关软件对运输路线进行合理规划，尽量达到路线最短、所用车辆和司机最少。从一个地点到另一个地点的运输线路有多条，应该综合分析各条线路，根据点对点运输的原则从中选择运输距离最短的一条。这样不仅可以节约时间，提高运作效率，而且可以降低燃油费，减少对运输工具的磨损，从而降低运输成本。

3）选择最佳的运输工具和方式的组合

目前常用的运输工具包括汽车、船舶、飞机、火车、管道等，相应的运输方式有公路、水路、

航空、铁路和管道运输五种。这几大主要的运输工具和运输方式都具有各自的优缺点，其运输成本也有较明显的差异。有时一条运输线路不仅仅选择一种运输工具和一种运输方式，而是多种运输工具和方式的组合，因此应该选择运输成本最少的运输工具和方式的最佳组合。

4）提高运输工具实载率，合理控制运量

在使用相同运输方式的前提下，同一段距离的运输，运输量越大，每单位重量货物所承担的运输成本越小；反之，运输成本越大。充分利用运输工具的额定能力，减少车船空驶和不满载行驶的时间，减少浪费，从而求得运输的合理化。我国铁路运输曾提倡"满载超轴"，其中"满载"的含义就是充分利用货车的容积和载重量，多载货，不空驶，从而达到合理化运输的目的。当前的物流"配送"形式，将多家需要的货和一家需要的多种货实行配装，以达到容积和载重的充分合理运用，比起以往自家提货或一家送货车辆大部空驶的状况，是运输合理化的一个表现。"超轴"的含义就是在机车能力允许情况下，加挂车皮，以达到在不增加机车的情况下增加运输量的效果。在运输项目中，采用整车运输、合装整车、整车分卸及整车零卸等具体措施，都是提高实载率的有效措施。提高运输工具实载率。在不超载的情况下，可根据车船的货位情况和不同货物的形状，采取高效的堆码方法；可以把轻重货物和实重货物混装；也可选择将体积较大、不易装卸的货物进行拆分运输。总之，最大限度地使用运输工具的装载容积，提高运输工具实载率，以节约运输成本。

4. 社会化共享运输体系

社会化共享运输体系是利用互联网、大数据、云计算等现代信息技术，搭建"互联网＋"运输服务平台，有效整合分散化的社会运输资源和顾客运输需求，通过供需两端精准匹配、运输供给主体之间专业分工、协同配合，为顾客提供高效优质便捷的运输服务，共同完成客货运输任务的服务系统。

一家一户式的运输小生产方式，难以形成运量规模，容易出现空驶、不能满载、返程空载、运力选择不当（因为运输工具有限，选择范围太窄）、配套装卸搬运设施有效利用率不高等浪费现象。建立健全社会化共享运输体系，有助于统一安排运力，发挥各自优势，避免对流、倒流、空驶、运力不当等不合理形式，实现运输综合效益。

按照"市场导向、多方参与、统筹协调、共享开取"的思路，从共享运输基础设施保障、技术与信息保障、主体保障和政策保障等维度，可以探索构建"共享运输"模式，优化运输资源配置，完善社会化共享运输体系。

5. 扩大顾客让渡价值

顾客让渡价值是指顾客总价值（Total Customer Value）与顾客总成本（Total Customer Cost）之间的差额。顾客总价值是指顾客购买某一产品与服务所期望获得的一组利益，它包括产品价值、服务价值、人员价值和形象价值等。顾客总成本是指顾客为购买某一产品所耗费的时间、精神、体力以及所支付的货币资金等，包括货币成本、时间成本、精神成本和体力成本等。顾客购买产品时，总是期望把付出的成本降到最低限度，同时又希望从中获得更多的实际利益，以使自己的需要得到最大限度的满足。顾客满意是"顾客通过对一个产品的可感知效果（或结果）与他的期望值相比较后，所形成的愉悦或失望的感觉状态"。因此，顾客在选购产品时，往往从价值与成本两个方面进行比较分析，从中选择出价值最高、成本最低，即"顾客让渡价值"最大的产品作为优先选购的对象。扩大运输项目的顾客让渡价值可以采取如下措施。

1）顾客价值评估

可以根据影响顾客价值的因子建立"因子顾客价值矩阵"，针对某个一级因子，以感知利得为纵轴，以感知利失为横轴，建立该因子的顾客价值矩阵；再以顾客价值构成因子为横轴，以各因子的顾客价值为纵轴，将每个因子的企业顾客价值或顾客期望价值连成曲线，从而建立顾客价值构成曲线，若该企业在某个因子上的顾客价值高于本行业在该因子上的顾客价值，那么，企业在此因子上的顾客价值就是该企业的核心顾客价值。

2）提高运输项目总价值

通过改进运输项目的产品、服务、人员与形象，满足顾客多样化的运输需求，充分考虑顾客对运输产品安全性、便利性、经济性和时间性的要求，提高运输项目产品的总价值。

3）降低顾客货币与非货币成本

通过降低运输产品生产成本，体现运输项目的时间价值、空间价值，减少顾客购买运输产品的时间、精神与体力的耗费，从而降低顾客的货币与非货币成本。

6.4.4 运输项目综合效益管理结果

运输项目效益管理结果主要有：

（1）运输项目效益管理目标及方案；

（2）运输项目取得成本降低、效益提升的效果；

（3）运输项目规划设计优化方案；

（4）合理化运输方案，包括对运输方式、运输批量和运输时间及路线的选择。

本章小结

运输项目成本与效益管理是运输项目管理中的核心内容之一。运输项目成本预算是在运输项目成本估算基础上，编制的运输项目费用预算方案，其目的是确定运输项目成本基准，作为项目融资和项目成本进度控制的重要依据。在一定的安全和质量水平下，运输项目成本优化对提高运输项目的经济效益有着重要作用，通过运用一些方法，调整相关变量之间的关系，达到运输项目成本优化的目标，从而对运输项目的成本、进度计划与控制提供一定的参照。

运输项目成本控制要依据项目成本控制基准，监测并控制引起实际成本与成本基准计划发生偏差的因素，并对其进行纠正。运输项目成本控制有助于提高项目的成本管理水平，提高项目的经济效益。运输项目综合效益是指运输项目的有效产出与投入之间的一种比例关系，它反映了项目投入与项目所带来的利益之间的关系。科学合理地推进运输项目综合效益管理，对提高运输项目的经济效益和社会效益，充分发挥运输项目潜能，提高运输项目的效率水平，满足国民经济发展需要，具有重要的意义。

思考与练习

1. 简述运输项目所需资源的分类。

2. 运输项目资源计划考虑的因素有哪些？

3. 运输项目成本与进度、资源投入及项目质量之间分别呈现什么样的关系？

4. 如何使用运输项目成本进度优化法、资源均衡分配法？

5. 项目挣值分析方法的内涵主要包括项目的三个关键变量、三个绝对差异分析和两个相对差异分析分别是什么？

6. 说明运输项目的收益产出、费用投入分别包括的内容。

运输项目质量与争议管理

 本章导入

　　运输项目在促进国民经济发展中起着重要的基础性作用。根据《"十三五"现代综合交通运输体系发展规划》，明确到 2020 年基本建成安全、便捷、高效、绿色的现代综合运输交通体系，部分地区和领域要率先基本实现交通运输的现代化[①]。"十三五"期间，交通运输建设总投资规模将达到 15 万亿元，其中铁路 3.5 万亿元，公路 7.8 万亿元。为了使运输项目充分发挥投资效益，避免重复建设、盲目建设和低水平建设，需要对运输项目立项、设计、施工、运营全过程进行严格的质量管理。运输项目质量管理有何意义？应采取怎样的质量保障措施来消除和减少质量隐患及事故？

学习目标

1. 熟悉质量和运输项目质量的概念与特性。
2. 掌握运输项目质量管理的概念及内容。
3. 熟悉运输项目质量计划的概念与内容。
4. 熟悉运输项目质量计划方法。
5. 熟悉运输项目质量保障的概念、方法。
6. 熟悉运输项目质量控制的内容。
7. 了解运输合同争议解决的主要方式及运输合同中常见的法律问题。

7.1　运输项目质量与质量管理

　　运输项目质量管理就是为有效满足运输项目利益相关者的需要而展开的、确保运输项目交付结果和项目管理过程满足相关标准的要求，而进行的质量计划编制、质量保障、质量控

---

① 国家发展和改革委员会.《中华人民共和国国民经济和社会发展第十三个五年规划纲要》辅导读本 [M]. 北京：人民出版社，2016.

制以及质量改进等方面的工作。

7.1.1 质量与项目质量

1. 质量的概念与特性

1）质量的概念

质量（Quality）的定义有多种，其中美国著名质量管理专家朱兰的定义和国际标准化组织（ISO）的定义最具权威性。美国质量管理学家朱兰(J.M.Juran)博士认为：质量就是产品的适用性，即产品在使用时能够满足用户需要的程度。国际标准化组织在其《质量管理与质量保障术语》中对质量的定义为，质量是反映实体（产品、过程和活动）满足明确的或隐含的需要的能力特性的总和。按照ISO9000质量管理体系中的定义，质量是一组固有特性，反映了满足要求的程度。

所谓"实体"是指承载质量特性的具体事物，包括产品、服务和工作等具体内容。质量主体是"实体"，实体可以是活动或过程、活动或过程结果的有形产品、某个组织体系或人，以及以上各项的综合。

所谓"固有特性"是指在某事或某物中本来就有的，尤其是那种永久的特性。顾客真正需要的质量特性是适用性，以及与要求、规范的一致性。质量特性可使用形容词如差、好或优秀来修饰。质量要求可以是明示的，也可以是隐含的或必须履行的需求或期望。明确的需求一般是在具体交易合同中或国家标准中明确标明的。明示的要求表示规定的要求，是由客户明确提出的要求或需要，通常是指产品的标准、规范、图纸、技术参数等，由供需双方以合同的方式签订，要求供方保证实现。隐含的需求一般是指市场或用户的期望和需求。隐含的要求则是不需要由客户明确提出，而是产品本身的特征必然能够满足这些需求的能力，隐含要求反映了组织、顾客和其他相关方的惯例或一般做法，是不言而喻的。比如，汽车能够驾驶、住宅能够满足起码的居住功能等。必须履行的要求则是由法律法规的要求及强制性标准的要求。比如，许多国家规定，汽车尾气排放必须达到某种标准，即是对汽车生产厂商必须履行的要求。

2）质量的特性

质量特性就是产品或服务为满足人们明确或隐含的需要所具备的能力、属性和特征的总和。质量特性主要反映在以下几个方面。

（1）内在性，满足特定的性能、功能和用途，符合可靠性、安全性要求。

（2）外在性，符合外形、状态、颜色、包装等方面的要求。

（3）经济性，满足使用寿命、价格等要求，具备一定的性价比、经济性、适用性特点。

（4）社会性，社会影响性。

（5）商业性，具备可维修性、保修、后续服务等。

（6）环保性，环境保护贡献、循环性、环境污染性等。

（7）广义性，涵盖产品质量、过程质量、体系质量。

（8）时效性，随不同阶段社会需求和期望的变化而变化。

（9）相对性，需求不同，质量要求也不同。当产品达到顾客要求时，质量通常也会达到。

3）质量的衡量

有形的产品质量比较容易衡量，主要是测量该产品的特性是否符合某种性能参数的要求，这些性能参数一般包括以下几个方面。

（1）结构参数，如长度、高度、重量、频率等。

（2）性能参数，如可靠性、适应性、可操作性、灵活性、可制造性等。

（3）感官参数，如味觉、视觉、舒适度、体验等。

（4）时间参数，如耐久性、保修期、可维护性等。

（5）商业参数，如担保、退换、后续服务等。

（6）社会参数，如合法、安全、环保等。

但对于像运输服务这样的无形产品，其质量标准往往不那么直观。服务质量的特性通常随行业的不同而异，但一般而言，我们可以从以下几个方面来衡量。

（1）服务时间，指为客户提供服务时在时间方面表现出的主动、及时、适时、周到的程度。

（2）服务能力，指为客户提供服务时做出判断的准确性、排除故障的正确率，以及指导用户使用产品的有效性的程度。

（3）服务态度，指在提供服务过程中表现出的热情、礼貌、诚恳、守信用、建立良好服务信誉的程度。

值得注意的是，质量跟等级是两个不同的概念。所谓等级是对功能用途相同但质量要求不同的产品所做的分类或排序。某种产品的质量低，是需要解决的问题，而低等级则不是。例如，软件产品可能是高质量，比如无明确错误、界面友好等，也可以是低等级，如只有有限的功能；或者是低质量，如错误百出、文档混乱，也可以是高等级，如集成大量功能等。项目组必须与客户充分沟通，确定和传达所需的质量和等级标准。

2. 运输项目质量的概念与特性

1）运输项目质量的概念

成功的项目活动首先需要达到质量要求，项目质量有两方面的含义。一方面是指项目产品质量，即项目所提交的产品或服务能否符合客户的技术性能要求，它是项目的最终目标，产品的质量会在项目结束后的很长时间都会产生影响。另一方面则是指项目管理过程的质量，即项目能否在规定的时间内、在批准的预算内、在规定的范围内完成任务。管理过程的质量会为项目产品质量做出贡献。按照已经定义好并且证明为正确的过程工作会增加成功的机会，也能保证最终的质量。

运输项目质量（Transport Project Quality）是指根据运输项目利益相关者的主张和期望，确保运输项目交付结果和项目管理过程应该满足的相关标准和一系列要求。

2）运输项目质量的内容

运输项目质量涵盖运输项目生命期各阶段的质量，包括项目可行性研究的质量、项目决策质量、项目设计质量、项目施工质量、项目竣工验收质量等。

运输项目最终产品是为社会提供运输服务，因此影响项目产品质量主要包括以下内容。

（1）运输组织质量，包括运输组织过程中各方面、各环节的质量，如运输计划质量、客货运输组织质量等。

（2）运输设备质量，主要包括站场线桥设备质量、机车车辆质量、通信信号设备质量等。

（3）用户界面质量，是指顾客能够感知的服务过程和服务结果，也是铁路运输过程中，向顾客提供各种服务活动质量的总称。它是运输各种质量特征的最终表现。

3）运输项目质量的特性

项目质量需要将产品质量与管理过程质量整合起来考虑，项目质量的特性通常包括以下几个方面。

（1）产品性。多数项目有许多产品性成果，项目交付的产品与客户要求或事先定义的产品规格中的要求相符，产品的规格要求往往是分层次的，是与项目产品分解结构对应的，如客户、功能、系统需求和详细需求。有的需求可能会指定组织内部适用的工程或技术设计标准、规范用来对项目及项目产品进行具体描述，也提供适用于组织所有项目的一些标准，例如所有产品开发项目要符合"产品质量检验规范"。规范也许会对项目的时间和成本提出要求（项目可行性的需要），也会对项目产品要达到的服务级别设置具体的参数。

（2）服务性。一些项目有许多服务性成果，必须要达到一定的服务级别和标准，服务质量特性也指项目产品要具备的各种能力，如可用性、可靠性、可维护性、适应性等。

（3）过程性。项目的质量由整个项目活动的全过程组成，受项目全过程的工作质量直接和综合影响。

（4）目的性。当项目的产品交付使用时，它能够解决某个问题或满足某个期望，或利用某种机会。也就是说，项目产品达到了当时启动它的目的，能够满足项目干系人所提出的要求。

运输项目质量具备项目质量的一般特性，但是也有其独特之处，这主要是由运输项目的宏观性、系统性和公共性所决定的。不同性质的运输项目，其质量要求的具体内容是不一样的。例如，运输工程项目质量要求比较强调适用性、可靠性、协调性等，如图 7-1 所示。

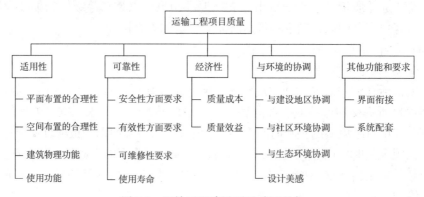

图 7-1　运输工程建设项目质量要求

运输服务项目质量要求的具体内容通常包括正确性、效率性、安全性、可达性及适应性等质量因素，见表 7-1。

表 7-1　运输服务项目质量要求

质量因素	含义
正确性	满足规格说明和用户目标的程度，即在预定环境下能正确地完成预期任务的程度。在运输过程中做到单据传递的正确性，确保各项手续交接清楚，并且准确完成商品运输
效率性	完成预定的运输任务，需要消耗资源和时间的多少。尽量缩短待运和在途时间，尽量做到门到门服务
安全性	运输服务过程中能有效控制（禁止）各类风险的程度。在运输过程中，不发生变质、损坏、污染、渗透、爆炸、燃烧、丢失等事故
经济性	选择合理的运输方式，对某种运输方式进行优化，使整个物流系统或供应链上的运输成本最低，综合效益最好
可达性	运输服务在完成预定应该完成的功能任务时通畅程度和令人满意的程度。实现方便、快捷、点到点通达运输
适应性	在意外环境下，运输服务能够做出适当响应的程度

7.1.2　运输项目质量管理

1. 质量管理的概念及内涵

1）质量管理的概念

质量管理的定义也有许多，其中日本质量管理学家谷津进认为质量管理就是向消费者或顾客提供高质量产品与服务的一项活动，这种产品和服务必须保证满足顾客需求、价格便宜和供应及时。

按照 ISO9000 的定义，质量管理是指在质量方面指挥和控制组织的协调活动，这些活动通常包括制定质量方针和质量目标以及质量策划、质量控制、质量保证和质量改进。质量管理是确定质量方针、目标和职责并在质量体系中通过诸如质量策划、质量控制和质量改进使质量得以实现的全部管理活动。

2）质量管理的主要内容

根据 ISO 有关质量管理的定义和标准中的相关术语的基本内涵和解释，质量管理的主要内容如下。

（1）质量方针。质量方针是由组织的最高管理者正式发布的与该组织总的质量有关的宗旨和方向。通常质量方针与组织的总方针相一致并为制定质量目标提供框架。

（2）质量体系 / 质量目标。质量体系 / 质量目标是在质量方面所追求的标准。质量目标通常依据组织的质量方针制定，并且通常对组织内的相关职能和层次分别规定质量目标。在作业层面，质量目标应是定量的。

（3）质量策划。质量策划致力于制定质量目标并规定必要的运行过程和相关资源以实现质量目标。

（4）质量控制。质量控制致力于满足质量要求，其输出是过程调整。质量控制相当于疾病治疗，帮助人们发现和认识在质量活动中的错误，发现那些偏离质量要求的方面，并采取一定措施消除它，它追求的是零缺陷。

（5）质量保障。质量保障致力于质量要求会得到满足的信任。可以将质量保证比作疾病预防，是为了提高获得质量好的产品的步骤和管理流程，其目的是将产品一次性地做成功、做正确。

（6）质量改进。质量改进致力于增强满足质量要求的能力的循环活动。制定改进目标和寻求改进机会的过程是一个持续过程，该过程使用审核发现和审核结论、数据分析、管理评审或其他方法，其结果通常会提出纠正措施或预防措施。质量改进不仅要目标恒定，还要求最高管理层积极听取质量保证和控制部门的汇报，提供相应的资源支持质量改进活动。在质量改进中，采取增加检验数量和频率的方法并不是好方法。

2. 运输项目质量管理的概念及内容

1）运输项目质量管理的概念

项目质量管理（Project Quality Management）就是通过对客户质量要求的识别和确认，制定出满足这些质量要求的方法和步骤，并在项目实施过程中进行检测，保证项目在规定的时间、批准的预算范围内完成预先确定的工作内容，并且使项目的交付结果符合客户的质量性能要求的过程。

运输项目质量管理是指为确保运输项目质量要求而开展的质量管理活动，其根本目的是保障最终交付的项目产出物能够符合项目质量标准和客户要求。或者说，运输项目质量管理是指为确保运输项目目标要求、保障运输项目产出物能够满足旅客或货主以及项目其他利益相关者的需要，所开展的对于运输项目产出物质量和运输项目工作质量的全面质量管理工作。

2）运输项目质量管理的内容

运输项目质量管理的内容主要包括运输项目工作质量的管理和运输项目产出物的质量管理。具体来讲，包括运输项目质量方针的确定、运输项目质量目标和质量责任的确定、运输项目质量体系的建设、运输项目利益相关者的质量保证、运输项目质量计划、运输项目质量控制、运输项目质量保障等一系列质量管理活动。

（1）运输项目质量计划。运输项目质量计划是确定与运输项目相关的质量标准，并决定如何达到这些标准的要求。质量计划是质量管理的基础，应该事先识别、理解货主或旅客的质量要求，然后制定出详细的计划去满足这些需求。

（2）运输项目质量保障。运输项目质量保障是在执行运输项目质量计划过程中所开展的一系列经常性的项目质量评估、质量核查与质量改进等方面的工作。

（3）运输项目质量控制。运输项目质量控制是指直接对运输项目质量进行把关和纠偏的工作。具体是指监督每个子项目的实施状况，不断地监督过程、识别和消除问题，确定它们是否与相关的质量标准相符合，并根据质量计划提出的内容，找出避免出现质量问题的方法，找出改进质量、组织验收和必要返工的方案。

3. 运输项目质量管理的理念

运输项目质量管理的理念主要包括以下几种。

1）全面质量管理（TQM）

全面质量管理（Total Quality Management，TQM）是"一个组织以质量为中心，以全员参与为基础，目的在于通过让顾客满意和本组织所有成员及社会受益而达到长期成功的一种质量管理模式"。其核心思想就是质量管理的全员性、全过程性和全要素性集成管理。使业主和顾客满意是项目质量管理的目的，项目质量是干出来的而不是检验出来的，项目质量管理的责任是全体团队成员的，项目质量管理的关键是做好预防并不断监控和改进。

2）ISO10006 国际项目质量管理标准

ISO10006 是由 ISO/TC176/SC2 国际标准化组织质量管理和质量保证技术委员会质量体系分委员会参考美国 PMI 的项目管理知识体系指南（PMBOK）编制的，文件全称为《质量管理——项目质量管理指南》，它专门用于保障和提高项目质量管理的标准。ISO10006 标准的主要内容包括本标准的适用范围、本标准引用的标准条款、相关的定义、项目的特性、项目过程中的质量管理、总结项目经验等模块。ISO10006 标准的不足之处在于，ISO10006 中没有关于项目质量管理工作的标准程序，没有项目实施过程中的质量控制标准程序，而只给出一大堆项目计划与实施管理过程的要求和说明，给项目质量管理带来的帮助比较有限。

3）六西格码

六西格玛（Six Sigma/6σ）是一种改善质量流程管理的技术和经营管理策略，强调制定极高的目标、收集数据、分析结果，以减少产品和服务的缺陷，以"零缺陷"的完美追求推动质量成本的大幅度降低，最终实现财务成效的提升与项目竞争力的突破。一个企业要想达到六西格玛标准，那么它的出错率不能超过百万分之三点四。

作为持续性的质量改进方法，6σ管理具有以下特征。

（1）对顾客需求的高度关注。6σ管理以更为广泛的视角，关注影响顾客满意的所有方面。6σ管理的绩效评估首先就是从顾客开始的，其改进的程度用对顾客满意度和价值的影响来衡量。

（2）高度依赖统计数据。统计数据是实施6σ管理的重要工具，以数字来说明一切，所有的生产表现、执行能力等，都量化为具体的数据，成果一目了然。具体管理活动都以统计资料与财务数据为依据。

（3）重视改善业务流程。传统的质量管理理论和方法往往侧重结果，通过在生产的终端加强检验以及开展售后服务来确保产品质量。6σ管理将重点放在产生缺陷的根本原因上，认为质量是靠流程的优化，而不是通过严格地对最终产品的检验来实现的。认为应该把资源放在认识、改善和控制原因上而不是放在质量检查、售后服务等活动上。认为质量不是企业内某个部门和某个人的事情，而是每个部门及每个人的工作，追求完美成为企业中每一个成员的行为。

（4）突破传统管理。掌握了6σ管理工具，就好比找到了一个重新观察企业的放大镜，时刻发现问题并及时改善，企业就始终处于一种不断改进的过程中。另外，6σ管理倡导无界限合作和勤于学习的企业文化，倡导员工素质不断提高，倡导追求品质改进是一个永无止境的过程。

6σ管理对需要改进的流程进行区分，找到最有潜力的改进机会，优先对需要改进的流程实施改进。如果不确定优先次序，企业多方面出手，就可能分散精力，影响6σ管理的实施效果。业务流程改进遵循五步循环改进法，即DMAIC模式。

（1）定义（Define）。辨认需改进的产品或过程，确定需要改进的目标及其进度，确定项目所需的资源。

（2）测量（Measure）。以灵活有效的衡量标准测量和权衡现存的系统与数据，了解现有质量水平。

（3）分析（Analyze）。利用统计学工具对整个系统进行分析，找到影响质量的少数几个关键因素。

（4）改进（Improve）。运用项目管理和其他管理工具，针对关键因素确立最佳改进方案。

（5）控制（Control）。监控新的系统流程，采取措施以维持改进的结果，以期整个流程充分发挥功效。

4）运输项目质量管理原则

质量管理理论和实践在不断地完善，从全面质量管理（TQM）到ISO9000质量管理体系和6σ，这些质量管理体系都强调一些诸如全员性、过程性、高标准、全方位等共性原则。在借鉴吸收这些理念的基础上，运输项目质量管理原则应包括以下几个方面（见表7-2）。

（1）客户满意。所有质量活动都必须面向运输项目的客户，要了解和研究客户的需求，把有效满足客户需求放在首位。

（2）符合要求。运输项目应生产出其承诺的运输服务公共产品，符合相关标准和规范要求。

（3）适用性。运输项目产品或服务必须满足实际需要，具备适用性和公益性。

（4）预防重于检查。运输项目推进过程中，尽量通过一些防错技术避免出现各类质量事故。

（5）管理职责。质量管理是全体员工的职责，其中管理者应负主要责任。运输项目管理者应积极提供良好的管理、沟通、政策、文化、技术环境及所需的资源。

（6）质量改进。质量总可以做得越来越好，质量改进永无止境，在运输项目质量管理实践中，应树立持续改进的思想。

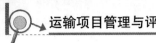

7.2 运输项目质量计划

运输项目质量计划的编制就是确定与运输项目相关的质量标准，并决定如何达到这些标准的要求。质量计划是质量管理的基础，项目组应事先识别、理解客户的质量要求，然后制订出详细的计划去满足这些需求。

7.2.1 运输项目质量计划概念

1. 运输项目质量计划的概念与内容

项目质量管理计划（Project Quality Management Plan）主要描述项目管理应如何实施它的质量方针。在ISO9000中，项目的质量系统被描述为包括对组织结构、责任、方法、步骤和资源等实施质量管理。质量计划提供了对整个项目进行质量控制、质量保证及质量改进的基础。

运输项目质量计划是指为确定项目应该达到的质量标准和如何达到这些项目质量标准而做的运输项目质量的计划与安排。运输质量管理计划的内容，见表7-2。

表 7-2　运输项目质量管理计划的内容

序 号	内 容	要 求
1	合同评审计划	应指明项目的特定要求是何时、如何以及由谁来进行评审
2	可行性分析及规划设计控制计划	应引用合适的标准、法规、规范、规程要求，指明何时、如何以及由谁来进行控制运输项目可行性分析及规划设计
3	采购	指明运输项目重要物资从哪里采购，以及相关的质量要求；用于评价、选择和控制供应商的方法；对采购物品如何检验，并进行及时反馈
4	过程控制	指明如何控制运输项目各过程以满足规定的要求
5	不合格品的控制	指明如何标识和控制项目各阶段出现的不合格品
6	纠正和预防措施	为避免不合格品的重复出现，应指明针对项目的预防和纠正措施以及跟踪活动
7	质量记录的控制	指明记录采用的方式；如何满足记录的清晰度、存贮、处置和保密性要求；规定记录保存时间及由谁保存
8	质量审核	指明所进行的质量审核的性质和范围，以及如何使用审核结果以预防影响项目的不良因素的重复出现

2. 制定运输项目质量计划的步骤

（1）了解运输项目的基本概况，收集项目的有关资料。

（2）确定运输项目质量目标树，绘制项目质量管理组织结构图。

（3）制定项目质量计划流程。

（4）运用相关方法编制运输项目质量计划，并进行综合平衡。

（5）运输项目质量计划编制后，经相关部门审核、项目总工程师审定及项目总经理审批后颁布实施。

7.2.2　运输项目质量计划依据

运输项目质量计划的依据主要如下。

1）运输项目质量方针

运输项目质量方针是运输项目组织和项目高级管理层规定的项目质量管理的大政方针，是项目组织如何实现项目质量的正式描述和表达，一个项目组织对待项目质量的指导思想和中心意图。

2）运输项目范围的描述

这主要包括运输项目目标的说明和项目任务范围的说明，它明确地说明了为提交既定特性和功能的项目产出物而必须开展项目工作和对于这些项目工作的具体要求。

3）项目产出物的描述

项目产出物的描述是指对于项目产出物的全面与详细的说明。

4）相关标准和规定

项目组织在制定项目质量计划时还必须充分考虑所有与项目质量相关领域的国家、行业标准、各种规范以及政府规定等。例如，3C 强制性产品认证、环保排放标准等。

5）其他信息

其他信息主要是指除范围描述和产出物描述外，其他项目管理方面的要求，以及与项目质量计划制定的有关信息。

7.2.3　运输项目质量计划方法

1. 质量成本 – 收益分析法

成本 – 收益分析法，也叫经济质量法，是指在制定项目质量计划时必须同时考虑项目质量经济性的方法。任何项目的质量管理都需要开展两个方面的工作，其一是质量保障工作，其二是质量检验与恢复工作。前者产生项目质量保障成本，后者产生项目质量检验和纠偏成本。运用项目质量计划的成本 / 收益法时，要在充分考虑项目质量水平与成本关系的基础上，合理安排项目的两种质量成本，以使项目质量总成本相对较低。图 7-2 为运输项目经济质量示意图。

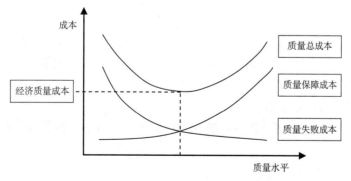

图 7-2　运输项目经济质量示意图

2. 质量标杆法 / 基准比较

这是指利用其他项目实际或计划的项目质量管理结果或计划，作为新项目的质量比照目标，通过对照比较制订出新项目质量计划的方法。

3. 质量计划流程图法

流程图法是用于表达一个项目的工作过程和项目不同部分之间的相互联系，通常它也被用于分析和确定项目实施的过程，同时它也是一种项目质量计划的有效方法。图 7-3 是质量计划系统流程图。

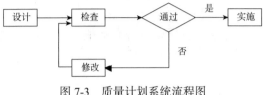

图 7-3　质量计划系统流程图

4. 实验设计法

运用实验设计信息，是一种计划安排的分析技术。它有助于识别在多种变量中，何种变量对项目成果的影响最大，从而找出项目质量的关键因素以指导项目质量计划的编制。

5. 质量功能展开

质量功能展开（Quality Function Deployment，QFD）可以有效地将客户的质量需求转化成产品或服务特性，从而确保项目质量符合客户满意标准。如运输开发项目质量功能展开矩阵见表 7-3。

表 7-3　运输项目的质量功能展开矩阵

客户质量要求	客户优先级	工程设计	线路选择	发车时刻	方式衔接	安全保障	车内环境
舒适性好	5	▽	▽		※	※	◆
可达性强	6	◆	◆		※		
换乘方便	3	◆	※		◆		
安全性高	1	※	▽	▽	▽	◆	※
价格实惠	4					◎	◎
高效准时	2	▽		◆	※	▽	

注：◆代表强相关；※代表中等相关；▽代表弱相关；◎代表负相关。

7.2.4　运输项目质量计划成果

1）运输项目质量计划

运输项目质量管理计划是对运输项目管理应如何实施它的质量方针的描述，包括对组织结构、责任、方法、步骤和资源等方面实施质量管理。运输项目质量计划提供了对整个运输项目进行质量控制、质量保证及质量改进的基础。

2）运输项目质量衡量标准

运输项目质量衡量标准包括技术标准和管理标准两个方面，是具体工作实施、检验和评定质量的技术依据，是定量反映项目质量特性的技术参数。

3）运输项目质量工作说明

运输项目质量工作说明是对运输项目质量计划的具体操作说明，包括一些特殊条款附加

的解释、质量控制度量的说明。

4）运输项目质量核查清单

运输项目质量核查清单是一种用于对项目执行情况进行分析的检查表格，是一种结构化的项目质量审核方法，其描述包括命令和询问两种形式。

7.3　运输项目质量保障

运输项目质量保障是在执行运输项目质量计划过程中所开展的一系列经常性的项目质量评估、质量核查与质量改进等方面的工作，是一项具有预防性的质量管理工作。运输项目都是公益性、服务性的工程，应该牢固树立"质量第一"的思想，认真做好运输项目质量保障工作。

7.3.1　运输项目质量保障概念

1. 运输项目质量保障的概念

运输项目质量保障（Transportation Project Quality Assurance）是在执行运输项目质量计划过程中所开展的一系列经常性的项目质量评估、质量核查与质量改进等方面的工作，具体包括确定运输项目质量保障体系、建立质量控制流程和质量评估系统、实施的有计划的质量核查和改进等系统性的活动。

运输项目质量保障体系由项目质量保障管理、项目质量保障工程、项目质量保障资源、项目质量核查和项目质量审计等内容构成。质量保障体系具有在贯彻质量方针方面指挥和控制的管理特征，在实现质量目标方面具有明确的目标特征，其组成要素具有相互关联和相互作用的体系特征。

运输项目质量保障是运输项目质量管理的基础性工作，在一定程度上可以说，项目质量是通过质量计划实施所开展的质量保障活动而达到的，而不是通过质量检查达到的。

2. 运输项目质量保障工作步骤

运输项目质量保障的主要工作步骤如下。

（1）识别运输项目质量目标与质量标准。

（2）收集质量运行数据。

（3）编制质量评估文件。

（4）质量核查。

（5）提出质量改进措施。

7.3.2　运输项目质量保障依据

运输项目质量保障的依据主要包括以下几个方面。

1）运输项目质量管理计划

这是运输项目质量计划工作的结果，也是运输项目质量保障工作的目标、任务和要求的说明文件。

2）运输项目质量衡量标准

这是运输项目质量计划工作的结果，运输项目质量衡量标准包括技术标准和管理标准两个方面，是定量反映项目质量特性的技术参数，是运输项目质量保障的技术依据。

3）运输项目实际质量的度量结果

项目实际质量的度量结果是项目实际质量情况分析评价报告，是项目质量工作绩效的度量和评价结果，这也是项目质量保障工作的依据。

4）运输项目质量管理工作说明

运输项目质量管理工作说明是指对于项目质量管理具体工作的描述，以及对运输项目质量保障与控制方法的说明。

5）运输项目质量核检清单

运输项目质量核检清单反映出运输项目执行情况的质量状况。

此外，还包括运输项目过程改进计划、认可的变更请求以及各种预防、纠正和补救措施。

7.3.3 运输项目质量保障方法

1. 全面质量管理（TQM）

全面质量管理（Total Quality Management，TQM）是指项目以质量为中心，以全员参与为基础，建立起一套科学严密高效的质量体系，以提供满足用户需要的产品或服务的全部活动。

TQM 思想以客户满意度为中心，TQM 不只是一种管理程序，而且是一个无止境的过程。TQM 的思想对于项目质量管理具有相当的指导意义，其基本含义如下所述。

（1）全面（Total）：在该概念中指全员参与和全面投入到持续改进的努力中，员工得到授权参与质量问题的讨论，组成质量控制小组来发现质量事故的原因、提出解决问题的方案。每位员工都致力于一个共同的组织目标，正如前景规划和使命中所表达的一样，应授权员工采取行动实现前景规划中的目标。除人员外，组织中的一切，包括系统、过程、活动、任务、设备和信息都必须与共同目标保持一致。

（2）质量（Quality）：就是全面客户满意，一切质量活动必须聚焦客户要求，以客户（包括内部客户）满意为最终目标。全面客户满意是 TQM 的中心或焦点。客户是受产品或服务影响的每个人，这个概念包括两个方面。客户可能是产品或服务的最终用户，称为外部用户，也可能是组织中的下一个过程，称为内部客户。TQM 以满足客户（内部客户和外部客户）的所有期望为中心。

（3）管理（Management）：指建立和维护 TQM 环境，这需要组织领导的参与，强调管理职责，要求管理者对质量负主要责任。事实上，许多组织使用全面质量领导这个术语，强调组织上下都需要领导来指导这个转变。而且，管理层可以通过改进过程来进行质量管理。同时，质量管理必须科学管理，自觉利用现代科学技术和先进的科学管理方法。

为了保证运输项目质量，需要运用全面质量管理的系统观点和方法，通过质量管理部门，把运输项目其他各部门、各环节的质量管理职能组织起来，形成一个既有明确职责和权限，又能相互协调、相互促进的质量保证体系。使质量管理工作制度化、系统化和标准化，最终达到客户满意的目标。

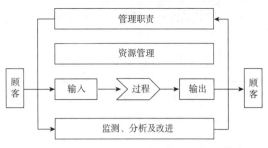

图 7-4 ISO9000：2000 质量管理的过程模式

2. ISO9000 质量管理体系

ISO9000 系列标准是用来指导各类组织建立与实施质量管理体系的国际标准，在各行各业得到了广泛应用。ISO9001：2000 质量管理体系的管理过程模型，如图 7-4 所示。

1）总要求

ISO9000 质量管理体系建立后要确保体系的有效运行，必须做到以下几个方面。

（1）识别建立质量管理体系所需的全部过程，其中包括与管理职责、资源提供、项目实施和测量有关的过程。应识别每个过程的输入、输出、所需资源和活动内容。

（2）确定这些过程之间相互作用、过程的顺序和过程的接口，以便针对整个过程的系统进行有效管理。

（3）为使过程达到预期目标或要求，需确保这些过程的有效运行和控制所需要的准则和方法，形成相关的管理制度。

（4）确保在过程运作时获得必要的资源和信息，使这些过程有条件正常运作和接受监视。

（5）对过程运作进行监视测量，获取必要和充分的信息，并分析这些过程是否有效地运作。

（6）针对上述分析结果实施必要的措施，以便最终实现过程策划的结果，并且根据需要对这些过程进行持续改进。

2）文件要求

质量管理体系文件是质量管理体系运行的依据，可以起到沟通意图、统一行动的作用。质量管理体系文件应包括：质量方针和质量目标，并形成文件；质量手册；文件控制、记录控制、内部审核、不合格品控制、纠正措施、预防措施应制定形成文件的程序；组织为确保其过程的有效策划、运行和控制所需的文件；本项目所要求的记录。

（1）质量手册，说明质量管理体系的范围；是质量管理体系编制的形成文件；是质量管理体系中各过程之间的相互作用的表述。编制质量手册的目的是实现质量方针和质量目标。

（2）文件控制，规定了对质量管理体系所要求的文件的控制要点。文件控制是指对文件的编制、评审、批准、发放、使用、更改、再次批准、标识、回收和作废等全过程活动的管理。

（3）记录控制，包括：交付结果（产品）、过程和质量管理体系与要求的符合性和证明体系是否得到有效运行的记录；为采取纠正措施和预防措施以及为保持和改进质量体系提供信息。

3. 戴明 PDCA 质量管理模式

PDCA（Plan-Do-Check-Act）质量管理模式是项目质量管理中常用的方法之一，其过程主要分为以下四个步骤。

（1）P（plan）计划，在项目质量管理制度、文件中确定有效运行和控制各个过程的准则和方法，包括质量方针和目标的确定以及活动规划的制定。

（2）D（Do）实施，根据设计和布局，进行具体运作，将资源输入转化为输出活动，完成某项工作的全部活动过程，实现计划中的内容。

（3）C（Check）检查，检查是否符合要求，总结执行计划的结果，找出问题。

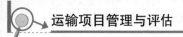
（4）A（Action）改进，对检查总结的结果进行处理，将不合格纠正为合格。对于没有解决的问题，应提交给下一个PDCA循环中去解决。

以上四个步骤是周而复始、循环往复、阶梯式上升的，使质量管理水平不断进步。

4. 项目质量审计/质量核查

项目质量核查是一种结构化的项目质量审核和过程分析方法，运用项目质量核查清单收集质量现状信息，进行分析后形成质量核查报告。

5. 项目质量改进与提高

将项目质量改进与提高的方法用于提高项目的效率和效果，给项目组织和项目业主/客户带来更多的收益。

7.3.4 运输项目质量保障结果

1）运输项目质量保障体系文件

运输项目质量保障体系文件需要做到：准确确定项目质量方面的控制对象，设定可测量的质量标准及允许的误差范围，明确质量测量的具体方法，监督并检查测量系统，确保测量结果可信。

2）运输项目质量审计报告

根据项目质量计划，运用项目质量核查清单等方法工具，收集运输项目质量现状信息，进行分析后形成质量审计报告，提出质量改进计划，组织实施质量改进活动。

3）运输项目质量变更的全面优化

运用全面质量管理及其他质量管理理论的系统观点和方法，全面优化项目质量管理标准和质量保障体系，对项目质量管理各种文件和信息进行更新，提出各种改进措施。

7.4 运输项目质量控制

7.4.1 运输项目质量控制概念

1. 运输项目质量控制的概念

运输项目质量控制（Transportation Project Quality Control）是指直接对运输项目质量状况进行把关和纠偏的工作，具体是指根据项目质量计划提出的内容，监测每个子项目的实施状况，识别质量问题并确定它们与质量标准的偏差，提出避免出现质量问题的方法以及改进质量、组织验收和必要返工的方案。

运输项目质量控制可分为事中控制和事后控制两种基本类型，事中控制要针对苗头性问题提出避免出现类似质量问题的方法，事后控制是指针对出现的质量问题提出改进质量、组织验收和必要返工的方案。

2. 运输项目质量控制的内容

运输项目质量控制是全面控制，其内容是全员工、全过程、全方位质量控制，具体包括

产品质量控制和工作质量控制，使项目产品、过程或服务满足规定或潜在要求的特征。

按照项目要素划分，运输项目质量控制的内容包括：人的控制、设备工具的控制、材料的控制、方法的控制和环境的控制五个主要方面（人机物法环五大要素）。

（1）人的控制，是指对与项目工作相关的人的控制，包括管理者、操作者、检验员、工艺员的身体状况、技术水平、工作责任心等方面进行控制。

（2）设备工具的控制，是指对项目所需机器、设备和工具等方面的控制，避免设备工具可能出现的问题，如磨损、精度降低、失灵、故障等。

（3）材料的控制，是指对项目所需材料的质量情况进行控制。

（4）方法的控制，主要对项目技术标准和管理标准执行情况进行控制，对工作方式、操作方法、工作程序等方面进行控制，确保各项活动正确、有序、高效开展。

（5）环境的控制，是指对项目工作环境进行控制，避免风险因素干扰。

3. 运输项目不同阶段的质量控制

1）运输项目决策阶段的质量控制

运输项目决策启动阶段就应确定项目质量控制程序，确保运输项目质量目标的实现。在这个阶段要重点做好运输项目质量可行性研究的审查工作，为项目决策及规划实施奠定基础。

2）运输项目设计阶段的质量控制

根据运输项目合同要求，制定严格的质量控制程序。认真做好项目技术交底工作，明确各项工作的质量目标。在项目实施前，编制详细的施工工艺方案，并且明确质量目标。通过认真细致的技术交底工作，使全体人员明确设计意图，明确项目技术标准及操作细则，明确项目的质量目标和质量标准，使各项质量目标和质量标准落实到最基层的全体人员身上，为开展项目全面质量管理工作创造良好的条件。

3）运输项目实施阶段的质量控制

在项目实施前，确定各项工程的技术方案及质量控制措施，确定具体的操作方法，用于指导项目实施，做好事前质量保障工作。

在项目全面实施中，要严格按质量控制程序操作，使各项质量工作能够有条不紊地开展，做好事中质量控制和事后质量控制。认真履行质量合同，运用全面质量管理方法，加强现场质量控制。认真做好各项工作的质量监测，是事中质量控制的关键内容。对项目质量影响因素进行认真细致的分析，确定质量控制的措施和目标，使质量控制有的放矢，达到事前预防、事中严格控制，扭转事后检测达不到标准的被动局面，提高质量控制的水平和效率。对达不到质量标准的工作，及时分析原因，进行补救处理。

4）运输项目收尾阶段的质量控制

运输项目收尾阶段的质量控制要着重做好项目自验收和组织验收工作，组织项目试运行，对发现的问题进行整改完善，确保项目万无一失。

4. 运输项目质量控制的原则

项目质量控制工作主要有以下几个方面。

（1）清晰的质量要求说明。

（2）科学可行的质量标准。

（3）组织建设项目质量体系。

（4）配备合格和必要的资源。

（5）持续开展有计划的质量改进活动。

（6）项目变更全面控制。

5.运输项目控制的工作步骤

项目质量控制工作应做到：

（1）选择控制对象，选择控制什么，确定质量指标、工作程序步骤、动作；

（2）确定标准或目标，为提供可能的正确行动决策设定标准；

（3）制定实施计划，建立测量方法；

（4）按计划执行，将实际结果与质量标准做对比；

（5）跟踪观测、检查，通过收集信息，将非一致的过程和材料统一到标准上来；

（6）分析、发现偏差，管理、校准测量设备；

（7）采取对策。

7.4.2 运输项目质量控制依据

（1）项目质量计划。

（2）项目质量工作说明。

（3）项目质量控制标准与要求。

（4）项目质量的实际结果。

（5）质量核检清单。

（6）项目工作绩效信息。

（7）认可的项目变更请求。

（8）项目可交付成果。

（9）项目质量控制工作信息。

7.4.3 运输项目质量控制方法

1.核检清单法

核检清单是项目质量控制中的一种独特的结构化质量控制方法，这种方法可以避免考虑问题有所遗漏。使用检核清单法进行项目质量控制时，先制作质量核查一览表，列出质量核查的各个方面，然后对每个方面逐一进行检查，以避免遗漏要点。表7-4是某运输工程项目质量核查清单。

表7-4　某运输工程项目质量核查清单

地面起砂原因	出现次数	地面起砂原因	出现次数
砂含泥量过大	16	水泥标号太低	2
砂粒径过细	45	砂浆终凝前压光不足	2
后期营养不良	5	其他	3
砂浆配合比不当	7		

2. 控制图法

控制图是描述项目过程中质量波动状态的图形。控制图法是利用样本数据控制图区分质量波动状况、判明项目生产过程是否处于稳定状态的一种动态分析方法。如果质量服从正态分布，散差分布在质量控制界限之内，表明质量生产过程处于稳定状态（见图7-5）。

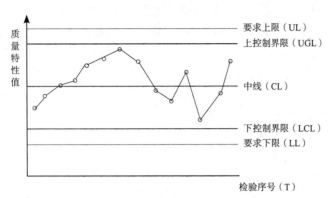

图 7-5　控制图法示意图

3. 帕累托图法

帕累托（Pareto）图法又称排列图法、主次因素分析法，它是找出影响产品质量主要因素的一种简单而有效的图表方法。帕累托图法是根据"关键的少数和次要的多数"（二八法则，帕累托法则）的原理而设计的。将影响因素分为三类：0% ~ 80%为 A 类因素，也就是主要因素；80% ~ 90% 为 B 类因素，是次要因素；90% ~ 100% 为 C 类因素，即一般因素。由于 A 类因素占存在问题的 80%，此类因素解决了，质量问题大部分就得到了解决（见图 7-6）。

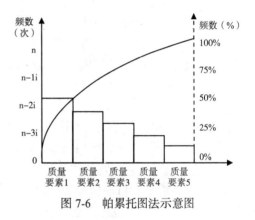

图 7-6　帕累托图法示意图

4. 因果分析图法

因果分析图法又称鱼骨图法，是通过因果图分析产生问题原因的一种方法。这种图反映的因果关系比较直观、醒目、条例分明，用起来比较方便，效果较好（见图 7-7）。

5. 统计样本法

统计样本法是指选择一定数量的样本进行检验，从而推断总体的质量情况，以获得质量信息和开展质量控制的方法。在给定的置信度下，样本数的大小将影响估计的精度。

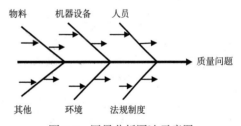

图 7-7　因果分析图法示意图

6. 趋势分析法

趋势分析法（The Trend Analysis Approach）又叫比较分析法，是通过有关报表将两期或多期连续的相同指标的数据或比率进行定基对比和环比对比，得出它们的增减变动方向和幅度，以揭示指标数值变化趋势的一种分析方法。这种方法用在项目质量控制中，主要分析项目质量问题发生在项目流程的哪个环节、造成这些质量问题的原因以及这些质量问题的发展过程和发展趋势。趋势分析法可以细分为纵向分析法、横向分析法、标准分析法、综合分析法以及趋势预测分析法。

7. 流程图法

流程图法使用一些标准符号代表某些逻辑关系，直观地描述某一过程的具体步骤。这种方法用在项目质量控制中，是对项目过程中的质量问题及其成因进行定性分析的一种方法。使用该方法时，对项目流程的每一阶段、每一环节逐一进行调查分析，从中发现质量问题和潜在风险，找出影响因素，分析可能造成的损失以及对整个项目可能造成的不利影响。

7.4.4 运输项目质量控制结果

1）运输项目质量改进

运输项目质量的改进是运输项目质量控制和项目质量保障工作共同作用的结果，是项目质量控制的最为重要的一项结果。通过有效的项目质量管理与控制系统可以有效地提高运输项目的过程和可交付成果的质量。

2）运输项目质量控制度量结果

这是在项目质量控制活动结束后生成的对质量控制效果的度量，这一度量结果最终表现为对项目质量的接受与否。具体而言，是指项目质量控制人员或者项目业主根据项目质量标准对已完成项目结果做出的接受和认可。如果做出不接受的决定，就应对项目的质量缺陷进行修复，以达到项目质量要求。直至对项目质量缺陷修复结果认可，并接受项目质量的决定。

3）提供预防、纠正和补救措施

在运输项目质量控制中采取的预防措施是为实现事前控制服务的，所采取的项目质量纠正措施是对项目质量问题的纠偏，当项目质量后果已无法纠正时必须采取其他补救措施（如返工），这些都是项目质量控制的结果。另外，项目的各种变更实际上就是上述预防、纠正和补救措施的结果，也可以被看成是项目质量控制的结果之一。

4）核检结束清单

核检结束清单（Checked List）是指使用核检清单开展项目工作质量控制时，所有已经完成了核检的工作清单记录。核检结束清单是项目质量控制报告的一部分，可以用来对项目质量控制所做的调整和改进提供依据和信息。

5）更新后的项目信息

项目质量控制工作中形成的各种项目文件的更新，如项目质量目标的调整、更新后的项目质量基准、经验教训文档。各种更新后的项目计划文件也属于这一范畴，主要包括更新后的项目集成计划、项目专项计划和项目质量管理计划及其变更结果。项目质量控制过程中会产生一些有益的经验教训，在质量控制工作结束后，应及时将它们整理并形成文档，用以指导以后的类似项目。

6）认可的项目交付成果

运输项目质量控制的根本目的在于确定可交付成果在质量方面全面合乎项目质量要求，在质量方面得到项目相关利益主体认可。

7.5 运输项目合同争议管理

从结果来看，运输项目质量是运输项目交付产品的一组属性，也是客户对运输项目及其供给产品的一种要求，如果项目产品的质量与客户要求不相一致，则很容易引起争议。另外，作为利益相对方的当事人，常常会在合同履行过程中对合同内容的理解存在分歧，容易导致对合同的争议。特别是在运输领域，受国家政策以及建设工程周期长等因素的影响，不可避免地会发生一些争议和纠纷，随着运输活动日益频繁，发生的合同权益争议逐步增多，这就涉及如何处理客户争议的问题，即运输项目合同争议管理。

7.5.1 运输项目合同争议概念

1. 运输项目合同争议的概念

运输项目合同争议（Transportation Project Contract Dispute）是指运输项目参与者在运输项目活动中所发生的合同权利义务纠纷。目前，在运输服务项目中发生的合同争议较多。运输合同争议本质上是经济权益争议，就其性质来说属于民商事纠纷。

运输工程合同的特殊性在于其复杂性和综合性，不仅涉及项目建设初期的设计、规划，建设中原材料的采购、工程进度的快慢、工程质量的好坏，还包括工程竣工后的验收、维修等，这些决定了在履行运输工程合同的过程中不可避免地出现各种各样的纠纷。

随着运输业的快速发展，运输活动日益频繁，物流运输服务愈加丰富，物流运输参与者日益增多，与此相适应地，在运输服务领域内发生合同权益争议也逐步增多。运输项目中的合同争议与一般的民商事合同争议相比，具有广泛性和复杂性、争议处理机构和处理程序的多样性，以及争议法律适用的特殊性等特征，而且有着独特的纠纷解决方式。

2. 运输项目合同争议的特征

运输项目合同争议与普通的民商事争议相比，具有下列特征。

1）运输项目合同争议的广泛性和复杂性

运输活动涉及公路、铁路、航空、海运等多种方式的多方参加者，涵盖了物品从原材料形态经过生产环节的半成品、产品形态，最后通过流通环节到达消费者手上的全过程。同时，还包括物品的回收和废弃物的处理过程，涉及运输、储存、装卸、搬运、包装、流通加工、配送、信息处理等诸多环节。不同的经济活动，会有不同内容和形式的纠纷。而运输活动在任何一个环节或者多个环节都可能发生当事人的权益争议和纠纷，使得运输纠纷具有复杂性。不同性质的合同纠纷，解决方式、处理原则、法律适用自然也不相同。

2）运输项目合同争议处理机构和处理程序的多样性

由于运输项目本身所具有的综合性特点，涉及公路、铁路、航空、海运等不同方式，包含了运输、仓储、装卸、包装、配送、流通加工、信息等环节，可能会有不同内容和形式的纠纷，涉及不同争议处理机构和不同的争议处理程序。就争议处理机构来讲，可能会有以下几种情况。

（1）运输工程项目中的各类纠纷，一般由普通人民法院管辖。

（2）在运输作业过程中，纠纷发生的原因不在海运、铁路运输期间产生的，一般由普通人民法院管辖。

（3）如果运输作业过程中货损或货物灭失纠纷发生在国际海上货物运输过程中，则应由海事法院管辖。

（4）如果货损或货物纠纷灭失发生在铁路企业作业过程中，则可能由铁路法院进行管辖。

（5）如果运输合同中订有有效的仲裁条款，可以向有关仲裁机构提起仲裁。不同的处理机构和处理方式就有不同的处理程序，如普通民事、经济诉讼适用《民事诉讼法》，海事海商诉讼适用《海事特别程序法》，而仲裁要遵循《仲裁法》，以及仲裁机构的仲裁规则。

7.5.2　运输项目合同争议管理

运输项目合同是当事人之间权利义务内容的确立，对双方具有约束力。合同争议和纠纷作为双方矛盾的集中体现，要对其进行妥善的解决，一方面应当在合同中对纠纷的争议解决方法做出预见性的规定，另一方面双方要本着互谅互让、公平合理、诚实信用的原则积极地进行磋商，达成共识。不同性质和情形的合同争议，采取不同的法律依据和对策。

1. 运输服务合同争议解决中的法律适用

1）调整运输活动的主要法律依据

现行的有关运输活动的法律法规，从法律效力角度来看，主要可分为以下三类：一是法律，如《合同法》《海商法》《铁路法》《民用航空法》等。这类规范性文件的法律效力最高，往往是运输某一领域的基本法。二是行政法规，如《海港管理暂行条例》《航道管理条例》等。这类规范性文件的法律效力仅次于法律，数量众多，在我国的运输立法中占重要的地位。三是由中央各部委颁布的规章，如《关于商品包装的暂行规定》《铁路货物运输规程》等。这类规范性文件的法律效力次于法律、行政法规。除此之外，还有部分国际条约、国际惯例，以及运输技术规范等形式。

2）我国运输领域的立法现状

（1）公路运输法。公路运输在整个运输业中占有极为重要的地位，具有极高的使用频率，特别是在短途运输中具有独特的优势。目前《中华人民共和国公路法》《高速公路交通管理办法》等法律规范，对公路运输进行了规范。

（2）铁路运输法。铁路运输在长途运输中占有不可替代的地位，铁路运输及时，可以承载庞大数量的货物，而且具有较小的风险。《中华人民共和国铁路法》《铁路零担货物运输组织规则》等是主要的铁路运输法律规范。

（3）航空运输法。航空运输具有较快的运输速度，较高的运输效率，较短的运输时间，因此具有较为昂贵的费用。《中华人民共和国民用航空法》《中国民用航空货物国际运输规则》等是我国主要的航空运输法律。同时，《华沙条约》《双边或多边航运协议》等也相继成为规范我国航空运输的国际性法律规范。

（4）水路运输法。水路运输具有较为低廉的运价成本，较为庞大的运输数量，但是它具有较慢的运输速度和较高的风险。《中华人民共和国海商法》《中华人民共和国国际海运条例》等是对水路运输进行规范的法律法规。

3）《合同法》在运输合同争议解决中的适用问题

运输合同性质上是民商事合同，所以《合同法》是调整整个运输活动的最重要、最基本的法律，广泛适用于运输活动各环节和整个过程。如果运输合同法律关系容易确定，如运输、仓储、对货物进行流通加工等，则当事人双方形成相应的运输、仓储、加工法律关系等。这时，就可以直接适用《合同法》具体规定来调整。如果是综合运输服务，运输企业既要设计并管理运输系统，也要提供综合的运输服务，也可能提供具体的运输作业服务。这种情况下，可以在适用《合同法》总则性规定的基础上，适用技术合同和技术开发合同的规定，根据服务的具体内容分别适用货物运输合同、加工承揽合同、仓储合同、保管合同的规定。同时，该合同还具有委托合同的性质，因此，相关规范没有规定的部分，也可以参照有关委托合同的规定。其次，关于《合同法》与其他法律的适用关系问题，在运输合同法律关系下，《合同法》与其他法律是一般法与特别法的关系。按照特别法优于一般法的原则，当特别法与一般法规定相冲突时，适用特别法，当特别法没有规定时适用一般法。《合同法》规定："其他法律对合同另有规定的，依照其规定。"所以当其他法律对运输合同有特别规定的，适用该特别规定。比如，我国的《航空法》中对国际航空货物运输的部分事项做了特别的规定，《海商法》则专门调整海上货物运输合同。

2. 运输服务合同中常见的纠纷问题

货物逾期交付、货物误交付、货物毁损灭失是运输过程中常见的三种法律纠纷，可以通过熟悉货运代理法律对策，对运输纠纷进行有效规避。

1）货物逾期交付

货物逾期交付是指承运人并没有在法律法规或运输合同规定的期限内将货物送达目的站，而是延期了一定时间。运输法规中明确界定了逾期交付的相应责任，并将一些免责条例一一列举了出来。比如，如果是由于不可抗力等因素造成的逾期交付，承运人可不承担任何法律责任等。企业在进行物流运输的过程中，一定要和承运人协商好逾期交付的责任归属，从而将双方的运输风险降到最低限度。

2）货物误交付

货物误交付指承运人将货物错误地交给了合同以外的第三人，导致合同当事人收不到货物，违背了合同的相关约定。针对这种纠纷，我国《合同法》对其进行了明确的规定，要求托运人在办理物流运输的过程中将收货人及收货地点注明，承运人在货物到达目的地之后向收货人及时发出通知，让收货人及时取货或送货上门。运输过程中，在将双方的责任明确之后，要求双方在承担相应纠纷责任时严格依据相关约定。

3）货物毁损灭失

很多运输服务项目是长距离和长时间的过程，由于距离远、时间长，在这一过程中货物很有可能发生灭失、变质、损坏等情况，从而造成法律纠纷。针对这种纠纷，我国《合同法》对双方的责任归属进行了明确的规定，并将一些免责条款一一列举了出来。比如，如果货物毁损灭失是由不可抗力、合理损耗等造成的，承运人可以不承担责任；但是，如果货物毁损灭失是由于托运人、收货人的过错等造成的，责任人则应该承担相应的责任。

3. 运输服务合同争议解决的主要方式

运输纠纷发生后，当事人可以通过自行协商或第三方调解解决争议，必要时选择诉讼和仲裁的方式解决。

1）自行协商或第三方调解

运输纠纷发生后，当事人可以通过自行协商或者第三方调解解决争议，这是实践中采用

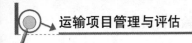

较多的一种方式。但是除了诉讼中的调解协议和仲裁中的调解协议外，自行协商或者第三方调解解决达成的协议没有法律强制执行效力。因此，实践中运输纠纷的法律解决途径仍主要是诉讼和仲裁两种方式，其依法做出的判决书、裁定书和仲裁裁决书具有法律强制执行效力。

2）选择诉讼

如果采取诉讼的方式解决，如前所述，由于不同的法院对不同的案件有不同的管辖权，如空运、仓储、公路运输等在地方人民法院解决，而海事争议须到海事法院解决，铁路运输争议在铁路法院解决。根据纠纷所发生的环节选择有管辖权的法院。

3）选择仲裁

如果管辖权不确定，同一运输合同由不同的法院来解决，或者不同的法院互相推诿，给运输合同的当事人带来不便，不利于运输合同争议的解决，这时可以选择仲裁。仲裁充分尊重当事人意愿，保密性强、成本低、效率高。运输纠纷案件仲裁不受级别管辖和地域管辖的限制，只要当事人订明有效的仲裁条款，仲裁机构就可以受理。另外，当事人可以自主选择自己所信任的仲裁员组成仲裁庭审理案件。仲裁案件实行不公开审理制度，既可保护当事人的商业秘密，又可维护当事人的信誉。运输纠纷案件仲裁实行一裁终局，裁决书自做出之日起即发生法律效力，同时仲裁收费相对低廉，能大大减轻当事人的负担。

4. 运输工程合同中常见的纠纷问题

在运输工程合同的执行过程中不可避免地出现各种各样的纠纷，主要表现在以下几个方面[①]。

1）工程材料

在运输工程合同中由于双方在工程材料上没有达成一致或进行约定，往往会产生争议，甚至可能造成停工或已经竣工的工程面临重新施工的风险。

2）工程质量

运输工程质量通常由技术规范、设计图纸、合同条款等做出规定，但是一些标准并没有明确具体的界定，实际上更多的是一种抽象的概念，因此建设工程合同当事人处于不同的立场对工程质量的好坏界定容易产生纠纷。

3）工程延误

工程延误在建设工程合同中经常发生，其直接后果是双方对发生延误的原因、造成损失的大小以及处理方法等问题上的争议。

4）合同内容的解释

由于运输工程合同的双方当事人对合同条款存在不同的认识和理解，往往会发生争议，再加上有些合同本身对双方权利义务的约定不是特别的严谨和规范，导致双方在履行合同的过程中产生了分歧和争议。

5）工程检验

工程检验是竣工后对工程的最后确认。由于在工程检验中存在着很大的弹性空间，除非工程中有特别明显的缺陷，否则很难对工程质量做出一个让双方都满意的评价。双方在检验中利益冲突的存在就使得争议的发生不可避免。

6）工程变更

运输工程合同在施工过程中经常会出现诸如工程量的变更、工程时间的调整等事项，这

---

① 郭喜军. 建设工程合同常见纠纷及解决方法 [J]. 法制与社会，2010（4）.

必然造成与原合同的不一致，有可能对其中一方的利益产生影响，双方当事人也就必然会产生分歧。

7）工程价款的支付

运输工程合同中一般会对工程款的支付做出约定，但是在实际操作中，工程实施过程中不按期支付或工程竣工后拒付工程款的事情经常发生，特别是对一些数额巨大的工程款的拖欠，往往让承包方陷入困境，引起双方之间的争议。

5.运输工程合同争议解决的主要方法

1）和解或调解

和解是指纠纷发生后，当事人本着自愿、互谅、协商一致的原则解决问题的一种方式。纠纷产生后，当事人应当首先考虑通过和解的方式解决纠纷。事实上，在建设工程合同履行过程中，绝大多数的纠纷都是由于缺乏沟通引起的，只要双方加强沟通，消除误解，增加信任，纠纷也就迎刃而解了。调解是指在履行合同的过程中，双方当事人对合同权利义务产生纠纷，通过非国家司法机关的社会团体的主持，促使双方在相互妥协的基础上达成谅解，从而解决纠纷的一种机制。运输工程合同中，双方当事人对某些事情的认识由于各自经济利益的考虑往往产生较大分歧，不能达成共识。在这种情况下，中介机构的介入，能够综合考虑双方的利弊得失，找到双方利益的平衡点，从而使纠纷得以解决。

2）仲裁

仲裁是指合同双方当事人事前或者事后达成协议，自愿将发生争议的事项提交仲裁委员会进行仲裁，并依据仲裁裁决履行义务的一种争端解决机制。在运输工程合同中，如果通过仲裁的方式解决争议，首先必须有仲裁协议，在经过仲裁之后，当事人如果不履行，仲裁委员会没有强制执行的权利，当事人应当请求人民法院予以强制执行。仲裁采用一裁终局，当事人如果对仲裁裁决不服，可以请求人民法院予以撤销。

3）诉讼

诉讼是指合同当事人在纠纷发生后，请求人民法院对纠纷予以裁决的活动，实际上是人民法院行使审判权的活动。在运输工程合同中，由于工程的复杂性，在一些情况下，双方的争执处于一种不可调和的状态，将此纠纷提交到人民法院，通过国家公权力机关的裁判，使当事人之间的纠纷得到彻底的解决。

本章小结

运输项目质量管理是为有效满足运输项目利益相关者的需要而展开的、确保运输项目交付结果和项目管理过程满足相关标准的要求，而进行的质量计划编制、质量保障、质量控制以及质量改进等方面的工作。项目质量管理的具体内容包括项目质量计划编制、项目质量保障以及项目质量控制等方面。

运输项目质量管理过程包括确定与项目相关的质量标准，并决定如何满足这些标准；建立质量保证体系，以确保项目的质量达到质量标准的要求；定期对质量计划执行情况进行评估、审核与改进等。项目管理人员通过质量管理，保证项目的交付结果满足项目利益相关者的质量性能要求，实现零缺陷。

运输项目合同是当事人之间权利义务内容的确立，对双方具有约束力。合同争议和纠纷作为双方矛盾的集中体现，要对其进行妥善的解决。

思考与练习

1. 运输项目质量管理的理念有哪些？
2. 简述运输项目质量计划的概念与内容。
3. 说明运输项目质量计划的主要方法。
4. 运输项目质量控制的内容有哪些？
5. 运输项目不同阶段的质量控制分别是什么？
6. 运输合同争议解决的主要方式有哪些？
7. 运输合同中常见的法律问题有哪几类？

运输项目风险与安全管理

 本章导入

2001年7月13日，某次列车从成都东站始发，运行至达成线营山一小桥间，机后第11位平板车前端装载的转盘传动装置（石油钻井设备）的输出传动箱向运行方向右侧转动倒下，最外方超出车辆边梁1800毫米，最低处距轨面高440毫米。22时14分左右，倒下的部件开始打坏铁路设备，打死、打伤沿线坐卧乘凉及行走人员。22时35分，车站值班员接车发现异常，立即用对讲机叫司机停车。从第一打击点到停下，事故车辆共行走21.479千米，在16.34千米范围内的5座桥和线路上，造成伤亡38人，其中，行人死亡1人，行人轻伤2人，桥上坐卧乘凉村民死亡21人，重伤2人、轻伤12人，造成货物和铁路沿线工务、电务设备损坏等直接经济损失3461万元，构成重大路外伤亡事故[①]。请思考：什么是运输项目风险管理？如何做好运输项目风险和安全管理？

学习目标

1. 熟悉风险与运输项目风险的概念、分类及特征。
2. 掌握运输项目风险管理的概念、内容及特征。
3. 熟悉运输项目风险识别的概念、方法。
4. 掌握运输项目风险评价的概念、方法。
5. 熟悉运输项目风险监测的概念、方法。
6. 掌握运输项目风险应对的方法。
7. 了解运输项目安全管理的概念、方法。
8. 了解运输项目涉及的保险种类。

---

① 中国百科网.http://www.chinabaike.com/z/aq/jt/299450.html.

8.1 运输项目风险与风险管理

运输项目在设计、施工、竣工验收和运营等各个阶段可能遇到各种各样的风险，这种风险是可能出现的不确定事件或条件，一旦发生，就会对运输项目的目标、成本、进度、质量、性能等方面产生某种负面的影响。

8.1.1 风险与项目风险

1. 风险的概念

对于风险（Risk）的定义，诸多学者认为风险是未来遭受损失的一种可能性，或者说是未来损失发生的不确定性，是由于对未来行为决策及客观条件的不确定性而可能引起的后果与预定目标发生多种偏离的综合。风险程度的大小可以用以下公式来表示。

$$R = f(P, C) \tag{8-1}$$

式中：R 为风险；P 为不利事件发生的概率；C 为该事件发生的后果。

2. 项目风险的概念

项目风险（Project Risk）是指由于项目所处环境和条件本身的不确定性以及项目相关利益主体主观上不能准确预见或控制影响因素，使项目的活动、事件或最终结果与项目相关利益主体的期望产生背离，从而给项目带来损失的可能性。或者说，项目风险是为实现项目目标的活动或事件的不确定性和可能发生的危险。在一个项目中，损失可能有各种不同的后果形式，如质量的降低，项目延误或停工、报废等。

由于项目的一次性、独特性和创新性等特性，加上人们的认识能力有限，项目客观环境和条件的变化，使得项目过程中存在着信息不完备性和各种不确定性，存在着许多高风险性的工作。对项目风险应该客观看待，持过于乐观或悲观的态度，都不妥当，容易引起项目失败。

3. 项目风险的分类

按照不同的分类标准，项目风险可以划分为不同的类型。

1）按风险的来源划分

（1）项目内部风险，指产生于项目活动或项目所在组织的控制范围之内的风险，如项目人员辞职、管理不善、进度拖期、成本超支、质量事故、现金流困难、技术风险等。

（2）项目外部风险，指超出项目经理或其所在组织管理范围的风险，如政策风险、法律风险、市场风险、通货膨胀、汇率波动、自然灾害等不可抗力因素等。

2）按项目风险的性质／领域划分

（1）自然风险，指自然的不可抗力或者自然环境因素影响等方面的不确定风险，如地震、洪灾、火灾等。

（2）社会风险，指社会因素或第三方行为影响方面的不确定风险，如事故、动乱、蓄意破坏、恐怖活动等。

（3）政治风险，指产生于政府行为或者由于政策影响而不能完成项目的风险，如政府或政策干涉会影响到原材料供应或成品的定价、供应、产品设计、生产标准，以及战争对项目的影响等。

（4）经济风险，泛指宏观经济形势变化对项目活动的投资、通货膨胀和税收等方面带来的不利影响。

（5）技术风险，指产生于项目产品设计、制造、建造或操作等技术方面未能达到预期的质量性能要求的因素，以及技术的效果、前景、寿命等方面的不确定风险。

（6）生产风险，指产品是否能生产出来的风险。

（7）市场风险，指市场对原材料或成品的价格、可获得量以及需求的不利影响，如产品与市场需求不匹配、市场有效需求不足、市场需求量萎缩等。

（8）融资风险，指资金供应不足、不及时或融资成本过高而带来的风险。

（9）管理风险，指由于管理不善、组织混乱、制度有漏洞、缺乏程序和规范而导致的风险。

3）按项目风险的状态划分

（1）静态风险，指在政治、经济、社会等正常情况下的风险。

（2）动态风险，指由于政治、经济、社会等方面的变动直接导致的风险。

4）按项目风险影响的范围划分

（1）局部风险，指影响面小的风险，如非关键路径上活动的延误。

（2）总体风险，指影响面大的风险，如关键路径上活动的延误。

5）按项目风险发生的概率划分

（1）系统风险，指由于项目内部、系统内出现问题而导致的风险，其发生的频率通常比较稳定、规律性强，一般采取例行控制措施进行控制。

（2）偶然风险，指由于内外部偶然因素的变化影响而产生的风险，其发生的频率很低，带有很强的偶然性，一般采取例外控制措施进行控制。

6）按项目风险损失的程度划分

（1）一般风险，指风险损失程度较轻并且发生的概率较小，如果发生，可以采取补救措施或者可以预先防范。

（2）严重风险，指发生风险的损失比较严重，或发生的概率较高，这类风险一旦发生，往往难以弥补和控制，应重点考虑。

7）按项目风险发生的后果划分

（1）纯粹风险，这种风险发生后只产生损失，不带来收益，如火灾。

（2）投机风险，这种风险发生时能产生损失，不发生时会带来收益，如买股票。

8）按项目风险管理的角度划分

（1）可控风险，指项目管理主体有能力进行有效管控的风险，一般系统内部风险因素、外部可以掌控的风险因素都属于此类。

（2）不可控风险，指超出项目管理主体风险管控能力范围的风险，通常不可抗力因素、内外部重大复杂且难以掌控的风险因素都属于不可控风险。

4. 项目风险的特征

项目风险的主要特征如下。

（1）不确定性。由于不确定性因素的影响，项目风险事件的发生通常是随机的、突变的，具有不确定性。正是这种不确定性的影响，使得项目风险成为在一定的时间和空间、在冒险和弱点的交互作用中产生损失。

（2）高概率性。项目风险是对项目过程中潜在的、未来可能发生损害的一种度量，其产生及有害后果发生均具有一定的可能性，可以用概率进行统计。因此，项目风险也是一个统计概念，描述的是未来预期的消极事件和损失发生的可能性。

（3）有规律性。虽然项目风险具有不确定性，但并非不可捉摸，而是有可循的规律。例如，项目风险具有明显的项目阶段性特征，通常大量的风险集中在项目实施阶段；项目风险与行业所处阶段特点也有密切关系，通常新兴行业的项目风险较多、较大；更多的风险与人们的行为相联系，通过把握项目风险的规律，可以更好地进行项目风险管理。

（4）可控性。由于项目风险具有规律性，项目风险是可以预测和控制的，基于项目管理者的方法经验，通过某些模拟技术和有效管理，能够预测风险发生的时间，或降低风险出现的概率，并采取积极的措施转移、化解或最大程度减少项目风险的损失。例如，考虑自然条件对项目的影响，可以研究项目所在地区和季节的气象资料，并且在进度计划中考虑合理的延误时间，从而减少由于自然原因给项目带来的负面影响。

（5）双刃性。项目风险中既包含对项目目标的威胁，也包含促进项目目标的机会。通过积极主动、系统地对项目风险进行全过程识别、评估及监控，可以实现正面机会最大化、负面影响最小化，提升项目管理整体水平。

8.1.2　运输项目风险管理

1. 运输项目风险管理的概念

运输项目风险（Transportation Project Risk）是指运输项目在设计、施工、竣工验收和运营等各个阶段可能遇到的风险，是在运输项目目标规定的条件下，所有可能发生的影响运输项目目标实现的不确定性因素的集合。运输项目执行过程中可能出现的不确定事件或条件一旦发生，可能会对运输项目的目标、范围、时间、成本、质量、性能等方面产生某种负面的影响，甚至导致项目目标无法实现。

运输项目风险管理（Transportation Project Risk Management）是指对运输项目中可能遇到的风险进行规划、识别、估计、评价、监测和应对的过程。项目风险管理是由项目风险识别、项目风险度量、项目风险应对、项目风险监测以及妥善处理项目风险事件所造成的结果等构成的一种项目专项管理工作，是以科学的管理方法实现最大安全保障的活动过程。

2. 运输项目风险管理的特征

根据全面风险管理的原理，运输项目风险管理应具备的主要特征包括以下几个方面。

（1）运输项目风险管理的过程贯穿于项目的整个生命周期。项目风险管理是对项目潜在的意外损失进行辨识、评估、预防和控制的过程与方法，贯穿于整个项目的构思、设计、实施以及审查评价的全过程。了解项目风险的来源和发生规律，并进行有效的风险评估、风险应对和风险管控，对推进项目过程实施具有重要意义。

（2）运输项目风险管理的主体是全员范畴。项目风险管理不仅仅是项目风险管理一个职能部门的职责，项目运行的全部参与人员及项目的利益相关者都应该参与到项目风险管理之中，项目风险管理不仅涉及项目本身在计划、组织和协调等过程中所产生的不确定性，还包括对社会环境和自然环境等外部不确定性因素的管理。

（3）运输项目风险管理的核心思想是选择合适的管理技术有效应对可能出现的损失。项目活动中面临各种各样的风险，由于项目风险本身的客观性和规律性，可以通过选择合适的模拟技术和有效管理手段，有效地控制风险，把风险降到最低。

（4）运输项目风险管理的关键是体现成本效益。如果项目风险管理的效益不能补偿其成本，则应该考虑项目风险管理是否值得。因而，需要完善项目风险成本及项目风险管理效益的概念及其识别和度量方法，对项目风险管理成本和效益进行综合权衡比较，在此基础上把项目风险限定在一个合理的可接受水平上。

（5）运输项目风险管理的目的是实现最大的安全保障。项目风险管理是在项目执行过程中对项目进程、效率、收益和最终目的等一系列不确定性因素的管理，主要目的是系统地识别与项目有关的风险，从而评价和管理改善项目的执行成果，以最小的成本获得最大程度的项目实施安全保障。

（6）运输项目风险管理是对项目全要素的集成管理。项目风险管理是在可能的范围内以项目工期最短、成本最省、质量最优为目标的一个多目标决策过程，而不能仅满足于对单一目标的追求。项目的工期、成本和质量是三个相互影响相互作用的变量，工期的提前或滞后会直接影响到最终成本的高低；项目质量的优劣也与成本有直接或间接的相关关系；同样工期也会影响到项目的最终质量。项目风险管理是对项目工期、费用及最终完成质量的全要素的集成管理。

尤其注重风险管理的项目

- 创新多、使用新技术多的项目
- 涉及公众人身安全和公共利益的项目
- 预研不充分、不确定性因素多的项目
- 项目目标没有最终确定的项目
- 投资数额大的项目
- 边科研、边设计、边施工的项目
- 合作关系复杂的项目
- 受多种因素制约和受业主严格要求的项目
- 具有重要政治、军事、经济、社会意义的项目
- 国家行为的项目

3. 运输项目风险管理的过程

项目风险管理过程是指风险管理所采用的程序，一般由若干主要阶段组成。SEI（美国系统工程研究所）把风险管理的过程分成风险识别（Identify）、风险分析（Analyze）、风险计划（Plan）、风险跟踪（Track）、风险控制（Control）和风险管理沟通（Communicate）5个主要环节。PMI（美国项目管理协会）制定的项目管理知识体系（PMBOK）中，将风险管理过程界定为风险管理规划、风险识别、风险定性分析、风险定量分析、风险应对设计、风险监视和控制6个部分。我国的毕星、翟丽主编的《项目管理》把风险管理的阶段划分为风险识别、风险分析与评估、风险处理、风险监督4个阶段。

运输项目风险管理的过程分为运输项目风险识别、运输项目风险评估、运输项目风险监测和运输项目风险应对 4 个主要步骤。每个步骤的主要工作内容见表 8-1。

表 8-1 运输项目风险管理过程

序 号	步 骤	主要工作
1	运输项目风险识别	识别运输项目风险来自何方； 识别运输项目风险有哪些类型
2	运输项目风险评估	估计运输项目风险事件的后果有多大； 估计运输项目哪些部分可能会遭到风险； 评估运输项目风险发生的可能性有多大； 确定运输项目风险的等级大小和先后顺序； 评价运输项目风险之间的因果关系； 评价运输项目风险损害的程度； 评价运输项目风险转化的条件； 确定运输项目整体风险水平
3	运输项目风险监测	进行运输项目风险监督、检查、测定； 进行运输项目风险控制
4	运输项目风险应对	应对运输项目风险的计划； 应对运输项目风险的措施策略

8.2 运输项目风险识别

运输项目风险识别包括确定风险的来源、风险产生的条件、风险的特征和确定哪些风险事件可能影响本项目，只有识别出了这些已知的风险，才谈得上对其进行应对和处理。虽然项目经理可以依据以往类似项目的经验，采取一般应急的措施来处理事先并没有确定出的未知风险，但在多数情况下，未知风险是无法管理的，因此，风险识别是项目风险管理的第一步，而且，风险识别并不是一蹴而就的事情，往往需要贯穿项目执行的始终。

8.2.1 运输项目风险识别概念

运输项目风险识别（Transport Project Risk Identification）是一项贯穿于运输项目实施全过程的风险管理基础工作，是指在对运输项目进行收集资料和调查研究的基础上，运用科学方法对尚未发生的潜在风险以及客观存在的各种风险进行系统归类和全面识别的过程。

运输项目风险识别的任务主要包括以下几个方面。

（1）对风险因素进行分解，运用反向思维把不利因素找出来，分析运输项目有哪些潜在的风险，这些项目风险有哪些基本的特性。在项目风险识别中首先要全面分析项目发展变化的可能性，进而识别出项目的各种风险并汇总成项目风险清单，才能够进一步分析这些风险的性质和后果。

（2）分析引起这些项目风险的主要影响因素，导致风险产生的主要条件是什么。只有识别出各项目风险的主要影响因素及其对项目风险的影响方式、影响方向、影响力度等，才能把握项目风险的发展变化规律，才有可能对项目风险进行应对和控制。

（3）分析项目风险可能引起的后果，以及项目风险可能会影响项目的哪些方面。弄清项目风险可能带来的后果及其严重程度，才能够全面地识别项目风险。项目风险识别的根本目的是找到项目风险以及消减项目风险不利后果的方法，识别项目风险可能引起的后果是项目风险识别的主要内容。

8.2.2　运输项目风险识别依据

（1）运输项目成果的描述文件。项目成果说明是进行项目风险识别的主要依据，因为项目风险识别的最终目的是确定项目能够在规定的时间内、规定的预算内，按照要求的质量，最终产生项目的可交付成果。所以，项目风险识别就要根据成果说明来确定项目目标实现时可能产生的各种风险。

（2）运输项目的计划文件和信息。在项目风险识别过程中，要针对各项目计划中包含的目标、要求、方案等进行风险识别。如，项目进度计划的信息是分析项目质量的重要依据，如果项目的进度过快就可能保证不了项目的质量，从而带来风险。

（3）各种历史参考资料和信息。一般来说，项目的历史资料来源于历史项目的各种原始记录、公用数据库、项目承担单位成员的经验等。以前类似项目实际发生风险的历史资料，为识别现有项目的风险提供了非常重要的依据和参考。

（4）制约因素和假设条件。当项目的制约因素发生变化或假设条件不成立时，或者运输项目利益相关者提出过分要求时，就可能成为项目新的风险源。

（5）其他相关资料。如技术规范、行情变化、经济及社会形势变化等信息。

8.2.3　运输项目风险识别方法

从理论上讲，任何有助于运输项目风险信息发现的方法都可以作为风险识别的工具，风险识别有很多种工具和方法，其中最常用的有以下几种。

1. 专家判断法

通过专家咨询、专家访谈等形式，借助专家的专业知识、经验直觉来分析和识别项目的风险。专家既可以是项目团队、组织内部的专家，也可以是组织外部的专家，可以是风险管理专家，也可以是工程、经济或其他领域的专家。

德尔菲法也是一种专家们就某一主题达成一致意见的方法。对风险预测和识别而言，就是由项目风险小组选定与该项目有关领域的专家，并与适当数量的专家建立直接的函询联系，通过函询收集专家意见，然后加以综合整理，再匿名反馈给各位专家，再次征询意见。这样反复经过四至五轮，逐步使专家的意见趋向一致，作为最后预测和识别风险的根据。这种方法有助于减少数据方面的偏见，并避免因个人因素对结果产生不良影响。

2. 头脑风暴法

头脑风暴法是一种运用创造性思维、发散性思维和专家经验，通过会议的形式去分析和识别项目风险的方法,在风险识别时较常用。使用该方法时,应尽可能把各种意见全部列出来,对每一项,都要多问几个这样的问题"问题可能会出现在哪里?""一旦出现问题该怎么办?"项目小组一起头脑风暴,可防止遗漏重要的风险。项目小组根据项目目标、项目的制约因素和假设条件、项目相关历史资料以及过去的经验教训等信息综合判断项目的可能风险。最后总结出一份全面的风险列表,以备在将来的风险分析过程中进一步加以明确。

3. 情景分析法

情景分析法是一种直观的定性预测方法,是在假定某种现象或趋势持续发生的前提下,对预测对象可能出现的情况和引起的后果做出预测的方法。使用该方法进行项目风险分析与识别时,需要识别引起项目风险的关键影响因素以及这些因素的影响程度。

4. 现场视察法

在风险识别阶段,对现场进行勘察非常重要。特别是运输工程项目,项目人员应通过直接观察现场的各种设施及各种操作,以便能够更多、更细致地识别项目的潜在损失。

5. 核对表法

核对表法比较简单,它主要利用核对表作为风险识别的重要工具。核对表一般根据风险要素编纂,包括项目的环境、项目产品或技术资料以及内部因素,如团队成员的技能或技能缺陷等。

这种方法是先将项目从若干方面进行排列,汇总成一张核对表,然后逐项检查每一方面的风险。利用检查表进行风险识别的最大好处是快捷而系统,不会漏项。表 8-2 就是一种常用的项目风险管理检查表,读者看了以后很容易联想到所做的项目可能会有哪些潜在的风险。

表 8-2　运输项目风险检查表

风险来源	检查的内容	是	否
人员	• 人员是否到位 • 是否有经验,是否参加上岗培训,能否胜任专业技术要求 • 分工是否明确 • 信息沟通渠道 • 关键人员变动或离开的替补措施		
技术	• 技术使用、验证情况 • 技术可行性、适用性 • 技术来源 • 技术学习和掌握的难度		
管理	• 项目是否获得明确授权,立项情况 • 项目获得管理层和其他各方支持的程度 • 项目需求分析是否得到客户确认 • 项目计划是否充分 • 项目利益相关者沟通情况,是否清楚、支持项目 • 项目管理方法和手段是否全面、有效 • 合同管理是否规范、有效		
资金	• 资金是否到位,资金缺乏怎么办 • 资金使用、成本控制措施是否健全		

续表

风险来源	检查的内容	是	否
物资供应	• 项目所需物资是否具备 • 物资出现质量事故是否有补救措施		
环境	• 经济及社会环境变化情况 • 气候、天气、地形、地质等自然条件对项目的影响 • 地理因素对项目的影响		

6. 面谈法

与不同的项目相关人员进行有关风险的面谈，将有助于识别那些在常规计划中未被识别的风险。在进行可行性研究时获得的项目前期面谈记录，往往是识别风险的很好素材。

7. SWOT 分析技术

SWOT 分析技术综合分析项目的优势（Strengths）与劣势（Weaknesses），面临的机会（Opportunities）与威胁（Threats），多角度、深层次地对项目的风险进行分析识别。

8. 要素分析法

要素分析法是利用统计指数体系分析现象变动中各个因素影响程度的一种统计分析方法，包括连环替代法、差额分析法、指标分解法等。使用这种方法能够把一组反映事物性质、状态、特点等的变量简化为少数几个能够反映出事物内在联系的、固有的、决定事物本质特征的因素。使用该方法的一般程序为：确定需要分析的指标；确定影响该指标的各因素及与该指标的关系；计算确定各个因素影响的程度数额。

9. 鱼骨图法

鱼骨图法的特点是简捷实用、深入直观，看上去有些像鱼骨，问题或缺陷（即后果）标在"鱼头"外，在鱼骨上长出鱼刺，上面按出现机会多寡列出产生问题的可能原因，有助于说明各个原因之间是如何相互影响的。使用该方法很容易构成风险结构层次图。

8.2.4　运输项目风险识别结果

1）识别出运输项目的各种风险

风险识别的结果是得到一份项目风险的清单，包括风险的种类、来源及风险产生的条件。风险来源应尽量罗列全面，应当包括所有识别出的条目，而不管它们发生的概率、收益或损失的大小，以及潜在的项目风险。

2）各种项目风险的征兆（阈值）

项目风险的征兆是指示项目风险发展变化的现象或标志，是识别判断项目风险的主要依据。

8.3　运输项目风险评估

在对运输项目风险进行识别和分析的基础上，找到运输项目的关键风险因素，通过建立项目风险评估模型，确定项目各类风险等级水平，为如何处置这些风险提供科学依据，以保障项目的顺利进行。

8.3.1 运输项目风险评估概念

运输项目风险评估（Transport Project Risk Assessment）是在运输项目风险识别和估计的基础上，对每种风险进行定性或定量分析，对项目风险事件发生的可能性大小、项目风险影响程度和后果进行排序和综合评价，并确定运输项目关键性风险影响因素的过程。

运输项目风险评估主要包括以下几项内容。

（1）评估风险事件发生的可能性大小，即分析风险事件发生的概率。

（2）评估项目风险程度和后果，确定风险可能的影响范围和危害程度。

（3）评估项目风险预计发生的时间和时间进程。

（4）对项目风险进行综合评价。通过建立项目风险的系统模型，找到运输项目的关键风险，确定项目的整体风险水平。

8.3.2 运输项目风险评估依据

（1）项目的类型、项目的状态、数据信息准确性。

（2）运输项目风险管理计划，项目风险管理计划的科学性。

（3）运输项目风险及风险条件排序表。

（4）历史资料。

（5）专家判断结果。

8.3.3 运输项目风险评价方法

1. 定性评估法

不确定性是人们在事先只知道所采取行动的所有可能后果，而不知道它们出现的可能性，或者两者均不知道，只能对两者做粗略的估计。风险是指给行为主体带来失败、损失后果的可能性以及每种后果出现可能性的大小。通常，不确定性是难以计量的，风险是有概率可以计量的。

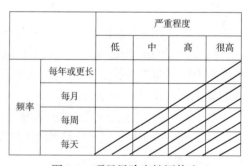

图 8-1 项目风险定性评估法

风险定性分析是针对识别出来的项目风险的影响和可能性大小进行定性化评估的过程。使用该方法时，通常参考以往经验或同类项目的数据资料，按风险后果的影响程度大小对风险进行排序，评估结果相对比较简单，一般分为高、中、低三档。图 8-1 是一种定性的项目风险评估的方法，阴影部分属于高风险。

表 8-3 是借助风险识别检查单，运用定性的方法评估出的项目的风险情况。该项目有哪些风险，其中哪些风险低，哪些中等，哪些高，一目了然。

表 8-3　运输项目风险识别单及定性评估结果

风险领域	可能的风险因素	风险定性评估		
		低	中	高
人员	・内部岗位人员 ・老客户 ・新客户 ・供应商 ・承包商、分包商 ・竞争者 ・潜在竞争者 ・其他利益相关者			
设施设备	・运输设施及条件 ・运载工具 ・工器具及材料			
产品要求	・产品的性质 ・产品的质量要求			
资源	・人力资源 ・资金 ・物资供应			
技术	・工艺 ・技术 ・设计能力			
管理	・项目管理方法、手段和体系 ・项目组织与人力资源管理 ・项目财务与资金管理 ・项目合同管理			
环境	・经济及社会环境 ・气候、天气、地形、地质等条件 ・其他自然及地理因素			

2. 定量评估法 / 主观概率法

定量分析是量化分析每一风险的概率及其对项目目标造成的后果，并得出每种风险大小及其严重程度的一种方法。一般来讲，风险定量评估是在定性评估的基础上进行的，通常用逐项评分的方法来量化风险的大小，即事先确定评分的标准，然后由项目组一起，对预先识别出的项目风险一一打分，然后得出不同风险的大小，如图 8-2 所示。例如，可以用 1 到 10 分的等级来评估风险，如果项目组在评估发生资金短缺的风险时，认为它非常不可能发生，得 3 分，但是一旦发生后果则非常严重，得 9 分；而且，资金短缺，项目小组很难控制，得 8 分，然后把这三个数字相乘，即得到该风险的风险级别（RPN）。风险级别越高，表示风险越大，需要项目小组制定相应的措施认真对待。事先建立一个为风险条件打分的矩阵，然后对每种风险的可能性、严重性和可控性进行评分，三个分值相乘，得到这种风险的风险级别，风险级别越大，表示这种风险越大，越应引起重视和需要制定相应的应对措施。

风险发生的可能性									
极不可能 ◄———				可能 ———					——► 极有可能
1	2	3	4	5	6	7	8	9	10

风险发生的严重性									
极不可能 ◄———				可能 ———					——► 极有可能
1	2	3	4	5	6	7	8	9	10

风险发生的可控性									
极不可能 ◄———				可能 ———					——► 极有可能
1	2	3	4	5	6	7	8	9	10

图 8-2　项目风险定量评估法

如果图 8-2 的评分标准比较粗，还可以制定出更细的评分标准，见表 8-4。

表 8-4　项目风险量化标准

分　数	严　重　度	发生的频率	可控程度
10	严重影响项目，导致项目取消，而且没有警示	非常高，频繁发生	不能控制，只能听天由命
9	严重影响项目，导致项目取消，但有警示	很高，经常发生	利用现有的技术和条件，几乎不能控制，如需控制，需要创造一定的条件
8	严重影响项目目标的实现，可能导致严重的脱期、超支或质量问题	高，经常发生	利用现有的技术和条件控制难度很大，可能需要其他条件
7	项目的质量、成本或质量性能受到显著影响，可能导致有些工作不能完成，客户不会很满意	较高，经常发生	利用现有的技术和条件有一定的难度，但不需要其他条件
6	项目的进度、成本或质量性能受到一些影响，工作虽然可以完成，但客户不满意	中等，时有发生	利用现有的技术和条件能够控制
5	项目的进度、成本或质量性能受到轻微影响，客户会有轻度不满	中等，时有发生	无征兆，利用现有技术和条件容易控制
4	项目受到一些影响，客户也将认识到这种影响	中等，偶尔发生	无征兆，能够控制
3	项目有比较小的影响，客户意识到这种影响	低，很少发生	有征兆，能够控制
2	影响很小，只有少数客户发现这种影响	很低，几乎从来不发生	有明显征兆，很容易控制
1	无影响	不发生	一眼就能看出问题，很容易控制

表 8-5 就是在风险识别的基础上，根据表 8-4 的评分标准，确定出的某产品开发项目量化后的风险顺序。

表 8-5　定量评估项目的风险

序　号	风险识别		风险评估				排　序
	风险事件	风险来源	可　能　性	严　重　性	可　控　性	风险级别	
1							
2							
3							

3. 概率分布估测法

仅以事件的概率大小来衡量决策风险大小是不够科学的，实际上决策风险大小，还与它的可能结果的概率分布密集程度有很大关系。一般可以用标准离差和变异系数来描述概率分布的密集程度。以风险估测的三个参数为基础，结合运输项目的特点进行进一步的风险分析。对具体的运输项目评价模式进行适当的数学处理，使之能反映风险因素的过程。

4. Monte Carlo 模拟法

模拟是一种模仿行为，是将所研究的对象，用其他手段进行模仿的一种技术。模拟包括系统、模型和计算机三个要素，通过建立系统模型、建立模拟模型和模拟实验进行模拟。当采用这种方法研究问题时，并不直接研究对象本身，而是先设计一个与研究对象相似的模型，然后通过模拟来间接地研究对象。模型是应用某种方法对一个真实系统的结构和行为进行描述的一种形式。模拟是一个系统的信息集合，信息表现为逻辑流程图的形式。

模拟技术具有的主要优点：对于复杂的、具有多个随机因素的系统，要用数学模型来精确地描述往往是十分困难的，或者虽然能建立相应的数学模型，但无法求解。但模拟技术则可以根据系统内部的逻辑关系和数学关系，面向系统的实际过程和系统行为，构造模拟模型，从而能得到复杂随机系统的解。能模拟运行无法实施的问题，可以进行大量方案的比较和选优，可以模拟有危险和风险的现象、无法重复的现象以及成本过高的现象。

蒙特卡罗（Monte Carlo）就是一种随机的模拟方法，这个名字来源于欧洲著名赌城摩洛哥的蒙特卡罗，可能是因为赌博本身就是一种概率游戏吧。蒙特卡罗模拟是一种有效的统计实验计算法，这种方法的基本思想是人为地造出一种概率模型，使它的某些参数恰好重合于所计算的模拟量，又可以通过实验，用统计方法求出这些参数的估计值，再把这些估计值作为要求模拟量的近似值。蒙特卡罗模拟并不是从模型到计算的简单过程，而是对一个实际系统的模型，一般需要经过以下互相联系、互相制约的基本步骤。

（1）对于每一项活动，输入最小、最大和最有可能的估计数据，并为其选择一种合适的数学分析模型。

（2）由计算机系统根据上述输入，利用给定的数学模型，快速进行统计实验并产生随机抽样。

（3）对随机抽样的数据进行数学计算，求出结果。

（4）由计算机系统对结果进行统计处理，求出最小值、最大值、数学期望值以及标准偏差。

5. 损益期望值法

以期望值的最大值或最小值作为选择方案的判定标准，称为期望值决策法。分析项目风险发生概率的大小和项目风险发生带来的损失大小，将两者相乘求出风险损失的期望值。期望值决策法在工程项目风险管理中有较广泛的应用，根据具体形式可分为决策树法、决策表法和决策矩阵法。

决策树是一种图表，它反映了尚在考虑中的一项决策，以及选择一个方案或两个备选方案的另一种方案的暗示。决策树将风险概率、事件的每一条合理路径的成本或报酬，以及未来的决策综合在一起，当原有不确定的暗示、成本、收益及接下来的决策被量化的时候，该决策树可以显示哪些决策可以对决策者产生最大的期望值。

图 8-3 显示了利用决策树来确定是新建运输设施还是改进现有运输设施的问题。图中给出了在不同产品需求情况下的建筑成本、概率及其期望收益，利用决策树计算的结果，可以清楚地得出选择新建厂的期望值 4 000 万元，比选择改进现有厂房的期望值 1 000 万元要好，

因此，应该决定新建运输设施，从而避免了盲目选择改造现有运输设施决策的风险。

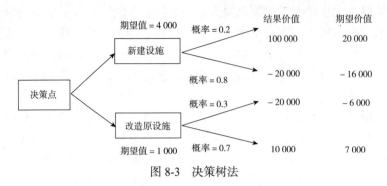

图 8-3　决策树法

这里，风险事件的期望价值 = 风险结果价值 × 该风险事件出现的概率；决策期望值 = 由此决策而发生的所有风险事件期望价值之和。

工程实践中的情况可能比上述示例复杂得多，每种结果都有其对应的发生概率，并且可供选择的方案也不止上述三种，有时还应综合税收等因素。尽管情况可能很复杂，风险决策的工作很烦琐，但对风险事件进行决策的基本方法和原理是一样的。

另外，还可以采用计划评审技术、效用理论、灰色系统理论、模糊分析法、影响图分析法等方法进行运输项目风险评估。

8.3.4　运输项目风险评估结果

1）运输项目风险优先次序清单

通过风险评估，将会产生一份量化的风险优先次序的清单，为后面制定风险应对计划打下基础。

2）运输项目风险度量和解释方法 / 类型级别及说明

运输项目风险度量是对项目风险的影响和后果所进行的评价和估量。项目风险度量包括对项目风险发生的概率和可能产生的后果程度进行度量。利用已有数据资料（主要是类似项目有关风险的历史资料）和相关专业方法分析各种风险因素发生的概率；分析各种风险的损失量，包括可能发生的工期损失、费用损失，以及对工程的质量、功能和使用效果等方面的影响；根据各种风险发生的概率和损失量，确定各种风险的风险量和风险等级。

3）运输项目风险阈值（征兆）/ 基准

运输项目风险阈值主要是指导致风险发生的条件或临界值。

4）运输项目风险评估报告

运输项目风险评估报告主要包括运输项目风险评估报告的格式、内容及汇报形式。

8.4　运输项目风险监测与应对

风险是客观存在的，但并非不可控制。在对运输项目风险识别、分析、评价的基础上，

结合项目总体目标，通过运输项目风险监测，根据具体的风险性质及潜在影响，规划并选择行之有效的风险应对措施，有效地控制风险并尽可能地利用风险，将风险所造成的负面效应降到最低限度以减少损失、增加收益。

8.4.1　运输项目风险监测

1. 运输项目风险监测的概念

运输项目风险监测（Transport Project Risk Monitoring）是指在运输项目实施过程中，根据项目风险管理计划和项目实际发生的风险与变化，对项目风险因素开展的监视和测定活动。运输项目风险监视就是要跟踪、监视运输项目的执行状态，洞察由于人员、技术、环境等方面的变化而产生的偏离项目目标的风险因素，它包括对项目风险发生的监测和对项目风险管理计划落实情况的监测。前者是对已识别出的风险源进行监视和测定，以便及早地发现风险事件的征兆和苗头，从而将风险事件消灭在萌芽中，或采取紧急措施，最大限度地减少风险的损失；后者是监督、检查相关人员落实风险管理计划的组织措施和技术措施是否到位。

运输项目风险监测的目标主要包括：

（1）及早识别运输项目过程中发生的各类风险；

（2）努力避免运输项目风险事件的发生；

（3）积极消除运输项目风险事件的消极后果；

（4）充分吸取运输项目风险管理中的经验与教训。

2. 运输项目风险监测的依据

（1）风险管理计划。运输风险监测依据风险管理计划，利用项目风险状态核对表、项目风险定期评估等风险监测工具，得出风险监测报告，并制定项目风险应对工作计划。

（2）项目沟通。工作成果和多种项目报告可以表述项目进展和项目风险。一般用于监测项目风险的文档有事件记录、行动规程、风险预报等。

（3）附加的风险识别和分析。随着项目的进展，在对项目进行评估和报告时，可能会发现以前未曾识别的潜在风险事件。应对这些风险继续执行风险识别、评估、量化，并制订应对计划。

（4）项目评审。风险评审者检测和记录风险应对计划的有效性，以及风险主题的有效性，以防止、转移或缓和风险的发生。

3. 运输项目风险监测的主要工具和技术

（1）项目风险状态核对表。项目风险状态核对表既可以用于风险识别和评估，也可以在风险监测中使用。

（2）定期项目评估。风险等级和优先级可能会随着项目生命周期而发生变化，而风险的变化可能需要新的评估和量化，因此，项目风险评估应定期进行。实际上，项目风险应作为每次项目团队会议的议程。

（3）收益值分析。收益值分析是按基准计划费用来监测整体项目的分析工具。此方法将计划的工作与实际完成的工作比较，确定是否符合计划的费用和进度要求。如果偏差较大，则需要进一步进行项目的风险识别、评估和量化。

（4）附加风险应对计划。如果该风险事先未曾预料到，或其后果比预期的严重，则事先计划到的应对措施可能不足以应对，因此有必要重新研究应对措施。

（5）独立风险分析。项目办公室之外的风险管理团队比来自项目组织的风险管理的风险管理团队对项目风险的评估更独立、公正。

4.运输项目风险监测的成果

（1）随机应变措施。随机应变措施就是消除风险事件所采取的未事先计划到的应对措施。这些措施应有效地进行记录，并融入项目的风险应对计划中。

（2）纠正行动。纠正行动就是实施已计划了的风险应对措施，包括实施应急计划和附加应对计划。在运输项目的实施过程中，风险会不断发生变化，可能会出现许多未预料到的新情况，因此必须反复进行风险识别，风险分析与评估，细化风险应对措施，及时修改应对计划，实现消除或减轻风险的目标。

（3）变更请求。实施应急计划经常导致对风险做出反应的项目计划变更请求。

（4）修改风险应对计划。当预期的风险发生或未发生时，当风险控制的实施消减或未消减风险的影响或概率时，必须重新对风险进行评估，对风险事件的概率和价值以及风险管理计划的其他方面做出修改，以保证重要风险得到适当控制。

（5）弥补风险损失。风险造成的损失可以通过成本控制和提出索赔来减轻。成本控制就是将运输项目的各项费用控制在总成本计划中。这就要求在制定成本计划时，要为不可预见的风险留有风险费用。在编制项目计划时，应留有一定比例的不可预见费或应急费，并且加强成本管理，密切注视项目风险发生的征兆及风险的发展、变化，以便采取必要的措施。提出索赔就是根据合同条款向项目业主、保险公司以及项目分包商提出经济赔偿的方式。索赔要符合合同条款，符合实际，并提供充分的证据。以运输工程项目为例，如果设计变更、现场施工条件的变化、标书规定的施工方法不适合、工程量的变化、增加新的施工项目、人力不可抗拒的自然条件引起的进度拖延、业主要求变更施工顺序或提出超出合同范围的要求等引起的施工费用增加，承包商均可通过监理公司向业主提出延长工期或增加额外费用。如果由于承包商施工组织不力、人力不足、劳动生产率低、偷工减料等引起的工程进度拖延或质量不符合要求，业主可通过监理公司向承包商提出索赔。此外，索赔要在规定的时间期限内完成，以免因超期失去索赔的权利。

8.4.2　运输项目风险应对

1.运输项目风险应对的概念与内容

1）运输项目风险应对的概念

运输项目风险应对（Transport Project Risk Response）是指根据风险评估和风险分析的结果，为避免或减小运输项目风险而对项目风险采取的行动方案和管理措施。风险应对计划编制是一个开发方案和制定措施的过程，目的是为了提升实现项目目标的机会、减少对项目目标的威胁，它包括确定和派遣人员或单位，去负责每个已经认可的风险应对行动。

2）运输项目风险应对的主要任务

运输项目风险应对的主要任务包括以下几点。

（1）制定项目风险应对的一般性指导原则。制定项目风险应对时也要考虑项目组织或客户对风险的容忍度。经过项目风险识别和评估后可以确定项目的全部风险，一般会有两种情况，其一是项目整体风险超出了项目组织或客户能够接受的水平；其二是项目整体风险在项目组织或客户可接受的水平之内。对于超出项目组织或客户能够接受的水平的风险，要着重管控。

（2）选择合适的风险应对方法。为了有效地应对项目可能遇到的各种风险，决策者应该首先对其进行分类排列，然后根据具体情况选择合适的风险应对方法，采取相应的对策，以达到避免风险或减轻风险可能造成的损失，甚至利用风险扩大收益的目的。

（3）制定项目风险应对计划和具体措施。编制运输项目风险应对计划是制定应对风险的策略和应对措施的过程，目的是为了提升实现运输项目目标的机会，降低对项目目标的威胁。风险应对计划的编制必须与以下各项相适应：风险的多重性、应对挑战所需成本的有效性、完成任务的适时性、项目环境下的现实性、得到项目参与方的认同性，并且有专人负责。编制应对计划时，应充分考虑风险的严重性，应对风险所花费用的有效性，采取措施的适时性，以及与项目环境的适应性。一般来看，项目风险应对措施主要有以下几种风险应对方式：对损失大、概率大的灾难性的风险要避免，即风险避免；对损失小、概率大的风险，可采取措施来降低风险量，即风险降低；对损失大、概率小的风险，可通过保险或合同条款将责任转移，即风险转移；对损失小、概率小的风险，可采取积极手段来控制，即风险自留。

3）运输项目风险应对计划的主要内容

运输项目风险应对计划是项目风险应对措施和项目风险控制工作的计划和安排，是风险管理的目标、任务、程序、责任和措施等内容的全面规划。风险管理计划详细说明了风险事件、风险来源、风险评估的结果、风险应对措施及其负责人等方面的内容。一份规范的风险管理计划至少包括：对已识别风险的描述，风险承担人及其应分担的风险，风险分析及信息处理过程的安排，每项风险的应对措施及实施计划；采取措施后期望残留风险水平的确定，风险应对的费用预算和时间计划，处置风险的应急计划和退却计划等如下所示。

运输项目风险应对计划内容

- 已识别的风险及影响工作的方面等。
- 风险承担人及其责任。
- 定性和定量风险分析过程的结果。
- 对每一种风险的应对措施，包括应对和预防措施。
- 实施应对措施的具体行动。
- 风险应对的预算和时间。
- 应急计划和后备方案。

表 8-6 就是一份比较正式的项目风险管理计划。有些项目还要在风险管理计划表中明确时间、成本的要求等。

表 8-6　项目风险管理计划表

严重度顺序	风险识别		风险评估				风险应对措施		负 责 人
	风险事件	风险来源	可 能 性	严 重 性	可 控 性	风险级别	应对措施	预防措施	
1									
2									
3									

在汽车行业用到一种叫做过程失效模式及后果分析（PFMEA）的技术，能够用来作为制订项目风险管理计划的工具，见表8-7。

表8-7　过程失效模式及其后果分析

过程功能要求	风险识别及分析						现行过程控制	风险特性		措施方案		措施结果				
	潜在的失效模式	潜在的失效后果	严重程度数	级别	潜在的失效原因	额度数		不可探测度数	风险顺序数	建议的措施	责任及目标完成日期	采取的措施	严重程度数	额度数	不可探测度数	风险顺序数

2. 运输项目风险应对的依据

（1）运输项目风险管理计划和风险清单。运输项目风险应对，首先要熟悉风险管理计划和风险清单，在此基础上分析风险的特征、项目主体抗风险能力、风险详细分析资料和可供选择的风险应对措施。

（2）项目风险的特性。通常项目风险应对措施主要是根据风险的特性制定的。例如，对于有预警信息的项目风险和没有预警信息的项目风险就必须采用不同的风险应对措施，对于项目工期风险、项目成本风险和项目质量风险也必须采用完全不同的风险应对措施。

（3）组织抗风险的能力。项目组织抗风险能力决定了一个项目组织能够承受多大的项目风险，也决定了项目组织对于项目风险应对措施的选择。项目组织抗风险能力包括许多要素，既包括项目经理承受风险的心理能力，也包括项目组织具有的资源和资金能力等。

（4）可供选择的风险应对措施。制定项目风险应对措施的另一个依据是一种具体项目风险所存在的选择应对措施的可能性。对于一个具体项目风险而言只有一种选择和有很多个选择，情况是不同的，总之要通过选择最有效的措施去制定出项目风险的应对措施。

3. 运输项目风险应对的方法

1）项目风险容忍

项目风险容忍，又称风险接受，是一种由项目主体自行承担风险后果的风险应对策略。项目风险容忍措施主要针对那些项目风险发生概率很小而且项目风险所能造成的后果较轻的风险事件所采取的一种风险应对措施。这是一种最常使用的项目风险应对措施，但是要注意必须合理地确定不同组织的风险容忍度。

项目风险容忍是一种财务性技术，要求项目主体制定后备措施，一般需要准备一笔费用，作为风险发生时的损失补偿，若损失不发生则这笔费用即可节余。其主要用于处置残余风险，因为当其他的风险应对措施均无法实施或即使能实施，但成本很高且效果不佳，这样只能选择风险容忍。另外，由于影响风险不确定性的因素极其复杂，人们无法完全认识和掌握风险事故发生的规律，从而不可能事先控制所有的风险损失，这些没有被认识和了解的风险损失，只能由项目主体自己承担。所以，项目风险容忍是处理残余风险的技术措施，与其他风险管理技术是一种互补关系。

2）项目风险回避

风险回避是指当项目风险事件发生可能性较大和损失较严重时，主动放弃项目或变更项目计划从而消除风险或风险产生的条件，以避免产生风险损失的方法。风险回避有两种含义，一是指风险发生的可能性极大，后果极其严重，又无计可施，于是改变项目目标或者主动放弃项目、放弃使用有风险的项目资源、项目技术、项目设计方案等，从而避开项目风险；二是通过变更项目计划，消除风险事件本身或风险产生的条件，从而保护项目目标免受影响的方法。

对潜在损失大，概率大的灾难性风险一般采取回避对策。风险回避可以在某种风险事件发生之前，完全彻底地消除其可能造成的损失，而不仅仅是减少损失的影响程度，风险回避是一种最彻底的消除风险影响的控制技术，而其他控制技术只能减少风险发生的概率和损失的严重程度。例如，运输公司认为某项目的风险太大，拒绝承运，就是典型的风险回避办法。还有，对于不成熟的技术坚决不在项目实施中采用就是一种项目风险回避的措施。

虽然项目团队不可能消除所有的风险，但某些特定的风险还是可能回避的。在项目早期出现的某些风险事件，可以通过澄清需求、获得信息、加强沟通、听取专家意见的方式加以应对。例如，采用一种熟悉的而不是创新的方法，避免使用一个不熟悉的分包商，增加项目资源或时间等，这些都可能是风险回避的例子。在运输项目中，可以根据地区和季节的气象规律，避开梅雨季节，或者把雨季的延误补充到进度计划中，可以避免因为天气的因素可能导致项目延误的风险。

3）项目风险遏制

这是从遏制项目风险引发原因的角度出发应对项目风险的一种措施。例如，对可能因项目财务状况恶化而造成的项目风险，如资金链断裂而造成项目中断，采取注入新资金的保障措施就属于项目风险遏制措施。

4）项目风险转移

项目风险转移是项目管理者设法将风险的结果连同对风险应对的权利和责任转移给第三方以使自身免受风险损失的方法。这种方式并非损人利己，因为有些风险对某些单位是风险，而对另一些单位并不构成风险，原因是各自的优劣势并不相同，对风险的承受能力也各不一样。风险转移本身不能降低风险发生的概率，也不能减轻风险带来的损失，只是将风险损失的一部分转移给另一方。这类项目风险应对措施多数是用来对付那些概率小，但是损失大（超出了承受能力）或者项目组织很难控制的项目风险。比如，常有工程承包企业将自己企业不擅长的专项工程分包给专项作业公司，在这种情况下，风险转移者和接受风险者将会取得双赢。

从财务的角度看，转移风险的财务责任是风险转移最为有效的方法。转移风险几乎总是会伴有向接受风险的一方支付风险成本，这类成本包括保险费用、履约保证金、担保和保证费用。或者，可以使用合同方式将某些特定风险的责任转移给另一方。例如，如果项目的设计不是十分成熟，那么使用固定价格合同就可能将责任转移给卖方。风险转移的方法主要有出售、分包、保险与担保等。

出售是通过买卖契约将风险转移给其他组织。例如，如果项目是通过发行股票或债券筹集资金，当股票或债券的认购者在取得项目的一部分所有权时，也同时承担了一部分风险。

分包就是通过从项目执行组织以外获取货物、工程或服务，而将风险转移出去的方法。例如，运输公司将一些非核心业务分包给外协单位，就是将这些业务的质量或拖期的风险转移给了外协单位。

保险是由项目组向保险公司交纳一定数额的保险费，当风险发生给项目带来损失时，从保险公司获得赔偿，从而将风险转移给保险公司的一种方法。例如，通过购买旅客人身意外伤害保险将旅客运输项目的风险转移给保险商的办法就属于风险转移措施。在工程项目中，政府通常规定若干种强制保险，比如工程一切险（包括工程第三者责任险）、社会保险（包括雇主责任险、人身意外伤害险等）等，这类强制性保障只能通过保险公司取得。

担保是指为另一方的债务、违约或过失负间接责任的一种承诺。在项目管理上是指银行、保险公司或其他机构，为项目风险负间接责任的承诺。例如，建设施工单位请银行向业主承诺的，为承包商在投标、履行合同、工程质量等方面的债务、违约或失误的保证书，就是一种典型的风险担保行为。

5）项目风险化解

这类措施从化解项目风险产生出发，去控制和消除项目具体风险的引发原因。例如，对于可能出现的项目团队内部和外部的各种冲突风险，可以通过采取双向沟通、调解等各种消除矛盾的方法去解决，这就是一种项目风险的化解措施。

6）项目风险消减

项目风险消减也叫风险缓解或风险减轻，是指采取措施降低项目风险事件发生的概率或减少风险损失的严重性，或同时降低风险事件发生的概率和后果。使用该种方法可以将某一负面风险事件的概率或其后果降低到最低影响限度来应对风险。项目风险消减的措施主要有以下几种。

（1）降低风险发生的可能性。在项目早期采取措施，执行一种减少问题的新的行动方案，降低风险发生的概率或风险对项目的影响，比在风险发生后再亡羊补牢要更为有效。比如，在运输工程项目中常用工程法、程序法和教育法等措施降低风险发生的概率。汽车里安装安全气囊，以便发生事故时，减轻驾驶员和乘客受伤的程度。对单一供应商的项目，多选择几家供应商，避免独家供货。增加项目资源或给进度计划增加时间，改善项目作业环境，使风险发生的概率降低。采用更简单的作业过程、进行更多的工程技术试验或挑选更稳定的供应商，都是风险消减的措施。

（2）减少或控制风险损失，是指在风险损失已发生的情况下，采取各种可能的措施以遏制损失继续扩大或限制其扩展的范围，使损失降到最低限度。如业主在确信承包商无力继续实施其委托的工程项目时，决定立即撤换该承包商；承包商在业主付款误期已超过合同规定期限的情况下，采取停工并提出索赔的措施；施工安全事故发生后对受伤人员立即采取紧急救护措施，同时加强作业环境的安全防护；当雨天无法进行室外施工时尽量安排有关人员从事室内作业；投资商严格控制内部核算，制定种种资金运作方案等都是为了达到减少风险损失的目的。

（3）分散风险，是指通过增加风险承担者以减轻总体风险的压力，达到共同分摊集体风险的目的。例如，根据项目风险的大小和项目相关利益者承担风险的能力大小，分别由不同的项目相关利益主体合理分担项目风险，通常采用合同或协议的方式确定项目风险的分担责任。

7）项目风险储备

这是应对无预警信息项目风险的一种主要措施，特别是对于那些已经识别出潜在巨大损失的项目，建立一定数量的应急储备来应对风险。应急储备的规模，应由已被接受的风险的影响大小来决定，在某一可能的风险水平基础上进行测算。例如，储备一定的资金和时间以应对项目风险、储备各种灭火器材以应对火灾、购买救护车以应对人身事故的救治等都属于项目风险储备措施。

8）项目风险利用

风险按其性质可分为纯风险和投机风险，纯风险是只会造成损失而不会带来机会或收益的风险，投机风险是既可能造成损失也可能带来机会或利益的风险。风险利用就是指利用投机风险可能提供的谋利机会以获得好处。在许多情况下，风险中蕴藏着利润，即风险与利润并存，并且影响工程项目风险的因素及其后果都是在不断地发展变化之中，因此，有时冒一点小的风险可以换取高额利润或长期利润。

充分认识到投机风险可利用的一面，分析这种风险利用的可能性和价值，估测风险利用的代价，评估项目承载这种风险的能力，积极地变不利为有利，可以使风险变为盈利的来源。风险利用作为一种较高层次的风险应对措施，其应用条件也要求较高，它不仅需要风险管理者有渊博的知识、娴熟的技巧和周密的分析能力，还需要有高度的责任心和灵活的应变能力。利用风险不应只限于少数负责人的策略制定，还必须有项目各有关部门、有关人员的密切配合，是一项综合决策。风险利用时应注意：决策既要慎重又要当机立断；正确评估自己的承受能力，量力而行；严密监控风险，因势利导；制订多种应对方案。

4. 运输项目风险应对结果

1）运输项目风险应对管理计划

正如其他计划一样，项目的风险管理计划实际上是一种行动方案。风险应对计划编制是一个开发方案和制定措施的过程，目的是为了提升实现项目目标的机会、减少对项目目标的威胁，它包括确定和派遣人员或单位，去负责每个已经认可的风险应对行动。

2）运输项目风险应对方案实施

根据运输项目风险应对措施方案实施，及时采取风险避免、风险降低、风险转移、风险自留等措施，在实施过程中发现问题并不断完善。

8.5　运输项目安全与保险管理

在运输项目风险分析评估基础上，运输项目安全管理运用安全管理的方法和手段，有效地预防事故发生，做到有备无患，在这些风险发生时能够化险为夷，将其影响降至最小。运输项目保险管理是针对运输项目风险事件制定保险投保方案并进行保险索赔的工作。

8.5.1　运输项目安全管理

1. 运输项目安全管理的概念

运输项目安全管理（Transportation Project Safety Management）是指在运输项目风险分析评估基础上，为避免安全事故发生，运用安全管理方法和手段，确保运输项目在符合安全要求的物质条件和技术保障下开展的管理活动。运输项目安全管理要依据安全管理法律、法规和规范性文件，建立健全运输项目安全技术标准和安全操作规程，培训从业人员安全操作技能确保安全上岗，并对项目日常安全工作进行监督检查，防止发生各类安全风险事故。确保运输项目安全，对于确保相关人员安全、货物安全，降低因事故发生导致的资源浪费，提高运输项目经济效益和社会效益，实现项目目标具有十分重要的意义。

安全管理能够创造经济效益。项目安全管理可以为项目实施创造良好的运行条件，使项目的资源要素发挥最大的效能，提高项目运行的完好率和工作效率，安全稳定达成项目目标，从而使项目获得最大的经济效益。

安全管理能够创造社会效益。安全管理确保运输项目运行安全，最大限度地减少人员伤亡和财产损失，减少事故对运输行业的破坏和影响，有效保障国民经济对运输项目的需求，促进运输行业的稳定健康发展，创造更大的社会效益。

安全管理需要正确处理生产与安全、效益与安全、局部效益与社会效益、眼前利益与长远利益的矛盾关系，从运输项目事故的因果关系中认识必然性，发现事故发生的规律性，及时采取安全管理方法措施，变不安全条件为安全条件，把事故消灭在项目早期的起因阶段。

2. 运输项目安全管理的依据

（1）安全管理法律、法规和规范性文件。

（2）运输项目各类安全技术标准、安全操作规程。

（3）运输项目风险管理计划。

（4）运输项目安全隐患清单。

3. 运输项目安全管理的方法

1）安全要素分析法

安全要素分析法是指识别并分析项目中的安全要素，判断要素安全状态及原因的方法。"人机物法环"是常用的安全要素分析法。

影响运输项目安全的因素较多，主要的影响因素有：安全组织、安全法制、安全技术、安全教育、安全信息和安全资金等。以运输服务项目为例，对各要素的安全状况问题及原因做如下分析。

（1）人的因素，主要指项目中的各类主体及参与人员，其安全技术素质、安全意识、操作规范、工作方法、应急处置能力、性格特征等方面的状况将直接影响项目的安全状态。

（2）机的因素，主要指来自项目的机器、设备、工器具等方面的原因。例如，运输工具安全状况是否正常检查，是否做到日常维护和保养，其他各种技术设备的性能、强度和可靠性，可能会影响运输项目的安全性。

（3）物的因素，主要指项目所需物资、物料的因素，也包括项目内部各类资源，其安全状况直接影响运输项目安全状态。

（4）法的因素，主要指安全法规、制度和安全管理措施的完善及贯彻情况。

（5）环的因素，主要指项目运行环境及安全事故发生条件等方面的因素。

2）安全能力评估法

项目安全能力是运输项目顺利开展的能力基础，是整个运输活动的保障力量。它的量化为运输项目优化资源配置开辟了新的路径，是运输项目安全管理的第一步。通过对运输项目进行安全能力评估，有针对性地制定项目安全管理对策。

3）安全事故预防

贯彻"安全第一，预防为主"的安全生产方针，做好安全预防。"安全第一"是指当生

产和其他工作与安全发生矛盾时，要以安全为主，生产和其他工作要服从安全。必须以安全生产作为衡量项目工作好坏的一项基本内容，作为一项有"否决权"的指标，不安全不准进行生产。预防和善后是安全管理的两种基本工作思路。安全管理工作应当以预防为主，即通过有效的管理和技术手段，减少和防止人的不安全行为和物的不安全状态出现，从而使事故发生的概率降到最低。安全管理以预防为主，其基本出发点源自生产过程中的事故是能够预防的观点。事故发生的后果，以及后果的大小如何，尽管带有随机性，但在一定程度上是可以预测的。做好安全预防工作，才能真正防止事故损失的再次发生。

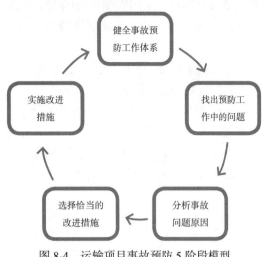

图 8-4　运输项目事故预防 5 阶段模型

做好运输项目事故预防的 5 阶段模型，如图 8-4 所示。

（1）建立健全事故预防工作体系。从根本上消除事故发生的可能性，达到预防事故发生的目的。

（2）找出事故预防工作中存在的问题。从源头上降低项目事故发生概率。

（3）分析事故及不安全问题产生的原因。

（4）选择恰当的改进措施。例如，提高设备的可靠性、选用可靠的工艺技术、提高系统的抗风险能力、加强操作规程培训、减少人的失误、加强监督、检查。

（5）实施改进措施。

4）"3E"安全管理对策

造成不安全状态的主要原因通常可归纳为技术操作、安全态度以及安全管理等方面的因素，因此可以相应采取安全工程技术（Engineering）、安全教育（Education）和安全法制（Enforcement）3 种防止对策。

安全工程技术对策是指在项目过程中要配备必要的安全工程，健全和执行安全操作规程，避免把安全与经营割裂开的倾向，处理好"安全为了生产，生产必须安全"的辩证关系，当生产与安全有冲突时，应首先考虑安全，将安全管理工作变被动为主动，变事后监控为事前防范，有效地维护安全监管的权威性。安全教育是指不断提高员工的安全素质和安全意识，将安全操作变成自觉行为。安全法制是指建立安全管理规章制度，形成规范化的管理机制。例如，自觉贯彻《消防法》《安全生产法》等法规，建立完善安全责任制度，落实好安全基础管理和现场安全管理工作，形成安全管理常态机制。

5）"5S"现场安全管理

"5S"是整理（Seiri）、整顿（Seiton）、清扫（Seiso）、清洁（Seiketsu）和素养（Shitsuke）这 5 个词的缩写。使用"5S"管理方法可以在项目现场对人员、机器、材料、方法等生产要素进行有效管理。

6）安全强制

安全强制是指采取强制管理的手段控制人的意愿和行动，使个人活动、行为等收到安全管理要求的约束，从而实现有效的安全管理。安全强制是由事故损失的偶然性、人的"冒险"心理以及事故损失的不可挽回性所决定的。安全强制需要健全安全行为规范和强有力的安全管理和监督体系。

4. 运输项目安全管理的成果

1）运输项目安全管理文件

运输项目安全管理文件包括运输项目安全管理制度、规范、操作规程，安全事故应急预案文件。

2）运输项目安全作业水平得到提升

运输作业在符合安全要求的物质条件、技术保障和工作秩序下进行，有效防范各类安全事故发生。

3）运输项目安全管理组织得以健全

坚持"安全第一，预防为主"的方针，建立"管生产必须管安全，谁主管谁负责"的安全生产管理责任制。设立运输项目安全生产监督管理部门，配备安全管理人员。

8.5.2 运输项目保险管理

1. 运输项目保险管理的概念

运输项目保险管理（Transportation Project Insurance Management）是指在风险分析评估基础上，对运输项目可能面临的各种意外事件进行保险投保的管理活动。运输项目保险管理有利于合理转移项目风险，发挥保险的补偿功能和作用，提高索赔效益，降低运输项目风险损失，提高运输项目经济效益，真正为项目保驾护航，促进项目顺利进行和健康发展。

一般而言，运输项目保险包括以下几个方面的内容。

（1）工程一切险。可根据分析所确定的风险程度确定投保范围。

（2）雇主责任险。依据《工伤保险条例》政策，根据工程特点、工人雇佣方式及统计的危险工种比例等数据来确定是否购买和购买范围，如果本项目内有较多的高危岗位，如桥梁、隧道工程比例大，从事水上、高空、地下作业人员较多，则应考虑投保雇主责任险，对其劳务分包企业同样要求投保雇主责任险，防止出险后劳务分包企业无力进行赔偿，连带影响项目实施。

（3）人身意外伤害险。这是指中国人民保险公司拟定的财产、铁路车辆、轮船旅客意外伤害、铁路旅客意外伤害、飞机旅客意外伤害的强制保险条例。

（4）企业投入的大量施工用机具、设备和机械装置，可以根据需要购买机械设备险，如架桥机、隧道内的施工机械等。

（5）有条件的项目还可以通过扩展雇主责任险或购买团体意外险，加强工人遭受意外后的保障，减轻企业的责任承担。

目前，我国并没有建立完整的运输强制责任保险制度，现有的铁路旅客意外伤害强制保险虽然性质上为强制保险，但是已与实践操作相冲突。笔者借鉴国内外交通行业旅客运输保险制度对我国铁路旅客运输保险制度的启示，对完善我国铁路旅客意外伤害保险制度提出建议，旅客意外伤害强制保险制度可以尊重旅客意愿改革为任意投保制度，同时增加新的铁路承运人责任险，建立强制责任险与自愿意外伤害险相协调的旅客运输保险体系。

2. 运输项目保险管理的依据

1）运输项目风险因素识别和评估

运输项目保险管理是指在风险分析评估基础上，根据面临的风险类型、发生概率和危害程度，选择合适的保险项目。

2）运输项目所处环境分析

运输项目所处的环境分析包括自然环境、社会环境和商业环境等方面。例如，一些运输工程项目施工路线往往穿越高山峡谷、江河湖泊、戈壁沙漠和岩溶冻土等特殊地区，增加了项目自然因素导致风险的概率。由于长期处于不安全的环境之中，一旦发生各类自然灾害和意外事件，将会给员工带来严重的人身伤害，给企业造成巨额的经济损失。

3）运输项目建设规模及难度

运输项目建设规模及难度较大的往往选择投保。例如，有些运输工程项目施工周期漫长、规模宏大，建设的复杂程度超过以往任何时期，施工期间施工单位需投入大量的机械设备和人员，容易发生一些不安全的因素。

4）运输项目转移风险的需要

为应对风险、降低风险因素给运输项目带来的损失，选择适合的工程保险已成为项目转移风险的重要手段。

3. 运输项目保险管理方法

1）选择保险顾问协助处理保险业务

运输项目保险是高度专业和交叉的工作，涉及金融、法律、财经领域以及工程技术和预算等专业知识，包括项目风险识别和分析、保险方案制订、保险公司的选择、保险合同谈判签署、出险后的理赔等一系列工作。根据项目需要，可以选择专业保险顾问为保险管理提供咨询服务，处理相应的保险业务。

2）制定科学合理的保险方案

科学合理的保险方案是进行招标工作、开展保险工作的基础。保险方案的制订是以合理的保险费投入获取最大程度和最有力的保障为前提。运输项目实施之前，可以组织项目管理人员、工程技术人员及保险顾问，全面审核项目施工图纸，认真组织现场踏勘，详细了解沿线的施工条件、自然环境、社会环境和地质情况，对项目进行科学、合理、充分的风险分析评估，研究项目所面临的可能发生的自然灾害和各种意外事件，制订保险投保方案。例如，某项目在确定施工组织设计后，经过认真分析制订了项目投保方案，对风险高的单项工程进行了投保，如路基、桥梁涵洞、隧道工程等；对风险较低的工程则不予投保，如现场箱梁的预制、轨道及站后工程等，这样既节省了保费的支出，同时风险较大的工程项目也获得了可靠的保障。

3）合理选择保险公司

可通过公开和邀请招标的方式择优选择保险公司。通过招标方式选择保险公司通常需进行资格预审，资格预审从保险公司的资质、业务领域、地域、承保能力、承包经验和业绩等因素进行选择，通过资格预审选择有实力、有经验和服务水平与项目规模相适应的保险公司进入下一阶段的投标。

对保险公司递交的投标文件，应组织工程技术和保险方面的专家进行评审，按照事先拟定并公开发布的评标办法，从保险费率或保险费报价、保险公司的偿付能力指标、保险责任条款（包括主要保险条款、扩展责任条款、特别约定）、风险评估及风险管理的合理化建议、服务承诺和服务方案、优惠条件等方面进行评审，从而选择有实力的保险企业来承保。

4）做好运输项目日常保险管理

（1）设置内部管理机构，配备专门人员。风险和意外的突发性和不确定性决定了项目应将保险管理工作纳入项目日常管理工作中。设置专门的风险管理部门，指定专人负责项目保险的日常管理工作，负责培训工作、组织宣讲保险专业知识和索赔工作的具体开展。

（2）建立项目保险管理制度。这是就项目保险管理制订相应的管理办法，纳入标准化、制度化管理的轨道。其内容一般包括管理责任分工、管理机构设置、人员配置、理赔体系、保险索赔报告制度、激励约束制度、对失职者的责任追究制度等内容，规范项目保险管理工作。

（3）保险索赔工作。保险索赔是项目保险管理的重要环节，是消除或补偿损失损害的关键性工作，其工作质量直接关系索赔利益。一旦发生可能引起保险责任项下索赔的自然灾害和意外事故时，应该按照项目保险管理办法和事先制订的预案启动快速反应机制，保护现场并进行必要的抢险施救，防止损失进一步扩大并将损失降到最低限度，同时收集包括照片、影像等第一手资料和实物证据，按保险人的要求提供索赔所需的有关资料。在索赔阶段，认真编制索赔报告，实事求是地进行索赔金额的计算，确保获取自己合法的索赔回报。

案例 8-1

危险品运输风险管理机制的构建 ①

1、内容提要

优化危险品运输风险管理机制，能够降低运输风险，同时兼顾企业成本需求，为政府决策提供参考。通过对我国近些年发生的诸多危险品运输事故进行调查研究，分析了危险品运输应急预案和风险应对方面存在的薄弱问题，同时基于系统论的研究方法，构建了三维分析视角的风险分析逻辑架构。基于风险管理的主体、客体及过程三个维度，通过对危险品运输风险因素的全面分析，进行运输风险的危害性分析以及风险事件与诱因之间的关联性评估，最后提出风险危害削减和控制的应对措施：建立全方位的监管责任制度，确保"有人管理"；健全全面的风险信息反馈机制，确保"管理全面"；通过路径优化和 HACCP（Hazard Analysis Critical Control Point，危害分析的临界控制点）控制方法，从源头开始，实现危险品运输"全程可控"。研究指出：三维视角下的风险识别、风险评估和风险应对构成一个相互联系、相互作用的系统，形成全面的风险管理机制。

2、研究背景

近些年来，我国危险品运输需求和运输量呈逐年增长趋势，据统计，95% 以上的危险品涉及异地运输。危险品运输风险较高，一旦发生事故就会对生命、健康、安全构成巨大威胁，还造成严重的社会影响。例如，2014 年 3 月 1 日，晋济高速公路山西晋城段岩后隧道危化品

---

① 孙彦明，等 . 基于三维视角的危险品运输风险管理机制研究 [J]. 交通运输研究，2015（2）: 47-52. 有改动。

燃爆事故，造成 31 人死亡、9 人失踪、10 多人受伤、42 辆车被烧毁，这不仅严重损害了生命财产，也严重影响到人们的心理和当地社会的安定。因此，危险品运输不仅是一个交通运输安全问题，也是一个备受关注的社会公共安全问题，应该引起社会各界的高度重视。

截至目前，关于危险品运输风险管理机制的研究相对较少。与发达国家相比，我国在危险品运输的技术与管理上还存在较大差距，在应急预案和风险应对管理方面相对薄弱，因此加强危险品运输风险管理机制研究十分必要。本文将基于危险品运输风险管理系统的内在结构及运行机理，从风险管理的主体、客体和过程三个维度，对危险品运输进行风险识别、风险评估和风险应对，具有一定的应用价值，可为政府监管部门和危险品生产经营企业的运输风险管理及应急救援等工作提供一定的参考。

3、危险品运输风险识别

危险品运输风险识别是发现可能导致安全事故的潜在问题，找出风险源。由于危险品运输风险影响因素较多，复杂性、随机性和不确定性较大，可以从危险品运输风险管理主体、客体和过程 3 个维度进行危险性辨识与分析。

3.1 主体维度分析

危险品运输风险管理主体是指危险品运输活动的参与者、监督者等对运输活动享有一定的权利或承担一定的义务与责任的承担者，包括危险品运输公司、危险品生产经营企业、政府监管部门、道路管理方，甚至影响区人员或公众。主体因素在事物变化发展中起着主导性作用。在实践中，主体各方相关责任缺失，往往是造成危险品运输活动风险和隐患的最重要因素，同时影响区公众的主体意识和参与程度不应被忽视，其参与度越高越有助于规避风险。主体维度的风险源，可分为责任界定、运行机制和保障措施三个方面，责任是否明确、运行是否有效、保障是否到位，是衡量主体风险管理能力的主要依据。以危险品运输企业为例，其主体风险源主要存在于资质是否健全、责任是否明确、各环节"接口"是否通畅、风险预警和应对预案是否有效、内部检查和全程追踪是否规范、定期安全教育培训是否到位等方面，并以相应的制度规定和运行记录作支撑。

3.2 客体维度分析

危险品运输风险管理的客体主要指风险管理主体直接作用和影响的对象，具体包括驾驶员、车辆、道路、货物、管理措施及自然环境等因素。

（1）驾驶员因素。人员因素是主导性因素，是最根本的风险源，而其他因素往往与人员因素结合在一起，才产生风险危害。只有充分约束和规范人的主观行为，才能对各类风险进行有效的防范和控制。这方面主要包括驾驶员的从业资格、业务操作能力、心理素质、安全意识、法律意识及自我控制能力等。

（2）车辆因素。来自车辆的风险源主要包括：车辆使用年数、机械设备状况、操作使用性能状况、行驶风险、储运容器状况、装卸系统状况、必要的安全附件等。运载设备老旧、操作使用不当、维修维护不及时，均会造成较大的安全隐患。

（3）道路因素。道路条件直接制约着车辆通行，其主要危险源包括：运输路段地理位置、运输网路线的年运输事故率、路段年事故率、路段危险品运输泄漏率、路段事故率高发的时间属性等。这就需要做好运输路线的勘察与选择。

（4）危险品货物因素。危险品运输过程中的货物风险因素，主要涉及货物的危险性以及发生事故可能对周围环境造成的负面影响。危险品运输风险事故多发生化学爆炸或泄漏，引发空气及水体污染，给生命财产安全带来极大的损害，同时给社会造成巨大的经济损失。

（5）法规及管理因素。法规及管理因素主要包括：危险品运输法规标准，如果危险品运输方面的法规、标准体系缺位较大，将会给安全监管带来不利；危险品运输安全监管体制及权责划分、监管手段及监管能力；企业的安全管理水平及风险控制措施等。

（6）环境因素。环境因素是危险品运输过程中不容忽视的主要危险源之一，例如气象、地形、时间、季节因素等，直接影响运输活动的安全性。

3.3　过程维度分析

危险品运输过程风险是指包括危险品运输起讫点在内的全过程中发生的一切活动及由此可能引起的各类风险。危险品运输过程中的事故可能发生在路线的任意位置或运输过程中的任意时间，具有较强的随机性和不确定性，但也具有一定的规律性。在这一过程中，运输工具通常看作点风险源，与其他因素在特定条件下发生反应，形成风险事故，如经常出现下列情况。

（1）驾驶员、押运员等缺乏危险品运输基本业务知识或应急处理方法不当，不遵守安全运输规定。

（2）运输车辆出现泄漏孔径、高负荷运输状态，或运输车辆或容器内的温度、压力达到一定条件可能出现异常后果。

（3）运输危险品的理化特性，在一定条件下发生反应，如泄漏、毒气云、爆炸、池火、喷射火等。从泄漏点通过媒介（空气和土地）向不同的方向扩散，并到达不同的距离。扩散受到包括危险化学品数量和类型以及空气状况等许多不同因素的影响。

（4）路网或路段环境因素变化可能带来突发风险。

4、危险品运输风险评估

危险品运输风险事故隐患或风险事件，离不开风险管理主体、客体和过程三个基本维度，往往是在一个主要影响因素或数个因素相互作用下发生。风险评估就是对这种风险源或风险事件给人们造成的生命财产、生活和生存环境等各个方面的负面影响和损失的可能性进行量化测评的过程，并确定其严重程度，以便引起重视，采取规避措施。

传统的风险评估方法主要是：在评估运输系统各种风险因素的基础上，评估风险概率和后果，将风险表示为事件发生的概率及其后果的函数，或建模 $R = f(P, C)$（式中：R 表示风险；P 表示概率；C 表示后果），进而确定风险等级和组织承受风险的能力，以便提出风险消减对策。

在风险评估环节，要确定危险品风险事件的概率和后果的严重程度，根据风险等级，启动相应级别的应急预案。这种传统风险模型，应用事故分级对其进行改进后，能很好地克服计算误差，降低路径风险，但并不是对所有风险度量模型都有同样效果。因而，实践中可以采用倒推法找出风险承担因素，由风险危害或风险事件倒推出风险管理主体、客体及过程三个维度上各方面的关联度（见表8-8），确定各类因素对风险事件所承担的系数或权重，找准风险诱因，从而健全机制，提高风险管理对策的针对性和目的性，最大程度地预防和控制风险。

表8-8 运输风险关联性分析

风险事件	描述及危害性	风险等级	主体因素	承担系数	客体因素	承担系数	过程因素	承担系数
风险事件1			主体1		客体1		过程1	
			主体2		客体2		过程2	
			主体n		客体n		过程n	
风险事件2								
风险事件n (n=1, 2, …, N)								

关于风险事件危害性的分析，可以从影响人员风险、影响区域环境风险和财产损失风险三种基本类型展开。影响人员风险主要指危险品运输活动给沿线影响人员造成的风险，包括路上、路外及周围的影响人员，还包括某些聚集影响人群，如运输沿线的学校、企事业单位、医院、集贸、购物场所等人口聚集区域；影响区域环境风险是指各种风险因素导致的危险品泄漏事故给沿线环境带来的损害和负效应；财产损失风险主要指危险品事故后果给当事人或它方经济财产带来的损害程度。承担系数表示影响因素与风险事件的关联程度，可以用经验值法或假设法求取，在此不再赘述。

5、危险品运输风险应对

风险应对在风险因素分析评估的基础上，提出风险危害削减和控制的针对性措施，消除或减少风险转化为事故的概率，达到有效降低风险危害的目的。全面的风险应对方案要回答"谁来管"、"管什么"、"如何管"等问题，涉及风险管理主体、客体和过程三个维度。

5.1 主体维度——建立全方位监管责任制度

政府层面要发挥主导作用，通过多种措施引导和规范风险管理主体各方积极承担相应的责任，建立健全"问责制"，加强普法教育，鼓励公众参与，对危险品运输各类违规行为进行监督和举报。同时着重做好预防和救援工作：一要完善危险品生产、运输、存储等政策、法规及规范，研究建立科学的技术规范和安全的标准体系，增强危险货物运输安全的法治化水平；二要完善危险品运输应急保障机制和事后救援工作，促进实现跨区域、跨部门协同工作，使危险品风险事故紧急事件得到快速处置和有效控制；三要加大监督检查的力度，加强危险品运输监管，对现有危险品运输企业进行评估、整合，鼓励和支持第三方专业性危险品运输物流企业发展；四要加大资金、政策方面的投入，提高危险品运输的技术装备与信息化水平，促进危险品运输专业化、现代化发展。

企业层面要高度重视危险品运输的风险管理，做好各类应急预案与演练，抓好危险品运输各环节人员有关危险品业务、安全知识及普法方面的专业培训，形成常态，确保驾驶员、押运员和装卸员持证上岗，防止不良后果发生。

5.2 客体维度——健全全面风险信息反馈机制

危险品运输风险管理中，及时和有效的信息沟通非常关键。主体控制信息输入、信息输出和信息反馈三部分构成了风险管理信息反馈系统，如图8-5所示。危险品运输风险管理主体将风险控制信息输入到系统中，作用于气象、道路、法规管理、货物、车辆设备和驾驶员等对象，这些风险控制结果一部分直接输出；另一部分通过人员风险转化后再输出，在这一过程中通过人员控制，风险可能实现某种程度的降低。由于存在大量不确定性因素，风险控制目标并不能自动降低或消除风险，而是根据条件变化，向风险管理主体反馈信息，获得进一步的控制措施来应对风险。实践中发生的危险品运输风险事故，有很多是由于信息沟通不畅导致的，或者增加了事故发生的概率，或者加剧了次生事故的发生。

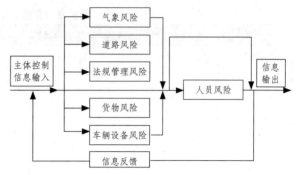

图 8-5　危险口运输风险管理信息反馈机制

　　及时、全面的风险信息沟通与反馈，是风险管理的必要保障。例如，路网监管人员利用风险管理系统和相关分析工具，对已获知的辖区路网内危险品运输过程状态信息和周边环境状态信息进行风险分析，确定风险事件出现的概率、后果和程度，根据风险分级，启动相应级别的应急预案或决策系统，对危险品紧急事件进行快速响应，采取信息发布、路径诱导、交通管制等应急处置措施。

5.3　过程维度——完善运输全程可控体系

　　由于危险品运输事故具有流动性、差异性、耦合性、施救困难的特点，亟需全方位加强危险品运输的过程管理，将危险品运输风险评价和应对纳入运输规划管理中，针对运输车辆的流动性对危险品运输车辆安装卫星定位系统（GPS），加强对危险车辆的实时监控。建立完善危险品运输全程可控体系，尤其做好运输路径优化和过程控制两个方面。

　　（1）危险品运输路径优化涉及危险品生产使用单位、运输企业、保险公司、危险品运输监管部门和运输沿线受影响人员的利益，运输企业倾向选择最低运输成本路线，而政府监管部门往往通过法规禁止某些路线通行，规划最小影响人员风险路线，因而，路径优化是政府监管部门和危险品运营企业之间风险与成本的两难决策，可以看作受约束的双目标规划问题。

　　风险成本主要包括防范应对风险花费的成本和因风险事故损害导致的成本两个方面。一般而言，风险管理状态差，则风险预防应对成本低，而风险事故成本高，反之亦然。因而，风险事故成本和风险预防应对成本与风险管理状态之间呈现出两种相反的变化趋势，如图8-6所示。风险事故成本与风险预防应对成本之和构成运输风险总成本。比较理想的风险——成本管理选择区间需要在运输风险和运输成本之间寻求平衡，确定较低运输风险和较低运输成本的路线，这也是危险品运输路径优化考虑的因素。

　　危险品运输路径优化一般仅限于具体危险品在特定起讫点之间的路线选择，通常要求道路通过区域人口较稀少，道路事故率较低，路线长度、运输费用和运输时间权重分配较合理等，具体可考虑将运输风险和运输成本作为总目标，将人员危害、环境损害、财产损害及运

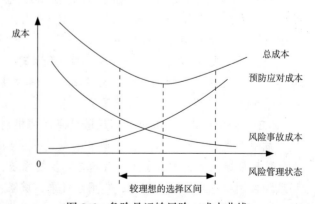

图 8-6　危险品运输风险 – 成本曲线

输时间、费用等方面确定为一级指标，再逐层细分为二级或三级指标，见表 8-9。运输过程定量风险分析是路径优化的关键，基于定量风险分析，可最大限度地降低运输沿线影响区各类风险，减少事故发生的概率和可能影响的人数。当然也要考虑气象条件、道路特征、交通状况、影响区环境、应急响应能力等方面，最终确定危险品运输路径的选择。

表 8-9　危险品运输优化选线指标体系

总目标	一级指标	二级指标
运输风险	人员危害风险	事故率
		影响人员数量
	环境损害风险	环境污染等
	财产损害风险	经济损失等
运输成本	运输时间	线路长度
		平均时速
	运输费用	—

（2）危险品运输过程控制指运输 OD（Origin-Destination，起讫点）全程风险监控，在这一过程中，通过制定实施符合标准的针对性强的风险削减措施，消除或降低风险，减少事故损失。在危险品运输作业流程的各个环节，如装货、驾驶、停靠休息、途中检车、检查、运输、到达、卸货、交付等一系列作业活动构成的过程中，可以采用 HACCP（Hazard Analysis Critical Control Point，危害分析的临界控制点）控制方法，通过风险识别，确定风险关键控制点，明确关键点的危害，规范作业标准，制定监控和纠偏措施，完善相关验证程序，以确保全程风险可控。以液化危险品运输为例，其 HACCP 分析简表，见表 8-10。

表 8-10　危险品运输 HACCP 分析控制

关键控制点 /作业名称	危害种类					责任人 /检查人	应急处置 /纠偏措施	验证材料
	人员伤亡	环境污染	物料损失	负面影响	车辆损坏			
罐装		卸料口忘关闭，泄漏	卸料口忘关闭，泄漏					
驾驶	交通事故	交通事故，剧毒化学品泄漏	交通事故，罐体破损，物料泄漏	重大交通事故和严重次生灾害事故	交通事故			
…	…	…	…	…	…			
卸车		途中卸车快，接头脱落，泄漏	途中卸车快，接头脱落，泄漏					

完善运输全程控制系统，需要主体各方积极参与，做好各环节风险防范，尤其提高应急反应效率和处置力度，最大限度地应对各类风险和不确定性因素，为危险品安全运输提供最大保障。

以上三个维度下的风险识别、风险评估和风险应对并不是相互独立、分割存在的，而是一个相互联系、互为影响和作用的系统。作为危险品运输风险管理的一种新视角，形成了主体维、客体维和过程维的三维风险管理机制，如图8-7所示，为危险品运输的全面风险管理提供一定参考。

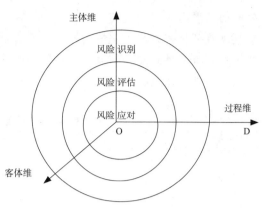

图8-7　危险品运输三维风险管理机制

6、结语

基于三维视角的危险品运输风险管理机制的研究与应用，有助于改进风险分析和风险管理，扩大危险品运输安全涉及的多部门、多地区、多学科之间的协作，建立全方位一体化的危险品运输风险管理体系，优化提升危险品运输风险管理水平，最大程度地降低运输过程风险。风险管理主体、客体及过程三个维度相互作用，构成如下管理机制。

（1）从风险管理主体的维度，实现危险品运输活动的委托人、承担人、监管人等各方全方位的参与，防止职能缺位。

（2）从风险管理客体的维度，对危险品运输风险因素进行全面分析，有针对性地制定控制措施，达到风险管理的目的。在进行危险货物运输决策之前，清楚地掌握各种运输模式的风险特性和风险评估模型特点，可为决策者提供合理的危险货物运输模式和风险评估模型选择依据。

（3）从风险管理过程的维度，强调从源头开始，对整个运输全过程各环节加强风险监管，强化危险品生产经营企业、运输企业、车辆、驾驶员、押运人员、装卸管理人员、运输道路、重点路段和社区等各方安全管理，最大程度地消除或减小风险。

本章小结

运输项目风险与安全管理包括运输项目风险识别、风险评估、风险监测、风险应对、安全与保险管理等方面的工作。风险识别是项目风险管理的第一步，运输项目风险识别包括确定风险的来源、风险产生的条件、风险的特征，确定哪些风险事件可能影响本项目，只有识别出了这些已知的风险，才谈得上对其进行应对和处理。在对运输项目风险进行识别和分析的基础上，找到运输项目的关键风险因素，通过建立项目风险评估模型，确定项目各类风险等级水平，为如何处置这些风险提供科学依据，以保障项目的顺利进行。

风险是客观存在的，但并非不可控制。在对运输项目风险识别、分析、评价的基础上，结合项目总体目标，通过运输项目风险监测，根据具体的风险性质及潜在影响，规划并选择行之有效的风险应对措施，有效地控制风险并尽可能地利用风险，将风险所造成的负面效应降低到最低限度以减少损失，增加收益。

在运输项目风险分析评估基础上，运输项目安全管理运用安全管理的方法和手段，有效地预防事故发生，做到有备无患，在这些风险发生时能够化险为夷，将其影响降至最小。运输项目保险管理是针对运输项目风险事件制订保险投保方案并进行保险索赔的工作。

思考与练习

1. 简述风险与运输项目风险的概念及特性。

2. 运输项目风险管理的特征及过程主要有哪些?

3. 阐述运输项目风险管理的主要内容。

4. 如何识别运输项目风险?

5. 运输项目风险评价方法有哪些?

6. 如何做好运输项目风险监测与应对?

7. 分析运输项目风险管理与安全管理的区别与联系。

8. 运输项目涉及的保险种类有哪些?

第9章

运输项目收尾与后评价

 本章导入

运输项目竣工验收和后评价是项目收尾阶段管理的重要环节之一，是运输项目按批准的设计文件内容或项目范围建成后，由验收机构对其进行综合评价考核，移交接管使用单位的整个过程。竣工验收和后评价对促进运输项目及时投产，发挥投资效果，总结建设经验起着重要作用。实践中，一些运输项目在竣工验收环节也存在未严格落实验收程序、问题整改不彻底、工程移交困难等问题，这在一定程度上影响了投产项目的正常运营。因此，需要从规范验收程序、落实验收问题整改、理顺移交关系等方面进一步规范运输项目竣工验收管理。并做好运输项目的后评价，为提升项目整体管理水平提供经验和教训。

学习目标

1. 熟悉运输项目验收的概念、内容和基本要求。
2. 了解运输项目范围确认的概念、依据和方法。
3. 熟悉运输项目质量验收范围。
4. 了解运输项目交接程序
5. 了解运输项目决算与费用审计。
6. 熟悉运输项目后评价的主要内容和主要程序。

9.1　运输项目验收与交接

验收是项目管理中的检查环节，贯穿于整个项目全过程的各个阶段。运输项目竣工验收是项目收尾阶段的重要内容，将为以后开展项目效益后评价和项目管理后评价提供重要依据和评价基础。运输项目竣工验收和交接主要包括项目竣工验收、项目竣工决算、项目成果及项目技术资料整体移交等方面的内容。

9.1.1　运输项目验收

1. 运输项目竣工验收的概念及要求

运输项目竣工验收是指运输项目投资建设转入生产和运营的标志，是全面考核项目实施工作是否符合设计要求并达到工程质量标准的环节，是向项目业主和投资者交付运输项目成果的过程。运输项目竣工验收的主要内容包括运输项目范围验收、运输项目质量验收和运输项目文件资料交接三个方面。

运输项目竣工验收是全面考核项目工作、检查设计和工程质量是否符合要求、审查资金使用是否合理的重要环节。对促进运输项目及时投产运营、发挥投资效益和提高建设管理水平有重要作用。为达到竣工验收管理的基本要求，竣工验收前准备环节是完成竣工验收的前置条件，其质量和进度将直接影响到项目的竣工验收。因此，项目管理主体应尽早上手，确保竣工验收工作质量，分析竣工验收环节存在的主要问题并采取相应措施，避免后期影响项目的投产运营。

运输项目验收的基本要求包括以下几点。

（1）在运输项目验收开展前应明确验收单位和接管单位，避免验收、移交时接管单位不清、影响后续工作开展等问题。

（2）项目组或施工单位应提前对项目验收清单（包括项目范围清单、项目质量验收清单、项目技术资料清单等）进行梳理，并提前向验收方进行报告。

（3）项目组或施工单位应坚持按照验收程序办事，在达到项目竣工试运行基本条件后再申请组织验收。

（4）在向验收方或建设单位报验前，项目组或施工单位应组织自验，并做好项目各类技术资料整理和待交接工作。

2. 运输项目验收基本程序

运输项目验收基本程序大体上包括验收前准备、申请验收、组织验收和交接等几个关键环节，具体步骤如下。

（1）项目组或项目管理主体应在工程完工前的规定时间内向项目业主或建设单位提出验收计划，包括预计完工日期和开通日期、工程内容、开通所必需的技术资料等。

（2）项目组或施工单位经自验、向监理报验、取得合格意见后，向项目业主或建设单位报送专业工程验收申请表。

（3）项目业主或建设单位应按照验收标准的规定，组织设计、施工、监理单位进行单位工程验收，并填写《运输工程项目验收记录》，注明验收的项目范围、质量状况和未完工程项目等。

（4）项目业主或建设单位组织项目设计、施工、监理及设备接管单位经过全面的质量检查和技术资料核对，确认已具备验收条件后，共同签署检查意见，向政府监管部门报送验收申请报告。

（5）项目业主或建设单位在确认具备验收条件后，向政府监管部门申请验收，并附全套的《运输工程项目验收申请表》。验收申请报告应包括工程概况、建设情况，明确验收范围，具体说明申请验收的各专业情况、线路里程、主要设备等。

（6）政府监管部门或委托单位根据运输项目验收申请，确认验收条件，编制验收实施方案，并启动验收。验收分为静态验收和动态验收两个阶段。静态验收实施方案包括工程静态验收的范围、任务、验收单位及人员组成、程序与计划安排，同时明确规范验收工作程序、搞好验收组织、落实问题整改、做好报告编制方面的具体要求。对于大型复杂运输工程，还应该组织各专业验收工作组制订专业验收实施方案，明确各专业的参验部门和单位应细化到设施设备接管单位、养护维修单位、使用接管单位，确保每项设施设备验收到位。静态验收包括专业现场验收和静态综合系统验收。

（7）运输项目静态验收合格后，政府监管部门或委托单位组织专业机构进行全部系统动态监测，验收工作组对工程安全运行状态进行全面检查和验收，对运输项目综合调试和模拟试运行。

（8）项目验收通过后，组织项目成果移交。同时，项目组或施工单位向项目业主或建设单位移交技术资料，项目业主或建设单位组织核对技术资料齐全、完整、准确无误后，办理移交签认手续。

3. 运输项目范围确认

1）运输项目范围确认的概念

运输项目范围确认又叫运输项目移交或验收，是运输项目阶段结束时，项目组或施工单位在将项目最终交付成果交给使用者或接受者之前，接受方要对已经完成的工作成果重新进行审查，查核项目计划规定范围内的各项工作或活动是否已经完成，应交付成果是否令人满意的活动。运输项目范围确认后将核查结果记录在案，形成文件。

2）运输项目范围确认的依据

运输项目范围确认的依据主要包括以下几个方面。

（1）运输项目规划设计文件，包括运输项目规划设计报告、项目范围说明书等。

（2）运输项目工作成果，即运输项目计划实施竣工后预交付的成果。

（3）运输项目成果文档。进行项目范围确认时，项目组或施工单位必须向接受方出示说明运输项目（或项目阶段）成果的文档，如运输工程项目施工合同、项目计划、技术要求说明书、技术文件、图纸、项目变更文件等，供其审查。

3）运输项目范围确认的方法

范围确认的方法是对照研究的方法和实地调研的方法。

（1）对照研究法，把运输项目范围计划和项目预交付成果进行对照比较，分析存在的差异和问题，判断是否符合业主或客户的期望。

（2）实地调研法，为了核实项目或项目阶段是否已按规定完成，需要到运输工程项目现场，进行必要的测量、考察和试验等活动，通过调查，采集相关的各种数据。

4）运输项目范围确认的结果

（1）核查结果文件。项目范围确认完成后，参加项目范围确认的验收方记录验收情况，编写核查结果文件，根据问题整改情况决定能否给出合格结论，并出具验收报告，在文件上签字。如果通过，表示验收方已正式认可并验收通过全部或阶段性成果；如果未通过，则要求返工或整改。

（2）其他附加条件。一般情况下，项目范围确认和验收可以附加条件，例如，项目验收时，可规定以后发现项目存在问题或发生故障时仍然可以找项目开发人员解决。督促项目组或施工单位按合同约定开展工程质量回访和工程保修工作，在项目交用一年或与施工单位清算质保金之前，组织设计、施工、监理单位进行工程质量回访，对验收遗留问题整改，对运营后发现的问题进行梳理，分清责任，按设计完善、施工质量、设备补强、维护质量等进行分类管理，进行整改完善。

4. 运输项目质量验收

1）运输项目质量验收的概念

运输项目质量验收是指依据运输项目质量计划中的范围划分、指标要求、采购合同中的质量条款，遵循相关的质量检验评定标准，对运输项目质量进行质量认可评定并办理验收交接手续的过程。运输项目质量验收是控制项目最终质量的重要手段，也是项目验收的重要内容。

2）运输项目质量验收的范围

根据项目阶段性特征和阶段成果产出的差异，运输项目质量验收的范围在项目概念阶段、项目规划阶段、项目实施阶段和项目收尾阶段均有不同，质量验收的内容见表9-1。对于大型、复杂项目的质量验收，可对项目实施阶段中每个工序的质量验收结果进行汇总、统计、澄清，得出项目最终的、整体的质量验收结果；对于比较简单的项目和特殊要求的项目，收尾阶段的质量验收要依据验收标准，彻底进行检验，以保证项目质量。

表9-1 项目质量验收内容

项目阶段	质量验收内容
项目概念阶段	检查项目进行可行性研究和机会研究时，是否收集到足够多的和准确的信息；使用的方法是否合理；项目评估是否科学；评估的内容是否全面；是否考虑了项目的进度、成本与质量三者之间的制约关系；对客户的需求是否有科学、可行、量化的描述；对项目的质量目标与要求是否做出整体性、原则性的规定和决策
项目规划阶段	检验设计文件的质量，同时项目的全部质量标准及验收依据也是在规划设计阶段完成。本阶段的质量验收也是对质量验收评定标准与依据的合理性、完备性和可操作性的检验
项目实施阶段	本阶段是项目质量产生的全部过程。实施阶段的质量验收要根据范围规划、工作分解和质量规划对每一个工序进行单个的评定和验收，然后根据各单个工序质量验收结果（如可以把单项工序的质量等级分成不合格、合格、良好、优等四级）进行汇总统计，形成上级工序的质量结果（合格率或优良率），以此类推，最终形成全部项目的质量验收结果
项目收尾阶段	对于大型、复杂项目的质量验收，可对项目实施阶段中每个工序的质量验收结果进行汇总、统计、澄清，得出项目最终的、整体的质量验收结果；对于比较简单的项目和特殊要求的项目，收尾阶段的质量验收要依据验收标准，彻底进行检验，以保证项目质量

3）运输项目质量验收的标准与依据

根据项目阶段性特征和阶段成果产出的差异，运输项目质量验收的标准与依据在项目概念阶段、项目规划阶段、项目实施阶段和项目收尾阶段均有不同，质量验收依据如下表所示（见表9-2）。质量验收的过程就是对项目实施过程中产生的每个工序的实体质量结果进行汇总、统计、澄清，得出项目的最终的、整体的质量结果。

4）运输项目质量验收的结果

运输项目质量验收的结果是产生质量验收评定报告和项目技术资料。项目最终质量报告的质量等级一般分"合格"和"优良"两级，凡不合格的项目不予验收。项目每一个工序的质量检验评定报告经汇总成相应的技术资料，是项目资料的重要组成内容。对影响安全的问题必须要求返工或立即整改；对不影响安全的问题，则制定整改措施，明确整改责任单位、责任人和整改期限。问题逐项整改并经过重新验收完成安全评估后，运输工程方可开通初期运营，并进行下一环节的交接程序。

表 9-2　项目质量验收依据

项 目 阶 段	验 收 依 据
项目概念阶段	在平衡项目进度、造价与质量三者之间制约关系的基础上对项目的质量目标与要求作出总体性、原则性的规定和决策
项目规划阶段	根据概念阶段决策的质量目标进行分解，在相应的设计文件中指出达到质量目标的途径和方法，同时指明项目竣工验收时质量验收评定的范围、标准与依据、质量事故的处理程序和奖惩措施等
项目实施阶段	质量控制的关键是过程控制，质量保证与控制的过程就是根据项目规划阶段规定的质量验收范围和评定标准、依据，在下一个工序开始之前，对每一个刚完成的工序进行及时的质量检验和记录，并分发给质量保证体系中的所有单位
项目收尾阶段	质量验收的过程就是对项目实施过程中产生的每个工序的实体质量结果进行汇总、统计、澄清，得出项目的最终的、整体的质量结果

5. 运输项目文件资料验收

1）运输项目文件资料验收的概念

运输项目文件资料验收是指依据运输项目建设程序和有关要求，对运输项目开发过程中产生的各种专业性文件资料和政府批复文件进行验收交接的过程。

运输项目文件资料验收也是项目竣工验收的重要内容之一，是运输项目交接、维护和后评价的重要原始凭证，是项目竣工验收和质量保证的重要依据。

2）运输项目文件资料验收范围和内容

运输项目验收范围和内容主要包括运输项目可行性论证相关文件、规划与设计资料、项目计划资料、执行与变更资料、合同、招投标文件、供应商资料、质量文件、会议纪要、重要通知、记录、进展报告、环境资料、试验、检验、安全与事故资料、竣工资料、验收资料、后评价资料等。

3）运输项目文件资料验收的依据与程序

运输项目资料验收的依据包括项目立项文件、合同条款、档案规定、国际惯例等。运输项目资料验收的程序包括自检、自验收、分项清点、立卷、归档、验收、修补、确认、签字。

4）运输项目文件资料验收结果

项目文件资料验收的结果是通过项目文件资料档案和其他相关资料的验收报告。

9.1.2　运输项目成果交接

1. 运输项目成果交接

1）运输项目成果交接与项目清算的概念

运输项目成果交接是指项目合同收尾以后，在政府项目监管部门或社会第三方中介组织协助下，项目业主与全部项目参与方之间进行项目成果所有权移交的过程。项目交接是正常的项目收尾过程。

2）运输项目交接的程序

运输项目验收通过之后，可以进行正常的项目交接；如果项目验收未通过，则需要进行返工、问题整改或让步接收处理。问题整改不到位往往是制约项目移交、造成移交周期较长的直接原因，通过严格的工程质量、设备质量检查与验收，了解设施设备的使用功能，及早发现问题，及时整改，避免大量问题在验收后处理。运输项目交接的程序，如图 9-1 所示。

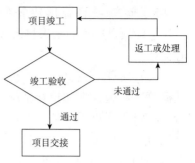

图 9-1 运输项目交接程序

3）运输项目交接的结果

运输项目交接时，既包括工程实体移交，即对建筑物实体和工程项目内所包括的各种设备实体进行交接，同时也包括对工程技术档案文件进行移交。

2. 运输项目清算

1）运输项目清算的概念

运输项目清算是运输项目收尾的另一种结果和方式，是非正常的项目终止过程。由于各种各样的原因，项目在交付之前终止，就需要进行项目清算。项目清算的主体即项目清算的召集人，一般为项目业主。

2）运输项目清算的依据

运输项目清算的依据与条件主要包括以下情形。

（1）运输项目合同规定的项目清算的条款，项目清算主要以合同为依据。

（2）运输项目概念阶段存在决策失误。

（3）运输项目规划阶段设计中出现技术方向性错误。

（4）运输项目实施过程中出现重大质量事故，项目继续运作的经济或社会价值基础已不复存在，或者项目开发的市场价值和必要条件发生变化。

（5）运输项目交接阶段在试运行过程中发现项目的技术性能指标或经济效益指标无法达到设计目标，项目的经济或社会价值无法实现。

（6）运输项目由于资金无法到位，出现"烂尾项目"。

3）运输项目清算的程序

对于中途清算的项目，项目业主应该依据合同中的有关条款，成立由各参与方联合参加的项目清算工作小组，依合同条件进行责任确认、损失估算、索赔方案拟订等事宜的协商，协商成功后形成项目清算报告，合同各方联合签证生效；协商不成则按合同的约定提起仲裁或直接向项目所在地的人民法院提起诉讼。

9.1.3 运输项目决算与审计

1. 运输项目费用决算

运输项目费用决算是指对运输项目从筹建开始到项目结束交付使用为止发生的全部费用的确定。

1）运输项目费用决算的依据

运输项目决算的依据主要包括项目规划设计文件、项目合同和合同的变更、项目费用收支会计报表等方面。

2）运输项目费用决算的内容

运输项目决算的内容包括项目生命周期各个阶段支付的全部费用。

3）运输项目费用决算的结果

运输项目决算的结果将形成项目决算书，经项目各参与方共同签字后作为项目验收的核心文件。

项目决算书主要由文字说明和决算报表两部分组成。文字说明主要包括工程概况、设计概算、实施计划和执行情况、各项技术经济指标的完成情况，项目的成本和投资效益分析、项目实施过程中的主要经验、存在的问题、解决意见等。决算报表分大中型项目和小型项目两种，大中型项目的决算表包括竣工项目概况表、财务决算表、交付使用财产总表、交付使用财产明细表；小型项目决算表按上述内容并简化为小型项目决算总表和交付使用财产明细表。

2. 运输项目费用审计

1）运输项目费用审计的含义

运输项目费用审计是指查明项目成本支出情况、监控项目成本实施的过程。

2）运输项目费用审计的依据和内容

运输项目费用审计的依据主要包括以下几个方面。

（1）成本报告。

（2）进度报告。

（3）质量报告。

（4）项目预算。

运输项目费用审计的内容见表9-3。

表9-3　项目全过程的费用审计

阶　段	审计内容	审计的依据	审查的结果
计划阶段	费用估算采用了哪种方法，采用的方法是否合理；费用估算的依据是否合理；费用估算的结果是否准确；费用计划采用了什么方法，方法是否科学，是粗线条还是细线条的；费用计划的依据是否充分；费用计划能否满足控制成本的要求；不可预见费用的数量是否合理等	费用预算、费用计划等	形成审计报告
实施阶段	成本报告的审计，包括审核成本报告的内容是否全面，报告格式是否规范；审查报告与实际发生成本的吻合情况；结合进度报告和质量报告判断成本报告的真实性	成本报告、进度报告、质量报告	形成审计报告
	实施成本的审计，主要工作有审查成本的超出和实际支出偏低的情况，查明发生成本与计划成本的偏差幅度及其原因；审查发生的成本是否合理，有无因管理不善造成上升和乱摊成本的问题；审查成本控制方法、程序是否有效，是否有严密的规章制度；审查有无擅自改变项目范围。若存在成本失控问题，应查明原因，提出整改建议		
结束阶段	项目业主要对项目进行全面审计并进行验收，这个时期的费用审计主要进行项目成本审计。其做法是对照项目预算审核实际成本的发生情况，看是超支还是节约。如果超支，要查明是因为成本控制不利还是因为擅自扩大项目范围或乱摊成本所致；如果节约，则要查明是否缩小了项目范围或降低了事实标准	成本报告、进度报告、质量报告	形成审计报告或审计决定书

3）运输项目费用审计的结果

运输项目费用审计的结果是形成费用审计报告，审查成本的超出和实际支出偏低的情况，查明发生成本与计划成本的偏差幅度及其原因；审查发生的成本是否合理，有无因管理不善造成成本上升和乱摊成本的问题；审查成本控制方法、程序是否有效，是否有严密的规章制度；审查有无擅自改变项目范围；若存在成本失控问题，应查明原因，提出整改建议。

3.运输项目审计

运输项目审计是指审计机构依据国家法律法规和规章制度、管理标准和财务制度，运用科学的方法和程序，对运输项目活动进行审核检查，判断其是否合法、合理和有效的一种活动。

1）运输项目审计的任务

运输项目审计的任务主要包括以下内容。

（1）检查审核项目建设活动是否符合相关法律和规章制度。

（2）检查审核项目建设活动是否符合国家政策、法律、法规和条例，有无违法乱纪、营私舞弊等现象。

（3）检查审核项目活动是否合理。

（4）检查审核建设项目的效益。

（5）检查和审核各类项目报告、会计记录和财务报表等反映项目建设和管理状况的资料是否真实，有无弄虚作假或文过饰非的现象。

（6）在检查审核项目建设和管理状况的基础上，提出改进建议，为企业决策者提供决策依据，促使项目组织改善管理工作。

2）运输项目审计的程序

（1）审计准备，明确运输项目审计的目的、范围、调研、资料准备及工作计划。

（2）审计实施，制定运输项目审计的常规检查、详细核查和纠偏措施。

（3）报告结果，编写形成运输项目审计报告。

（4）资料归档，将审计报告及相关资料整理归档，形成审计档案。

3）运输项目审计的结果

根据问题整改情况决定能否给出合格结论，出具审计报告，提出整改意见并监督落实。

9.2　运输项目后评价

通过运输项目后评价，评估项目预期目标是否达到，项目或规划是否合理有效，项目的主要效益指标是否实现，总结运输项目实践中的经验教训，为项目运营提出改进意见，同时也为未来新项目的决策提供参照。

9.2.1　运输项目后评价概念

1.运输项目后评价的概念

运输项目后评价是指对已完成的运输项目（或规划）的目标、执行过程、功能作用、综合效益及相关影响所进行的科学、系统、客观的分析过程。

通过对项目活动实践的后评价，评判项目预期的目标是否达到，项目或规划是否合理有效，项目的主要效益指标是否实现。同时，通过分析评价找出运输项目实施过程中成功或失败的原因，总结经验教训，通过及时有效的信息反馈，为后评价项目运营中出现的问题提供改进意见，同时也为未来新项目的决策和提高投资决策管理水平提出建议。

2. 运输项目后评价的主要内容

运输项目后评价通常在运输项目竣工以后项目运作阶段或项目结束之前进行。运输项目后评价的内容包括：运输项目实施过程后评价、运输项目效益后评价、运输项目管理后评价等几个方面。

1）运输项目实施过程后评价

运输项目实施过程后评价是对运输项目实施进度及控制过程进行综合评价的环节。运输项目实施过程后评价主要包括运输项目实施过程、运输项目实施过程中的变化、主要问题及原因分析、实施过程总体评价等内容。

2）运输项目效益后评价

运输项目效益后评价是运输项目后评价内容的重要组成部分，它以运输项目投产后实际取得的效益（经济、社会、环境等）及其隐含在其中的技术影响为基础，重新测算项目的各项经济数据，得到相关的投资效果指标，然后将它们与项目前评价时预测的有关经济效果值（如净现值 NPV、内部收益率 IRR、投资回收期等）、社会环境影响值（如环境质量值 IEQ 等）进行对比，评价和分析其偏差情况以及原因，吸取经验教训，从而为提高项目的投资管理水平和投资决策服务。运输项目效益后评价的内容主要包括以下几个方面。

（1）经济效益评价。

（2）社会效益评价。

（3）环境影响评价。

（4）项目可持续性评价。

（5）项目综合效益评价。

3）运输项目管理后评价

运输项目管理后评价是以运输项目竣工验收和项目效益后评价为基础，在结合其他相关资料的基础上，对项目整个生命周期中各阶段的管理工作进行评价。运输项目管理后评价的目的是通过对项目各阶段管理工作的实际情况进行分析研究，形成对项目管理情况的总体评价。通过分析、比较和评价，认识目前项目管理的整体状况和水平，以吸取经验和教训，不断提高项目管理能力，更好地促进以后的项目管理工作，促使项目预期目标更好地完成。项目管理后评价包括以下几个方面。

（1）项目管理过程评价。

（2）项目综合管理评价。

（3）项目管理能力评价。

3. 运输项目后评价与前评估和审计的区别

运输项目后评价与项目前评估在评价原则和方法上没有太大的区别，都采用定量与定性分析相结合的方法，但由于两者的评价时点不同，目的也不完全相同。运输项目后评价主要的服务对象是投资决策层，主要目的是总结经验教训，评价重点是项目的可持续性及项目的宏观影响和作用；运输项目前评估的目的主要为项目前期决策服务。

审计则是以法律和有关规定为准绳审查项目各项活动的合法性，其主要内容涉及财务投资审计。在实际工作中，项目后评价和项目审计工作的侧重点是完全不同的。

4. 运输项目后评价的主要程序

1）面向宏观决策的后评价程序

　　面向宏观决策的后评价一般是指对具有影响性较大、涉及面较广的一些重大运输工程项目所开展的后评价，其目的主要为提升宏观决策水平服务。此类后评价的程序一般包括制订后评价计划、选定后评价项目、确定后评价范围、选择执行项目评价的咨询单位和专家等几个环节。

　　面向宏观决策的项目后评价程序主要包括以下步骤。

　　第 1 步，制订后评价计划。

　　第 2 步，后评价项目的选定。

　　一般来讲，选定后评价项目有以下几条标准。

　　（1）由于项目实施而引起运营中出现重大问题的项目。

　　（2）一些非常规的项目，如规模过大、重要内容复杂或带有实验性的新技术项目。

　　（3）发生重大变化的项目，如建设内容、外部条件、选址布局等发生了重大变化的项目。

　　（4）急迫需要了解项目作用和影响的项目。

　　（5）可为即将实施的国家预算、宏观战略、计划原则提供信息的相关投资活动的项目。

　　（6）为投资规划确定未来发展方向的、有代表性的项目。

　　（7）对开展行业部门或地区后评价研究有重要意义的项目。

　　第 3 步，后评价范围的确定。

　　第 4 步，项目评价咨询专家的选择。

　　第 5 步，项目后评价的执行。

　　（1）资料信息的收集。

　　（2）项目论证、实施及执行各种报告和文件。

　　（3）后评价现场调查。

　　（4）项目基本情况。

　　（5）目标实现程度。

　　（6）作用及影响。

　　（7）分析和结论。

　　（8）总体结果。

　　（9）可持续性。

　　（10）比选方案。

　　（11）经验教训。

　　第 6 步，项目后评价报告。

　　运输项目后评价报告是对运输项目后评价结果的汇总，是反馈项目实施和开发经验教训的重要文件。运输项目后评价报告必须反映真实情况，报告的文字要准确、简练，尽可能不用过分生僻的专业化词汇。报告内容的结论、建议要和问题分析相对应，报告评价结果与未来规划及措施制订、修改相联系。

　　运输项目后评价报告的提纲如下。

（1）前言。

（2）运输项目概况。

①运输项目目的及目标；

②运输项目建设内容和进度；

③运输项目投资和资金来源；

④运输项目运营情况。

（3）运输项目实施过程评价。

①运输项目实施过程；

②运输项目实施过程中的变化；

③主要问题及原因分析；

④实施过程评价。

（4）运输项目财务和经济效益评价。

①运输项目财务评价；

②运输项目国民经济评价；

③运输项目效益分析。

（5）运输项目社会效益及影响评价。

①社会效益评价；

②环境影响评价；

③项目可持续性评价。

（6）结论。

（7）主要经验教训。

（8）建议。

第7步，后评价的反馈。

2）面向微观决策的后评价程序

面向微观决策的后评价一般是针对某个项目和项目团队，涉及的环境较少的项目后评价。面向微观决策的后评价程序通常比较简化、内容简单、形式多样。其主要步骤如下。

（1）自评价。

（2）成立项目后评价小组。

（3）信息的收集。

（4）实施评价。

（5）形成评价报告。

9.2.2 运输项目后评价依据

（1）运输项目可行性分析、立项文件及规划设计等资料。

（2）运输项目实施计划、施工方案及各专项（项目进度、质量、成本等）计划。

（3）运输项目实施过程中有关记录文件。

（4）运输项目决算文件及财务报告。

（5）其他相关的影响分析及调查资料。

9.2.3　运输项目后评价方法

运输项目后评价与项目前评估在评价原则和方法上没有太大的区别，都采用定量与定性相结合的方法，但由于两者的评价时点不同，目的也不完全相同。运输项目后评价的方法主要包括财务分析、经济分析、环境影响分析、社会影响分析、可持续性评价和综合评价。

1. 运输项目后评价的财务分析

运输项目后评价的财务分析主要采用的评价指标包括财务净现值（NPV）、内部收益率（IRR）、效益成本比（BCR）及其投资回收期（N），作为运输项目财务评价依据。运输项目后评价的财务分析通常包括财务赢利能力分析、清偿能力分析和敏感性分析三个方面。

2. 运输项目后评价的经济分析

运输项目后评价的经济分析是对运输项目的经济活动作出的全面系统的书面分析，通常包括运输项目经济效益分析和运输项目经济外部性分析两大方面。运输项目经济效益分析以财务评价为基础，从国家或地区的整体角度考察项目的费用和效益状况，采用国际市场价格、价格转换系数、实际汇率和贴现率（或社会折现率）等参数，对后评价时点以前各年度项目实际发生的效益和费用加以核实，并对后评价时点以后的效益和费用进行重新预测，计算出经济净现值（ENPV）和经济内部收益率（EIRR）等主要评价指标。

3. 运输项目后评价的环境影响分析

运输项目后评价的环境影响分析可以采用现场调查法，采用科学的调查方法，通过环境影响监测，准确、及时、全面地收集统计调查中所获得的资料，进行对比、分析和综合评价。其环境影响评价内容分为自然环境（大气、水、土壤等）影响分析、生态环境（生物多样性，如改善动物的栖息环境，提高动物的数量和种类）影响分析和社会环境（如受灾面积、人畜伤亡、作物产量、水毁工程、经济损失等）影响分析。

4. 运输项目后评价的社会影响分析

运输项目对社会的贡献主要体现在满足人们的出行需求，满足工农业产品及社会物流运输需要，促进就业、收入分配、社会保障及社会进步等方面。社会进步方面的意义主要体现在教育水平、就业率、基础设施、文化价值、旅游、土地利用、人均收入、社会和谐等方面。可以通过公众参与、社会调查等方式，对利益相关者和特定群体进行社会影响分析和评价。

5. 运输项目可持续性评价

项目持续性评价要素包括财务、技术、环保、管理、政策等方面。项目持续发展的主要条件包括，针对可持续的主要制约因素及其原因，分析项目持续发展的主要条件，区分内部与外部的条件等。通常采用预测法进行研究，预测法是对尚未发生或目前还不明确的事物进行预先的估计和推测，是对事物将要发生的结果进行探讨和研究。使用预测法要遵循惯性、类推、相关和概率推断等原则。

6. 运输项目后评价的综合评价

运输项目后评价的综合评价通常采用成功度评价的方法。成功度评价是依靠评价专家或专家组的经验，综合后评价各项指标的评价结果，对项目的成功程度做出定性的结论。也就是通常所称的打分的方法。项目成功度评价的等级划分和项目实施成功度评价指标体系见表 9-4、表 9-5。

表9-4 项目成功度评价等级划分

成 功 度	级 别	项目目标实现程度	相对成本而言，项目的效益和影响
完全成功的		已全面实现或超过	取得巨大的效益和影响
成功的	A	大部分已经实现	达到了预期效益和影响
部分成功的	B	部分实现	取得一定的效益和影响
不成功的	C	非常有限	几乎没有产生正效益
失败的	D	无法实现	项目不得不终止

表9-5 项目实施成功度评价指标

项目实施评价指标	相关重要性	成 功 度	项目实施评价指标	相关重要性	成 功 度
经济适应性			技术成功度		
扩大生产能力			进度		
管理水平			预算成本控制		
对贫困的影响			项目辅助条件		
人力资源（教育）			成本—效果分析		
人力资源（健康）			财务回报率		
对妇女的影响			经济回报率		
环境影响			财务持续率		
社会影响			机构持续性		
机构制度影响			项目的总持续性		
总成功度					

案例 9-1　某港口 10 万吨级通用码头建设项目后评价 [①]

项目名称： 某港口 10 万吨级通用码头建设项目。

评价背景： 本案例为某港口建设 10 万吨级通用码头工程项目，建设项目对原有企业产生了什么样的作用和影响是这类项目后评价的重点之一。对于此类项目多采用有无对比的方法，以便准确地分析评价项目的效益及对整个企业的影响。

一、项目概况

该项目地处某港口东侧边区，项目业主是某市港务集团。项目的提出主要是满足对外开放及外贸发展的要求，建设一座 10 万吨级通用码头，项目总投资为 19 832 万元。该项目设计任务书批复的内容为：新建 10 万吨级通用码头 1 座，配套货场、变电所、空压站等公用设施，新增起重机等吊装设备以及其他相关工程。项目建成后的生产目标为，年均满足 700 ～ 900 万吨吞吐量作业需求。

---

① 根据相关项目评价案例改编。

二、项目的实施和经营情况

1. 项目进度

国家发展和改革委员会于 2010 年 9 月批准项目建议书，2011 年 10 月批准设计任务书。相关部门于 2011 年 12 月批准初步设计。2012 年 6 月正式开工，2015 年 3 月建成投产，2016 年 6 月通过国家竣工验收。该项目建设工期 2 年 8 个月，比计划工期提前约 4 个月。

2. 工程技术和项目实施

该项目的准备和实施基本按国家规定的程序执行，工程设计符合规范要求，技术合理，设计和施工采用了多项较先进的技术。在项目实施过程中，项目业主狠抓管理，积极推行工程监理，保证了工程质量和工程的顺利实施。

码头工程竣工验收报告的批复认定，码头水工建筑、绿化及大型非标设备安装工程质量优良，其余为合格。项目的工程设计总体是好的，但投资概算、预算资料不能及时到位，项目竣工图没有系统整理。

3. 项目投资总额

该项目实际总投资 36 351 万元，项目固定资产为 35 492 万元，其中国家经营性资金 12 100 万元，银行贷款 12 200 万元，企业自筹 11 192 万元。

4. 项目经营情况

工程项目建成后市场良好，有效满足了港口腹地货物吞吐需求，尤其是大宗货物港口运输市场比可行性研究的分析更为广阔。2015 年 4 月投产后，全年吞吐量规模为 280 万吨，销售收入约 3 900 万元。2016 年全年吞吐量规模为 540 万吨，销售收入约 7 100 万元，均提前达到预期生产目标。

各项经济指标均超过立项时的原定指标，经营状况良好。

三、主要变化及原因分析

1. 工程地质勘探问题

码头建设项目工程地质勘探问题主要表现在所需填砂的来源变化和地质变化。初始设计时考虑用到港池航道中的砂，但是由于当时未对航道与调度区详细探测，使用的是 90 年代的资料，导致实际挖填方量多 60 万立方米，增加近一倍。实际开挖中还遇到少量花岗岩，需要水下炸礁、清礁，导致工程量大幅增加，增加投资约 2 200 万元。

工程前期勘察工作不充分是问题产生的主要原因。

2. 机械设备配置变化

初始设计时，为了将投资规模控制在 2 亿元以内，人为地砍掉了实际生产中需要的部分机械设备，但试投产实践证明，因设备配套不足导致实际装卸效率较低，难以达到设计生产能力的要求。为此，企业不得不在项目建成后再提出补足这部分设备的投资要求。设计时应增加 2 800 万元投资即可，实际补投资 5 000 万元。由此可见，用砍掉必要的建设内容的方法来维持一个人为的投资规模的管理办法是不可取的。

3. 增加疏港公路

初始设计时未考虑疏港公路的建设，后经考察，发现疏港公路对于提高集疏运物流效率有积极作用，因此在施工过程中临时变更设计，增加疏港公路并比码头主体先行完工。虽然增加了一些投资，但由于施工方法得以改进，方便了大型施工机械、施工材料等的运输，为码头的提前竣工创造了条件。

该项目增设疏港公路是适宜的。

4. 投资变化

与 2011 年批准的项目初设总概算 19 832 万元相比，2016 年竣工决算的项目总投资为 36 351 万元，增加了 16 515 万元。扣除投资方向调节税，投资增幅 78.7%，主要原因为：初步设计的工程概算不佳，概算计算偏紧，少算 3 200 万元，约占总增资额的 19%；设计变更和工程量变化，增加工程量增加投资 3 400 万元，约占总增资额的 21%；建设期利息增加约 1 199 万元，约占总增资额的 7%；国家、行业和地方收费标准增加 2 500 万元，约占总增资额的 15%；材料物价上涨增加 5 400 万元，约占总增资额的 33%。

四、项目效益及对企业效益的影响

1. 项目财务效益

根据有无对比原则，港口建设项目的财务效益要计算其增量部分的效益，见表 9-6。

表 9-6　港口建设项目财务效益增量部分效益的计算

指　　标	计量单位	可研批复	初设 / 调概	后评价实际
项目总投资	万元	18 396	19 832 / 30 661	36 351
建设工期	月	36	36 / 36	32
年销售收入	万元	7 035	– / 14 070	14 838
年利润总额	万元	1 407	–	5 499
投资利润率	%	8.4	–	11.95
内部收益率	%	6.34	–	8.35
投资回收期	年	12.2	–	8.02
借款偿还期	年	13.8	–	14
年销售利润率	%	14.2	–	37

从以上可以看出，项目的赢利能力、清偿能力和抗风险能力是比较强的。项目对企业效益所产生的影响，通过评价有无对比的形式分析企业的利润指标，见表 9-7。

表 9-7　企业的利润指标分析

	有 无 对 比			前 后 对 比		
	有 项 目	无 项 目	有:无	项 目 后	项 目 前	后:前
销售收入（万元）	24 041	9 203	2.6:1	24 041	13 812	1.7:1
销售利润率（%）	29	17	1.7:1	29	31	0.9:1

分析认为，项目的建成对于企业效益产生了积极影响。

2. 社会效益

项目建成后，有效地满足了经济腹地大宗货物港口需求，大幅降低了物流成本，有力地促进了本地区经济社会发展，有助于实现"以港兴市"的战略目标。该项目也有助于提供大量的就业机会，促进航运业的发展。

五、评价结论和主要经验

1. 评价结论

项目布局、规模合理，有较强的市场竞争能力。项目实施顺利，提前完工投产，实现了预期的目标。项目经济效益良好，并带动了原有企业的发展，项目是成功的。

2. 主要经验

项目实施过程中采取了一切必要的措施，使得工期缩短，给企业带来了更多的机遇。项目实施过程中十分重视技术进步，在设计、制造、施工过程中采用了较先进的技术和方案，对后来的生产运营产生了积极效应。科学严格的管理是项目成败的关键，项目的机构设置、规章制度、监督监理机制及良好的项目团队是项目顺利实施的保证。

3. 主要教训

项目前期的投资估算不能人为地加以"控制"，应该实事求是，否则将给项目在资金筹措、工程进度、生产运行等方面带来一系列困难。这是项目决策和初步设计时急待解决的一个重要问题。工程地质勘探是项目前期工作的一个重要环节，应加强该方面的工作。设计部门的概预算应及时提供，以免影响投资的计划安排；竣工验收时，设计单位应按时提供竣工图，以利总结经验教训。

六、建议

现有大中型企业依靠技术进步，进行有效的扩建是实现企业经济规模，使之具有更强的市场竞争能力的关键。建议在投资建设决策中更加注重这类项目的发展。

该地区还有不少不同规模的港口，建议通过地区跨部门的联合，组成统筹协调、分工合理、功能互补、作业有序的港口集群，以进一步提高在海洋物流运输市场上的整体竞争力。

本章小结

验收是项目管理中的一道必要的检查程序，贯穿于运输项目各个阶段的各项工作。运输项目竣工验收是项目收尾的重要内容，将为以后开展项目效益后评价和项目管理后评价提供重要依据和评价基础。运输项目竣工验收和交接主要包括项目竣工验收、项目竣工决算、项目成果及项目技术资料整体移交等方面的内容。运输项目费用决算是对运输项目从筹建开始到项目结束交付使用为止发生的全部费用的确定。运输项目审计是审计机构依据国家法律法规和规章制度、管理标准和财务制度，运用科学的方法和程序，对运输项目活动进行审核检查，判断其是否合法、合理和有效的一种活动。

运输项目后评价是指对已完成的运输项目（或规划）的目标、执行过程、功能作用、综合效益及相关影响所进行的科学、系统、客观的分析过程。通过运输项目后评价，评估项目预期目标是否达到，项目或规划是否合理有效，项目的主要效益指标是否实现，总结运输项目实践中的经验教训，为项目运营提出改进意见，同时也为未来新项目的决策提供参照。

思考与练习

1. 简述运输项目验收的基本要求。
2. 运输项目竣工验收的主要内容有哪些？
3. 如何对运输项目进行范围确认？
4. 运输项目质量验收的范围包括哪些？
5. 简述运输项目交接的程序。
6. 说明运输项目决算与费用审计的区别。
7. 简述运输项目后评价的主要内容及主要程序。
8. 分析运输项目后评价与前评估和审计的主要区别。

第10章

国际运输项目管理

 **本章导入**

随着"一带一路"倡议的深入推进，我国国际运输通道已成为与亚洲、欧洲、非洲等沿线国家"互联互通"的重要载体，发挥着不可替代的巨大作用。在分析我国国际运输项目合作现状的基础上，提出国际运输项目应利用我国特有的运输组织和经营管理优势，借鉴国际经验，进行组织模式创新，形成适应国际经济贸易合作的国际运输项目组织和运营管理模式，以确保国际运输项目安全稳定运营，取得良好的经济社会效益及国际影响力。

依据国际运输项目合作建设与融资模式，根据各国实际情况选择受托承包运营或协议联合运营管理模式，实施国际运输项目建设与运营同步规划、同步建设和同步优化，提前导入运营管理方案，系统输出项目成熟技术和全产业链，实行运营管理"本土化"，推出规章制度规范建设等运营管理模式，从而保证国际运输项目安全、稳定的运营。

学习目标

1. 熟悉国际运输与国际运输项目的概念、特征及分类。
2. 了解"一带一路"的背景及内涵。
3. 掌握国际运输方式的技术经济特征、影响因素及选择方法。
4. 熟悉国际运输项目组织模式类型和选择依据。
5. 了解国际运输项目组织模式创新。

10.1 国际运输项目与国际运输方式

国际运输项目是运输项目在国际空间上的延展，是指以国家与国家、国家与地区之间的"互联互通"为目标，以双边或多边国际关系为依托，开发建设国际运输通道，实现国际客货运输服务的活动。

10.1.1 国际运输项目

1. 国际运输与国际运输项目

1）国际运输的概念与分类

国际运输是以国家与国家、国家与地区之间的客货运输为服务对象的跨国空间位移，即实现货物或旅客在国际空间上的位移服务活动。从贸易的角度看，国际运输也是以国际空间位移服务为交易对象的贸易活动，贸易一方为另一方提供运输贸易服务，使货物或旅客到达目的国。国际运输的目标是根据货主或旅客的要求及承运对象的内在特性，选择合理的国际运输方式，在预定的时间内，安全、高效、便捷地将货物或旅客运送到目的国[①]。

国际运输按照运输对象不同可分为国际货物运输与国际旅客运输。其中，国际货物运输又可分为国际贸易物资运输和非贸易物资（如展览品、个人行李、办公用品、援外物资等）运输两种。由于国际货物运输中的非贸易物资的运输往往只是贸易物资运输部门的附带业务，所以，国际货物运输通常被称为国际贸易运输，从一国来说，就是对外贸易运输，简称外贸运输。

2）国际运输项目的概念

国际运输项目是运输项目在国际空间上的延展，是指以国家与国家、国家与地区之间的"互联互通"为目标，以双边或多边国际关系为依托，开发建设国际运输通道，实现国际客货运输服务的活动。国际运输项目包括国际运输通道基础设施开发建设项目、国与国双边或多边"互联互通"工程项目、国际客货运输服务项目等内容。

国际运输项目的开发和建设，需要在畅通国际关系，并对有关国家的制度法规、社会状况、基础条件、运输资源（运输方式、路线和运力等）进行分析论证的基础上，选择恰当的国际运输方式和国际运输项目组织模式，编制出国际运输项目计划方案，并按照规定程序实施，以实现国际空间位移服务的目标。

3）国际运输项目的主要特征

（1）国际性与政治性特征。国际运输项目以国际关系为基础，涉及参与国家的政治形势、社会态度和历史条件，具有显著的国际性和政治性特征。

（2）技术性与集成性特征。国际运输项目通常运输线路长、经过环节多、涉及面广、沿线地区自然条件复杂多变、设施设备技术标准不统一、运输时间性强并且风险较大，因此，国际运输项目在线路规划选择、基础设施联通、运输组织等方面具有较强的技术性和集成性特点。

（3）多方参与性与贸易性特征。国家运输项目涉及参与国之间、投资主体之间、运输需求与供给之间的不同主体，沿线经过不同的国家和地区，具有多方参与性的特征。国际运输成本是构成国际货物价格的一个因素，因此国际运输是无形贸易的一种形式，国际运输项目具有贸易性特征，其作用是将商品使用价值进行国际空间移动。国际运输项目依靠运输作业克服商品生产地和需要地的空间距离阻隔，创造了商品的空间效益，密切了各国和各地区国际经济与贸易关系，扩大了各国民间往来的交流和联系。

4）国际运输项目的分类

（1）按照国际运输方式不同，国际运输项目可以分为国际水路运输项目、国际铁路运输

---

① 王明严、陈广. 国际货物运输实务 [M]. 北京：中国经济出版社，2012.

项目、国际道路运输项目、国际航空运输项目、国际多式联运等运输项目。各种运输方式有着各自不同的特点，针对不同的情况和要求，选择合理的运输方式。

（2）按照国际运输项目交付成果的差异，国际运输项目可分为国际运输通道建设项目、客货国际运输服务项目等。

2. "一带一路"倡议

1) "一带一路"的内涵、背景及意义

"一带一路"（The Belt and Road，B&R）是"丝绸之路经济带"和"21世纪海上丝绸之路"的简称。"一带一路"旨在借用古代丝绸之路的历史符号，高举和平发展的旗帜，充分依靠中国与有关国家既有的双多边机制，借助既有的、行之有效的区域合作平台，积极发展与沿线国家的经济合作伙伴关系，秉持和平合作、开放包容、互学互鉴、互利共赢的理念，全方位推进务实合作，共同打造政治互信、经济融合、文化包容的利益共同体、命运共同体和责任共同体。"一带一路"是促进共同发展、实现共同繁荣的合作共赢之路，是增进理解信任、加强全方位交流的和平友谊之路。"一带一路"也是当今具有重大战略意义的国际运输和贸易大通道。

由于世界经济缓慢复苏、发展分化，国际金融危机深层次影响继续发酵，国际投资贸易格局和多边投资贸易规则不断调整，各国面临的发展问题依然严峻。在此背景下，2013年9月和10月，中国国家主席习近平在出访中亚和东南亚国家期间，先后提出共建"丝绸之路经济带"和"21世纪海上丝绸之路"的重大倡议，得到国际社会高度关注。

各国携手共建"一带一路"，对促进经济全球化发展、区域经济社会发展，以及探索有效的国际合作与全球治理新模式具有重大的战略意义。首先，共建"一带一路"顺应世界多极化、经济全球化、文化多样化、社会信息化的潮流，有助于维护全球自由贸易体系和开放型世界经济。其次，共建"一带一路"有助于促进经济要素有序自由流动、资源高效配置和市场深度融合，推动沿线各国实现经济政策协调，开展更大范围、更高水平、更深层次的区域合作，共同打造开放、包容、均衡、普惠的区域经济合作架构。更重要的是，共建"一带一路"符合国际社会及各个国家根本利益，彰显各国人民友好交往、和谐发展的共同理想和美好追求，也是探索新型国际合作及全球治理新模式的有效途径，必将为世界和平发展、共享发展增添新的正能量。

2) "一带一路"的线路走向及道路设施联通

"一带一路"贯穿亚欧非大陆，是联结东亚经济圈和欧洲经济圈的重要纽带。丝绸之路经济带线路走向主要有三条：一是中国—中亚—俄罗斯—欧洲（波罗的海）；二是中国—中亚—西亚—波斯湾、地中海；三是中国—东南亚—南亚—印度洋。21世纪海上丝绸之路重点方向主要有两条：一是中国沿海港口—南海—印度洋—欧洲；二是中国沿海港口—南海—南太平洋。根据"一带一路"线路走向，陆上依托国际运输大通道，以沿线中心城市为支撑，以重点经贸产业园区为合作平台，共同打造新亚欧大陆桥、中蒙俄、中国 – 中亚 –西亚、中国 – 中南半岛、中巴、孟中印缅等国际经济合作走廊；海上以沿线国家重点港口为节点，共同建设通畅、安全、高效的海上运输大通道。

"一带一路"建设是一项系统工程，其中，道路等基础设施联通是重要基础，是"一带一路"建设的优先领域。在尊重相关国家主权和安全关系的基础上，沿线国家宜加强基础设施建设规划、技术标准体系的对接，共同推进国际骨干通道建设，逐步形成连接亚洲各个区

域以及亚欧非之间的基础设施网络。强化基础设施绿色低碳化建设和运营管理，在建设中充分考虑气候变化影响。抓住交通基础设施的关键通道、关键节点和重点工程，优先打通缺失路段，畅通瓶颈路段，配套完善道路安全防护设施和交通管理设施设备，提升道路通达水平。推进建立统一的全程运输协调机制，促进国际通关、换装、多式联运有机衔接，逐步形成兼容规范的运输规则，实现国际运输便利化。推动口岸基础设施建设，畅通陆水联运通道，推进港口合作建设，增加海上航线和班次，加强海上物流信息化合作。拓展建立民航全面合作的平台和机制，加快提升航空基础设施水平[①]。

10.1.2 国际运输方式

国际运输方式是指为完成货物或人的国际间运输所采用的一定性质、类别的技术装备（运输线路和运输工具）和一定的管理手段。现代国际运输方式主要分为国际水上运输、国际铁路运输、国际公路运输、国际航空运输和国际管道运输等方式。我国国际货物运输大部分通过国际海上运输完成，少部分通过国际铁路或公路运输完成，还有一些货物依靠国际管道运输实现。随着航空事业的发展，通过国际航空运输的货运量近年来也有较大的增长，货物种类和范围也在不断扩大。国际水路运输、国际铁路运输、国际公路运输、国际航空运输、国际管道运输及国际多式联运的技术经济特征、适用范围及应用情况如下。

1. 国际水路运输

我国国际货物运输目前主要采用水路运输方式，水路运输（Water Transportation）是利用船舶等运载工具在不同国家和地区的水道和海洋上载货运输的一种方式，按照航行区域可划分为远洋、近洋、沿海和内河运输，大型船舶可载货数万吨以上。在实际应用中，主要分为集装箱和散杂货船运输两种方式。水路运输具有通过能力大，运输量大，运费低廉，对货物的适应性强，速度较低，风险较大等特点，被各国广泛采用。其中，海洋运输（Ocean Transportation）在国际货物运输中起着很大的作用，国际货运量的80%以上是通过海运完成的。

国际水路运输的主要优点与缺点，见表10-1。

表 10-1　国际水路运输主要优点与缺点

优　点	缺　点
1. 通过能力较大。水路运输可以利用四通八达的天然航道，它不像火车、汽车受轨道和道路的限制，故其通过能力很大	1. 受气候和自然条件因素影响较大。由于季节、气候、水位等的影响，水运受制的程度大，因而一年中中断运输的时间较长
2. 运量较大。水路运输船舶的运载能力，远远大于铁路运输车辆和公路运输车辆。如一艘万吨船舶的载重量一般相当于250～300个火车车皮的载重量，目前的国际海洋运输船舶通常可达几十万吨	2. 航行风险大，安全性差。由于船舶海上航行受自然气候和季节性影响较大，海洋环境复杂，气象多变，随时都有遇上狂风、巨浪、暴风、雷电、海啸等人力难以抗衡的海洋自然灾害袭击的可能，遇险的可能性比陆地、沿海要大。同时，海上运输还存在着社会风险，如战争、罢工、贸易禁运等因素的影响。为转嫁损失，海上运输的货物、船舶保险尤其应引起重视
3. 运费较低。因为运量大，航程远，可分摊于每吨货物的运输成本就少，因此运价相对低廉	3. 运送速度相对较慢，航期不易准确，准时性差，在途中的货物多会增加货主的流动资金占有量，经营风险增加

---

① 国家发展改革委，外交部，商务部. 推动共建丝绸之路经济带和21世纪海上丝绸之路的愿景与行动 [EB/OL]. 新华网，2015-3-28.

国际水路运输适合承担的作业任务主要包括：大批量货物，特别是集装箱运输；原料半成品等散货运输。

集装箱是一种专为运输周转使用并便于机械装卸操作的大型货物容器。使用集装箱转运货物，可直接在发货人的仓库装货，运到收货人的仓库卸货，中途更换载运船／车时无须将货物从箱内取出。采用集装箱运输，首先要考虑货物是否满足装箱的要求，国际通用的集装箱是，20 英尺标准集装箱（最大装箱尺寸 5.919 米 ×2.34 米 ×2.38 米，额载重量 22 吨／允许重量一般为 18 吨），40 英尺标准集装箱最大装箱尺寸 12.051 米 ×2.34 米 ×2.38 米，额载重量 27 吨／允许重量一般为 22 吨），箱门尺寸 2.286 米 ×2.278 米；其次是在限重内，充分利用集装箱内部空间、合理配载、装运尽可能多的货物。此外，针对有特殊运输要求的货物，船公司还有加高箱、开顶箱、框架箱、冷藏箱等特种箱；有些船东接受货主的自备箱上船，但必须是国际海运通用的集装箱型号。

集装箱运输全程挂靠多个装卸港，有的需要二程中转，船东会选择装卸率高、压港情况较少的港口作为中转港，形成固定的集装箱班轮运输，对各航线的船舶都规定有船期表，基本会按船期表及运输航线航行。班轮的优点是船期较准确，装卸效率高，运输方便灵活，货物安全性好，节省货物运输包装费用，机检通关快捷等。缺点是较直达散货船运输周期长。对于那些品类繁杂、体积重量较小、易于搬运和装卸的货物，或是体积重量稍大、但仍符合特种集装箱装运要求的货物，应尽可能配载集装箱班轮装箱运输。

散杂货船运输主要应用于大型设备、散装货物及材料等物资的远距离海洋运输。其主要的优点是可承运超大件（超重、超长、超宽、超高）的设备、大宗散装货物以及不适于集装箱载运货物的运输，货物基本不受外形及重量限制；如选择直航船运输，全程运输时间较短，货物安全性较好，不易发生丢失。缺点主要是船舶较少，受气候和海洋状况影响而船期不固定，所挂靠的港口根据货源、货量而定。

2. 国际铁路运输

国际铁路运输（Rail Transportation）是指使用统一的国际联运单据、由铁路方面负责经过两国或以上的铁路移交货物的一种运输方式。在国际货物运输中，铁路运输是仅次于海洋运输的主要运输方式，海洋运输的进出口货物，也大多是靠铁路运输进行货物的集中和分散的。有关国家铁路之间相互协商，订立国际铁路货物联运协议，使相关国家铁路在货物运输组织上相互衔接，这种利用各国铁路衔接的直通运输方式，也称为"国际铁路货物联运"。国际铁路运输主要承担长距离、大批量的货物运输，包括整车运输、零担运输和集装箱运输。

国际铁路运输的主要优点与缺点，见表 10-2。

表 10-2　国际铁路运输主要优点与缺点

优　点	缺　点
1. 铁路运输的准确性和连续性强。它几乎不受气候影响，一年四季可以不分昼夜地进行定期的、有规律的、准确的运转，具有全天候作业的特点，而且安全可靠，风险远比其他运输方式小	1. 铁路设施和设备等限制使得铁路运输的固定成本较高，建设周期较长，占地也多
2. 铁路运输速度比较快。铁路货运速度每昼夜可达几百公里，一般货车可达 100 千米／小时左右，远远高于海上运输	2. 灵活性低，运输范围受铁路网络限制，由于设计能力是一定的，当市场运量在某一阶段急增时难以及时提升运输供给

续表

优　点	缺　点
3. 运输量比较大。铁路一列货车一般能运送 3 000～5 000 吨货物，远远高于航空运输和汽车运输	3. 铁路运输的固定成本很高，但变动成本相对较低，使得近距离的运费较高
4. 铁路运输成本较低。铁路运输费用仅为汽车运输费用的几分之一到十几分之一，运输耗油约是汽车运输的二十分之一，大宗货物铁路运输比较节约成本	4. 运输速度慢、周期长，准备工作多、发车频率低，除专列外，需经途经车站多次编组，长距离运输情况下，由于需要进行货车配车，中途停留时间较长
5. 通用性能好，可以运送各类不同的货物	5. 铁路运输由于装卸次数较多，货物错损或损失事故通常也比其他运输方式多
6. 铁路运输安全可靠，风险远比海上运输小	

　　国际铁路运输适用的作业范围主要包括：大宗低值货物的中、长距离运输，也较适合运输散装、罐装货物；适于大量货物一次高效率运输；对于运费负担能力小、货物批量大、运输距离长的货物来说，运费比较便宜。

　　目前我国国际铁路运输主要通过哈萨克斯坦、俄罗斯和蒙古等国实现跨境国际联运，目前我国陆上出境通关口主要包括新疆阿拉山口、内蒙古满洲里和二连浩特，办理出境手续后，需在国外关口办理进口清关手续或办理转关手续。由于我国与哈萨克斯坦等国铁路轨道宽度不同，需进行换轨或换装。如采用专列运输（通常约 30 个车皮即可申请专列运输），中途不用编组，可以大大提高运输的速度；如零担运输，沿途需经多个车站编组后方可抵达终到站，导致运输周期延长。目前，我国已开通了数条中欧国际铁路运输班列，如渝新欧（重庆—杜伊斯堡）从重庆出发，由阿拉山口出境，途径哈萨克、俄罗斯、白俄罗斯、波兰、德国，全程 11 000 公里，运行时间约 15 天；苏满欧（苏州—华沙）从苏州出发，由满洲里出境，途径俄罗斯、白俄罗斯、波兰，全程 11 200 公里，运行时间约 15 天；义新欧（义乌—马德里）从义乌出发，由阿拉山口出境，途径哈萨克、俄罗斯、白俄罗斯、波兰、德国、法国、西班牙，全程 13052 公里，运行时间约 21 天；此外，还有汉新欧、郑新欧、蓉欧等中欧班列。班列来回装载的货物涵盖了 IT 产品、纺织品、服装、工艺品、文体用品、机械产品、生产设备、汽车整车及零配件等品类。这些国际铁路运输班列贯穿丝绸之路经济带，几乎横贯整个欧亚大陆，行驶里程、途经城市和国家数量、境外铁路换轨次数均创铁路运输史上新高，为密切欧亚经济文化交流、树立中国至欧洲铁路国际联运品牌、促进"一带一路"倡议实施提供了有力支撑。

3. 国际公路运输

　　国际公路运输（Road Transportation）（也指汽车运输）是两国跨边境地区普遍采用的以汽车为主要运载工具的陆上运输方式。在国际货物运输中，它是不可缺少的一个重要组成部分，不仅可以直接运进或运出对外贸易货物，而且也是车站、港口和机场集散进出口货物的重要手段。

　　国际公路运输的主要优点与缺点，见表 10-3。

表 10-3　国际公路运输主要优点与缺点

优　点	缺　点
1. 机动灵活，方便快捷，应急性强，可实现"门到门"运输，通常不需转运	1. 载重量小，受容积限制，使它不能像铁路运输一样装运大量不同品种和大件的货物，劳动生产率较低

续表

优　点	缺　点
2. 项目建设投资相对较少、建设周期较短、收效较快	2. 受天气、路况影响大，超大件货物公路运输，需提前考察沿途国家的道路、桥梁、涵洞等路况以选择合适路线
3. 公路运输是其他运输方式必不可少的补充，在一定区域范围内短途集散功能强大	3. 单位运输成本较高，不适宜长途运输

国际公路运输适用的作业范围主要包括：近距离、小批量的货物运输和独立运输作业；补充和衔接其他运输方式，当水路、铁路等其他运输方式担负主要运输时，由汽车担负起点和终点处的短途集散运输，完成其他运输方式到达不了的地区的运输任务。

目前我国与中亚地区、蒙古、俄罗斯、越南、缅甸等周边国家边境地区广泛采用该方式运输。我国至哈萨克斯坦货物运输，汽车从阿拉山口或者霍尔果斯口岸出境，在完成出、入境手续办理后，按照两国的运输约定将货物运输到目的地或指定地点。对于边境地区项目急需的零散的材料、小型的设备以及危险品等货物，可考虑采用公路运输；对于超大件设备的运输，如果急需汽运，因为运输难度大、费用高、运输周期长、受气候和路况影响多，必须选用有运输资质的公司承运。另外，采用该运输方式时，还要考虑是否需要提前落实中国的一程与国外的二程运输衔接，保证全程运输的及时性和连贯性。

4. 国际航空运输

国际航空运输（Air Transportation）是通过利用空中飞行器运载货物或旅客从事跨国运输的一种方式。航空运输是一种现代化的运输方式，它与海洋运输、铁路运输相比，具有运输速度快、货运质量高且不受地面条件的限制等优点。当其他运输方式不能运用或者需要紧急服务时，国际航空运输往往被看作一种极为有效的运输方式。

国际航空运输的主要优点与缺点，见表 10-4。

表 10-4　国际航空运输主要优点与缺点

优　点	缺　点
1. 运送速度快。航空线路不受地面条件限制，一般可在两点间直线飞行，航程比地面短得多	1. 与其他运输方式相比，航空运输运量较小
2. 安全准确。航空运输管理制度比较完善，货物的破损率低，可保证运输质量	2. 运价较高。设施成本高，维护费用高，人员（飞行员，空勤人员）培训费高
3. 航空运输办理手续相对简便	3. 受气候条件的限制，在一定程度上影响了运输的准确性和正常性
4. 节省包装、保险、利息和储存等费用。由于航空运输速度快，商品在途时间短、周期快，存货可相对减少，资金可迅速回收	4. 对运载货物种类性质、飞行条件等方面的安全性要求非常高

国际航空运输一般适宜运送急需物资、鲜活商品、精密仪器和贵重物品，适用于高附加值、小体积的物品运输。此外，航空运输对安全性要求极高，对货物的要求也相对严格，对于易燃易爆、腐蚀性、放射性、磁性的物品以及压力容器等危险品，在运输前必须要经过航空公司指定的部门进行危险品鉴定，经航空公司确认受载后方可安排运输。

对于一些没有直航的货运航班，需考虑在中转港安排二程机。危险品及超大、超重的货物采用航空运输难度较大，必须提前确认适用的一程、二程机型和航班衔接时间，确保全程运输。对于二程无法中转又为项目急需的大件物资只能采用包机运输，确保全程运输时间最短，但是费用较高。

5. 国际管道运输

国际管道运输是用管道作为运输工具的一种国际间长距离输送液体或气体物资的运输方式。管道运输不仅运输量大、连续性强、迅速、经济、安全、可靠、平稳以及投资少、占地少、费用低，而且可以实现自动控制。管道运输可省去水运和陆运的中转环节，缩短运输周期，降低运输成本，提高运输效率。其缺点是灵活性差，仅适用于特定货物运输。国际管道运输主要担负国际间单向、定点、量大的流体状货物运输，如石油、天然气、煤浆等。

目前我国国际管道运输布局主要分布在中国与俄罗斯、中国与缅甸、中国与中亚等国家和地区之间。

6. 国际多式联运

多式联运是由两种及其以上的交通运输方式或运输工具相互衔接、转运而共同完成的运输过程。国际多式联运是指以至少两种不同的运输方式，将货物从一国境内接管货物的地点运至另一境内指定交付货物的地点的一种运输方式。国际多式联运在集装箱运输的基础上产生并发展起来，主要以集装箱为媒介，把海上运输、铁路运输、公路运输、航空运输和内河运输等传统的单一运输方式有机地结合起来，构成连贯的过程来完成国际间的货物运输需求。国际多式联运由联运经营人对托运人签订运输合同，统一组织全程运输，全程实行一次托运、一次计费、一单到底、统一理赔和全程负责。

国际多式联运的主要优点与缺点，见表10-5。

表 10-5　国际多式联运主要优点与缺点

优　点	缺　点
1. 手续简便，责任统一	1. 不同运输方式之间需要加强技术及管理协调
2. 减少运输过程中的时间损失，使货物运输更快捷	2. 中间环节接口较多
3. 节省了运杂费用，降低了运输成本	3. 经过多个国家和地区，一些标准难统一
4. 提高了运输组织水平，实现了门到门运输，使合理运输成为现实	4. 需要较多的主体参与完成

国际多式联运的组织形式主要包括海陆联运、陆桥运输、海空联运、陆空联运等至少两种运输方式的组合。目前主要组合方式如下。

（1）海陆联运。海陆联运即海上运输与陆路运输相互衔接、转运的运输形式，它是国际多式联运中最主要的组织形式。

（2）陆桥运输。陆桥运输是一种重要的国际多式联运形式。它是采用列车、货车把贯穿大陆的铁路、公路当作桥梁，使大陆两端的海运航线与列车、货车连接起来的一种连续运输方式。从严格意义上讲，陆桥运输是海陆联运形式的一种。但由于陆桥运输在国际多式联运中的独特地位，故将它单独作为一种国际多式联运运输组织形式。

（3）海空联运。海空联运，又称空桥运输。它与陆桥运输的目标是相同的，是以较低费率提供更加快捷、可靠的运输服务，其在运输组织方式上由于涉及航空运输，所以通常需要在航空港换入航空集装箱，这种运输方式的运输时间较全程海运更短，运输成本又比全程空运低。

以上三种方式与一般的海海联运、陆陆联运、空空联运等形式的联运有着本质的区别。

后者虽同为联合运输，但仍是同一种运输工具之间的运输方式。

国际多式联运方式是一种高级的、优化的运输组合形式，将货物由单一的运输方式转化为多种运输方式，科学合理地组织之前相对独立的运输方式，将海、陆、空各种运输方式的特点融为一体，比传统单一的运输方式具有无可比拟的优越性，从而最大化地优化运输路线，减少运输时间，提高运输组织效率，保障运输安全，降低运输成本。由于多式联运采取综合利用各种运输方式的优点，具有较大的优越性，多式联运组织形式已经在全球范围内得到广泛推广及应用。

10.1.3　国际运输方式选择

1. 国际运输方式选择的影响因素

国际运输项目要正确地规划运输路线及方案，选择恰当的运输方式和运输工具。可以从以下几个主要方面考虑，在众多的运输方式中选择出适用的方案。

1）国际运输成本

在国际贸易中，商品的价格包含着商品的运价，商品的运价在商品的价格中占有较大的比重，一般来说，约占10%；在有的商品中，要占到30% ~ 40%。商品的运价也和商品的生产价格一样，随着市场供求关系变化而围绕着价值上下波动。商品的运价随着商品的物质形态一起进入国际市场中交换，商品运价的变化直接影响到国际贸易商品价格的变化。而国际货物运输的主要对象又是国际贸易商品，可以说，国际货物运输也就是一种国际贸易，只不过它用于交换的不是物质形态的商品，而是一种特殊的商品，即货物的位移。所谓商品运价，也就是它的交换价格。

国际运输成本是国际运输项目首要考虑的因素，关系到对运输方式的选择。由于运输成本直接计入外贸商品的价格构成之中，而国际贸易运输又具有运输里程长、流经环节多的特点，因此其运费负担相对较重，尤其对于一些低价值的货物，如矿石等，其国际运输费用占出口货价的比值相当高，因此，选择好运输方式对控制运输成本具有极其重要的意义。一般而言，在国际货物运输中，海洋运输的成本最低，航空运输的成本最高，在海洋运输中，如果采用大型专用船舶的运输成本较低，而定期班轮则较高，如若采用包船运输则更高。值得注意的是，如果海运有大迂回时则应考虑采用大陆桥运输方式以降低运输成本。

2）国际运输速度

运输速度是选择运输方式时的又一重要因素。国际贸易中的商品买卖竞争激烈，市场行情瞬息万变，如果运输速度慢，货物就不能及时抵达目的地，则会贻误商机，造成巨大的经济损失。此外，如果运距长，运输速度慢，则需时日较多，资金占用时间长，增加了资金成本。所以提高国际运输速度，缩短物流时间会提高经济效益。运输速度最快的首推空运，此外若采用国际多式联运或大陆桥运输也能发挥综合优势，获得提高物流速度的显著效果。

3）国际货物数量及特性

国际运输方式的选择受货物数量及货物特性的限制。例如，航空运输虽然有着快速、安全的显著特征，但是不适合运送大批量及低价值的货物，因为受到了航空运能和成本的制约，一般而言，价值昂贵的货物、时间要求高的货物可采用空运。由于国际贸易一般都是大宗货物的交接，因此，主要采用海洋运输的方式。例如，煤炭、粮食、矿石等低价值的大宗货物更适合采用船舶运输。因此，要根据货物因素选择恰当的国际运输方式，见表10-6。

表 10-6　国际运输方式选择

商品的性质、数量、运输距离	运输方式选择
贵重或急需的货物（数量不大、长途）	航空
贵重或急需的货物（短途）	公路运输
容易死亡、变质的活物、鲜货（长途且数量大）	铁路专用车
容易死亡、变质的活物、鲜货（长途且数量不大）	航空
大宗笨重的货物（远距离运输）	水运或铁路运输

4）不同国家之间的物流基础设施条件

由于国家与国家之间发展的不平衡，在一国可以使用的运输方式到了另一个国家则不一定能使用，原因在于该国缺乏采用这种运输方式的必要基础设施，因此全球物流运输基础设施存在的差异制约了国际运输方式的选择。

2. 国际运输方式选择的方法

如何选择适当的运输方式是国际物流运输合理化的一个重要问题，可以选择一种运输方式也可以选择使用联运的方式。运输方式的选择，需要根据运输环境、运输服务的目标要求，采取定性分析与定量分析的方法进行考虑。

1）定性分析法

定性分析法主要是依据完成国际运输任务可用的各种运输方式的运营特点及主要功能、货物的特性以及货主的要求等因素对运输方式进行直观选择的方法。定性分析方法主要分为单一运输方式的选择和多式联运的选择。

（1）单一运输方式的选择。单一运输方式的选择，就是选择一种运输方式提供运输服务。公路、铁路、水路、航空和管道五种基本运输方式各有自身的优点与不足，可以根据五种基本运输方式的优势、特点，结合运输需求进行恰当的选择。

（2）多式联运的选择。多式联运的选择，就是选择两种以上的运输方式联合起来提供运输服务。在实际运输中，一般铁路与公路联运、公路或铁路与水路联运、航空与公路联运得到较为广泛的应用。

2）定量分析法

运输方式选择的定量方法有综合评价法、成本比较法、考虑竞争因素的方法等多种方法，应用时可根据实际情况选择其中的一种进行定量分析。由于运输问题影响因素复杂，可采用层次分析法（AHP）确定每个影响因素的权重。但是在实践中，通常很难用一种计算结果来决定一切，计算结果可以作为决策的重要参考依据。

3. 国际运输方式选择的步骤

国际运输项目的运输方式选择要基于业主要求和项目的特点，按照国际货物运输要求，根据货物的性质、数量、运输距离、时间效益差异，结合不同运输方式的运价、运速、运量对比，选择合适的国际运输组织形式。国际运输方式选择的主要步骤如下。

1）掌握国际货物运输需求基本信息

掌握基本信息主要包括对货物的物资类别、外形尺寸、重量等信息有准确的了解，综合考虑货主对国际货物运输的要求、货物的种类、性质、数量、运输距离、运输费用、时间效益等各种因素。当企业比较看重国际运输成本时，为了使得企业在时间成本和费用成本上达到综合最优，在满足运输时间限制的情况下，对于成本要求较高的企业来说，在运输方式的选择上就会偏向运输成本小、速度慢的运输方式；而对于时间要求比较高的企业来说，在选择运输方式上，在中短途的运输上，以采用公路运输为主，长途运输就只采用航空运输。

2）要对有关沿线国家做好调研工作

要对有关国家做好调研工作，了解沿线国家运输设施设备状况及国际运输政策要求，根据国际运输项目计划做好运输优化方案和应急预案。

3）综合分析运输方式选择的影响因素

充分考虑国际间不同运输方式的技术经济特征，通常航空运输的运价最高，公路次之，海上运输运价最低；航空运输的运速最快，火车次之，海上运输最慢；海上运输和火车运量较大，航空运输最小。同时了解国际运输行情差异，综合分析影响国际运输方式选择的多种因素，做出判断。

4）做出运输方式选择的决策

在满足国际运输项目需求的前提下，做出运输方式选择的决策，尽量选用运输成本较低、安全性较好的运输方式或组织多式联运，从而实现安全、高效、低成本的国际运输目标。

10.2　国际运输项目组织模式

随着"一带一路"倡议的深入推进，我国国际运输项目已成为"走出去"的重要通道，同时成为与周边国家"互联互通"的重要组成部分，在亚洲、非洲等多个国家基础设施项目建设和运营管理中，扮演着越来越重要的角色，并发挥着不可替代的巨大作用。因此，探索国际运输项目组织和运营模式，促进国际经贸与物流运输合作，具有重要的现实意义。

10.2.1　国际运输项目组织模式选择

国际运输项目"走出去"不是简单照搬国内模式，而是根据不同国家和地区的实际以及不同的组织模式方式，结合我国运输项目管理经验，进行组织模式创新，以确保国际运输项目安全运营，取得良好的经济社会效益及国际影响力。

1. 国际运输项目组织模式类型

1）EPC + O&M 模式

EPC（Engineer Procure Construct）+ O&M（Operation & Maintenance）是对一个大型工程项目负责设计、采购、施工及运营维护一揽子工程服务的组织运营模式，即交钥匙工程总承包。通常当地国业主或政府采用 EPC 模式由合作国建设单位完成运输工程项目后，考虑到其国内缺乏相应的运输运营管理人员和运作经验，通常需要由当地国政府和合作国运输工程项目运营企业洽谈并签署单独的运营合同，采用委托承包运营方式，将客货运输组织、调度指挥、运输设施设备维修养护、综合监测、安全监督及当地国员工培训等运营权限委托给合作国行使，当地国运输公司负责项目经营，包括客货运输营销服务、运输相关产业经营、项目财务及综合管理等。

2）PPP模式

PPP（Public Private Partnership，PPP）模式是指政府与私人组织之间，为了合作建设基础设施项目，以特许权协议为基础，形成的一种伙伴式合作关系。目前大部分不发达国家不具备自主建设和运营大型运输项目的能力，政府与私人企业（包括外国企业）筹建项目公司并签订特许权益，授予签约方的私人企业承担项目的投资、融资、建设、运营和维护管理等工作。国际运输合作项目在运输设施建成后，可以采取成立运营公司的方式自主运营，也可以采取委托运营管理的方式经营。

2. 国际运输项目组织模式选择

以上两种基本模式的核心是将运输合作项目的经营管理与日常运输组织、调度指挥、设备设施维修等分开，合作国方受托运输企业只负责专业技术较强的、与运输组织和技术维护相关的业务，而项目全部经营责任则由项目所有权公司负责。根据以上基本模式，可以结合不同的投资方式或投资主体采取不同的运营模式。在一些国家，还可以对既有运输设施（如铁路）合作项目进行升级改造，以充分发挥运输项目所在国现有运输专业技术人员的作用，通过适当培训、联合办公、联合运营等方式进行国际运输合作项目的运营管理。

1）受托承包运营

有些国家社会经济发展较为落后，交通运输基础设施不完善，特别需要引进先进的现代运输项目技术和运营模式组建本国的运输基础设施网络。因此，可以采用受托承包运营方式进行运营管理。如中老铁路合作项目，老挝国内除仅有的一条3.5千米铁路，基本没有从事现代铁路运营管理的基础和专业技术人员，因而在铁路项目建成投产后几十年内，将由中老铁路公司完全委托中国铁路总公司所属运输企业实施运输管理。

2）协议联合运营

某些经济实力较为发达的国家，交通运输发展水平也较高，通过引进国外现代运输技术和管理，与当地国运输企业共同管理和运营铁路。因此，可以采用协议联合运营的方式进行运营管理。例如，针对中泰铁路建设合作项目，泰国有100多年的铁路运营历史，但由于是米轨铁路，缺乏准轨运营经验，在工程完工以后，可以考虑由中泰双方共同组建准轨铁路公司，泰方负责铁路营销，中方负责运营和运输设备维修维护管理；施工单位负责固定设施设备维修；移动设备供货商负责机车、车辆和动车组的维修；中泰双方协作共管，实现日常运营管理和设施设备维修维护管理。

10.2.2　国际运输项目组织创新

为了确保顺利推进国际运输项目，基于我国成熟的运输项目建设运营管理经验，应积极推进运输项目走向国际市场，树立我国交通运输品牌形象，带动交通运输及相关产业发展。结合我国运输项目管理经验，可以考虑采取以下措施，进行国际运输项目组织模式创新，确保国际运输项目安全稳定运行。

1）提前导入国际运输项目运营管理方案

对于合作建设运输项目的国家，只注重完成建设项目，而忽视项目建成后的运营管理，则难以发挥项目应有的作用，甚至会导致项目在安全和效益等方面的严重问题。国际运输项

目运营管理方案应提前在项目概念与规划阶段导入，与项目施工方案同步规划、同步建设、同步优化，并进行适应性评估，防止发生投资浪费或项目建成不适应运营的情况。同时应在国际运输项目建设之初，就考虑运营时期的维修模式，可以采用专业维修"业务外包"的方式，由项目运营公司与施工企业、运输设备制造企业及通信信号企业签订运营期的维修合同，促使国际运输合作项目在建设供货期开始就关注质量，把好运营质量的源头关。

2）系统输出运输项目技术标准和全产业链

很多与我国合作建设运输项目的国家，不仅不具备工程建设的人员和技术，同样缺乏项目建成后运营管理的整套技术和专业人才，迫切需要由我国帮助其制订各类技术标准和运输管理办法，并在一定时期内输送相关专业人员负责运营组织和维护管理，对当地人员进行各工种的培训。因此，可以考虑系统输出运营成熟的运输项目技术标准和规程，例如，线路设施规划设计、供电设备、通信信号系统、调度指挥方式、运行安全保障技术、综合维修管理技术、防灾应急体系等，打出我国交通运输项目品牌形象，确保实现国际运输系统安全可靠的运营管理。我国运输项目"走出去"，需要从初期的承揽工程、设备供货向设计引领、技术带动、运营维护的全产业链输出转变，建立科学有效的组织运营管理模式，带动运输项目各相关产业持续不断走出国门。

3）实行国际运输项目运营管理"本土化"

国际运输项目运营管理可以考虑实行本地国"本土化"策略，在国际运输项目建设期间，招收当地施工工人和技术人员参与到线路施工、设备安装、调试实验、运行维护等工作中，选拔优秀的施工人员进入运营管理队伍，并组织本地国技术管理人员到中国培训学习，回国后参加实操考核，全面培养当地铁路专业技术队伍，吸收优秀人才成为铁路运营的管理者。在国际运输项目交付运营期间，可以考虑前 8 年委托合作国技术人员负责全部运营工作，并对当地国人员进行专业培训；8 年后由合作国技术骨干带领当地人员参与运营及设备维护；运营 16 年后可移交当地国人员管理，保证平稳过渡。

4）规范完善项目运营管理规章制度

着眼于国际运输项目"本土化"和长久运行，帮助合作国建立现代运输项目运营的系列管理制度、技术操作规程等。对于基本没有现代运输运营管理经验的国家，可以依托合作国成熟的运输管理制度和操作规程，结合当地国法律制度、人文特点和管理习惯，制订适合国际运输项目运营的系列规章制度和技术规程；对于已经有相应运输运营管理经验的国家，可以借鉴合作国运输的管理经验，帮助其完善现有制度或规章，打牢运营管理基础。

本章小结

随着"一带一路"倡议的实施和深入推进，我国国际运输项目已成为"走出去"的重要通道，同时成为与周边国家"互联互通"的重要组成部分。国际运输项目是运输项目在国际空间上的延展，是指以国家与国家、国家与地区之间的"互联互通"为目标，以双边或多边国际关系为依托，开发建设国际运输通道，实现国际客货运输服务的活动。

国际运输项目要正确地规划运输路线及方案，选择运输工具和运输方式，畅通国际运输通道。在各种国际运输方式中，运输方式的选择，需要根据运输环境、运输服务的目标要求，采取定性分析与定量分析的方法进行考虑。

　　我国国际运输项目在亚洲、非洲等多个国家基础设施项目建设和运营管理中，将扮演越来越重要的角色，并发挥不可替代的巨大作用。因此，探索国际运输项目组织和运营管理方法，形成适应国际运输和经贸合作的运营管理模式，具有重要的现实意义。

思考与练习

1. 什么是国际运输与国际运输项目？
2. "一带一路"的内涵是什么？
3. 简述国际运输方式的技术经济特征。
4. 分析国际运输方式选择的影响因素，并举例说明。
5. 说明国际运输方式选择的方法。
6. 国际运输项目组织模式类型和选择依据有哪些？
7. 如何进行国际运输项目组织创新？

参 考 文 献

[1]   国家发展和改革委员会.《中华人民共和国国民经济和社会发展第十三个五年规划纲要》辅导读本 [M].
      北京：人民出版社，2016.

[2]   戚安邦.项目管理学 [M].天津：南开大学出版社，2003.

[3]   PMI Standard Committee . A Guide to The Project Management Body of Knowledge，PMI，1996.

[4]   PMI Standard Committee . A Guide to The Project Management Body of Knowledge，PMI，2000.

[5]   GB/T19016—2000 idt ISO10006：1997，项目质量管理指南 [S].

[6]   贾燕西.世界银行贷款项目程序介绍 [J].中国水利，1993（9）：37.

[7]   谢海红，等.交通项目评估与管理 [M].北京：人民交通出版社，2009.

[8]   王祖和，等.现代工程项目管理 [M].北京：电子工业出版社，2013.

[9]   亨利·法约尔.工业管理与一般管理 [M].迟力耕，张璇，译.北京：机械工业出版社，2007.

[10] 马克斯·韦伯.经济行动与社会团体 [M].康乐，简惠美，译.南宁：广西师范大学出版社，2011.

[11] 全国咨询工程师职业资格考试参考教材编写委员会.工程项目组织与管理 [M].北京：中国计划出版社，
      2016.

[12] 严作人，等.运输经济学 [M].北京：人民交通出版社，2009.

[13] 张义芳.美国阿波罗计划组织管理经验及对我国的启示 [J].世界科技研究与发展，2012，34（6）：
      1046-1050.

[14] 成虎，等.工程项目管理 [M].北京：中国建筑工业出版社，2009.

[15] 毕星.项目管理 [M].北京：清华大学出版社，2011.

[16] 朱峰.公路工程施工 [M].北京：机械工业出版社，2010.

[17] 方芳.运输作业实务 [M].北京：中国人民大学出版社，2016.

[18] 国家发展改革委，外交部，商务部.推动共建丝绸之路经济带和21世纪海上丝绸之路的愿景与行动 [EB/
      OL].新华网，2015-3-28.

[19] 梁金萍.运输管理 [M].北京：机械工业出版社，2016.

[20] 郭喜军.建设工程合同常见纠纷及解决方法 [J].法制与社会，2010（10）：84.

[21] 王明严，陈广.国际货物运输实务 [M].北京：中国经济出版社，2012.

[22] 王槐林，刘明菲.物流管理学 [M].武汉：武汉大学出版社，2002.

[23] 周伟.旅客时间价值 [J].交通运输工程学报，2003（3）：110-116.

[24] 梅赞宾.中国国际货运代理业发展研究报告 [M].北京：中国物资出版社，2010.

[25] 赵加平.国际货运与代理实务 [M].北京：中国对外经济贸易大学出版社，2007.

[26] 郭峰，杨华柏.强制保险立法研究 [M].北京：人民法院出版社，2009.

[27] 周颖，周林峰.基于 AHP 的物流运输方式选择 [J].经营与管理，2010，17（6）：34-35.

[28] 陈志群.物流与配送 [M].北京：高等教育出版社，2002.

[29] 马建平 . 现代物流配送管理 [M]. 广州：中山大学出版社，2001.

[30] 傅桂林 . 物流成本管理 [M]. 北京：中国物资出版社，2004.

[31] 刘华 . 现代物流管理与实务 [M]. 北京：清华大学出版社，2004.

[32] 冯大同 . 国际商法 [M]. 北京：中国人民大学出版社，1995.

[33] 杨俊杰，王力尚 .EPC 工程总承包项目管理模板及操作实例 [M]. 北京：中国建筑出版社，2014.

[34] 王守清 . 特许经营项目融资（BOT、PFI 和 PPP）[M]. 北京：清华大学出版社，2008.

[35] 王守清 . 项目融资：PPP 和 BOT 模式的区别与联系 [J]. 国际工程与劳务，2011（9）：4-6.

[36] 孙彦明，等.青岛胶州湾隧道交通需求弹性分析 [J].山东交通科技，2014（5）：12-14.

[37] 钟岳 . 从沙特麦加轻轨项目看中国铁路"走出去"运营管理模式的选择 [J]. 铁道经济研究，2014（3）：29-32.

[38] 崔艳萍，侯敬 . 关于德国铁路改革的探讨 [J]. 铁道运输与经济，2013，35（7）：94-97.

[39] 郭玉华 . 强化安全风险管理，深化货运组织改革，全面提升货运安全经营管理和服务能力 [J]. 铁道货运，2014（8）：1-9.

[40] 孙彦明，等 . 基于三维视角的危险品运输风险管理机制研究 [J]. 交通运输研究，2015（2）：47-52.

[41] 梁麦秋，赵宝善，王真 . 铁路运输中的法律问题 [M]. 北京：团结出版社，1990.

[42] 任自力 . 保险法学 [M]. 北京：清华大学出版社，2010.

[43] 沈晖 . 保险经营中的告知义务——判例·问题·对策 [M]. 北京：中国法制出版社，2010.

反侵权盗版声明

电子工业出版社依法对本作品享有专有出版权。任何未经权利人书面许可，复制、销售或通过信息网络传播本作品的行为；歪曲、篡改、剽窃本作品的行为，均违反《中华人民共和国著作权法》，其行为人应承担相应的民事责任和行政责任，构成犯罪的，将被依法追究刑事责任。

为了维护市场秩序，保护权利人的合法权益，我社将依法查处和打击侵权盗版的单位和个人。欢迎社会各界人士积极举报侵权盗版行为，本社将奖励举报有功人员，并保证举报人的信息不被泄露。

举报电话：（010）88254396；（010）88258888

传　　真：（010）88254397

E-mail：　dbqq@phei.com.cn

通信地址：北京市万寿路 173 信箱

　　　　　电子工业出版社总编办公室

邮　　编：100036